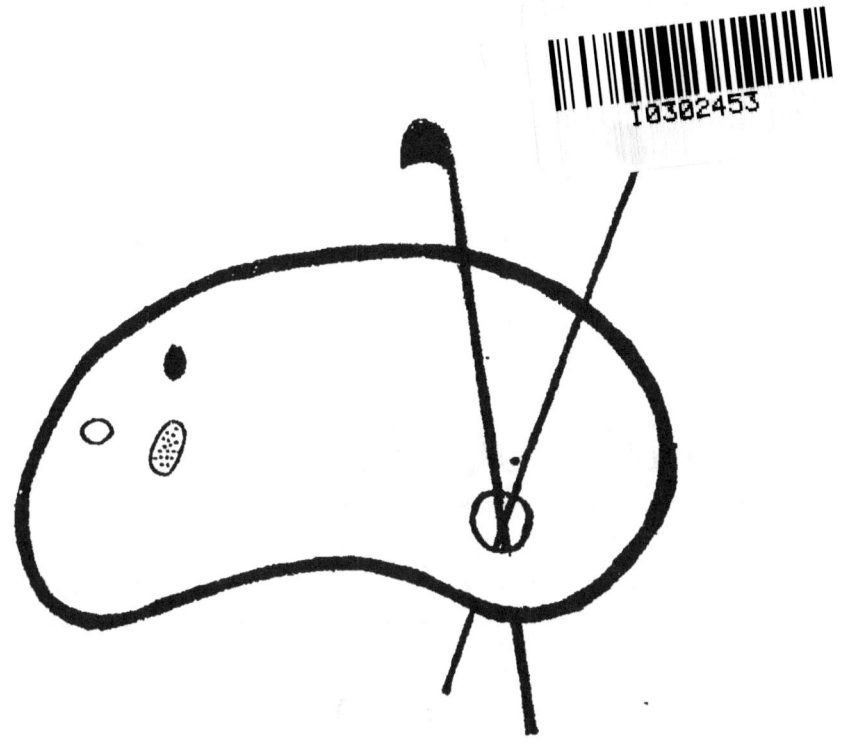

COUVERTURE SUPERIEURE ET INFERIEURE
EN COULEUR

RECTO ET VERSO

VALABLE POUR TOUT OU PARTIE DU
DOCUMENT REPRODUIT

HISTOIRE DE CALAIS

Calais sous la Domination anglaise

I. - LES FAITS
Du Siège de 1346 à la Reprise de la Ville par les Français en 1558

PAR

F. LENNEL

PROFESSEUR AU COLLEGE D'ARRAS

DOCTEUR ES-LETTRES

2me Volume

CALAIS
IMPRIMERIE MODERNE J. PEUMERY
1911

HISTOIRE DE CALAIS

Original en couleur
NF Z 43-120-8

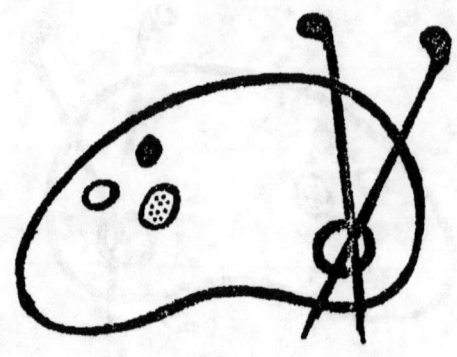

Original en couleur
NF Z 43-120-8

Histoire de Calais

Calais sous la
Domination anglaise

I. - LES FAITS

Du Siège de 1346 à la Reprise de la Ville par les Français en 1558

PAR

F. LENNEL

PROFESSEUR AU COLLEGE D'ARRAS
DOCTEUR ES-LETTRES

2me Volume

CALAIS
IMPRIMERIE MODERNE J. PLUMERY
1910

INTRODUCTION

E second volume de cette histoire est entièrement consacré aux événements qui se déroulèrent à Calais, depuis le jour où l'armée d'Edouard III parut sous les murs de la ville jusqu'au moment où un coup de main, aussi heureux que rapidement exécuté, rendit à la France une cité dont elle avait vivement ressenti la perte. Nous ne nous occuperons ici que des faits, réservant le volume suivant à l'étude, aussi détaillée qu'il nous sera possible, des institutions de la ville, des vicissitudes de son commerce et des incidents de sa vie sociale, pendant les deux siècles qu'elle demeura soumise à la domination anglaise.

Aussi bien, le simple récit des faits nous fournit une matière très suffisante, et si l'histoire de Calais au Moyen-Age n'est que celle d'une ville d'importance moyenne, intéressante surtout par le caractère spécial de sa formation et la contribution qu'elle permet d'apporter à l'étude des rapports qui unissaient, alors, la commune à ses seigneurs, son rôle s'élargit quand, tombée au pouvoir d'Edouard III, après un siège mémorable, elle est devenue la citadelle avancée de l'Angleterre sur le continent, le grand marché des laines anglaises, le centre diplomatique où se traitèrent la plupart des grandes affaires entre les souverains des principaux Etats de l'Occident. Son nom reparaît, à tout instant, dans les chroniques du XIVe au XVIe siècle, comme dans les correspondances échangées entre les cours rivales.

Placée au point de contact entre l'Angleterre, dont elle prolonge le territoire au delà du détroit, la France, pour laquelle elle est une continuelle menace, et dont elle provoque le légitime ressentiment en lui rappelant d'humiliants souvenirs, la Flandre enfin dont la séparent à peine quelques petits villages ; et cela au moment où ce pays passait dans le patrimoine des ducs de Bourgogne et de la maison d'Autriche, la ville de Calais prend, dans l'histoire générale, une importance que ne laissait pas prévoir sa modeste origine.

Dans un récent ouvrage (1), un jeune historien anglais s'est efforcé de mettre en évidence le double caractère commercial et militaire de Calais, sous la domination anglaise, mais il a exagéré sa thèse en montrant, dans cette « première colonie de l'Angleterre », la prédominance de l'intérêt commercial sur le rôle politique qu'elle a effectivement joué. Sans méconnaître l'importance de Calais, comme entrepôt de marchandises et source de revenus pour la royauté, il nous paraît inexact d'admettre qu'Edouard III n'avait, en assiégeant Calais, d'autre intention que de se procurer une ville d'étape. Sans doute, en s'emparant du « nid de pirates » qui, au début du XIIIe siècle, avaient attaqué tant de navires anglais, Edouard III rendait un grand service aux marchands de son royaume, mais il s'assurait, en même temps, un port de débarquement pour ses expéditions sur le sol français, et l'histoire a enregistré les nombreuses invasions qui se préparèrent à Calais contre nos provinces, du règne de Jean le Bon à celui de Henri II. Tant que dura la Guerre de Cent Ans, Calais fut la citadelle d'où les routiers anglais partirent, bien des fois, pour ravager l'Artois et la Picardie, et le souvenir de leurs désastreuses chevauchées se conserva longtemps dans ces régions, dont les habitants eurent tant à souffrir.

La possession de Calais eut aussi son contre-coup dans l'histoire intérieure de l'Angleterre. Sa garnison permanente fut souvent une source de graves embarras pour la royauté anglaise, soit que le défaut de paiement de leur solde provoquât les révoltes de ces troupes indisciplinées, soit que le gouverneur de la forteresse y trouvât le moyen d'intervenir dans les luttes qui, au XVe siècle, mirent aux prises les maisons d'York et de Lancastre, et nous verrons quel parti un Warwick sut tirer de la possession de Calais, pendant la Guerre des Deux Roses.

---

(1) « Calais under English Rule », by G A C Sandeman, Oxford, B. H. Blackwell.

Les ducs de Bourgogne, successeurs et héritiers des anciens comtes d'Artois, n'avaient pas renoncé à reconquérir une ville qu'ils considéraient comme un lambeau arraché à leur propre domaine. Philippe le Hardi et Jean sans Peur, projetèrent de la ressaisir et le premier soin de Philippe le Bon, quand les stipulations du traité d'Arras l'eurent détaché de l'alliance anglaise, où l'avaient entraîné son désir de vengeance et ses ambitions politiques, fut d'assiéger Calais. Rien n'est plus curieux, au XVe siècle, que la situation complexe où se trouvent ces ducs, obligés, pour ne pas froisser les intérêts de leurs sujets flamands, qui envoient sans cesse à Calais des délégués y négocier des trêves commerciales, de ménager les susceptibilités anglaises, au moment même où ils songent à attaquer Calais. Et quand Philippe le Beau, Charles-Quint et Philippe II sont maîtres, à leur tour, des Pays-Bas, le voisinage anglais de Calais les inquiète ou les sert. A l'heure où le duc de Guise s'apprêtait à rendre Calais à la France, l'opinion anglaise soupçonnait Philippe II, l'époux de Marie Tudor, de vouloir ravir à l'Angleterre ce « plus beau joyau de sa couronne ».

Mais ce coup d'œil anticipé sur l'histoire de Calais nous suffit pour justifier les grandes lignes du plan que nous allons suivre. Tout en respectant l'ordre chronologique des faits, il nous a semblé légitime de les grouper à ce triple point de vue : rôle de Calais par rapport à la France, à la Flandre et à l'Angleterre elle-même. Comment Edouard III s'empara de Calais ; comment il organisa sa conquête et en usa, ainsi que ses successeurs immédiats, contre le royaume de France, voilà ce que nous voudrions d'abord conter ; les tentatives diverses des ducs de Bourgogne contre Calais viendront ensuite et, enfin, la part prise par Calais, ville anglaise, dans les guerres civiles du XVe siècle, dans les guerres étrangères de Henry VII et de Henry VIII, comme dans les relations politiques de ces souverains avec les rois de France et les princes de la maison d'Autriche. La politique religieuse de Henry VIII eut aussi sa répercussion à Calais et contribua à affaiblir ses forces. L'alliance momentanée de l'Angleterre et de l'Espagne devait coûter, à Marie Tudor, la perte d'une ville que les rois de France n'avaient jamais renoncé à reconquérir. C'est donc sur ce dernier épisode que nous achèverons ce volume.

L'histoire de Calais sous la domination anglaise a fait l'objet de plusieurs travaux d'inégale valeur, tant en France qu'en Angleterre. Les 360 pages que Lefebvre a réservées dans son histoire à la période anglaise (1) sont encore bien médiocres. Il a utilisé pourtant les principales sources imprimées connues de son temps, *Fœdera* de *Rymer* et le *Catalogue des Rôles normands, gascons et français*, de *Thomas Carte*. Bréquigny lui a communiqué quelques-uns des documents qu'il venait, précisément, de découvrir dans les archives anglaises (2). Cette partie de l'œuvre de Lefebvre est donc un peu meilleure que la précédente, mais elle est complètement insuffisante.

Bréquigny mit lui-même en œuvre quelques-uns des matériaux qu'il rapportait de Londres et lut, à l'Académie des Inscriptions et Belles Lettres, une série de mémoires où il cherchait à éclaircir plusieurs points de l'histoire de Calais, notamment la question du dévouement d'Eustache de Saint-Pierre et de ses compagnons, qu'il estimait contestable. Si remarquables que soient ces mémoires, datant de 1767, ils effleurent à peine le sujet et ne sauraient être considérés comme un travail d'ensemble (3).

Ce travail, les érudits calaisiens de la première moitié du XIXᵉ siècle s'efforcèrent d'en recueillir les éléments. On avait compris qu'on ne les pouvait trouver que dans les dépôts anglais. En 1827, la municipalité de Calais confiait à deux hommes de valeur, MM. de Rheims et Dufaitelle, la mission de poursuivre, à Londres, les investigations de Bréquigny. La bibliothèque de Calais s'enrichit, par leurs soins, des reproductions des plans si curieux du XVIᵉ siècle, dont les originaux sont au British Museum (4).

---

(1) Lefebvre, Histoire de Calais, T. I, pp. 707-756; T. II, pp 1-311.

(2) « L'illustre érudit communiqua à l'historien Lefebvre la plupart des matériaux qu'il rapportait de Londres ». Lettre de Martial Delpit à M Legros-Devot, maire de Calais, datée du 19 Mai 1851. Bibl. Com. de Calais, 9125 A. — Lefebvre, qui n'avait pas cité le nom de Bréquigny, dans sa préface, parmi ceux auxquels il était redevable de quelques documents, lui adresse des remerciements dans son second volume, pp. 353 et 493. — La mission de Bréquigny est de 1764, l'ouvrage de Lefebvre parut en 1766.

(3) Bréquigny, Mémoires pour servir à l'Histoire de la ville de Calais, depuis le siège et la prise de cette place, en 1347, dans les Mémoires de l'Académie des Inscriptions, T. XXXVII, pp. 538 et suiv.

(4) Voir les reproductions photographiques de ces plans dans mon « Calais par l'Image », planches 70-75.

De 1811 à 1818, M. Martial Delpit continua les recherches et reçut, de la ville de Calais, le mandat de relever les pièces intéressant plus spécialement son histoire (1). C'est seulement en 1851 qu'il fit parvenir à l'ancien maire le résultat de ses travaux. Sa lettre d'envoi donne les raisons de ce retard, en même temps qu'elle indique la méthode qu'il a adoptée. J'en transcris ici les principaux passages, qui permettent de se rendre compte de la valeur des documents conservés à la Bibliothèque de Calais.

J'ai voulu surtout... réunir les éléments d'un répertoire des richesses inédites que les archives anglaises offrent pour l'histoire de cette ville Toutefois, j'ai fait transcrire in-extenso les pièces qui, au premier aspect, m'ont paru véritablement importantes. J'ai rangé copies, notes et extraits par ordre chronologique afin de faciliter les recherches.

Vous ne trouverez pas ici, Monsieur, de copie ou d'analyse des pièces relatives à Calais, qui existent en si grand nombre dans les diverses séries de rôles de la chancellerie conservés à la Tour de Londres, notamment dans les Close Rolls, les Patent Rolls, les rôles du Parlement et les rôles gascons, français et normands... Un simple coup d'œil sur l'énumération des richesses contenues dans ces rôles, suffira pour vous donner une idée du temps qu'il aurait fallu pour en extraire, d'une « manière complète », tout ce qui regarde Calais

Après avoir indiqué les registres du British Museum, où sont conservés quelques-uns des comptes antérieurs au XIVe siècle, M. Martial Delpit ajoute :

Après la prise de Calais, en 1317, mon recueil offre la série à peu près complète de tous les comptes des agents anglais dans votre ville. Ces curieux documents proviennent des archives de l'Echiquier. Les historiens futurs de Calais y trouveront une mine inépuisable de renseignements de tous genres. L'histoire est, en effet, enregistrée jour par jour dans ces précieux registres, qui forment de véritables chroniques...

Les pièces envoyées par M. Martial Delpit ne comprennent guère que des titres et analyses très sommaires (2). Du reste, la réorganisation moderne des Archives anglaises, en

---

(1) Cf. Industriel Calaisien, n° du 12 Avril 1845. La lettre qui confiait cette mission à M Martial Delpit est du 3 Juin 1844.

(2) Pour la période anglaise, elles forment 3 liasses · XIVe siècle, 72 pièces; XVe siècle, 150 pièces, XVIe siècle, 81 pièces. Elles sont cotées à la Bibl Com. de Calais 9125 A, B, C.

centralisant au Public Record Office les documents épars dans les divers dépôts, et la refonte du classement général, rend assez difficile, aujourd'hui, et j'en ai fait personnellement l'expérience, l'usage des indications données dans le recueil conservé à la Bibliothèque de Calais.

Dans le *Dictionnaire Historique et Archéologique du Département du Pas-de-Calais*, l'article de l'abbé *Haigneré* sur Calais, si nouveau et en général si documenté pour la période des origines, ne renferme que quelques pages très brèves sur la période anglaise (1). Il en a donné lui-même la raison dans ces lignes qui font autant d'honneur à son sens historique qu'à sa modestie : « C'est une histoire difficile à faire que celle de la ville de Calais sous la domination anglaise. Dans l'état actuel de la science historique, le moment n'est peut-être pas encore arrivé d'en essayer l'entreprise. Chaque jour apporte encore sa pierre à l'édifice, par la publication des *Records* que conservent les riches dépôts des Archives Britanniques... Cette tâche est au dessus de mes forces. » Et il avertit sincèrement ses lecteurs qu'il emprunte à Lefebvre « un tableau succinct des choses les plus intéressantes, qu'il a puisées dans les collections de Rymer et de Carte ».

C'est en 1882 que l'abbé Haigneré écrivait ce qui précède, et les difficultés qu'il entrevoyait subsistent encore en grande partie. Cependant, un ouvrage a paru en France, qui facilite notre propre travail. M. Georges Daumet a publié, en 1902, une étude fort consciencieuse sur *Calais sous la Domination anglaise* (2). C'est une thèse que l'auteur avait présentée, près de dix ans auparavant, à sa sortie de l'Ecole des Chartes. Pour la première fois, l'administration anglaise à Calais était étudiée suivant les règles de la méthode historique, en se fondant sur le dépouillement direct des sources, et le chapitre consacré au commerce à Calais et à la compagnie de l'Etaple, était une véritable nouveauté. Les 68 premières pages traçaient une esquisse un peu sommaire des faits, dont la trame forme l'histoire politique de la ville, de 1316 à 1558. L'auteur avait soigneusement dépouillé, au *Record Office*, la série des *French*

---

(1) Dictionnaire Historique et Archéologique du Département du Pas-de-Calais, Arrondissement de Boulogne, T. II, pp 90-117.

(2) Calais sous la Domination Anglaise, par Georges Daumet. Ouvrage publié au nom de l'Académie d'Arras ; Arras, Répessé-Crépel et fils, 1902 1 vol. in-8, (212 pages)

Rolls, aujourd'hui fondue dans la section des *Early Chancery Rolls*. Malheureusement, il a trop négligé les autres séries, et notamment celles de *l'Echiquier*, et n'a utilisé aucun document d'ordre financier. Si donc il a apporté une importante contribution à notre sujet, il ne l'a pas traité à fond, et il reste encore beaucoup à faire après lui. Il a néanmoins tracé la route et nous devions ici reconnaître notre dette envers lui.

Comme on le voit, le sujet est encore presque nouveau. Il peut sembler étrange que les historiens anglais n'aient pas de leur côté abordé cette histoire qui est, à dire vrai, la leur plus que la nôtre, et pour laquelle ils ont des facilités de travail qui nous manquent. Si l'on excepte cependant les passages plus ou moins nombreux, épars dans les histoires générales de l'Angleterre, ou dans les biographies consacrées aux rois anglais ou aux grands personnages mêlés à l'histoire de Calais, si l'on excepte aussi quelques travaux particuliers parus dans les publications de la grande société archéologique et notamment le beau travail de *Lord Dillon* sur *Calais et son territoire* (1), on ne peut citer qu'un recueil de légendes (2), appartenant au roman beaucoup plus qu'à l'histoire.

Pourtant, il y a quelques mois, ce sujet tentait un nouvel historien. M. Sandeman vient de composer un « essai » de 110 pages sur *Calais under English Rule* (3). Ce n'est, il faut bien le dire, qu'une œuvre insuffisante et sans originalité, n'apportant aucun fait nouveau et résumant simplement les résultats déjà acquis. Dissertation d'un étudiant bien informé, ce petit livre a le mérite d'être une thèse dont les préoccupations contemporaines ne sont pas bannies. En montrant les vicissitudes de la première colonie anglaise, sur le continent, l'auteur rappelle à ses compatriotes que l'affaiblissement de la puissance navale de l'Angleterre fut la cause principale de la perte de Calais. Composé comme un bon exercice d'école, cet ouvrage, laissant de côté les faits, passe successivement en revue les officiers royaux, la garnison et les défenses de Calais, son histoire militaire, le commerce, les institutions municipales, l'Eglise, la justice, la vie sociale. Cadre un peu vaste

---

(1) Calais and the Pale, by the Honourable Harold Arthur Dillon, Sec S A, Westminster, Nichols and sons, 1892 1 vol in-4 (100 pages).

(2) Annals and Legends of Calais, by Robert Bell Calton, London, John Russell Smith, 1852

(3) Sandeman, op. cit.

pour un petit volume, et qui conviendrait mieux si la synthèse était possible, quand l'analyse n'est pas encore achevée. Tout en rendant hommage au talent d'exposition de l'auteur, à la clarté et à la logique, parfois exagérée, de ses affirmations, nous regrettons, pour notre part, que l'auteur ne nous apporte pas les résultats d'une investigation personnelle, dans ces archives anglaises où il reste tant à trouver !

LES SOURCES. — Il nous faut maintenant indiquer, au moins très sommairement, les sources de l'histoire de Calais pour cette période. Nous n'avons pas la prétention de les avoir épuisées, et nul, plus que nous, ne regrette l'insuffisance du temps et des ressources qui nous eussent permis de séjourner à Londres aussi longtemps qu'il l'eût fallu. A peine avons nous pu glaner quelques épis dans un champ où il serait possible de moissonner de pleines gerbes.

A. PUBLIC RECORD OFFICE. — I. *Chancery*. — Cette collection correspond à celle des Registres du Trésor des Chartes dans nos archives nationales. La plupart des actes concernant Calais, dans cette série, ont été publiés ou sont analysés dans les *Calendars*, en cours de publication. Citons seulement les *Patent Rolls*, les *Close Rolls*, les *French Rolls*, placés aujourd'hui parmi les *Early Chancery Rolls* et utilisés, ainsi que les *Staple Rolls*, par M. Daumet.

Nous avons étudié plus spécialement les séries suivantes : *List of ancient correspondence*. Les pièces intéressant Calais s'y trouvent vol. xxix, xxxvi, xxxvii, xxxviii, xxxix, xl, xli, xlii, xliv, xlv, xlvi, li, lii, liii, lvi, lvii.

Miscellanea (Chancery), Bundle 21, Files 12 et 13.

II. *State Paper Office*. — On en publie actuellement les Calendars. On trouve d'innombrables mentions de Calais dans les 20 volumes des *Calendars of Letters and Papers, Foreign and Domestic, of the reign of Henri VIII*, dans les *Calendars of State Papers, Domestic Series, of the reigns of Edward VI, Mary, Elizabeth...*, dans les *Calendars of State Papers, Foreign Series, of the reign of Edward VI, Mary...*

III. *Exchequer*. — Cette série est moins connue que les précédentes. C'est aussi celle où se rencontrent le plus grand nombre des documents concernant les menus faits de l'administration anglaise à Calais. Aussi l'avons nous dépouillée plus soigneusement, dans la limite du temps dont nous disposions.

Nous ne pouvons énumérer ici la longue liste des comptes existant dans cette série. On a conservé la plus grande partie des comptes, rendus par les trésoriers de Calais, les contrôleurs, les victuaillers et autres fonctionnaires. Parfois, outre les registres, on rencontre les pièces comptables qui ont servi à les établir. Quand les registres manquent, on a la ressource de chercher le compte-rendu sommaire des opérations financières dans les énormes rouleaux de parchemin, contenant les comptes généraux dressés à l'Echiquier deux fois l'an, à Pâques et à la Saint-Michel.

1º *Exchequer Accounts, King's Remembrancer*. — Dans le fonds intitulé France, et dont il existe des inventaires manuscrits, il y a des comptes de toute nature dans les liasses suivantes :

Bundles 167, nos 8, 9, 11, 15, 18, 19, 20.
» *168*, nos 1, 5, 7, 9, 10.
» *170*, nos 1, 2, 3-11, 14-16.
» *171*, nos 1, 3, 6.
» *173*, nos 1-3, 5-14.
» *174*, nos 1-3, 7-9, 14-18.
» *176*, nos 1, 11, 14-18.
» *177*, nos 2, 4-7.
» *178*, nos 2-5, 8, 18.
» *179*, nos 2-6, 11, 12.
» *180*, nos 4-8.
» *181*, nos 2, 7, 11.
» *183*, nos 5-10, 12.
» *184*, nos 2-8, 10, 11, 14-16.
» *185*, nos 1, 4, 5, 8, 10.
» *187*, nos 3-7, 10, 11, 13.
» *188*, nos 1, 2, 10, 11, 13, 15
» *189*, nos 7, 10, 11.
» *190*, nos 5, 7, 10-13.
» *191*, nº 10.
» *192*, nos 2-5, 10-13, 17, 20.
» *193*, nos 1-6, 8.
» *194*, nos 1, 2, 4, 6-10.
» *195*, nos 1-14, 15, 18, 20.
» *196*, nos 1-20.
» *197*, nos 1-17, 19, 20.
» *198*, nos 1-20.
» *199*, nos 1-20.

Bundles 200, nos 1-6, 8, 9, 11-20.
» *201*, nos 1-30.
» *202*, nos 1-9, 11-15, 17-22, 24-30.
» *203*, nos 1-8, 11-16, 18, 20-26, 28-30.
» *204*, nos 1-20.
» *205*, nos 1-5, 7-18, 20-23, 25-30.
» *206*, nos 1-6, 9-15.
» *207*, nos 2, 5, 6, 9, 11-16, 17-25.
» *208*, nos 4, 5.
» *209*, nos 1-6.
» *210*, nos 1-5.
» *540*, nos 5, 6, 8, 9.

2º *Foreign Accounts, Enrolled Accounts. France.* — Cette série est encore très riche en documents exclusivement calaisiens. L'inventaire en a été fait et publié *(Lists and Indexes, nº XI)*. Nous n'avons donc pas à spécifier les divers comptes qui y sont indiqués. Ces comptes sont ceux de trésoriers de Calais, depuis l'an 21-22 du règne d'Edouard III, à l'an 21-22 du règne d'Edouard IV, mais avec d'assez nombreuses lacunes. Il faut y joindre des comptes de victuaillers. Le premier, de Reginald Curteys, va de l'an 23 de Richard II à l'an 2 de Henry IV. Le dernier, de William Rosse, va de l'an 23 du règne d'Edouard IV à l'an 1 de Richard III. Au total, il y a 53 comptes de trésoriers et 18 comptes de victuaillers. Trois comptes sont enrôlés sous le titre : Comptes du trésorier pour la ville de Calais. Ce sont ceux de Thomas de Brantyngham, de l'an 38 à l'an 42 du règne d'Edouard III. Deux autres sont intitulés · Comptes du Lieutenant de Calais. Ils furent rendus par William, Lord Hastings, de l'an 16 à l'an 19 du règne d'Edouard IV.

On trouve encore dans cette série quelques comptes de la Monnaie de Calais, savoir :

3 de Thomas de Brantyngham, ans 37-38		
» 38-39	Edouard III	
» 39-42		
2 de William de Gunthorp, » 42-45	Edouard III	
» 45-47		
2 de John de Romeseye, » 47-48	Edouard III	
» 48-49		
1 de William Eyremyn, » 49	Edouard III	
» » 7	Richard II	
1 de Roger Walden, » 10-15	Richard II	
1 de Richard Bokeland, » 11	Henry VI	

soit au total 10 comptes.

Une autre série de comptes commençant en l'an 6-7 du règne d'Edouard IV va jusqu'à la fin de ce règne (23 Edw. IV à 1 Rich. III). En voici le titre : *Accounts rendered by the Mayor, Society and Merchants of the Staple at Calais, for money received by them from the Customs, and from other sources.* Il y a un compte par an, au total 18 comptes.

Enfin, sous le titre *Calais, Various*, on trouve encore 45 autres comptes très divers : notes de grains fournis à la ville, gages de la garnison, listes de biens forfaits, recettes de droits de douanes, achats de matériaux pour travaux publics, frais de passage, etc.

Cette rapide énumération suffit à montrer l'importance de ce fonds, qu'aucun historien de Calais n'a utilisé jusqu'ici et où je n'ai pu, moi-même, faire que d'insuffisants emprunts.

3º *Issue Rolls*. — Grâce à l'extrême obligeance de M. Jenkinson, archiviste du Record Office, chargé du classement de cette série et qui a bien voulu me communiquer une liste manuscrite des rôles dont il prépare l'inventaire définitif, j'ai pu consulter quelques-uns des comptes de cette riche série, comprenant environ 500 rou'eaux très volumineux. Sous le double titre *Pell's* et *Auditors*, c'est l'histoire financière de l'Angleterre qui y est contenue, depuis le mois d'Octobre 1346 jusqu'au mois de Mai 1479. Les *Issue Rolls* manquent au Record jusqu'au règne d'Elisabeth. Le dépouillement de toutes les mentions relatives à Calais exigerait des mois de travail sans apporter, souvent d'ailleurs, de renseignements nouveaux, car les chiffres qui y sont inscrits sont donnés dans les comptes particuliers désignés antérieurement. On peut donc n'y recourir que pour les années où ces comptes font défaut.

IV. *Duchy of Lancaster*. — Nous pouvons nous borner à signaler l'inventaire de ce fonds (*Lists and Indexes*, nº XIV) qui renferme encore plusieurs comptes de John Turberville, Richard Knyght et Adrien Whetehill, trésoriers ou contrôleurs de Calais sous Henry VII, de l'an 8 à l'an 17 de son règne. Les *miscellanea* contiennent aussi plusieurs pièces intéressant l'histoire de Calais.

Il faudrait du reste citer presque toutes les séries pour être complet, car il n'en est aucune où l'on ne puisse rencontrer quelque document relatif à cette histoire. Toutes les publications et tous les inventaires publiés par les érudits anglais, apportent des détails dont on peut tirer profit. On les trouvera citées parmi les références de cet ouvrage.

B. BRITISH MUSEUM. — Parmi les manuscrits et les recueils de chartes, conservés dans le riche dépôt anglais, un certain nombre se rapportent à l'histoire de Calais. Beaucoup de pièces ont déjà été publiées ou signalées par divers éditeurs. En voici quelques brèves indications :

Caligula, D. III, passim.
Caligula E. I, f° 152 et suiv. Liste des capitaines de Calais de 1361 à 1376.
Caligula, E. IV, f°s 274-311. Papiers relatifs à Calais.
Caligula, E. II, f° 98. Lettre du Conseil de Calais à Wolsey, s.d.
Caligula, B. IX, f° 28. Approvisionnements de Calais, 1557.
Galba, E. VII, f° 200. Traité de Calais, 1521.
Galba, E. IX, f° 110. Poème sur le siège de Calais, 1400.
Galba, B. I, art. 24. Lettre des magistrats de Calais à Henry IV. S. D.
   »   »   art. 47, 51, 53, 99. Lettres des ambassadeurs anglais, 1104-1105.
   »   »   art. 125. Lettre des marchands au maire de l'Etaple, 1120
   »   »   art. 162. Instructions aux commissaires envoyés à Calais, 1129.
Galba, B. X. art. 127. Lettre relative à la monnaie de Calais S. D.
Galba, B. XII, f°s 127-129. Plaintes du maire de l'Etaple, 1549-50
Titus, F. III, f° 267. Navires anglais au siège de Calais, 1346.
Titus, B. V, f°s 87, 141. Compte des forces anglaises à Calais, S. D.
Vespasian, F. XIII (49). Rémunération des services du duc de Gloucester à Calais, 1436.
Vespasian, A. VI, passim.
Faustina, E. VII, passim. Papiers relatifs à Calais, sous Henry VIII.
Augustus, I. vol. 2, art. 57, 70, 71, 75. Plans concernant Calais, XVIe siècle.
Tiberius, E. IX. Liste de seigneurs anglais au siège de Calais, 1347.
Additional Manuscripts ; 6.314, 10.012, 10.450, 25.459, 28.035, 29.502.

Additional Charters : un grand nombre de chartes d'un intérêt très inégal.

Mentionnons encore quelques documents dans *L. Fred. Campbell Charters,* vii, 3 ; *Stowe Charters,* passim ; *Harleyan Charters ; Cotton Ch.* xxiv b ; *Cotton Appendix* xxviii, f° 13.

C. ARCHIVES DU NORD. — Après les grands dépôts anglais, ce sont les archives du Nord qui possèdent le plus grand nombre de documents où le nom de Calais reparaît sans cesse. Mais il n'y est guère question que des négociations commerciales avec la Flandre. La plupart ont été analysés ou publiés par MM. *Edward Scott et Gilliodts van Severen,* dans leurs *Documents pour servir à l'histoire des relations entre l'Angleterre et la Flandre, de 1341 à 1473* (1), et par M. *F. de Coussemaker,* dans son livre sur *Thierry Gherbode* (2) On trouvera l'indication des pièces concernant Calais dans le bulletin n° 10 de la *Société d'Etudes de la Province de Cambrai,* en Avril 1901, avec la cote qu'elles portent dans la dernière édition de l'Inventaire des Archives de la Chambre des Comptes de Lille (3).

Comme il fallait s'y attendre, les *Archives Nationales* sont très pauvres en documents concernant l'histoire de Calais, pour cette période. Nous signalerons en notes les brèves indications tirées de ce dépôt.

Plusieurs dépôts belges renferment quelques documents sur les rapports des ducs de Bourgogne avec Calais, notamment au point de vue commercial. On trouvera les plus importants dans les inventaires actuellement publiés. Citons notamment :

L. Gilliodts van Severen. — *Inventaire des Archives de la ville de Bruges (1228-1497),* Bruges, 1871-78, 7 vol. in-4°.

---

(1) Ed Scott et L Gilliodts van Severen. — Documents pour servir à l'histoire des relations entre l'Angleterre et la Flandre de 1311 à 1473 Le titre exact est. Le Cotton manuscrit Galba B I, dans la collection des Chroniques belges inédites publiées par la Commission Royale d'Histoire Bruxelles, 1896, 1 vol. in-1°.

(2) Félix de Coussemaker — Thierry Gherbode, secrétaire et conseiller des ducs de Bourgogne.. Lille, imprimerie Victor Ducoulombier, 1902. 1 vol. in-8°.

(3) A. et J Le Glay et A. Desplanque. Trésor des chartes de Flandre. Lille, 1863, in-1° Nouvelle édition remaniée par C Dehaisnes et J. Finot Lille, 1899.

P. Van Duyse et E. de Busscher. — *Inventaire analytique des chartes et documents appartenant aux archives de la ville de Gand (1070-1792).* Gand, 1867, in-1º.

V. Van der Haeghen. — *Inventaire des archives de la ville de Gand.* Gand, 1896, in-8º.

J. L. A. Diegerick. — *Inventaire des archives de la ville d'Ypres (1101-XVIe siècle).* Bruges, 1853-68, 7 vol. in-8º.

E. De Sagher. — *Notice sur les archives communales d'Ypres et documents pour servir à l'histoire de Flandre, du XIIIe au XVIe siècle.* Ypres, 1898, in-8º.

M. l'archiviste de *Middelbourg* a bien voulu nous envoyer copie de plusieurs pièces intéressantes pour l'histoire de Calais, extraites du dépôt dont il a la garde et que nous indiquerons en leur lieu.

BIBLIOTHEQUE NATIONALE. — La Bibliothèque Nationale possède, parmi les manuscrits de la *Collection Moreau*, les registres contenant les copies faites au XVIIIe siècle, à Londres, par *Bréquigny*. Ils portent les nos 680, 681 et 682. Nous les avons soigneusement dépouillés, bien que leur intérêt soit aujourd'hui moindre, par suite des publications anglaises faites dans le cours du siècle dernier. Citons encore, parmi les manuscrits, le nº 231 de la même collection. En outre il y a des pièces concernant Calais, de 1316 à 1558, dans les mss. français, 20.363 et 21.106, dans les nouvelles acquisitions françaises, nº 9.211, dans le ms. latin 14.367. Nous n'avons pas la prétention de n'avoir omis aucune source manuscrite, mais nous avons fait tous nos efforts pour connaître au moins les principales.

BIBLIOGRAPHIE. — Fidèle au principe posé dans le premier volume de cette histoire, nous ne dresserons pas ici la liste des ouvrages imprimés, que nous avons consultés et dont l'indication sera toujours donnée comme référence. Les chroniques anglaises, françaises et belges ont été mises à profit dans leurs éditions les plus récentes. Les *Fœdera* de *Rymer* sont cités, dans la grande édition de 1816, pour le règne d'Edouard III et, pour la période postérieure, dans l'édition de La Haye. Certaines chroniques anglaises, éditées par la *Caxton Society*, n'ont pu être mises à profit, parce que nous ne les avons trouvées ni à Bruxelles, ni à Paris, et que nos séjours à Londres n'ont pas été aussi longs que nous l'eussions désiré. Enfin, nous avons essayé de parcourir, au moins, les principaux ouvrages anglais traitant l'histoire générale ou l'histoire des institutions de l'Angleterre, du XIVᵉ au XVIᵉ siècle, afin de rattacher l'histoire de Calais à celle du pays dont elle était une annexe.

Nos recherches ont été facilitées par l'inépuisable obligeance de MM. les archivistes et bibliothécaires, à qui nous adressons ici nos plus sincères remerciements. Notre gratitude va, en particulier, à M. Jenkinson, archiviste au Record Office ; à M. Van der Haeghen, archiviste de la ville de Gand ; à M. Déprez, archiviste du Pas-de-Calais, qui nous a fait profiter de son expérience des archives anglaises et a bien voulu nous recommander à ses collègues anglais ; à M. Bruchet, archiviste du département du Nord ; à M. Vanrycke, bibliothécaire de l'Université de Lille, qui nous a largement ouvert son dépôt très riche en ouvrages relatifs à l'Angleterre ; à MM. Desplanque, bibliothécaire, et Mahieu, son dévoué collaborateur à la Bibliothèque Municipale de Lille.

Il me faut cependant déclarer que, pour cette période de l'histoire de Calais, mon ouvrage ne peut être que très incomplet et devra être repris quand sera achevé le grand travail d'inventaire de toutes les archives anglaises. Ma seule ambition et, sans doute, ne l'aurai-je pas pleinement réalisée, serait de profiter le mieux possible des documents actuellement connus. D'autres viendront qui pourront reprendre définitivement l'entreprise que nous ébauchons aujourd'hui. Nous nous résignons, par avance, à mériter les reproches qui ne manqueront pas de nous être adressés, sollicitant l'indulgence en raison du réel effort que nous aura coûté cette œuvre, si imparfaite qu'elle puisse paraître à la critique de demain.

F. LENNEL.

Calais sous la Domination anglaise

Calais sous la Domination anglaise

CHAPITRE I
Le Siège de Calais par Edouard III

UAND Edouard III entreprit, en 1346, l'expédition qui devait se terminer par la victoire de Crécy et la prise de Calais, le siège de cette ville était-il décidé dans son esprit ? Il serait téméraire de l'affirmer, car on s'expliquerait difficilement, dans cette hypothèse, le choix du point de débarquement de l'armée anglaise à Saint-Vaast-la-Hougue. Nous pensons, cependant, que ce dessein ne fut pas étranger à la décision prise, par le roi d'Angleterre, de marcher vers le Nord, lorsque, parvenu près de Paris, il passa la Seine à Poissy, le 16 Août. Il se rapprochait ainsi de la Flandre, d'où il pourrait recevoir des secours et, s'il ne réussissait pas dans une attaque contre Calais, dont il méditait depuis longtemps la conquête, il regagnerait facilement l'Angleterre (1).

---

(1) C'est l'avis du plus récent historien d'Edouard III. « Calais and home lay northwards, Calais, the eager object of English longings, with home to escape to if the worst came ». James Mackinnon — The History of Edward the third London, Longmans, Green and Co. 1 vol in-8°. 1900. p. 297. — Un autre historien d'Edouard III pense que le siège de Calais ne devait pas faire partie du plan de campagne primitif et que c'est seulement après Crécy que le roi prit cette résolution. — Cf. William Longman. — The History of the Life and Times of Edward the third London, Longmans, Green and Co. 1869 2 vol. in-8°, I, p. 263
D'après la chronique de Jean le Bel, Edouard III, après avoir passé la Seine « ne tendoit à aultre chose fors que à assieger la forte ville de Calais ». Chronique de Jean le Bel, éd. Viard et Déprez. Soc. Hist. de France, 1905. 2 vol. T. II, p. 89.

Son triomphe inespéré à Crécy lui permit de réaliser enfin son projet.

Les Calaisiens s'attendaient, depuis plusieurs années, à une attaque combinée des Anglais et des Flamands et nous avons montré, dans le premier volume de cette histoire, le bailli, Pierre de Ham, prenant toutes ses mesures pour mettre la ville en état de résister aux ennemis. Le compte de Pierre de Ham pour l'Ascension 1316 (25 Mai), mentionne des rapports d'espions envoyés en Angleterre et en Flandre pour s'informer des intentions du roi Édouard(1). Rentré à Calais au début de Juin, Pierre de Ham redoubla de vigilance. Le 16 Juillet, Thomas Meux, après avoir été en Flandre, était envoyé, par lui, à Arras et à Montreuil auprès du maréchal de France (2) et de Jean du Cange, trésorier des guerres, « pour auls monstrer la nécessité des vivres et des soldoiiers ». Le 31 Juillet, un nouveau message est adressé au sire de Fosseux et au maréchal, pour leur apprendre « que Rémont du Solier avoit fait à savoir de Flandres à Kalais, que Flament et Englès devoient issir de Flandres le second jour d'aoust et venir vers Kalais » (3). Cette mention semble bien indiquer que l'éventualité d'une action combinée d'une armée flamande et des forces anglaises, alors en Normandie, avait été envisagée comme possible.

Les agents du roi de France n'ajoutaient guère foi aux avis de Pierre de Ham. Vainement il sollicitait les renforts nécessaires. Jean du Cange se borna à faire délivrer au bailli de Calais quelques provisions, dix tonneaux de vin blanc, soixante livres de salpêtre, douze livres de soufre et du charbon (4) pour la poudre nécessaire aux canons. Pierre

---

(1) Arch. du P.-de-C. A. 650

(2) Bernard, sire de Moreuil, maréchal de France, tué à Crécy, le 26 Août 1346.

(3) Dernier compte de Pierre de Ham, Arch. du P.-de-C. A. 660. Ce compte a été analysé par J. M. Richard, Mémoires de la Commission Départementale des Monuments Historiques du Pas-de-Calais, T. I, 3e livraison, Arras, 1893. pp. 211-258.

(4) « Ou castel furent mis et délivré au castelain X tonneaus de vin blanc, LX lb de salpêtre, XII lb. de souffre et le carbon pour faire fu pour les canons, et II barils d'oille que Jehans du Cange baillia des pourveances du Roy... » Arch. du P.-de-C. A. 660.

de Ham renvoya un messager, Fouque le Cupere, à Arras, auprès de Jean de Fosseux, l'un des gouverneurs d Artois, le 10 Août 1346. Nouvelle mission, le 25 du même mois, auprès du sire de Fosseux, alors à St-Omer, et le 29, auprès de Robert de Ligny, trésorier de Chalon, second gouverneur d'Artois. Un autre envoyé alla porter « lettres au Roy et à ma dame peur avoir argent et vivres pour les soldoiiers du chastel » et se plaindre des refus de Jean de l'Hôpital, à ce sujet. A ce moment, la marche d'Edouard III sur Calais avait commencé. Le dernier messager de Pierre de Ham, Jehan le Boursier, retourna, au début de Septembre, auprès de Jean du Cange et de Jean de l'Hôpital « pour avoir argent et vivres pour les soldoiiers du castel, et aussi porta lettres à Paris à mons. le duc, pour faire savoir l'estat del host, et adont li envoia aussi li baillus les noms des signeurs del host et l'ordenanche des batailles ». Quand Jehan le Boursier revint de ce voyage, la ville était déjà investie et il dut attendre, à Boulogne, une occasion favorable pour rentrer à Calais par mer.

Pierre de Ham avait donc fait tout son devoir. La ville de Calais avait été approvisionnée, autant qu'il était en lui. Nous n'énumérerons pas les quantités de vivres de toute nature qu'il avait réunies au château, « vivres et pourveances, tant en blés comme en froumage, grosses bestes, tant boes, vaches, veaux, pors, brebis et moutons », que le gouverneur d'Artois lui avait fait délivrer. Il avait lui-même acheté des moutons à Tournehem, des provisions de porc salé et de bacons. Il y avait aussi plusieurs milliers de maquereaux salés, « une pipe de sain de Serdaignes », un cent « de bien petits saumons ».

On avait également songé à la boisson. Outre les tonneaux de vin blanc et de vin rouge, mis en réserve dans les celliers du château, Pierre de Ham avait des barils de goudale et tout un matériel de brasserie, « une bien grant caudière leu on fait tout le brassin des soldoiiers du castel ». Il s'était préoccupé des approvisionnements d'eau douce. De nombreux ouvriers furent employés à transporter cette eau, prise hors de la ville, dans les barriques que l'on mit au château. Pendant le siège, il fit creuser un puits dans la cour du château pour avoir de l'eau douce.

Les fortifications de Calais avaient été augmentées par ses soins, au cours des six dernières années. Le maître des engins, Jean d'Oppove, avait fait « gariter le grant tour ». Des ouvriers avaient été chargés de « gariter le grant porte devant, et à pluiseurs des tourelles mettre du mairien », de

« reparlier les bretesches, alées et hourdis faire,... établir une portelette devers la ville ». On avait soigneusement curé les fossés que le sable envahissait vite. Du reste, tous les chroniqueurs s'accordent à reconnaître que Calais était, alors, une des plus puissantes forteresses de l'époque.

L'armement comprenait tous les anciens engins arrivés à leur plus haut point de perfection : arcs à main et arbalètes, armes portatives à l'usage des défenseurs de la place, grands engins, arbalètes à tour, espringales dans les bretèches, trébuts que Pierre de Ham fit construire encore pendant le siège. Le compte ne dit rien de l'achat ou de la construction de canons. Il y en avait, cependant, puisque l'on trouve mentionnés des approvisionnements de soufre et de charbon de bois « pour faire ardoir pour les canons ». Le bailli paie trois sous « pour un bachinet de fer pour faire fu pour les boistes de canon ». Ces canons lançaient des carreaux de bois empennés de fer.

C'est vraisemblablement le 4 Septembre 1346, que l'armée d'Edouard III apparut sous les murs de Calais (1). Il avait ravagé sur son passage le Ponthieu et le Boulonnais, brûlé les faubourgs de Montreuil, Etaples et Wissant, et il prit ses dispositions pour investir étroitement Calais, qu'il était décidé à conquérir à tout prix. Il se rendit compte qu'il n'avait aucune chance de l'emporter de vive force. Outre ses murailles, elle était défendue par des fossés profonds, alimentés par les eaux des marées ; la nature du sol, très marécageux, ne permettait pas aux assiégeants de dresser leurs machines de guerre, et les assiégés avaient eu la précaution de suspendre, au dehors de leurs murailles des sacs remplis de paille pour amortir le choc des projectiles (2).

---

(1) Nous adoptons cette date, avec M. Daumet, op. cit. p. 2, et les derniers éditeurs des chroniques de Jean le Bel, éd. cit. II, p. 110, qui ont discuté les diverses dates données par les chroniqueurs — Cependant M. Déprez dit (ibid) que le premier acte inscrit dans les Norman Rolls et daté devant Calais, est du 8 Septembre Or, la chronique de Gilles le Muisis indique aussi le 8 Septembre (Gilles li Muisis, éd de Smet, II, p 263). Mais la chronologie de ce chroniqueur est souvent inexacte La date du 4 donnée par Thomas Walsingham, Geoffroi Le Baker et les récits d'un bourgeois de Valenciennes (ce dernier dit. « le lundy devant le jour Nostre-Dame ». Or, la Nativité était le vendredi) est confirmée par les mentions des Journaux du Trésor de Philippe de Valois.

(2) « Præterea muris eorum obrutis adhuc fossæ profundæ aquis marinis quotidie inundatae contra totum mundum poterant defendi cum facilitate. Verumtamen obsessi timentes per machinas muros eorum posse laedi, crates et saccos plenos paleis paraverunt, quibus ictus lapidum a machinis emissorum fuissent delusi... » Le Baker de Swinbroke, éd. A. Giles, Londres, 1847, p. 171.

Edouard III, bien décidé à s'emparer de Calais, fit ses préparatifs pour un long siège. Il déclara « que pour yver, ne pour esté ne s'en partiroit tant qu'il l'eust à sa voulenté » (1), certain, d'ailleurs, que son projet serait approuvé par ses sujets anglais (2). Jean le Bel et Froissart nous ont laissé la description de la ville de bois qui s'éleva, au sud de Calais, pour servir de logement au roi d'Angleterre et à ses chevaliers. Autour du pavillon royal, situé non loin du pont de Nieulay, toute une cité surgit du sol, avec des rues et des places, où les marchands anglais et flamands apportèrent en abondance, aux assiégeants, les vivres et les objets dont ils avaient besoin. On l'appela *Villeneuve la Hardie*. Deux fois par semaine, il s'y tint un véritable marché. « Et avoit en ceste noeve ville dou roy toutes coses nécessaires apertenans à une host et plus encores, et place ordonnée pour tenir marchiel le merkedi et le samedi. Et là estoient merceries, boucheries, halles de drap et de pain, et de toutes aultres nécessités, et en recouvroit on tout aisiement pour son argent » (3). Le roi d'Angleterre adressait aussi des ordres aux baillis de Newcastle-sur-Tyne et de vingt-huit autres villes, à l'évêque de Durham, au lieutenant du connétable du château de Douvres, et à tous les vicomtes d'Angleterre. Dès le 6 Septembre, il leur mandait de diriger sur Calais du pain, du froment, du vin, de la cervoise, de la viande, du poisson, des arcs, des flèches et des cordes pour les arcs (4).

En même temps, il convoquait un Parlement qui se réunit à Londres, le 11 Septembre 1346. Il y délégua Barthélémy Burghersh et son chambellan, sir John Darcy, qui s'efforcèrent d'enflammer le patriotisme des députés, en rappelant le projet d'invasion de l'Angleterre par les Français, en 1339, en leur faisant un rapport enthousiaste des succès remportés

---

(1) Chronique de Jean Le Bel, édit. cit. II, p. 111.

(2) « Nostre seigneur le Roi estoit venuz devant Caleys et y avoit fait mettre siège, dequele siège il ne pensa departir avant qu'il eust conquis la ville, ove l'eide de Dieu, dont les habitantz ont donez tantz des damages à lui et à son poeple d'Engleterre. » Rotuli Parliamentorum, édit de 1832, T. II, p. 158 b

(3) Froissart, édit. Siméon Luce, IV, p. 2. — Cf. Jean le Bel, édit. cit. II, p 112: « et y avoit boucherie, hale de draps et toutes marchandises aussy bien que Arras ou Amiens, car ilz avoient les Flamencs de leur acord, dont tous biens leur venoient ».

(4) Rymer, Record Edition, T. III, pars I, p. 89.

par Edouard III, dans sa campagne actuelle, et en indiquant ses plans pour l'avenir. Le Parlement entendit avec satisfaction le récit des derniers événements, mais se plaignit des levées de troupes faites sans son assentiment, des exactions de certains pourvoyeurs de l'armée royale, du droit de 40 s. sur les laines et de l'attribution de nombreux bénéfices anglais à des clercs étrangers fort ignorants. Burghersh plaida les circonstances atténuantes, refusa de consentir à l'abolition de la taxe sur les laines et promit de corriger les autres abus. Il obtint ainsi du Parlement les subsides nécessaires à la continuation du siège de Calais. Le clergé vota un décime pour deux ans (1).

Il n'est pas possible d'évaluer, même approximativement, les forces anglaises qui participèrent au siège de Calais, tout au moins au début de l'investissement. Elles devaient être assez importantes, car Edouard III refusa, au dire des chroniqueurs flamands, le secours des milices communales des Flandres. Gilles li Muisis rapporte que, au début de Septembre 1346, les gens de Bruges et d'Ypres avaient l'intention de rejoindre l'armée anglaise. On fit même à Gand une proclamation ordonnant à tous les bourgeois, de quinze à soixante ans, de se rendre à Calais. Nul doute que cet ordre n'eut été accueilli avec plaisir par ces communiers flamands, dont la haine, contre les Calaisiens, égalait celle que les Anglais avaient conçue contre le « nid de pirates ». Mais le roi d'Angleterre, jugeant qu'il n'était pas bon que les Anglais et les Flamands fussent réunis dans un même camp, par crainte des rixes, les pria de ne pas venir (2). Peut-être Edouard III n'avait-il qu'une confiance restreinte dans ses alliés, qui lui rendirent pourtant des services signalés en faisant campagne de leur côté, en occupant une partie des

---

(1) Rot Parl. II, 157-163. — Rymer, édit. cit. III, 1, p. 90. — Cf: Chronicon Henrici Knighton, monachi Leycestrensis, édit. Joseph Rawson Lumby, II, 45 — Voir aussi les histoires d'Edouard III de Longman et de Mackinnon.

(2) Gilles li Muisis, édit De Smet, II, p 263. — Les Flamands paraissent avoir gardé rancune à Edouard III de cette méfiance. Dans une curieuse version du siège de Calais, un de leurs chroniqueurs, confondant les faits et les dates avec une ignorance absolue, prétend que Calais se rendit à Artevelde (mort un an avant le siège de Calais) et que celui-ci ayant cédé cette ville pour 28 ans au roi d'Angleterre, les Anglais s'y maintinrent au mépris de la foi jurée (Chronique des comtes de Flandre publiée, en 1613, par George Galopin, sous le titre de Flandria Generosa, dans le Corpus de De Smet, 1837, II, p. 221).

forces françaises, et surtout, à la fin du siège, en empêchant l'armée de Philippe VI de secourir Calais par l'Est.

Le roi de France n'essaya pas de s'opposer à l'investissement de Calais. La défaite de Crécy l'avait découragé. Il eût pu cependant trouver rapidement les éléments d'une nouvelle armée, car le duc de Normandie avait levé le siège d'Aiguillon, du 20 au 21 Août (1), et les soldats auraient pu être conservés, mais cette armée fut licenciée et l'on se contenta de renforcer les garnisons de Boulogne, de Saint-Omer et des villes de l'Artois. Philippe envoya à Arras le duc d'Athènes ; à Boulogne le comte de Joigny, Charles d'Espagne, le seigneur de Beaujeu ; à Saint-Omer, Guy de Nesles (2).

Edouard III s'attendait à être attaqué. Il avait entouré son camp d'un double fossé, afin de repousser les sorties de la garnison et les attaques de cette armée de secours, dont la venue lui semblait imminente, car le bruit courait que Philippe VI réunissait cette armée à Compiègne. Au début d'Octobre, ordre fut donné de lever des renforts en Angleterre (3). Ce n'était qu'une fausse alerte et les défenseurs de Calais étaient bien abandonnés à leurs propres forces.

On connaît, aujourd'hui, les noms de quelques-uns des chevaliers et des hommes d'armes, qui participèrent à la défense de la ville. Le châtelain Jean de Bléty avait sous ses ordres, entre autres soudoyers, Denis Tiremande, Jean Malebranche, Jean de Radometz, Baude Pacoul, Geoffroy de Rucodon, Jean le Bougre, Pierrouche de Beauvoir, Guillaume du Brouillet, Michaut de Saint-Pierre, Ansel de Thun, Guillaume de Saint-Omer, Chrestien Goidhierbuer, Eustache Stacane, Guillaume du Bouillon, Pierre Boulique, Guillaume

---

(1) La date du 20 Août est donnée dans Avesbury, p. 372. Des mentions de paiement d'hommes d'armes dans les Journaux du trésor de Philippe VI de Valois (éd. Viard, nos 2 339, 3 619, 3 860.) reportent cette date au 21 Août. C'est donc par erreur que Jean le Bel (édit. cit. II, p. 115), Froissart (édit. cit. IV, p. 5) et la Chronographia regum Francorum (édit. Moranvillé, II, p. 235), racontent que le duc de Normandie leva le siège d'Aiguillon en Septembre, sur l'ordre de son père, après la défaite de Crécy.

(2) Chronique Normande du XIVe siècle, édit. Aug. et Em. Molinier, 1882, p. 83. — Cf. Chronographia, édit. cit. II, 236.

(3) Rymer, édit. cit. III, pars I, p. 91.

et Copin Beudon (1). Au moment où les Anglais parurent sous les murs de la ville, le commandement y était exercé pour le roi de France par Enguerran, seigneur de Beaulo (2). Celui-ci fut remplacé, dès le début du siège, par Jean de Vienne, dont le nom est resté attaché à cet épisode de notre histoire. C'était un chevalier bourguignon (3), d'une illustre famille, qui réussit à pénétrer dans Calais en longeant le rivage depuis Wissant (4). Il y fut rejoint par plusieurs autres chevaliers, Arnoul d'Audrehem, Jean de Surie, Baudouin de Bellebrune, Geoffroy de la Motte, Pépin de Were, Gérard de Wérières et le sire de Grigny. Il est probable que depuis que Jean de Vienne avait réussi à franchir les lignes anglaises, on avait redoublé de vigilance, car Arnoul d'Audrehem et ses compagnons durent entrer à Calais par mer (5). La garnison comptait en outre des arbalétriers, des mariniers et des hommes d'armes portant des lances (6). Nous ignorons leur nombre, comme nous ignorons aussi les noms des échevins de Calais pendant le siège.

Quand Jean de Vienne se fut rendu compte de l'intention d'Edouard III d'affamer Calais, il n'hésita pas à renvoyer les bouches inutiles. Froissart estime à dix-sept cents le nombre des vieillards, des femmes et des enfants qu'une dure nécessité contraignit à rejeter hors de la ville. Jean le Bel dit cinq cents personnes (7). Ces deux chroniqueurs s'accor-

---

(1) Dernier compte de Pierre de Ham, Arch du P.-de-C A 660

(2) Chronographia, édit cit II, p 240, note 1.

(3) Froissart, édit cit. IV, p. IV, note 1. Jean de Vienne mourut à Paris le 4 Août 1361 (Ibid.)

(4) « Et s'i bouta de nuit à toute sa carge par le sablon, et cevauça de Wisan jusques à là. Si le 'requellièrent tout li honme de la ville, et en furent moult resjoï de sa venue . » Froissart, ms. de Rome, dans édit cit IV, p 203.

(5) E Molinier, Etude sur la vie d'Arnoul d'Audrehem , 1883, dans les Mémoires de l'Académie des Inscriptions et Belles Lettres, 2e série. Antiquités de la France, T VI ,Paris, Imprimerie Nationale, 1883, p. 12

(6) Journaux du Trésor de Philippe VI, édit Viard, à la date du 16 Avril 1349 — Nos 893, 1.331, 661-663, 2 302, 2 913, 2.239-2 242, 5 025, etc.

(7) « Quant le noble roy vit ainsy ces povres gens mises dehors de leur ville, ilz les fist venir tous devant luy en sa grande sale et leur fist à tous donner à boyre et à menger planteureusement, et quant ilz eurent bien mengié et but, il leur donna congié d'aler hors de son ost » Jean le Bel, édit. cit. II, p. 113. — Cf. Froissart, édit cit. IV, pp. 2 et 3.

dent à vanter la magnanimité d'Edouard III, qui aurait fait bon accueil à ces bannis, leur aurait permis de traverser son camp et leur aurait même donné quelque argent. D'après le chroniqueur anglais Knighton (1), Edouard III aurait repoussé ces malheureux qui moururent de froid et de faim entre la ville et le camp des Anglais. Le même chroniqueur fixe la date de cet exode au mois de Juin 1317. Il nous paraît possible et légitime de concilier les deux versions et d'admettre qu'il y eut deux épisodes de ce genre, l'un au début du siège, et qu'Edouard III livra passage aux Calaisiens ; l'autre à la fin, quand l'extrême famine eut contraint les assiégés à un nouvel exode, et que le roi d'Angleterre, rendu furieux par la résistance inattendue de la ville, se montra, cette fois, impitoyable.

Les premiers temps du siège furent supportables pour les Calaisiens qui se ravitaillaient par mer. Les galères génoises de Grimaldi au service du roi de France avaient réarmé, le 26 Août, le jour même de la bataille de Crécy et, le 11 Septembre, cette division était à Dieppe (2). Le 17 Septembre un coup de main heureux permit de capturer vingt-cinq des navires anglais qui assuraient le passage entre Douvres et Calais. Edouard III et ses gens assistèrent impuissants à ce combat (3). Le roi d'Angleterre résolut, dès lors, de s'assurer la supériorité sur mer afin de rendre effectif le blocus de Calais. Le lendemain même, 18 Septembre, il écrivait au comte de Gloucester pour lui signaler les attaques des vaisseaux français contre les bateaux anglais chargés d'approvisionner l'armée assiégeante et lui ordonnait de réquisitionner une force navale suffisante pour résister aux ennemis (4). Dès lors, il poursuit ce projet avec ténacité. Le 16 Novembre, il envoie à son chancelier une liste des bateaux de pêche et des

---

(1) Knighton, édit. cit., II, p. 18.

(2) De la Roncière, Hist de la Marine, I, p. 181. — Sur le rôle de la marine au siège de Calais, voir cet ouvrage, ibid pp. 171-197, et un article du même auteur dans la Bibliothèque de l'Ecole des Chartes, T LVIII, année 1897, p. 551 et suiv. — J'ai dépouillé aussi, d'après les indications données dans ces travaux, le ms. 9.211, Nouv acq. franç de la Bibl. Nat contenant le compte du clerc des arbalétriers « Jehan de Lospital . pour l'armée de la mer commandée par Floton de Revel », de Mai 1316 au dernier jour d'Octobre ,et plusieurs autres paiements pour le ravitaillement de Calais.

(3) Gilles li Muisis, édit cit. p. 261. — Le Baker, édit. cit. p. 171.

(4) Rymer, édit. cit. III, pars I, p. 91.

marins qui devaient prendre part au siège ; le 20 Novembre, il nomme les trois commissaires chargés de noliser ces cinquante bateaux (1).

La flotte française, au contraire, avait désarmé pour l'hivernage. Ne se sentant plus protégés, les maîtres de nefs ne voulaient plus se risquer à forcer le blocus. Froissart avait gardé les noms de deux mariniers d'Abbeville, Marant et Mestriel, qui se hasardèrent et réussirent à introduire des vivres par mer à Calais. Abbeville semble bien, en effet, avoir été choisi comme principal centre de ravitaillement (2). On usa de rigueur envers les maîtres de nefs trop timides. L'amiral en fit emprisonner neuf par le maire d'Abbeville (3). Il fallut aussi envoyer chercher les marins et les arbalétriers par des sergents de ville (4). Bientôt cependant de nombreux marins de cette région tentèrent l'aventure (5). Colin Hardy de Leure, avec cinquante hommes, introduisit, dans la place, d'abord cinq, puis six nefs chargées de vivres (6). Un autre marin, Guillaume Dauvelle, renouvela cet exploit avec onze petits bâtiments dont une partie fut jetée à la côte, tandis que le reste entrait dans la ville (7).

Pendant les premiers mois du siège, Edouard III avait pu craindre, un moment, que les affaires d'Ecosse ne fussent un obstacle à son entreprise. Le roi d'Ecosse, David Bruce,

---

(1) Voir ces documents publiés dans l'édit cit de Jean le Bel, II, p 339.

(2) « Donné à plusieurs genz qui aidièrent à tirer et mettre hors des fossez d'Abbeville aucuns vitailliers et les mettre dedens la rivière de Somme, pour porter garnisons de vivres à Calays... » Bibl. Nat. ms 9.241, Nouv. acq. franç. f° 75 v°.

(3) Bibl Nat Coll. Moreau, vol. 231, f° 31. — Analysé par Cocheris, Notices et extraits des documents ms relatifs à l'Histoire de Picardie. Paris, 1854, in-8°, T. I, p. 59.

(4) « Pour les sergenz d'Abbeville qui alèrent querre par plusieurs fois en leurs maisons les arblestiers et mariniers pour ce qui ne vouloient venir... » Bibl. Nat. ms. 9.241, f° 76 v°

(5) J'ai relevé 34 noms d'habitants d'Abbeville, Pont-Remy et Fontaine-sur-Somme qui participèrent à ces expédit'ons Ibid f° 83, v°.

(6) Bibl Nat. Pièces originales, vol. 2.467, doss. Revel, pièces 5 et 6. Cité par La Roncière, op cit. p. 182, note 3.

(7) « Guillaume Dauvelle pour le sallaire de XI vessiaux pris pour aler à Calais pour le dit fait, dont partie sen fery à la coste et les autres entrèrent en la dicte ville... » Bibl. Nat. ms. 9.241, f° 75:

avait envahi le nord de l'Angleterre, mais sa défaite à Nevill's Cross, le 17 Octobre, vint ruiner les espérances que cette diversion des Ecossais aurait pu faire concevoir aux Calaisiens.

Non moins vaines furent les tentatives de médiation faites par des légats du pape. L'historien anglais Mackinnon voit, dans la mission remplie, en Janvier 1317, par les cardinaux de Clermont et de Naples, l'intention qu'avait le pape Clément VI de conserver Calais à Philippe de Valois. Il raille doucement la confiance de Clément VI dans l'effet de sa correspondance conciliatrice. Edouard III se posait en victime de la mauvaise foi de son adversaire de France et il était évident que tous les arguments du pape demeureraient sans valeur tant que Calais ne serait pas tombé au pouvoir des Anglais. « Toute la rhétorique de Clément VI ne pourrait empêcher les rations de la garnison de Calais de diminuer » (1). Edouard III n'était pas homme à renoncer à un dessein dont il poursuivait l'accomplissement avec toute la ténacité dont il était capable.

Il adressait d'incessants appels à ses sujets d'Angleterre. Un certain nombre d'hommes d'armes et d'archers avaient quitté son camp et passé le détroit. Il donna l'ordre aux shérifs d'arrêter tous ceux qui ne seraient pas porteurs de lettres de permission et de les tenir prisonniers jusqu'à nouvel avis (2). Il multipliait aussi les instructions pour la formation d'une flotte qui, en lui assurant la suprématie sur mer, hâterait la prise de Calais. Dès le mois de Décembre 1346, une force navale imposante croisait devant Calais (3). Une galère française et deux bargots, le Saint-Georges de Leure,

---

(1) Mackinnon, op. cit. p. 297 et suiv — « Edward was resolved that, as John de Vienne's rations were becoming ever smaller, Clement's rhetoric should not stop the process of diminution. » Voir sur ces négociations Rymer, Fœdera, III, pars I, p. 92. La lettre du pape et la réponse du roi d'Angleterre sont rapportées dans Robert de Avesbury, De gestis mirabilibus regis Edwardi tertii, édit. Thompson, 1889, pp. 377-381. Voir aussi sur cette première intervention les Récits d'un Bourgeois de Valenciennes, édit Kervyn de Lettenhove, Louvain, 1877, p 213. Edouard III aurait refusé de recevoir les cardinaux « Et quant ils vindrent devant Callais, ils ne peurent oncques parler au roy d'Engleterre, de II fois ou de III qu'ils y furent ».

(2) Calendar of the Close Rolls, Edw. III, VII (1346-1349) p. 172 Lettre du 15 Novembre 1346.

(3) Rymer, édition de La Haye, T. II, 1e partie, p. 207.

commandé par Colin Hardy, et le bargot Saint-Firmin d'Abbeville, sous les ordres de Michel de Boulogne, reçurent la mission de surveiller cette force (1). En Décembre une galère d'Abbeville, conduite par Jehan Hadoc de Saint-Valery, put encore ravitailler les Calaisiens (2).

Les Anglais redoublèrent de vigilance. En Janvier 1317, une escadre, sous le commandement du comte de Kent, interceptait le passage. Le 15 Février on fit le recensement des navires anglais dans tous les ports britanniques (3), et le nombre des vaisseaux ainsi mobilisés atteignit le chiffre formidable de sept cent trente-sept (4).

De leur côté, les marins français ne restaient pas inactifs. Pendant tout le mois de Février, on pressait les préparatifs dans nos ports de la Manche (5), pour secourir les Calaisiens.

Nous ignorons malheureusement le détail des opérations du siège, du côté de la terre. Les chroniques sont muettes à cet égard. Jean le Bel se borne à dire : « Ilz avoient aussy souvent de dures rencontres, souvent aussy avoit escharmuches entour la ville, de ceulx de l'ost et de ceulx de dedens ; et souvent, chevauchoient les mareschaulx avant le pays pour trouver aventures, et ramenoient bestes grosses et menues pour l'ost, ardant et robant tout, siques toute la conté de Guynes et la ville mesmement jusques au fort chastel fut arse, et aussy fut la grosse ville de Marque. Brief, tout le pays fut gasté. Souvent y avenoit de belles aventures... et trop long seroit de raconter toutes les besongnes... » (6). Froissart n'est pas plus explicite. Il se borne à affirmer que « si y avinrent moult de grandes aventures et des belles proèces, d'un costé et d'autre », escarmouches entre les assiégeants et les assiégés, rencontres entre les Anglais et les Français des garnisons

---

(1) Ces bargots furent armés les 10 et 11 Décembre 1316 Bibl. Nat ms 9.211, fos 72 vo et 75

(2) Ibid. fo 71 vo.

(3) Rymer, cité par Daumet, op cit p. 5.

(4) Champollion-Figeac, Lettres de rois, reines .. (Coll. des Documents inédits), T. II, p. 92

(5) « Guillaume de la Porte et Jehan de Saint Walery pour lamenage de plusieurs vessiaux quil conduirent et menerent chargiez de vivres de la dicte ville de Saint-Wallery jusques au groneys pour aler à Calays... » 1er Février — Bibl. Nat ms 9 211, fo 71 vo.

(6) Jean le Bel, édit cit. II, p. 113 et p 132.

voisines. Edouard III et ses compagnons s'ingéniaient à trouver les moyens de détruire les ouvrages de défense, mais « cil de le ville de Calais contrepensoient le contraire, et faisoient tant à l'encontre que cil engien ne cil instrument ne lor portoient nul damage » (1). Il paraît certain que le roi d'Angleterre employa une vingtaine de canons pour battre les murailles, mais sans grand résultat (2).

C'est pendant ce siège que fut détruite l'abbaye des Bénédictins de Sainte-Marie de La Capelle, près de Calais (3).

Edouard III tenta de resserrer l'alliance qui l'unissait aux Flamands, en négociant le mariage de sa fille Isabelle avec le jeune comte Louis de Male qui s'était rendu dans ses Etats au mois de Novembre 1346 ; mais il y avait entre le comte et ses sujets trop de motifs de discorde pour que ce projet pût aboutir. On sait comment ce fiancé malgré lui prit la fuite en France pour échapper à la fois à ses sujets et à Edouard III avec qui il avait eu une entrevue à Bergues en Mars 1347. Pendant tout l'hiver, Edouard III demeura dans son camp de Calais où la reine était venue le rejoindre (4). Il y célébra avec éclat les fêtes de Noël. Les comtes de Derby, de Pembroke et de Kentfort lui amenèrent alors d'importants renforts (5).

Ce n'est cependant que sur la famine que le roi d'Angleterre pouvait compter pour réduire Calais et c'est sur mer que se concentre l'intérêt de la lutte jusqu'à la fin de Juin 1347. Le sort de Calais préoccupait toutes les villes de France. On s'y étonnait de l'inaction persistante de Philippe VI. Rien n'est plus instructif à cet égard que la lettre écrite, le 27 Février 1347, par les échevins de Saint-Omer à ceux d'Arras qui leur avaient demandé ce qu'il y avait de fondé dans un bruit répandu, vers la fin de ce mois, que les Anglais

---

(1) Froissart, édit. cit. IV, p 30.

(2) Longman, Histoire d'Edouard III, édit cit. I, pp. 263-290

(3) Cf. La Désolation des Eglises, Monastères et Hôpitaux en France, pendant la Guerre de Cent Ans, par le P. Henri Denifle, T II (1re moitié), Paris, Alph Picard et fils, 1899, pp. 16 et suiv.

(4) Suivant Jean le Bel (II, p 134) la reine serait arrivée au camp de Calais, le 28 Octobre 1346. Froissart reproduit les termes mêmes de Jean le Bel IV, p 29

(5) Froissart, IV, p 31 — Cf. Istore et Chronique de Flandres, édit. Kervyn de Lettenhove, p. 61.

levaient le siège de Calais (1). « Et tant que du deslogement que vos lettres contiennent, ne savonz riens ; ainchoiz est vérités li contraires, car au jour de ces lettres escriptes, si comme nous l'avons entendu, l'ost du Roy anglès assalli la ville de Calaiz, et ne pense li diz Roys à lever son siège sans avoir ladite ville, que Dieux ne vueille. A laquel chose, ne à toutes les choses qui touchent au païz qui font les marches joignans des ennemiz, *li Roys nos souverains sires, ce nous semble, combien que les doubles li ont esté escriptes par nous et par autres, met très petite aide et résistement...* » Dans cette même lettre les échevins de Saint-Omer préviennent les échevins d'Arras que le comte de Derby se dispose à envahir l'Artois avec cinquante mille hommes. Le 3 Mars, les échevins de Reims priaient à leur tour ceux d'Arras de leur dire si vraiment le siège de Calais était levé.

Partout, sur les côtes normandes et picardes, on se préparait à secourir Calais. Neuf vaisseaux et neuf cent trente hommes, sans commandant en chef, partaient de Leure. A Dieppe, on équipait quatre nefs et une barge tellement chargées de vivres que vainement elles essayaient de sortir du port et que trois cent trente-huit femmes durent entrer dans l'eau et s'atteler aux câbles pour les mettre à flot (2). Le vice-amiral Firmin d'Aust avait aussi rassemblé six nefs à l'embouchure de la Somme. Deux cent soixante-dix arbalétriers étaient venus d'Abbeville pour aider la garnison de Calais (3) : L'une de ces nefs était commandée par Ringois d'Abbeville. C'est à Boulogne que devaient se concentrer tous ces navires et le lieutenant de l'amiral, Etienne de Musignies, séjourna dans cette ville, du 14 Février au 16 Avril 1347, pour veiller au ravitaillement de Calais (1). A Boulogne la conduite du

---

(1) Documents inédits sur l'invasion anglaise .., par A Guesnon. Paris Imprimerie Nationale, 1898, (Tirage à part extrait du Bulletin Historique et Philologique, 1897) p 32. — On y retrouve aussi la réponse des échevins de Hesdin à ceux d'Arras au sujet de la levée du siège de Calais faussement annoncée, p. 30, et celle des échevins d'Aire, p 31. Ces deux lettres sont aussi datées du 27 Février

(2) De la Roncière, op. cit I, p. 181.

(3) Cocheris, op. cit. I, p. 59.

(1) Dépens de messire Etienne de Musignies faits à Boulogne du 11 Février 1346 (v. s.) au 16 Avril 1347 « pour fere haster et avancier plusieurs vaissiaux pour l'avitaillement de la ville de Calais ». Bibl. Nat ms 9211, f⁰ 71 v⁰ — « Pour don fait à messire Estienne de Mussegnies, chevalier, pour le temps quil fu à Boulongne lieutenant du dit monseigneur ladmiral pour ordener certain navire pour le fournissement de la ville de Calays, et y fu par LX jours pour ce.. » Ibid. f⁰ 75 r⁰.

convoi fut confiée à Marant et à Mestriel. Des corsaires calaisiens, Fleur Fleurin du Saint-Christophe, et Pierre Golant servirent de pilotes (1).

La tâche était rude, car la flotte anglaise était maintenant solidement constituée. Cent vingt vaisseaux, montés par neuf mille six cents marins, étaient réunis sous les ordres des amiraux Suffolk et Arundel ; ils devaient partir de Sandwich le 2 Avril (2). De plus, Edouard III, pour obstruer l'entrée du port de Calais, avait fait couler des bateaux dans le chenal (3), et il avait sans doute projeté, dès cette époque, la construction de ce fort de bois dont Froissart nous a tracé après Jean le Bel, la description. C'était une forteresse de bois « si bien breteskiet que on ne le pooit grever ». Son emplacement était probablement celui qu'occupe aujourd'hui le fort Risban. Il y mit une garnison de soixante hommes d'armes et de deux cents archers « qui gardoient le havene » (4). Jean le Bel, à qui Froissart a certainement emprunté ce détail, dit que cette garnison gardait de si près le port (5) « que riens n'y pouait entrer ni issir, que tout ne fut brisié et confondu ». Le même chroniqueur nous dit que le roi d'Angleterre fit élever cette forteresse quand il eut appris que le roi de France convoquait son armée pour venir à Calais. Elle n'était probablement pas achevée quand le convoi français pénétra dans le port de Calais au commencement d'Avril. C'était le dernier qui devait

---

(1) Paiement fait à Jehan Marant « maistre de la nef Sainte-Marie pour IIII lettres » données les 26 et 27 Février, 19 Mars et 7 Avril. — D'autres noms sont ceux de marins calaisiens ou boulonnais, Jehan Truffe, François Luscart, Jehan Cachemarée, Jehan Baalart, Symon de la Capelle, etc. Bibl. Nat. ms 9.211, f° 81.

(2) Nicolas, A History of the Royal Navy, T. II, p. 93. — Le 10 Mars, Edouard III avait fait ordonner par son chancelier aux baillis des différents ports d'avoir à fournir les bateaux nécessaires au comte d'Arundel. — P. R. O. Privy Seals, file 317, n° 18.518, pièce publiée dans l'édit. cit. de Jean le Bel, II, p. 341.

(3) Présent, fait à Pierre Foulk de Winchelsea, en compensation d'un navire lui appartenant que le roi a récemment fait couler dans le port de Calais, d'une nef appelée « La Michel ». Calendar of the Patent Rolls, Edw. III, VII, p. 260 21 Février 1347.

(4) Froissart, édit. cit. IV, pp. 45 et 46.

(5) Jean le Bel, édit. cit. II, p. 152.

apporter aux Calaisiens quelque réconfort (1). De Février à Avril, cinquante-deux vitailliers avaient été chargés pour Calais (2).

Le succès de la petite flotille française contribua à prolonger la résistance des assiégés, mais décida Edouard III à redoubler d'efforts pour rendre plus étroit encore le blocus de la place. Le 13 Avril, ordre fut donné à des Génois d'aller noliser 12 galères dans leur patrie. On demanda à l'Angleterre un nouveau contingent de navires et d'hommes. Ces sacrifices commençaient à peser lourdement aux Anglais. Les amiraux John de Montgomery et John Howard représentaient à Edouard III, au début de Mai, que les nefs de leurs amirautés ne voulaient plus rester au service du roi devant Calais si on ne leur payait les gages en retard (3). De son côté, la commune de Londres, qui avait établi un impôt extraordinaire pour équiper une nouvelle flotte, refusait de contribuer aux dépenses des escadres royales. Le roi dut menacer les villes pour les contraindre à acquitter les subsides nécessaires à l'entretien des navires. Le 16 Mai 1347, il ordonnait au chancelier d'aviser tous les ports de l'Ouest que les nefs nolisées eussent à se réunir pour le 1er Juin (4). En Mai, les escadres de Warwyck et de Henri de Lancastre avaient resserré leur croisière et provoqué l'échec d'une nouvelle tentative des marins d'Abbeville, de Saint-Valéry et du Crotoy. Vingt bâtiments restèrent aux mains des Anglais (5).

Un dernier convoi français fut confié en Juin à Imperial

---

(1) Knighton, édit. cit. II, pp 16-17 « Post Pascha anno gratiae MCCCXLVII venerunt XXX naves et galeae et atrociter, sine impedimento regis Edwardi vel suorum, intulerunt victualia in villam Calesiae et absque damno recesserunt cernente populo anglicano. Et ab ea hora fecit rex obturare viam introitus navium in villam ».

(2) On en trouve la liste, sous le titre « Vitaillers » et « Despens pour mener par mer vivres pour ravitaillier Calays ». Cette liste compte 52 noms et paraît finir brusquement. Ce sont de petits bateaux comptant de 4 à 12 hommes d'équipage. Bibl. Nat. ms. 9.211, f° 81 v°, 85 r° et v°.

(3) Lettre d'Edouard III au chancelier lui mandant de faire payer la solde des troupes. P R. O. Privy Seals, file 318, n° 18.299, publiée dans l'édit. cit. de Jean le Bel, II, pp. 311 315.

(4) P. R. O., Privy Seals, file 319, n°s 18.311 et 18.321, publié ibid. II, pp. 315-318.

(5) Knighton, op cit. II, p. 18. — Voir pour toutes ces opérations De la Roncière, op cit. I, pp. 171-197.

d'Oria (1). On devait profiter du moment où les troupes de Saint-Omer, conduites par le prieur d'Aquitaine, le duc d'Athènes et le comte d'Armagnac, occuperaient l'ennemi (2). Le 25 Juin, ce convoi fut rencontré par la flotte anglaise de 80 vaisseaux des amiraux anglais et des lords Morley, Talbot et Bradestone en face du Crotoy. Les navires d'arrière-garde jetèrent leurs munitions et s'échappèrent, les uns vers la Manche, les autres en rentrant au port du Crotoy. Les Anglais en prirent treize dont les équipages s'étaient jetés à la mer pour gagner le rivage à la nage (3). Pendant ce temps, Marant (4) attendait en vain à Boulogne ce convoi qu'il devait piloter et sur lequel on voulait embarquer une compagnie de gens d'armes que le Boulonnais, Jean Darlay, avait amenés à Ambleteuse.

Les assiégés voulurent profiter de l'éloignement de la flotte du blocus pour donner de leurs nouvelles et jeter un dernier appel au roi de France. Le 26 Juin, deux bâtiments sortirent de la rade de Calais, mais le capitaine anglais, William Roke, les aperçut et leur donna la chasse. L'un des deux réussit à regagner Calais avec les arbalétriers et les marins qui, au nombre de 27, restèrent avec Jean de Vienne jusqu'à la fin du siège, sous les ordres de Jean Nicaise, le second, monté par dix-sept hommes et un commandant génois, vint à la côte. L'équipage fut capturé. On remarqua que le capitaine, au moment d'être pris, attacha une lettre à une hache et la jeta par-dessus bord. A marée basse, cette lettre fut retrouvée et le texte nous en a été conservé par le chroniqueur anglais Avesbury. Elle était de Jean de Vienne et il n'est point de document plus émouvant que ces quelques lignes d'un homme intrépide exposant simplement sa situation tragique et protestant de sa fidélité au roi qu'il voulait servir jusqu'à la mort. Il lui disait :

« Tres chier et tres douté seignur, jeo moi recomanc à vous taunt come jeo puisse plus, qe celluy qe mult desire de saver vostre bon estat qe nostre Seignur mainteigne en bien toutzditz par sa grace Et, sil vous pleast savoir lestat de vostre ville de Caleys, soiez certain qe, qaunt cests lettres fusrent faits, nous estoions toutz saines et heitez

---

(1) Bibl. Nat. ms. 21.106, pp. 235, 291, 303, et 9.211, Nouv. acq. fr. fos 73 et 76.

(2) Bibl. Nat. ms. fr. 20.363, fo CIII, VII, vo.

(3) Mackinnon, The History of Edward the third, p. 549 et suiv.

Bibl. Nat. ms. 9.211, Nouv. acq. fr. fo 69.

et en graunt volenté de vous servir et de faire chose qe fuist vostre honur et profit. Mes tres chier et tres douté seignur, sachetz qe, qoment qe les gentz sont toutz saines et heitez, mais la ville est à graunt defaute des blees, vines et chares. Car sachietz qe ly naad riens qe ne soit tout maungé, et lez cheens et lez chates et lez chevals, si qe de viver nous ne poions plus trover en la ville si nous ne mangeons chares dez gentz. Car autre foitz vous avetz escrit qe jeo tiendroi la ville taunt qe y avenoit à manger Cy sumes à ceo point qe nous n'avons dount plus vivre Si avons pris accord entre nous qe, si n'avons en briefs socurs, qe nous issirons hors de la ville toutz à champs, pur combatre pur vivre od pur morir. Car nous amons meltz morir as champs honurablement qe manger l'un l'autre. Pur quoi, tres chier et tres douté seignur, mettez y celle remedie qe vous veerez qe apertenist: car, si briefment remedie et consail ne soit mys, vous n'averez jammes plus ors lettres de moy, et serra la ville perdue et nous qe sumes dedeinz. Nostre Seignur vous doygne bone vie et longe, et vous mette en volenté qe, si nous morrons pur vous, qe vous le rendez à noz heires. » (1)

Knighton prétend que le roi Edouard, après avoir pris connaissance de cette lettre l'aurait envoyée, après l'avoir scellée de son propre sceau, au roi Philippe de Valois en lui disant de presser ses secours à ses gens de Calais en grand danger de mourir de faim par amour pour lui (2). C'est à cette date qu'il place un exode de cinq cents Calaisiens que le roi aurait empêchés de traverser son camp et qui auraient péri sous les murs de la ville.

L'armée du roi de France se réunissait avec une incroyable lenteur. La chronique des Quatre premiers Valois impute cette lenteur et l'irrésolution de Philippe VI à la funeste influence que la reine Jeanne de Bourgogne avait sur son époux (3). Cette armée se concentrait cependant peu à peu à Arras. Philippe VI séjourna dans cette ville depuis la Pentecôte (20 Mai) jusqu'au 19 Juin. Il se dirigea de là vers Hesdin où il resta jusqu'au 17 Juillet (4). Pendant qu'il était à Hesdin, dans les premiers jours de Juillet, sa sœur Jeanne

---

(1) Robert de Avesbury, De gestis mirabilibus regis Edwardi tertii, édit. Thompson (Rolls Series, 1889) p. 386

(2) Knighton, édit cit. II, p. 48.

(3) « Le roy Philippe assembla ses hostz et semont ses barons et chevauça vers Calais. Mais la male royne boiteuse, Jehenne de Bourgoingne, sa femme, qui estoit comme roy... manda aux grans barons qui estoient avec le roy que, comment qu'il fust, qu'ilz ne souffrissent que le roy son seigneur se combatist. » Chron. des quatre premiers Valois (1327-1393), éd. Soc. Hist de France, par Siméon Luce, 1862, p. 18.

(4) Cf Jean le Bel, édit. cit. II, p. 150, note 2, et p. 151, note 2.

de Valois, ancienne comtesse de Hainaut, vint à Montreuil-sur-Mer pour parler à la reine d'Angleterre, sa fille, afin de faire la paix entre le roi de France (son frère) et Edouard (son gendre). Celui-ci usa d'un subterfuge assez grossier pour éviter cette entrevue. Il fit embarquer la reine comme si elle devait retourner en Angleterre et déclara aux envoyés de Jeanne de Valois que la reine était partie. Les envoyés rapportèrent ce fait à Jeanne qui regagna le Hainaut. Quant à la reine d'Angleterre, elle avait rejoint le camp anglais devant Calais (1). Du reste, les pourparlers eussent été inutiles. Seule une victoire de Philippe VI aurait pu délivrer les infortunés défenseurs de Calais.

A l'appel du roi de France avaient répondu presque tous ses grands vassaux. Les ducs de Normandie et d'Orléans, ses fils, les comtes de Foix, de Valentinois, de Savoie, de Ponthieu, Jean de Hainaut et une foule d'autres seigneurs avaient rejoint les forces royales qui, au dire de Froissart, s'élevaient déjà à cent mille hommes à la fin de Mai. Le chiffre est probablement exagéré. Peut-être que ces forces auraient suffi si Philippe avait marché en avant au début de Juin, mais on se contenta de détacher le duc de Normandie qui, quelques jours avant la Saint-Jean (24 Juin), s'approcha de Calais ; mais n'osa pas livrer bataille au comte de Lancastre qui était allé à sa rencontre (2). A plusieurs reprises, tout au début de Juillet, le duc de Normandie vint près du camp anglais, mais faute de vivres pour subsister longtemps dans ce pays ravagé depuis un an, il dut se retirer après avoir perdu beaucoup de monde (3).

Philippe VI avait espéré regagner à sa cause les Flamands ou tout au moins obtenir leur neutralité, ce qui lui aurait permis d'attaquer le camp anglais par son point le plus

---

(1) « Quant le roy le sceult, il fist la royne sa femme atourner et apparillier, ainsy comme pour en aler en Engleterre et le fit monter en sa nef en présence des ambassadeurs, pour ce qu'il ne voloit oyr nuls parlemens Et estoit la royne montée quant l'ambassade vint à Callais; et s'excusa le roy aux embassadeurs ainsy qu'il sceult que bon luy fut, puis s'en rala l'embassade et conta à la dame ce qu'elle avoit trouvé Et adont s'en retourna madame Jehenne en Haynault sans riens faire, et quant la royne sceult que les embassadeurs s'estoient partis du roy d'Engleterre, son mary, elle descendist à terre et s'en revint en l'ost comme devant » Récits d'un Bourgeois de Valenciennes, édit cit. p. 253.

(2) Knighton, édit. cit. II, p. 17.

(3) Ibid II, p 48.

vulnérable, du côté de Gravelines (1). Mais Edouard III avait cette fois fait appel à ses alliés qui se levèrent à sa voix et, sous les ordres du marquis de Juliers, allèrent se joindre à l'armée anglaise (2). Les Flamands envahirent donc l'Artois, brûlant et pillant Aire, Saint-Venant et d'autres places. Philippe détacha contre eux les ducs de Normandie et d'Athènes pour attaquer Cassel et d'autres villes de la frontière flamande. Cassel défendue par une forte garnison anglo-flamande aurait même été prise sans l'opportune arrivée de renforts, mercenaires flamands et allemands qui obligèrent le duc à la retraite. Toutes ces escarmouches firent perdre un temps précieux que le roi d'Angleterre sut mettre à profit.

Dès le mois de Mai, il avait mandé les comtes de Lancastre, d'Oxford, de Gloucester, de Hereford (3), avec de nombreux contingents qui comblèrent les vides faits dans l'armée assiégeante par la mort, la maladie ou la désertion (4). Dans toutes ses lettres il signalait les préparatifs guerriers de Philippe de Valois pour stimuler le zèle de ses sujets (5). Le 23 Juillet, il écrivait au maire et aux vicomtes de Londres que le roi de France avait établi son camp à trois lieues du sien. Toutes ses précautions étaient d'ailleurs prises pour rendre sa

---

(1) On lui conseillait de marcher avec toute son armée en Flandre et « par les Flamens on pourroit faire lever le siège de devant Callais » D'autres l'invitaient à attaquer immédiatement les Anglais en lui affirmant « que les Flamens ne ysteroient pas hors de leur pays ». Istore et Chroniques de Flandres, édit. Kervyn de Lettenhove. (Coll de Chron. Belges inédites) T. II, p. 68.

(2) « Rege Angliae in sede ante Calais existente, exierunt de tribus villis et de patria totius Flandriae magna hominum multitudo et iverunt cum dicto rege ante Calais, ut auxiliarentur ei contra regem Franciae, et fuit dux eorum marchisius de Julers ». Gilles li Muisis, édit. cit. II, p. 270. — Cette mention se réfère au mois de Juin.

(3) Rymer, Record edition, III, pars I, pp 95, 96, 97, 120, 121

(4) Chronicon.. auctore monacho quodam sancti Albani, édit. Thompson, p. 23.

(5) Les nombreuses mentions des Calendars prouvent que l'Angleterre fournit au roi d'énormes quantités de vivres et de fourrages. Dans une lettre du 23 Août 1347, Edouard III rappelle que les pays voisins de Londres ont constamment approvisionné son camp de grains et de vivres (by which parts he and his army then at Calays were muchr efreshed with corn and other victuals) Calendar of the Patent Rolls, Edw. III, VII, p. 372. — Cf. ibid. pp. 202, 333 et 409, 504. Calendar of the Close Rolls, Edw. III, VIII, pp. 185, 189, 223, 309, 396

position inexpugnable. Le comte de Lancastre qui s'était avancé à dix lieues de Calais, le 20 Juillet, se hâta de ramener ses huit cents hommes d'armes et ses vingt mille archers, non sans avoir fait encore un butin considérable (1). Toutes les forces anglaises étaient donc groupées dans le camp royal quand apparut enfin l'armée de Philippe VI.

Parti de Hesdin, celui-ci avait atteint Fauquembergue le 20 Juillet, Lumbres le 22, Nordausques et Tournehem le 24. Le 26, il était à Guînes et, à travers cette région entièrement dévastée, il s'avança jusqu'aux hauteurs qui dominent Sangatte et y dressa ses tentes le 27 Juillet.

L'armée française était nombreuse, et, sans accepter le chiffre de deux cent mille hommes donné par Froissart, on peut l'évaluer à plus de cent mille fantassins et trente-cinq mille chevaliers (2). Quand les défenseurs de Calais les aperçurent, ils crurent toucher enfin au terme de leurs misères. C'était, dit Froissart, un merveilleux spectacle que celui des Français, chevauchant tout armés comme pour combattre, bannières déployées, et quand, du haut de leurs murailles, les Calaisiens les virent poindre et apparaître sur le mont de Sangatte, leurs pennons au vent, ils eurent grande joie et pensèrent qu'ils allaient être délivrés. Mais quand ils virent dresser les tentes, ils furent courroucés et il leur parut que c'était un mauvais signe (3). Pouvaient-ils cependant ignorer les difficultés qui allaient surgir devant cette armée de secours ?

Le camp anglais était en effet inexpugnable. Couvert au Sud par des marais, protégé à l'Est par l'armée flamande, il n'était accessible à l'Ouest que par deux chemins, l'un qui longeait les dunes et l'autre qui franchissait la rivière de Hames sur le pont du Nieulay. Edouard III fit garder ce

---

(1) Knighton, édit. cit. II. p. 50.

(2) Chiffre donné par le chroniqueur Gilles li Muisis, édit. cit. II, p. 271.

(3) « Et chevauçoient cil François tout armé au cler, ensi que pour tantost combattre, banières desploiies ; et estoit grans biautés au veoir et considerer leur poissant arroy. Quant cil de Calais, qui s'apooient à leurs murs, les veirent premierement poindre et apparoir sus le mont de Sangates, et leurs banières et pennons venteler, il eurent moult grant joie, et cuidièrent certainnement estre tantost dessegiet et delivret. Mais quant il veirent que on se logoit, si furent plus courrouciet que devant, et leur sembla uns petis signes » Froissart, édit. cit. IV, p. 17. — Cf. Jean le Bel, édit. cit. II, p. 155.

pont par le comte de Derby (1) qui s'y retrancha solidement. D'autre part, pour défendre l'accès de la route des dunes, il avait fait tirer à sec plusieurs vaisseaux transformés ainsi en forteresses garnies d'hommes d'armes, d'archers et d'arbalétriers (2). Si, à ce moment, une flotte française avait pu coopérer à l'attaque de Calais, Edouard III eût été contraint de laisser tous ses navires sur le détroit et Philippe VI aurait pu risquer son armée sur le rivage, mais, depuis la fin de Juin, aucun vaisseau français n'avait paru au delà du Gris-Nez (3). Peut-être même que si Philippe avait lancé toutes ses forces de ce côté, le succès eût été possible le jour même de son arrivée à Sangatte.

Mais, soit timidité, soit prudence, Philippe préféra faire reconnaître la situation du camp ennemi. Il chargea les seigneurs de Beaujeu et de Saint-Venant de rechercher les points d'attaque les plus favorables. Ceux-ci lui déclarèrent qu'il n'y avait aucun passage possible. Le reste de la journée du 27 Juillet et la nuit furent employés par le roi de France à réfléchir sur ce qu'il convenait de faire (4).

Dès l'arrivée de l'armée française, il y avait eu pourtant une escarmouche. Entre Sangatte et les dunes se dressait une haute tour entourée de doubles fossés et occupée par des archers anglais (5). Un corps des milices communales de Tournai, qui constituait l'avant-garde française, attaqua impétueusement cette petite forteresse. Malgré la vaillance des Anglais qui la défendaient et au prix de grandes pertes, les Tournaisiens s'en emparèrent. Ils y firent vingt-sept prisonniers, dont ils donnèrent sept aux gens d'Arras. Les autres, ramenés à Tournai, y, restèrent en prison jusqu'à la Saint-Luc (18 Octobre), jour où ils réussirent à s'enfuir. Un autre était

---

(1) « Et fist le conte Derby, son cousin, aler logier sur le pont de Mylais (Nieulay) à grand foison de gens d'armes et d'archiers, par quoy les Françoys ne peussent passer... » Jean le Bel, ibid. p. 156, reproduit textuellement par Froissart, ibid. p. 48.

(2) « Si fist traire toutes ses naves et vaisseaulx par devant ces dunes et bien garnir d'espringales, de bombardes et d'archiers, par quoy l'ost des Françoys n'y osast passer... » Jean le Bel, éd. cit. II, p. 156.

(3) De la Roncière, op cit. I, p. 497.

(4) Froissart. édit. cit. IV, p 19.

(5) Froissart (ibid. p. 18) dit, après Jean le Bel, que cette tour était gardée par 32 archers. J'incline à croire qu'il s'agit du château de Sangatte et non, comme l'a cru Lefebvre (Hist. de Calais I, p. 730, de la tour de bois construite à la fin du siège pour s'opposer au ravitaillement par mer de Calais.

mort, trois s'étaient rachetés (1). Les Tournaisiens, qui s'étaient si vaillamment comportés, se prirent de querelle avec des gens du Hainaut, qui servaient aussi dans l'armée française et le roi de France dut intervenir pour éviter une rixe sanglante (2).

Le 28 Juillet, Philippe VI envoya quatre chevaliers vers le roi Edouard pour lui demander le combat. Geoffroi de Charny, Eustache de Ribemont, Gui de Nesles et le seigneur Beaujeu arrivèrent ainsi au pont de Nieulay. Le comte de Derby, sur l'ordre de son maître, laissa passer ces messagers et l'on mit une certaine coquetterie à leur montrer les belles dispositions prises pour barrer la route à l'armée française (3). Les envoyés de Philippe furent conduits dans la tente d'Edouard III, qui les reçut entouré de ses barons. Eustache de Ribemont, parlant au nom de ses compagnons, déclara que le roi de France était venu à Sangatte pour combattre le roi d'Angleterre, mais que l'impossibilité absolue où il était mis par la nature du terrain d'entrer en contact avec l'armée de son adversaire l'obligeait à prier celui-ci d'accorder libre passage à ses troupes ou de choisir d'un commun accord un lieu pour la bataille. A ce défi chevaleresque, mais qui nous paraît aujourd'hui étrange, Edouard III, au dire de nos chroniqueurs, répondit par un refus (1). La réponse que lui prête

---

(1) Gilles li Muisis, édit cit II, p 273 « Illi de Tornaco fixerunt tentoria ante Calais quasi primi et propinquiores exercitui regis Angliae.. » Peut-être y a-t-il là un certain amour-propre local (Le chroniqueur est un Tournaisien) Froissart dit aussi que la tour fut prise par « cil de Tournai ».

(2) Gilles li Muisis, ibidem.

(3) « En passant et en chevauçant celle forte voie, cil quatre signeur avisèrent et considérèrent le fort passage, et comment li pons estoit bien gardés On les laissa paisieuvlement passer tout oultre, car li rois d'Engleterre l'avoit ensi ordonné Et durement en passant prisièrent l'arroy et l'ordenance dou conte Derbi et de ses gens. » Froissart, édit cit IV, p 50. — Le ms. de Rome donne plus de détails sur « le pont et le fort passage qui dure bien le quart de une lieue » Ibid. p. 279. Variantes.

(1) Chronique Normande du XIVe siècle, édit Aug et Em Molinier, 1882, p. 89. — La Chronographia dit aussi que le roi de France ayant défié Edouard III corps à corps, cent contre cent, mille contre mille, ou armée contre armée, celui-ci refusa le combat. Chronographia, édit Moranvillé, II. p. 215 — Le Bourgeois de Valenciennes dit de son côté « lequel roy d'Engleterre n'avoit nulle volenté ne intention de combatre, ne de widier hors de son fort, synon quant bon luy sambleroit ». Récits d'un Bourgeois de Valenciennes, édit. cit p. 257.

Jean le Bel et que Froissart a reproduite en l'amplifiant, est très vraisemblable et conforme à ce que nous savons du caractère d'Edouard III. « Seigneurs, j'ay bien entendu ce que vous me dittes de par vostre sire, lequel appellez ainsy qu'il vous plait ; toutesfois tient il mon héritage à grand tort. Si luy direz de par moy que je suys ci, il a prez d'un an, à sa veue et sceue ; plus tost y fust venu, s'il eut voulu ; mais il m'a lessé cy demourer si longuement que ge i ay despendu largement du mien, et cuide avoir tant fait que briefment seray seigneur de la bonne ville de Calais. Si ne suys pas conseillié de tout faire à sa devise, ne à son aise, ne à son plaisir, ne d'eslongier ce que j'ay conquis ou pensé à conquere ; et s'il ne poeut passer par une voye, s'il voit par l'aultre ». Jean le Bel ajoute que cette réponse rendit Philippe VI « tout confus et esmary », ce qui était tout naturel, « quant il avoit tant de nobles seigneurs et de loingtains païs amenez, et veoit bien qu'il luy en faloit retourner sans riens faire » (1).

Telle était cependant alors la force des idées chevaleresques, que le roi d'Angleterre se défendit par la suite d'avoir refusé la bataille. Dans une lettre à l'archevêque de Cantorbéry reproduite par Robert de Avesbury, il présente les faits d'une manière différente (2). C'est seulement après l'échec des négociations dont nous allons parler et où interviennent les cardinaux légats du pape, que Philippe VI aurait envoyé à Edouard III un défi que celui-ci accepta, ce qui n'empêcha pas Philippe de s'enfuir. Mais cette lettre, écrite pour se

---

(1) Jean le Bel, II, pp. 157-158 et Froissart IV, pp. 49-51, 278-281, p. XXIII, note 1.

(2) Robert de Avesbury, édit. cit. pp. 391-395. C'est le Mardi 31 Juillet que Philippe aurait offert la bataille en un lieu qu'auraient désigné, d'un commun accord, quatre chevaliers français et quatre chevaliers anglais. Edouard aurait accepté le Mercredi matin 1er Août et Philippe se serait enfui la nuit suivante — Le chroniqueur anglais Knighton, va jusqu'à affirmer que le roi Edouard offrit de combler à ses frais les fossés et d'abattre les obstacles, pour permettre aux Français de combattre! Knighton édit. cit. II, p. 51. — L'opinion de Siméon Luce « que le défi n'avait guère été porté plus sérieusement par Philippe qu'il ne fut accepté par Edouard » et que « le roi de France ne proposa sans doute la bataille à son adversaire que pour dérober sa retraite ou du moins se ménager une explication honorable » ne repose sur aucune raison sérieuse (Froissart, IV, p. XXIII, note 1). — Philippe VI était sans doute de bonne foi, mais victime de ses illusions chevaleresques, quand il pensait amener le pratique Edouard III à risquer une partie que celui-ci avait gagnée d'avance! C'est ce qu'a bien vu M. Daumet, op. cit. p. 10, note.

concilier le primat d'Angleterre, et où Edouard III cherche à rejeter tous les torts sur son adversaire, ne nous semble guère probante. Froissart, si favorable à Edouard III et si friand de prouesses chevaleresques, n'eût pas manqué de rapporter un fait à la gloire de son héros ; et, si triste qu'ait été alors la conduite de Philippe VI, ce que l'on sait de sa bravoure ne permet pas de penser que, s'il avait pu livrer bataille, il se serait dérobé à une lutte provoquée par lui-même. Le refus d'Edouard III n'était d'ailleurs que trop aisé à prévoir et trop justifié par les circonstances. Il n'allait pas remettre au hasard d'une bataille qu'il pouvait éviter l'issue d'une entreprise dont le succès lui apparaissait imminent.

C'est pourquoi les négociations entamées le 29 Juillet par les légats pontificaux étaient d'avance destinées à un échec. Ces légats, Annibale Ceccano, évêque de Frascati, et Etienne Aubert, cardinal-prêtre du titre des saints Jean et Paul avaient apporté d'abord leurs propositions de médiation du pape Clément VI au roi de France, qui accepta une trêve de trois jours. Ils se rendirent ensuite au camp anglais et Edouard III consentit, autant par affectation de déférence à l'égard du Saint-Siège que pour mieux achever ses préparatifs de résistance à l'attaque éventuelle de Philippe VI, à entamer des pourparlers. Les plénipotentiaires français furent, selon Froissart, les ducs de Bourgogne et de Bourbon, Louis de Savoie et Jean de Hainaut (1). Jean le Bel cite bien le duc de Bourbon et Jean de Hainaut, mais il indique, au lieu du duc de Bourgogne et de Louis de Savoie, le sire de Beaujeu et Geoffroi de Charny (2). La lettre d'Edouard III à l'archevêque de Cantorbéry désigne le duc de Bourbon et Geoffroi de Charny, le duc d'Athènes, le chancelier de France (Guillaume Flotte) et Gui de Nesles, sire d'Offrémont (3). Les plénipotentiaires anglais étaient les comtes de Derby et de Northampton, Renaud de Cobham et Gautier de Masny, le marquis de Juliers et le chambellan du roi, Barthélémy de Burghersh (4).

---

(1) Froissart, édit cit IV, p. 52.

(2) Jean le Bel, édit cit. II, p. 159

(3) Robert de Avesbury, édit cit p 392

(4) Pour les plénipotentiaires anglais, les noms sont les mêmes dans Froissart, Jean le Bel et Avesbury. Celui-ci indique seulement deux noms de plus, ceux de Barthélémy de Burghersh et du marquis de Juliers Ibidem.

Trois jours durant, on émit des propositions que les cardinaux transmirent d'un camp à l'autre avec un zèle aussi louable qu'inutile. Les Français auraient offert, d'après les confidences d'Edouard III à l'archevêque de Cantorbéry, le duché de Guyenne et le comté de Ponthieu pour la délivrance de Calais ; mais le désaccord était trop profond entre Edouard III, qui se prétendait roi légitime de France, et Philippe VI, roi effectif, pour que l'on puisse s'entendre. Les plénipotentiaires se séparèrent donc sans rien conclure et les cardinaux, désespérant de faire signer la paix ou même une simple trêve, se retirèrent à Saint-Omer. Et pendant ces vaines discussions la faim torturait les malheureux Calaisiens et l'on comprend cette réflexion de Jean le Bel : « Sachiez que cil parlement ennuioit moult à ceulx de Calais, car trop longuement on les faisoit jeuner ».

Ils avaient multiplié les signaux de détresse à l'armée campée sur le mont de Sangatte. Trois nuits consécutives, leurs cris s'étaient élevés vers le roi de France, accompagnés du bruit des trompettes, tandis que des feux jetaient leur éclat à travers les ténèbres, et ces manifestations perdaient chaque nuit de leur intensité, montrant par leur décroissance l'affaiblissement des assiégés. Tableau que l'imagination d'un chroniqueur a sans doute amplifié, mais qui correspond bien à quelque réalité (1)

Ces appels désespérés ne purent décider Philippe VI à risquer une attaque qu'il jugeait impuissante et funeste. Edouard III l'estimait pourtant possible, puisque, en toute hâte, pendant les trois derniers jours de trêve, il avait fait fortifier par de grands fossés le passage du côté des dunes, où il sentait sa position vulnérable. Philippe VI n'avait ni l'audace ni le génie qui lui eussent fait affronter les obstacles accumulés entre son armée et la ville qui avait si vaillamment lutté pour rester française. « Toutes nostres pensées sont vainnes. Il nous fault perdre Calais. Mieulx nous vault une

---

(1) « Obsessi interea per signa suum statum tyranno Francorum fecerunt manifestum... erexerunt ejus vexillum super turrim principalem castri alias quoque tres vexillis ducum et comitum de Francia ornaverunt, et, paulo post crepusculum, flammam ignis clarissimam cum ingenti pompa clamantium atque tubarum tympanorum quoque et lituorum, versus exercitum Gallicorum de eminentiori turri levaverunt. Tertia vero nocte flammam valde tenuem et vix a Gallicis perceptibilem cum voce lugubri et humiliter submissa permiserunt, per haec significantes suam potentiam ad conservationem villae fuisse finitam » Le Baker, édit J. A. Giles, 1847, pp 176-177.

Le Siège de Calais

Miniature. Bibliothèque Bodléienne d'Oxford

ville à perdre que de mettre en péril culs cent mille. Se nous le perdons celle fois, une aultre fois le porons nous bien recouvrer... » (1). Ces réflexions que Froissart prête au roi de France et à ses barons, au moment d'abandonner définitivement les Calaisiens, Philippe VI les fit très probablement quand, dans la nuit du Mercredi 1er au Jeudi 2 Août 1347, il donna l'ordre de battre en retraite, retraite précipitée, comme s'il avait hâte d'échapper au remords qui le devait assaillir ! On brûla une partie des tentes et une grande quantité de bagages tomba aux mains des Anglais qui s'étaient mis à poursuivre l'arrière-garde française (2). Les marchands français, qui approvisionnaient le camp, perdirent leurs denrées (3) et le désordre gagna toute l'armée : « Adont veist on grant triboul dedens l'ost ; car les ungs y laissèrent leur charroy, les autres enffondrèrent leurs vins, et bouta-on le feu en l'artillerie » (4).

Philippe VI avait repris à peu près le même chemin que pour venir à Sangatte. Les 3 et 4 Août, il campait devant Lumbres, le 6 devant Fauquembergues et, le 7, il arrivait à Hesdin.

« Quant cil de Calais veirent le deslogement de leurs gens, si furent tout pardesconfi et desbareté. Et n'a si dur cœr au monde que, qui les veist demener et dolouser, qui n'en ewist pité » (5). On imagine sans peine, après Froissart, le découragement et la détresse des Calaisiens qui, après de cruelles alternatives de craintes et d'espoirs, voyaient disparaître leur dernière chance de délivrance. Par quel prodige d'endurance les assiégés avaient-ils tenu depuis la fin de Juin jusqu'au début d'Août ? « A brief raconter ilz mengoient toutes ordures par droicte famine », dit énergique-

---

(1) Froissart, édit. cit. variante du ms. de Rome, IV, p. 282.

(2) « A ce deslogement n'e perdirent point aucun Englès qui s'aventurèrent et qui se ferirent en la kewe des François, mès gaegnièrent des kars, des sommiers et des chevaus, des vins et des pourveances et des prisonniers qu'il ramenèrent en l'ost devant Calais. » Ibid. p. 53.

(3) « Vina quæ in dollis erant effundebantur super campos, et magna pars logiarum combusta est.. Gilles li Muisis, édit. cit. II, p. 271. — Cf. Récits d'un Bourgeois de Valenciennes, édit. cit. p. 257.

(4) Istore et Chroniques de Flandres, édit. cit. p. 69.

(5) Froissart, édit. cit. IV, p. 53.

ment un chroniqueur (1). Et nul ne peut reprocher, à ces défenseurs de Calais, d'avoir enfin entamé des pourparlers avec le roi d'Angleterre pour rendre la ville, quand il leur fut démontré que toute espérance était perdue.

Tous connaissent la page superbe que Froissart a consacrée, dans ses chroniques, à l'émouvant récit de la reddition de Calais et à l'héroïsme des six bourgeois, qui se dévouèrent pour le salut commun. Il nous faut cependant la reproduire une fois de plus, tout en signalant les versions différentes que d'autres ont données de cet épisode, si dramatique qu'il a inspiré à des écrivains, parfois médiocres, des phrases éloquentes et colorées.

Donc, le lendemain du jour où Philippe VI avait levé son camp, Jean de Vienne, après avoir tenu conseil avec ses compagnons d'armes et les bourgeois demeurés dans la ville, vint aux créneaux et demanda à parlementer. Le roi d'Angleterre envoya Gautier de Masny et d'autres seigneurs (2), à qui Jean de Vienne adressa sa requête. Il fit connaître son intention de rendre la ville à Edouard III, si celui-ci voulait promettre à tous la vie sauve ; et comme Gautier de Masny objectait que le roi d'Angleterre, irrité par la longue résistance des Calaisiens, qui lui avait coûté tant d'hommes et tant d'argent, exigerait une capitulation sans condition, afin de mettre à mort ou de rançonner qui il voudrait, Jean de Vienne répondit fièrement que tous les chevaliers, enfermés dans Calais, aimeraient mieux souffrir les plus cruels tourments plutôt que de permettre que le plus humble des habitants « eust aultre mal que le plus grand ». Il pria Gautier de Masny

---

(1) Chronique des quatre premiers Valois, édit. cit. p. 18. — Le fils d'un des assiégés racontait, sous Charles VI, que son père « fut à Calais et esconvint que par fain il mengast lui et ses compaignons le cuir et la char de leurs chevaulx, raz et souriz par famine. » Arch. Nat., X 2a 12, fol. 83 v°. — Cité dans la Chronographia, II, p. 215, note 1.

(2) Jean le Bel, à qui Froissart a certainement emprunté la substance de ce récit, puisque certains passages caractéristiques sont reproduits textuellement par lui, cite comme parlementaires du roi anglais Gautier de Masny, le comte de Northampton, Renaud de Cobham et Thomas de Hollande. (Jean le Bel, édit. cit. II, p. 161) — Froissart cite Gautier de Masny et le seigneur de Basset, édit. cit IV, p. 54. — Le Bourgeois de Valenciennes n'indique que Gautier de Masny. Edit. cit. p. 258.

d'user de son influence auprès d'Edouard III, pour fléchir la rigueur du roi (1).

Gautier vint trouver Edouard III, qu'entouraient ses barons, les comtes de Derby, de Northampton et d'Arundel et beaucoup d'autres (2), et lui rapporta les paroles de Jean de Vienne et son intention de se rendre « si chier que oncques gens fisent », au cas où le roi persisterait dans ses résolutions. Edouard III ne voulait rien entendre, mais Gautier lui représenta qu'une telle rigueur découragerait ses propres chevaliers, que sa conduite exposerait à de terribles représailles, le cas échéant, et tous les barons se joignirent à lui. Le roi se laissa donc fléchir, mais y mit comme condition que six des plus notables bourgeois viendraient, en chemise, pieds nus et la corde au cou se rendre à sa discrétion. Gautier revint en hâte auprès de Jean de Vienne, qui l'attendait sur les remparts et lui signifia la décision de son maître, non sans s'excuser de n'avoir pu obtenir des conditions plus douces. Jean de Vienne le remercia et le pria de demeurer jusqu'à ce qu'il ait communiqué son message aux Calaisiens, à qui il appartenait de prendre une résolution définitive.

Il fit aussitôt sonner la cloche et assembler tous les gens de la ville, hommes et femmes « desirans d'ouir bonnes nouvelles, car ilz arrageoient de faim tous » (3). Jean de Vienne leur communiqua les conditions du roi d'Angleterre. « Ilz commencerrent alors si fort à braire et crier que ce fut grande pitié ». C'est alors qu'Eustache de Saint-Pierre se leva et déclara que, confiant en la miséricorde divine, s'il mourait pour le salut commun, il était prêt à se livrer au vainqueur. « Quant le bourgoys eut dit cette parolle, chascun l'ala aourer de pitié, et pluseurs femmes et hommes se laisserrent cheoir à ses piez tenrement, ce ne fut pas merveille, car nulz ne pourroit penser la grande destresse de famine qu'ilz avoient enduré plus de VI septmaines devant ». Pris d'une noble

---

(1) Jean le Bel, édit cit. II, p 161-162. — Froissart, IV, 53-55.

(2) Sur la noblesse anglaise qui participa au siège de Calais, voir: Crecy and Calais .. by major general the Hon. George Wrottesley, Reprinted from the Proceedings of the William Salt Archœological Society. London, Harrisson, 1898, in-4° L'auteur a utilisé tous les documents du British Museum et du Public Record Office qui donnent la liste des chevaliers anglais. Il reproduit même leurs blasons.

(3) Jean le Bel, édit cit II, p. 163 Le récit de Jean le Bel, que Froissart s'est borné à amplifier, est tout aussi émouvant en sa simplicité.

émulation, cinq autres bourgeois, des plus considérés, proclamèrent leur volonté d'imiter cet exemple héroïque. Le manuscrit de Rome a révélé, outre les noms de Jean d'Aire, Jacques et Pierre de Wissant, connus depuis longtemps, ceux de Jean de Fiennes et d'André d'Andres (1).

Ils partirent de la halle échevinale, après avoir dépouillé leurs vêtements, et suivis d'une foule en larmes qui les escorta jusqu'à la limite de la ville, où Jean de Vienne les livra à Gautier de Masny, non sans prier ce seigneur d'intercéder pour eux auprès d'Edouard III. Le roi, ayant à ses côtés Philippine de Hainaut, sa femme, et de nombreux seigneurs anglais, reçut les six bourgeois qui lui remirent les clefs de la ville en implorant sa pitié ; mais Edouard, malgré les larmes et les supplications de son entourage, malgré les instances de Gautier de Masny, qui en appelait à sa générosité et le conjurait de ne pas souiller sa gloire par une inutile cruauté, donna l'ordre de mander le bourreau pour leur couper la tête, en disant : « ceulx de Calais ont fait morir tant de mes hommes qu'il fault aussy ceulx cy morir ».

C'est alors que la reine, émue de compassion, se jeta aux pieds de son mari en disant : « Ha ! gentil sire, depuis que j'ay passé la mer en grand peril ainsy que vous sçavez, je ne vous ay riens demandé, si vous prye et requier à jointes mains, que pour l'amour du filz de Nostre Dame, vous vueilliez avoir mercy d'eulx ». Le roi, vaincu enfin par cette attitude de Philippine de Hainaut, qui était sur le point de donner le jour à un nouvel enfant, se laissa fléchir : « Dame, je amasse mielx que vous fussez aultre part, vous me priez si tendrement que je ne le vous ose escondire ; et combien que je le face envis, neantmains prenez les, je les vous donne » (2). Philippine, joyeuse, releva les bourgeois, leur fit ôter les cordes du cou et les conduisit dans sa tente où elle les réconforta.

Telle est la version, la plus généralement admise, de la reddition de Calais. Il s'en faut de beaucoup, cependant, que tous les chroniqueurs soient d'accord sur cet événement. Les chroniqueurs anglais sont muets sur le dévouement des

---

(1) Siméon Luce a lu à tort André d'Ardres. — Cf. mon « Calais par l'Image », fasc. I, p. 62, note 2.

(2) J'ai suivi, dans ce récit, le texte de Jean le Bel, de préférence à celui de Froissart, plus souvent cité et moins naïf.

bourgeois. Suivant Robert de Avesbury, les Calaisiens se rendirent à merci et le roi, « toujours miséricordieux et bienveillant », se bornant à garder quelques-uns des plus importants citoyens, permit à tous les autres de partir avec leurs biens (1). Le Baker de Swinbroke et Knighton donnent aux assiégés une attitude humiliante, qui contraste trop avec l'héroïsme dont ils avaient fait preuve, pour être vraisemblable. Les Calaisiens, à les en croire, auraient abattu, dès le 2 Août, au matin, l'étendard du roi de France. Jean de Vienne, la corde au cou, et monté sur un petit cheval, à cause de la goutte qui l'empêchait de marcher, vint trouver le roi. Il était suivi de chevaliers et de bourgeois, tête nue, déchaussés, et ayant aussi la corde au cou ! Il offrit à Edouard III son épée et les clefs de la ville en implorant sa pitié. Le roi fit grâce, envoya les chevaliers en Angleterre et fit conduire les habitants jusqu'à Guînes (2). Walsingham ne donne aucun détail sur la reddition de Calais (3). Il n'est pas surprenant, du reste, que les chroniques anglaises aient été sobres de détails sur un épisode qui n'ajoute rien à la gloire d'Edouard III.

Les chroniques flamandes se rapprochent des récits de Jean le Bel et de Froissart. Si Gilles li Muisis ne fait pas allusion au dévouement d'Eustache de Saint-Pierre (4), on trouve, dans plusieurs autres, des détails analogues à ceux de Froissart, sur la colère d'Edouard III, qui veut faire mettre à mort plusieurs Calaisiens (5). Le bourgeois de Valenciennes paraît avoir emprunté à diverses sources, pour tracer de la reddition de Calais un tableau composite et assez peu connu, pour que nous pensions utile de le reproduire ici.

---

(1) Avesbury, édit. cit p. 396.

(2) Le Baker, édit. cit p. 178, et Knighton, édit. cit. II, pp. 51-52.

(3) Walsingham, édit. cit I, p. 271. Il n'y a rien non plus dans la chronique de Murimuth qui s'arrête précisément au siège de Calais.

(4) Gilles li Muisis, édit. cit. II, p. 271.

(5) « Adont furent prins quatre chevaliers et quatre bourgois, chascuns chevaliers une espée en sa main, et chascun bourgois une corde en son brach. Quant venus furent devant le roy, à genoulx se mirent, et puis lui dirent que pour eulx et pour tous ceuls de la ville se venoient rendre à lui, comme ceuls de qui il povoit faire sa france voulenté Alors les reçeut le roy en sa grâce. » Istore et Chroniques de Flandres, édit. cit. II, p. 70.

« Et le samedy au matin on mist les banières du roy d'Engleterre dedens le chastel et la ville de Callais aux tours et aux cresteaux, et le dimence après le jour Saint-Pierre entrant aoust, V jours au mois d'aoust, l'an mil IIIᶜ et XLVII, entra monseigneur Gaultier de Mausny dedens la ville de Callais entre luy et monseigneur de Beauchamp, et amenèrent monseigneur Jehan de Viane, chastelain du chastel et le capitaine de la ville, lui VIᵉ de gentilshommes par devant le roy d'Engleterre et son conseil tout parmy l'ost, en pur les chiefs et en pur les corps, leurs espées toutes nues tenans par les pointes, et les clefs de la ville et du chastel portant devant eulx en une lanche. Et quant ils vindrent devant le roy Edouart d'Engleterre et tous ceulx qui veoir les peurent, ils se mirent à genous en priant et requérant humblement merchy, en rendant la ville et le chastel, leurs corps et leurs avoirs, pour faire à la singulière volenté du roy d'Engleterre, et puis les fist le roy lever et passer oultre. Et tantost après revinrent VIII aultres hommes de Callais, IIII bourgois et IIII mariniers en pur les corps et les chiefs nuds et tous deschaux, chascun ung cevestre en leurs cols, pour faire la volenté du roy. Et quant ils vinrent près du roy, ils prinrent les chevestres en leurs mains et agenoullèrent devant le roy en priant merchy et mettant les cevestres ens leurs cols pour faire la volenté du roy, de corps et d'avoir. Adont les fist le roy lever et les rechut en la manière que vous orez. Les chevaliers et les gentils hommes il envoya en Engleterre, où ils furent grande espasse en prison, et puis furent ils recrus à renchon. Et les VIII furent rechargiet à monseigneur Gaultier de Mausny et à monseigneur Jehan de Beauchamp, et le chasteau et toute la ville à la volenté du roy d'Engleterre, et les ramenèrent en la ville. Et cult le roy en pourpos qu'il meteroit tous ceulx de Callais à mort, mais la royne d'Engleterre, comme bonne dame piteuse et sage, en eult moult grant pité; car elle les vid sy maigres, sy palles, sy foibles, sy descoulourés et sy fort empirés du grant meschief qu'ils avoient enduret et souffert, qu'ils ne pooient plus. Sy pria et suplia tant au roy d'Engleterre, son seigneur et son mary, qu'il les respita de mort » (1)

D'autres chroniqueurs parlent des six bourgeois et s'inspirent évidemment de Jean le Bel (2). La Chronographia et la Chronique Normande rapportent le même fait (3).

Aussi, malgré les doutes élevés par Bréquigny, quand il eut découvert en Angleterre certains documents dont nous parlerons plus loin, et après les discussions que suscita parmi les historiens cette question du dévouement des bourgeois de

---

(1) Récits d'un bourgeois de Valenciennes, édit. cit. p. 260.

(2) Chronique des Pays-Bas, de France, d'Angleterre et de Tournai, dans le Corpus chronicorum Flandriæ, III, p. 177. — Chronique anonyme de la Bibliothèque de Berne, ibid. II, p. 165.

(3) Chronographia, édit. cit. II, p. 245. — Chronique Normande, p. 90.

Calais (1), n'hésitons nous pas à admettre, au moins dans ses grandes lignes, la version de Jean le Bel. Que, mus par un patriotisme local, Eustache de Saint-Pierre et ses compagnons aient affronté le courroux du vainqueur, c'est ce qu'aucune pièce d'archives ne permet jusqu'ici de nier. Eustache de Saint-Pierre put, sans crime, se rallier, après le siège à une autorité qu'il subissait sans l'aimer ; il put accepter d'Edouard III la restitution d'une faible partie de ses biens, pour mourir en paix dans sa cité natale ; cela n'ôte rien à l'héroïsme d'un geste que la gravure a immortalisé (2) et que consacre aujourd'hui, dans le Calais moderne, le monument où Rodin a montré, résignées mais farouches, les victimes vouées à une mort presque certaine, que leur épargna une généreuse intervention, mais à laquelle ils s'étaient spontanément offerts.

Le 4 Août, très probablement, les Anglais prirent possession de Calais (3). Edouard III envoya Gautier de Masny, le comte de Warwick et le baron de Stafford se saisir de la ville, en son nom, avec cent hommes d'armes. Ils avaient reçu l'ordre de garder prisonniers les chevaliers, que l'on enverrait en Angleterre jusqu'à ce qu'ils aient payé leurs rançons. Ils rassemblèrent les simples soudoyers dans la halle pour y déposer leurs armes et les renvoyèrent. Ils procédèrent

---

(1) Cf Mémoires de l'Académie des Inscriptions, T. 37, p. 538-510 — Dissertation sur le dévouement d'Eustache de Saint-Pierre, par M. Auguste Clovis Bolard, Mém Soc. Antiq. de la Morinie, T. 3, pp 26-72. — Considérations sur le dévouement d'Eustache de Saint-Pierre, par H. Piers, Bibl. de Calais, 5 807. — Mém. de la Société d'Arras, 1812 — Dissertation sur le dévouement d'Eustache de Saint-Pierre, par Aug Lebeau, Mém Soc. de Calais, 1839-40, pp. 25-232. (C'est le travail le plus documenté sur la question). — Dernières notes sur Eustache de Saint-Pierre, Mém. Soc. de Calais, 1811-13, pp. 185 et suiv. — La question des Bourgeois de Calais, par Georges Daumet. Extrait de la Correspondance historique et archéologique, année 1894, et Daumet op. cit. p. 11, note 1.

(2) Sur l'iconographie de cet épisode, voir « Calais par l'Image », par F. Lennel, planches 7 à 28, et Notices, fascicule I, pp. 61-82.

(3) Robert de Avesbury donne la date du 3 Août. Une lettre de Philippe de Valois donne le 4 Août (voir Molinier, ouvrage cité ci-dessous). Les Journaux du Trésor de Philippe VI, édit. Viard, confirment cette date : « Pro denariis solutis Johanni Nichasii, pro residuo vadiorum suorum et XXVII^{tem} balistariorum, marineriorum et lanceatorum de sua comitiva deservitorum in custodia ville Calesii sub regimine domini Johannis de Vyenna militis, capitanei dicte ville, a IIII^{a} Septembris CCCXLVI usque ad IIII^{am} Augusti CCCXLVII... » N° 893.

ensuite à l'expulsion de presque tous les habitants qui, suivant les dures lois de la guerre, durent abandonner au vainqueur leurs maisons et leurs biens. Le roi était résolu à repeupler Calais d'Anglais. A peine permit-il à quelques notables bourgeois d'y rester. Froissart dit qu'on n'y conserva que trois hommes, un prêtre et deux personnes âgées, pour fournir les renseignements utiles sur les anciennes coutumes de la ville et « rensegnier les hiretages ». Gilles li Muisis estime à vingt-deux le nombre des Calaisiens autorisés à rester dans leur ville. Eustache de Saint-Pierre fut l'un d'eux.

Quant aux Calaisiens fugitifs, ils se répartirent entre diverses villes et beaucoup se fixèrent, au moins provisoirement, à Saint-Omer. On sait d'ailleurs, aujourd'hui, que Philippe de Valois ne se désintéressa pas complètement de leur sort, comme l'en ont accusé Jean le Bel et Froissart (1). Aussitôt que le roi de France eut appris, dans sa retraite vers Amiens, la capitulation de Calais et l'expulsion des habitants, il édicta dès le 10 Août, suivant toute probabilité, une première ordonnance (2) stipulant en leur faveur le droit d'habiter en France où bon leur semblerait, d'y exercer tel métier qu'ils voudraient et des exemptions de péages et d'impôts. C'était bien peu pour des gens qui avaient tout perdu. Aussi, une autre ordonnance datée d'Amiens, le 8 Septembre 1347, décida que tous les biens meubles et héritages, qui seraient forfaits entre les mains du roi, seraient donnés et distribués aux Calaisiens. On réservait en outre, à tous ceux qui auraient les capacités suffisantes, les offices qui seraient à la disposition du roi, du duc de Normandie et du duc d'Orléans. L'évêque de Laon, Hugues d'Arcy, l'abbé de Saint-Denis, l'abbé de Marmoutier, Simon le Maye, furent chargés de cette répartition. D'autres lettres, datées aussi d'Amiens, en Septembre, ajoutèrent au nombre de ces commissaires l'abbé de Corbie, Hugues de Vers. Pierre de Hangest, conseiller clerc au Parlement et Jehan Cordier de Sens, maître de la Chambre des Comptes, reçurent la mission de régler, sans longue

---

(1) Voir les notes de Siméon Luce dans son édition de Froissart, IV, p. XXVII, note 1 ; et surtout E. Molinier, Documents relatifs aux Calaisiens expulsés par Edouard III, Paris, Picard, 1878, tirage à part extrait du Cabinet historique, T. XXIV. Pièce in-8º de 31 pages.

(2) Arch. Nat. Trésor des Chartes, JJ, 97, pièce 563. Molinier pense que la date du 10 Septembre qui y est indiquée est une erreur et qu'il faut lire 10 Août.

formalité, les contestations qui pourraient s'élever au sujet de ces donations. On finit par charger les Calaisiens eux-mêmes, de désigner plusieurs d'entre eux pour entrer en possession des biens qui seraient ainsi délivrés, les mettre aux enchères et en rapporter le prix pour être réparti entre les victimes du siège de 1347. Ces ordonnances furent confirmées à diverses reprises par les successeurs de Philippe VI, notamment par Jean le Bon et Charles V (1). Ces ordonnances furent appliquées, car on a retrouvé un certain nombre de ces concessions de biens ou d'offices et les noms qui y figurent sont ceux de Calaisiens, dont nous avons nous-même relevé la trace dans les documents du XIIIe et du XIVe siècle. Et ce n'est pas sans quelque émotion que l'on se représente, à six siècles de distance, le sort de ces riches bourgeois réduits à solliciter quelques secours d'un roi qui n'avait pas su les défendre. Dispersés à travers la France entière, car plusieurs étaient allés jusque dans la sénéchaussée de Carcassonne (2), ils ne devaient jamais rentrer dans leur cité natale qui, durant plus de deux siècles, allait former une véritable colonie anglaise en terre française. Comment s'organisa cette colonie et quel fut son rôle dans l'histoire de la guerre de Cent-Ans, c'est ce que nous devons maintenant essayer de raconter.

---

(1) Ordonnances des Rois de France, T. IV, p. 606. Vidimus de Jean le Bon à Vincennes, 1er Septembre 1350; du dauphin Charles, à Paris, Octobre 1356; du même comme régent, à Paris, Septembre 1358, de Charles V, à Paris, Février 1365 (v. s)

(2) Histoire du Languedoc de dom Vaissète, IV, p. 265.

Les Bourgeois de Calais
Tableau de E. Bird. Gravure de J. Young

CHAPITRE II

De la Prise de Calais
A sa Cession définitive au Roi d'Angleterre

(24 Octobre 1360)

USSITOT que Gautier de Masny, le comte de Stafford et le comte de Warwick eurent pris possession de Calais au nom d'Edouard III, celui-ci y fit une entrée solennelle, accompagné de la reine, des barons et des chevaliers. Au son des trompettes et des tambours, le cortège gagna le château préparé pour le recevoir et où un grand festin attendait les vainqueurs. La joie des Anglais était extrême (1).

Edouard resta plus de deux mois à Calais. Il organisa sa conquête et les mesures qu'il prit pour la repeupler de sujets exclusivement anglais, comme les dispositions adoptées, dès les premiers jours, pour en assurer l'administration et la défense, dénotait son intention formelle de faire de Calais une forteresse et un entrepôt commercial. Dès le 12 Août, il fit annoncer dans toute l'Angleterre qu'il donnerait des maisons, des terrains et accorderait des privilèges importants à tous les Anglais, marchands ou autres, qui viendraient se fixer à Calais pour le premier Septembre (2).

---

(1) Froissart, éd cit. IV, p. 61.

(2) Rymer, édit. de La Haye, 1740, T. III, pars. 1, p 16. « De Calesio, jam expugnato, incolis Anglicanis suppeditando » Il ne faut accepter que sous réserves tous les détails que Froissart donne des faits qui suivirent la prise de Calais.

Il accorda des lettres de rémission à tous ceux de ses soldats qui, ayant encouru jadis quelque châtiment, l'avaient fidèlement servi pendant le siège. Le nombre de ces lettres est considérable (1). Une partie des troupes fut renvoyée en Angleterre ; mais il parut utile de les rappeler, par crainte d'un retour offensif de Philippe de Valois, car, le 20 Août, ordre fut donné aux shérifs de convoquer à nouveau les hommes d'armes et les archers. Ils devaient se concentrer à Douvres et à Sandwich, pour y être embarqués, et arriver à Calais le Dimanche avant la Nativité de la Vierge (8 Septembre) (2). Il semble, en effet, que Philippe VI convoqua, de son côté, des vassaux à Amiens, au début du mois de Septembre (3) ; mais seulement pour renforcer les garnisons des villes frontières. En fait, les deux rois ne tenaient pas à prolonger les hostilités. Edouard III, satisfait du résultat de sa campagne, aspirait à rentrer en Angleterre, et il n'opposa plus la même intransigeance aux nouveaux efforts des cardinaux, envoyés du pape, pour conclure une trêve. Le 25 Septembre, il donnait, à Calais même, pouvoir à Raoul, baron de Stafford, à Renaud de Cobham, Jean Darcy et Robert de Burghersch, ainsi qu'aux comtes de Lancastre et de Huntingdom, de traiter avec les cardinaux de Naples et de Clermont (4). Le vendredi 28 Septembre, l'accord fut conclu entre ces plénipotentiaires et ceux du roi de France. Les trêves devaient durer jusqu'à la quinzaine de la fête de saint Jean-Baptiste 1348, c'est-à-dire dix mois. Les alliés des deux rois y étaient compris. Le roi d'Angleterre avait spécialement notifié que la ville de Calais était englobée dans les trêves.

S'il faut en croire le chroniqueur anglais Knighton, le séjour du roi Edouard à Calais fut troublé par quelques fâcheux accidents. La sécheresse fut telle que l'on se procura difficilement au mois d'Août l'eau douce nécessaire aux besoins des soldats et que, le lendemain de la Saint-Laurent (11 Août), un incendie consuma la plupart des tentes du camp anglais,

---

(1) Calendar of the Patent Rolls, Edw. III. VII et VIII, passim.

(2) Rymer, édit de La Haye, III, pars. 1, p. 16.

(3) Chronographia Regum Francorum, édit. cit. II, p. 246, note 2

(4) Calendar of the Patent Rolls, Edw. III, VII, p. 562. — Rymer ibid. — Dans le texte des trêves publié par Rymer, les négociateurs français indiqués sont Geoffroi de Charny, Robert de Lorris et deux autres chevaliers. — Les cardinaux négociateurs sont Annibal Ceccano, évêque de Tusculum et Etienne Aubert.

détruisant les vivres, les armes et les joyaux qui s'y trouvaient (1). Quant au butin fait dans la ville, on avait entassé les richesses saisies dans les hôtels des opulents bourgeois calaisiens en une maison sûre que l'on garda avec soin. On les expédia de là en Angleterre et les dépouilles ainsi ramassées en Normandie et à Calais contribuèrent à la prospérité de l'Angleterre pendant l'année 1348. Les dames anglaises se parèrent des joyaux enlevés à Caen et à Calais (2).

Edouard III n'avait pas attendu les trêves pour disposer du sol et des maisons de Calais qui, suivant la coutume du temps, lui appartenaient en toute propriété par droit de conquête. Le 24 Août, il faisait don à la reine, qui venait de mettre au monde, au château de Calais, une fille nommée Marguerite, des immeubles ayant formé le patrimoine de Jean d'Aire. Cette concession est faite, à titre viager, à charge de mettre dans ces maisons des hommes sûrs pour la défense de la dite ville, comme il a été ordonné par le roi et son conseil, et réserve faite des droits de l'Eglise et de l'hôpital Saint-Nicolas (3).

Le 9 Septembre, Edouard III concédait, à vie, à Raoul de Hauyngton, la garde de l'hôpital Saint-Nicolas de Calais (4), à la condition de supporter les charges incombant à cet établissement comme il était d'usage jusque-là. Le lendemain, 10 Septembre, il accordait au prieur et aux frères carmélites de Calais, pour l'agrandissement de leur couvent, des maisons ayant appartenu à Hugues de la Capelle, Jean d'Aire, Enguerran Hap, Copin Vynck et plusieurs autres (5). Il avait remplacé les anciens religieux d'origine française par d'autres appelés d'Angleterre (6).

---

(1) Knighton, édit. cit. II, p. 53.

(2) Walsingham, édit. cit I, p. 272.

(3) Calendar of the Patent Rolls, Edw III, VII. — La copie de cet acte est dans Moreau, 680, f° 123, B. N.

(4) Calendar of the Patent Rolls, Edw III, VII, p. 558. — Le Febvre se trompe quand il attribue à Edouard III la fondation de l'hôpital Saint-Nicolas (II, p. 23). — C'est l'établissement existant depuis longtemps sous le nom de Maison-Dieu ou Hôpital. Voir T. I de notre histoire, p. 250.

(5) Calendar of the Patent Rolls, Edw. III, VII, p. 558.

(6) Cf Haigneré, dict. hist. et arch. du P.-de-C. Arr. de Boulogne T. II, p. 106.

La substitution de la nouvelle population à l'ancienne s'opérait méthodiquement. Une dernière fois, nous voyons reparaître les noms des vieilles familles échevinales et bourgeoises du XIIIe siècle, mais c'est dans la longue série des actes qui consacrent leur dépossession au profit des immigrants anglais. La veuve de Gilles Ondebolle cède la place à Thomas Gisors, Jehan Luscard à Guy Lespicer ; Jehan Selvain à John Waldeby ; Baude Toubbe à Aymer de Waltham (1). Nous ne pouvons ici énumérer toutes ces concessions qui permettent de suivre de si près la transformation de la vieille cité française en ville purement anglaise. Toutes ces concessions sont faites à la condition formelle d'assurer le guet et la garde de la ville, moyennant une rente généralement très minime, parfois à charge de redevances féodales bizarres, comme le don à Marguerite de le Lipe des maisons et places appelées Ysbuggers (?), à charge de la redevance annuelle et perpétuelle d'une rose le jour de la Saint-Jean, avec droit de les vendre, mais seulement à des Anglais (2).

Tous les Calaisiens ne sont pas partis cependant. Le roi Edouard a permis à quelques-uns de demeurer dans la ville où les nouveaux maîtres les tolèrent. Ils donnent au roi les renseignements utiles à la continuité de l'administration, car Edouard III, en remplaçant le comte d'Artois comme seigneur de la ville, entend bien continuer la tradition et maintenir tous ses droits. C'est à cette période qu'appartient, à n'en pas douter, ce curieux document sur l'administration de Calais dont nous avons analysé le contenu et publié précédemment le texte. Sans doute aussi, un certain nombre de petites gens, d'artisans, sont-ils restés d'abord et ont été progressivement remplacés par de purs Anglais.

Ainsi s'explique le don fait par Edouard III à Eustache de Saint-Pierre. Le 8 Octobre 1347, quelques jours avant de regagner l'Angleterre, le roi lui accorde, pour son entretien, une pension de quarante marcs sterling, « à cause des services qu'il doit rendre pour la garde et le bon ordre de Calais » (3).

---

(1) Calendar of the Patent Rolls, Edw. III, VII, pp. 564, 565, 566. — Cf Moreau, 680, fos 124-147. B. N.

(2) Moreau, 680 fo 135 — Ces maisons se trouvaient « sur le côté sud de l'église Saint-Nicolas, entre la maison de Thomas Squiller, d'une part, et les maisons de l'hôpital Saint-Nicolas de l'autre ». Cet emplacement correspond à une partie de l'esplanade actuelle.

(3) Rymer, édit. du Record, III, pars. I, p 138.

Le même jour, il lui restitue une partie des maisons et des biens qu'il possédait avant la prise de la ville « celles qui s'étendent de l'ancien hôtel de Michel Quadeplume et Jehan de la Motte, (dans la rue conduisant du grand portail de l'église Notre-Dame, vers le Nord, à l'Est de cette rue, jusqu'à l'entrée de la rue du curé de Notre-Dame, également à l'Est) jusqu'à l'ancien hôtel de Guillaume Houet » (1). On lui rend, en outre sept petites maisons et deux terrains, à tenir par lui et ses hoirs, à condition d'être fidèles au roi et de faire tout leur devoir pour la sauvegarde de la ville.

Tels sont les documents qui ont fait accuser Eustache de Saint-Pierre d'avoir, en quelque sorte, trahi ses anciens concitoyens, et ont jeté des doutes sur la véracité de son dévouement. Quand on compare à ces générosités restreintes, à cette maigre pension servie par le vainqueur, la liste des autres biens enlevés à Eustache pour être cédés à des Anglais et la situation brillante dont il jouissait, on ne saurait partager ces doutes. Que l'attitude de ce bourgeois de Calais, un instant héroïque, soit redevenue plus humaine et que, pour rester dans sa ville, il ait accepté de rendre quelques services à Edouard III. il n'y a là rien qui soit extraordinaire. De tout temps les Anglais ont su user de l'influence des meilleurs de leurs anciens ennemis, après leur victoire, et les rallier à leur gouvernement (2).

Avant de quitter Calais, Edouard III en régla avec soin l'administration. Nous verrons, dans le prochain volume de cette histoire, ce que fut cette administration ; mais nous devons, dès maintenant, en indiquer l'établissement. Il confia le gouvernement général de la ville à un capitaine chargé de veiller à sa sécurité et d'y représenter l'autorité royale, en même temps qu'il avait sous ses ordres les soldats de la

---

(1) Calendar of the Patent Rolls, Edw III, VII, p. 561. — Comme on le voit, il est très difficile, avec d'aussi vagues indications topographiques de préciser bien exactement la situation de cette demeure d'Eustache de Saint-Pierre.

(2) Dans l'un des premiers comptes des trésoriers anglais de Calais, figure cette mention. « Eustachio de sancto Petro moranti cum rege in villa de Calays XIII lb. VI s VIII d de dono regis, per breve regis de privato sigillo prefato thesaurario directo et litteras patentes ipsius Eustachii .. » Compte de William de Salop, trésorier de Calais, 21-22 Edw. III (1317-1318) C'est, je crois, le premier compte. P. R. O. P. 23. Edw. III, 11. — 21-22 Edw. III. (Foreign accounts enrolled on the great rolls of the Exchequer).

garnison et les autres officiers royaux. Le premier capitaine de Calais fut Jean de Montgomery, nommé le 8 Octobre 1317. Jean de Gatesden fut nommé le même jour maréchal de Calais. La garde du château fut spécialement confiée à un châtelain. M. Daumet s'est mépris quand il a fixé à l'année 1361 la première nomination d'un châtelain (1), car, dès le mois de Juillet 1318, Jean de Beauchamp est qualifié dans un acte de « capitaine du château de Calais », alors que le capitaine de la ville était Jean de Chevereston (2). Dans les premiers comptes anglais, on voit figurer le connétable du château (3), et ces mêmes comptes nous montrent en exercice tous les fonctionnaires chargés de l'entretien de la ville, des travaux, de l'administration et des finances.

Le 8 Octobre, le roi Edouard III édicta une ordonnance sur l'administration municipale. Il confirma en principe les coutumes et franchises dont Calais avait joui avant la conquête. Le capitaine, le maréchal et le sénéchal de la ville choisirent cinq échevins qui en élurent huit autres pour demeurer en fonctions jusqu'à la Pentecôte de l'année 1318 où les élections seraient faites conformément à l'ancien usage. Des exemptions d'impôts et de péages étaient concédées aux marchands étrangers qui viendraient approvisionner la ville par mer ou par terre. Pour assurer la garde de la ville, le roi en chargeait les soudoyers conjointement avec les bourgeois. « De temps en temps, les communes femmes et autres raskailles » devaient être chassées. Le roi défendait à nouveau à tous les anciens Calaisiens de séjourner dans la ville « horpris ceux qi ont especiale congé du Roi à y demorer » et les curés ou clercs des églises de Calais devaient être remplacés par deux curés anglais. L'ordonnance fixait la juridiction des officiers du roi et des échevins (4).

Après avoir ainsi jeté les bases d'une première organisation et ordonné les réparations indispensables aux murailles de la ville, qu'il entendait rendre plus forte que jamais, Edouard s'embarqua pour Sandwich où il arriva, le Vendredi

---

(1) Daumet, op. cit. p. 97.

(2) Calendar of the Patent Rolls, Edw. III, VIII, p. 172. 30 Juillet 1318.

(3) Compte de Henry de Taffon, 2 Avril an XXIV d'Edouard III au 2 Avril an XXV (1350-1351). P. R. O. P. 24 Edw. III, 15. — 24-25 Edw: III:

(4) Nous étudierons ailleurs le texte de cette ordonnance du 8 Octobre 1317, publié dans Rymer, édit. du Record, T. III, pars. I, p. 139.

12 Octobre. non sans avoir essuyé une terrible tempête qui fit périr plusieurs de ses compagnons (1).

Le 20 Octobre, le roi nommait William de Salop, trésorier de Calais, garde de la monnaie dont il avait décidé la frappe dans cette ville (2), et, le 28 Novembre, il ordonnait par lettres adressées aux maires et baillis de Douvres, Sandwich, Winchelsea et autres ports de faire défense aux maîtres et matelots de tout navire allant en France d'aborder dans un autre port que celui de Calais, sous peine de prison et de confiscation de leurs biens (3). C'était le début de cette politique commerciale qui allait donner à Calais un véritable monopole du transit anglais sur le continent. Le 1er Décembre, Jean de Chevereston remplaça Jean de Montgomery comme capitaine de la ville. Le 3 Décembre, Edouard III confirma la charte jadis donnée aux Calaisiens Français par Mahaud d'Artois en Septembre 1304 (4). A la fin de 1317, l'organisation de la conquête était achevée dans ses grandes lignes. Le 4 Décembre, William Stury avait été investi des fonctions de sénéchal de la ville de Calais et de toutes les terres et possessions du Roi, tant à l'intérieur qu'à l'extérieur de la dite ville, et de grand bailli du même lieu.

Pendant l'année 1318, Edouard III paraît s'être préoccupé surtout de l'approvisionnement et des fortifications de Calais. Il fallait, en effet, expédier d'Angleterre les vivres nécessaires aux besoins de la garnison et les matériaux pour la construction ou la réparation des murs et des tours, ainsi que pour l'entretien du port. Un victuailler avait la mission de recevoir et de mettre en réserve les envois dont il devait rendre compte. C'était pour l'Angleterre une charge assez lourde. Les marchands qui s'occupaient de ce trafic n'étaient pas

---

(1, Calendar of the Patent Rolls. Edw. III, VIII, p 396. — Knighton, éd cit. II, p. 51 — Le Baker, édit. cit. p. 185. — Le 23 Juillet 1318, le roi accordait une protection spéciale à John Bret, partant en pèlerinage en accomplissement du vœu fait, dans un très grand péril de mer, à son retour en Angleterre, après la prise de Calais. Calendar, ibid. p. 132.

(2) Rymer. édit. du Record, T. III, pars. I. p. 110.

(3) Ibid. French Rolls, 21 Edw. III, memb. 9.

(4) Ibid. p. 112-114, French Rolls, 21 Edw. III, memb. 3-6.

toujours strictement honnêtes (1). Le 28 Janvier 1318, les vicomtes de Norfolk et Suffolk durent en hâte requérir d'importantes quantités de froment et d'autres provisions, les faire conduire au port le plus voisin et remettre à Thomas de Stapelford, délégué pour concentrer ces provisions. On prélève sur les revenus du bailliage la somme fixée par le dit Thomas pour l'affrètement des navires sur lesquels se fera le chargement, et les gages des maîtres et des matelots. Le tout doit être rendu à Calais pour le dimanche de Quadragésime (2). Les vivres devinrent rares dans le comté de Kent, surtout autour de Rochester, à cause des réquisitions pour Calais (3). On alla en chercher en Irlande (4).

Cette même année, le 4 Avril, de nouveaux privilèges furent concédés aux Anglais établis dans Calais. Pour les encourager à y demeurer, le roi exempta tout bourgeois et habitant inscrit au registre de la ville, pour une période de trois ans, des taxes et tailles payées dans le royaume d'Angleterre, ainsi que des droits de tonlieu, pontage et autres sur leurs marchandises. A peine de forfaiture, ils ne doivent pas réclamer ces exemptions pour des biens ne leur appartenant pas en propre (5). Le même jour, on renouvelait la défense aux passagers d'emprunter une autre voie que celle de Douvres à Calais et réciproquement pour aller d'Angleterre en France (6). Le lendemain, 5 Avril, l'étaple du plomb, de l'étain et des draps était fixée à Calais (7). Nous verrons, dans le chapitre consacré au commerce, les péripéties de cette

---

(1) Le 16 Décembre 1317, le roi révoque la protection accordée à Robert Fresfich pour aller approvisionner la ville de Calais. Ce marchand reste à Londres, s'occupant de ses propres affaires et n'ose retourner à Calais à cause des méfaits qu'il y a commis. Calendar of the Patent Rolls, Edw. III, VII, p. 139.

(2) Rymer, édit. du Record, T. III, pars. I, p 119.

(3) Calendar of the Close Rolls, Edw. III, VIII, p. 502 Acte du 11 Mars 1318 exemptant ces pays de toute réquisition pour le roi ou la reine, à cause de la rareté des vivres, provoquée par l'approvisionnement de Calais.

(4) Protection à André de Guldeford pour aller en Irlande acheter mille quartiers de blé et d'autres grains pour Calais Calendar of the Patent Rolls, Edw. III, VIII, p 31. 5 Mars 1318. — Cf. ibid p. 211

(5) Rymer, édit. cit. T. III, pars. I, p. 158.

(6) Ibidem, p 158.

(7) Ibidem, même page.

institution à Calais qui rencontra d'abord d'assez vives résistances en Angleterre. Le roi accorda, du reste, de nombreuses licences d'exporter des draps ailleurs qu'à Calais (1). A la fin de 1348, une enquête fut ouverte pour savoir si l'étaple serait maintenue à Calais (2).

Malgré les trêves conclues en 1347, il est certain que des engagements se livrèrent aux environs de Calais entre Anglais et Français. Les premiers réussirent à s'emparer de quelques châteaux qui leur servirent de boulevards contre les attaques françaises. Dans le compte de William de Salop, du 1er Janvier 1348 au 2 Avril 1350, j'ai relevé des mentions concernant les châteaux de Coulogne et de Sangatte. Les Français s'y étaient maintenus en 1348 et, au dire d'un chroniqueur, quand on renouvela les trêves, à l'automne de 1348, les envoyés du roi d'Angleterre se plaignirent vivement de l'érection par les Français de ces deux petites forteresses, très dangereuses pour la sécurité de Calais (3). Geoffroi de Charny avait élevé à Coulogne une forteresse que les Français tenaient encore en Mars 1349 (4). Les Anglais en devinrent maîtres peu après, car Edouard III récompensa ceux de ses hommes d'armes qui firent prisonniers les chefs de la forteresse de Coulogne et de celle de Sangatte (5).

De nouvelles trêves furent cependant conclues en 1349. C'est pendant le cours de ces trêves que Geoffroi de Charny essaya de reprendre Calais, en achetant la connivence d'un des chefs de la garnison anglaise de cette ville. Tous les chroniqueurs ont raconté longuement, mais de la façon la plus contradictoire, cet épisode de l'histoire de Calais. L'absence presque complète de documents authentiques rend difficile le contrôle de ces diverses versions.

---

(1) Cf. Calendar of the Patent Rolls, Edw. III, VIII, pp. 136, 137, 151, 185, 193. 222, 254, 277, 560, etc.

(2) Rymer, édit. cit. loc. cit. p. 178.

(3) Le Baker, édit. cit. p. 188.

(4) « Pro calce capta.. pro bastida insule Coloniensis prope Calesium ». Viard, Journaux du Trésor de Philippe VI de Valois, 10 Mars 1349, (n. s.)

(5) « Willelmo Riburgh, de dono Regis, quia manucepit custodem forcelletti de Sangatte C s. — Et Johanni de Bisshopeston, de dono Regis, quia manucepit custodem forcelletti de Colne, ad opus Regis, C. s. » — D'autres reçoivent aussi des dons « pro diligencia in opere Regis circa Colne et Sangatte ». Compte de William de Salop, P. R. O., p. 23 Edw. III. 44.

Geoffroi de Charny, à la faveur des trêves qui permettaient des rapports faciles entre Saint-Omer et Calais, s'aboucha avec un certain Aimeri de Pavie que Froissart qualifie, par erreur, de capitaine de Calais, et la plupart des autres chroniqueurs de châtelain. Le Baker prétend que c'était un Génois ayant servi pendant le siège de Calais, à la solde du roi de France, et qui se serait rallié, après la prise de la ville, au service du roi d'Angleterre. Le fait est vraisemblable, car nous savons que, jusqu'à la fin du siège, il y eut en effet des Génois attachés à la défense maritime de la place. Parmi les donations de maisons faites par Edouard III, il en est une, à la date du 8 Octobre 1347, au profit d'Aimeri de Pavie (1). Quelques mois plus tard, il était nommé commandant des douze vaisseaux de garde devant Calais (2). Il montait la galère « Thomas de Calais » avec quarante arbalétriers et deux cents marins d'équipage (3). Il est probable qu'il fut chargé de remplir par intérim la fonction de châtelain de Calais, alors que Jean de Beauchamp en était capitaine (4). Il est certain que, à cette époque, les officiers royaux se succèdent rapidement à Calais (5) et l'on doit admettre que Geoffroi de Charny savait, en négociant avec Aimeri de Pavie, qu'il lui serait possible de lui donner accès dans le château.

Geoffroi lui promit donc une grosse somme d'argent, vingt mille écus d'or, disent Jean le Bel et Froissart, pour introduire dans le château une petite troupe française qui, arrivant de nuit, surprendrait la garnison. Maîtres du château, les Français pourraient facilement reprendre la ville. Les négocia-

---

(1) Maison de Bon Vandedale donnée « Almarico Skafeny de Pavye ». 8 Octobre 1347. Calendar of the Patent Rolls. Edw. III, VII, p. 565.

(2) Cette nomination ne précise pas la résidence d'Aimeri de Pavie — Cf Rymer, édit cit T. III, Pars 1, p. 159. — Siméon Luce dit qu'il fut « chargé sans doute comme capitaine des galées de défendre les approches de Calais du côté de la mer ». Froissart, édit. cit IV, p. XXVIII, note 2. — J'ai trouvé dans les comptes des premiers trésoriers de Calais mention d'une force navale permanente à Calais

(3) P. R. O. Wardrobe 38/2. Edw. III, memb. 21-23, cité par De La Roncière, op. cit. I, p. 195

(4) Nomination de Jean de Beauchamp, 1er Janvier 1349 et confirmation le 12 Juillet 1349. Rymer, ibid. p 181 et p. 186

(5) Dans un seul compte de William de Salop du 1er Janvier an 22 d'Edouard III (1349) au 2 Avril an 24 (1350), c'est-à-dire pour cette année même de la tentative de Geoffroi de Charny, j'ai relevé les noms de trois maréchaux et connétables.

tions durèrent assez longtemps et il est probable que le roi de France fut au courant de l'affaire (1). Le roi d'Angleterre fut informé de la trahison qui se préparait. Le Baker prétend que c'est Aimeri lui-même qui, pris de remords, dévoila tout à Edouard III (2). Gilles li Muisis voit, de son côté, dans Aimeri de Pavie, un faux traître qui aurait attiré les Français dans un piège (3). Une phrase que j'ai relevée dans un compte de l'époque me porte à croire que la trahison d'Aimeri de Pavie envers Edouard III fut très réelle ; que le roi, en ayant soupçonné quelque chose, manda Aimeri et lui arracha des aveux, après quoi il aurait exigé qu'il ne changeât rien aux convenances passées avec Geoffroi de Charny, afin de surprendre les Français sans défiance (4). A cette condition il lui aurait pardonné, mais il aurait dû aller se faire absoudre de son crime par l'autorité spirituelle (5).

Geoffroi de Charny n'eut aucun soupçon de ce revirement. Il confia son dessein à quelques chevaliers de Picardie qui l'approuvèrent, « car la prise de Calais lor touchoit trop malement ». Froissart cite, parmi ces compagnons de Geoffroi de Charny, Eustache de Ribemont, Jean de Landas, le sire de Créqui, Morel de Fiennes, Pépin de Were, Henri du Bos, Oudart de Renty et plusieurs autres seigneurs d'Artois et de Champagne (6). D'accord avec Aimeri, la tentative fut fixée

---

(1) Suivant les récits d'un Bourgeois de Valenciennes, c'est à Lille que les négociations entre Geoffroi et Aimeri se poursuivirent. Le roi de France aurait encouragé Geoffroi dans son projet et celui-ci se serait procuré à Tournai l'argent promis au Lombard. — Il y a dans ce récit bien des invraisemblances. Bourgeois de Valenciennes, édit. cit. pp. 264-266. — Froissart prétend que le roi de France ne sut rien

(2) Le Baker, édit. cit. p. 195.

(3) Gilles li Muisis, (Corpus Chronicorum Flandriae) T. II, p. 383.

(4) C'est la version de Jean le Bel, reprise par Froissart et je crois qu'elle est exacte. Jean le Bel, édit. cit. II, pp. 177-178. Froissart, IV, 71-72.

(5) Don à Aimeri de Pavie pour son voyage à Rome. « Fuit versus Romam ad plenam remissionem ». Contrôle de Robert de Herle, capitaine de Calais, du compte de Richard de Eccleshale, trésorier. Exchequer accounts, K. R. Bundle 170, nº 16, Années 25-26 Edw. III. C'est aux années 1351-52 que se réfère ce compte, car Robert de Herle fut nommé capitaine le 20 Juin 1351, et Richard de Eccleshale fut trésorier en 1351-52.

(6) Froissart, édit. cit. IV, p. 73 — Mêmes noms dans la Chronologia Regum Francorum, II, p. 247, et dans la Chronique Normande, p. 91.

au premier Janvier 1350 (1), d'après l'opinion adoptée par Siméon Luce. Peut-être faut-il reculer cette date de quelques jours, au 3 ou au 4 Janvier 1350 (2).

Édouard III ne voulut laisser à personne le soin de repousser l'attaque projetée contre Calais. En grand secret, il s'embarqua à Douvres et amena avec lui le prince de Galles, Gautier de Masny, le comte de la Marche, Guy de Bryan, Jean de Beauchamp et d'autres barons, avec six cents archers. Arrivé à Calais incognito, le roi s'enferma au château. Le Baker donne force détails plus romanesques que vraisemblables sur les préparatifs faits pour tromper les Français et cerner ceux d'entre eux qui pénétreraient dans la cour intérieure du château (3). On aurait scié une partie du tablier du pont-levis de façon à permettre aux cavaliers d'y passer, mais un homme sûr, placé dans une sorte de niche façonnée dans la tour qui en gardait l'entrée, aurait été muni d'une lourde pierre pour rompre ce pont quand les Français l'auraient franchi. On aurait aussi élevé en hâte une fausse muraille dissimulant les Anglais prêts à l'attaque ! La vérité est sans doute plus simple.

Geoffroi de Charny avait quitté Saint-Omer avec des hommes d'armes et des archers, au nombre de quinze cents au total (4). Il confia la garde du pont de Nieulay à Morel de Fiennes, au sire de Créseeques et à des arbalétriers de Saint-Omer et d'Aire. Lui-même se posta entre ce pont et le château de Calais, en face de la porte dite de Boulogne. Il était environ minuit. Deux écuyers furent envoyés vers Aimeri de Pavie afin de savoir si l'on pouvait s'approcher des murs de la place. Sur sa réponse affirmative, Oudart de Renty et onze chevaliers français, avec une centaine d'hommes d'armes furent détachés pour remettre au Lombard le prix de sa

---

(1) Jean le Bel, la Chronologia, le Bourgeois de Valenciennes se trompent en fixant le fait en 1348 Froissart le fixe au 31 Décembre 1349. Robert de Avesbury (éd cit p 108) adopte la même date. Walsingham (édit. cit I, p 273) dit le 2 Janvier 1350.

(2) Lettre de rémission à Richard atte Ree pour service rendu dans le conflit entre le roi et les Français à Calais le 1 Janvier dernier. Calendar of the Patent Rolls, Edw. III, VIII, p. 511, acte du 22 Avril 1350.

(3) Le récit de Le Baker diffère sur la plupart des points de ceux que les autres chroniqueurs anglais ont donné de cette affaire. Le Baker, édit. cit. pp 195-198

(4) Chiffre donné dans la Chronique Normande, p. 91.

trahison et prendre possession du château. Ils trouvèrent, comme il était convenu, le pont-levis abaissé et pénétrèrent dans la cour. Mais aussitôt, à un signal donné, Edouard III, le prince de Galles et Gautier de Masny sortirent de leur cachette en criant : « Mauni, Mauni, à la rescousse » et en disant : « Cuident donc cil François avoir reconquis, et à si peu fait, le chastiel et la ville de Calais ! » (1). Oudart et les siens, surpris par la brusquerie de l'attaque, n'eurent pas le temps de se mettre en défense, furent faits prisonniers et enfermés dans une tour du château.

Les Anglais se partagèrent alors en deux troupes (2). L'une avec Edouard III sortit par la porte donnant sur la campagne (porte de Boulogne) ; l'autre, avec le prince de Galles, sortit par la porte donnant vers la mer, afin d'aller couper la retraite des Français. La troupe d'Edouard III attaqua les gens de Charny qui, un moment décontenancés, se ressaisirent très vite et résistèrent très bravement. La mêlée fut chaude et Edouard III aux prises avec Eustache de Ribemont, faillit succomber. Geoffroi de Charny vit périr près de lui Henri du Bos et Pépin de Were. Il fut lui même fait prisonnier avec Jean de Landas, le sire de Créqui, Hector et Gauvain de Bailleul. Eustache de Ribemont se rendit à Edouard III, sans le connaître, au dire de Froissart, mais le fait est inexact, car Edouard combattait sous sa propre bannière que tenait Guy de Bryan (3).

Pendant que se livrait cette bataille, la troupe du prince de Galles attaquait le détachement laissé à la garde du pont de Niculay. Plus de cent vingt Français furent tués en défendant ce pont, mais les seigneurs de Fiennes, de Crésec-

---

(1) Froissart, édit. cit. IV, p 76.

(2) Avesbury, édit cit p 108. — Le Baker prétend que les chevaliers français, avant d'être attaqués par Edouard III, avaient placé l'étendard du roi de France sur une tour et que les habitants de Calais crurent que la ville était prise. Si l'on songe que l'affaire se passait en pleine nuit, on se rend compte de la foi qu'on peut accorder au récit de ce chroniqueur! Le Baker, édit. cit. p. 197.

(3) Le 15 Janvier 1350, Edouard III accorde une rente de deux cents marcs par an à Guy de Bryan, pour sa conduite dans le dernier engagement devant Calais « vexillum nostrum ibidem contra dictos inimicos nostros prudenter deferendo et illud erectum sustinendo strenue et potenter.. » Rymer, édit. cit. T. III, Pars I, p. 195 — Selon Le Baker, dont le récit est ici le même que celui de Walsingham, c'est dans un péril urgent couru par Edouard III que celui-ci se serait fait connaître. La tendance romanesque est ici évidente.

ques, de Sempy, de Longvillers et de Mametz réussirent à se sauver.

Edouard III rentra dans Calais avec ses prisonniers, et conformément aux usages chevaleresques, les traita avec honneur. Dans un festin, qui eut lieu au château, il fit présent de son chaperon, richement garni de perles, à son adversaire, Eustache de Ribemont, en vantant sa vaillance et lui rendit la liberté. La gravure a popularisé cet incident qui, s'il est véridique, est un trait de mœurs des plus curieux (1). Geoffroi de Charny fut moins bien traité, mais si le roi d'Angleterre le railla assez lourdement de l'échec de sa tentative et l'envoya en Angleterre, après l'avoir racheté au seigneur anglais, dont il était le prisonnier personnel (2), s'il exigea de lui une énorme rançon (3), du moins sa vengeance fut modérée. La joie d'avoir conservé Calais le prédisposait à l'indulgence. Quant au roi de France, soupçonné à tort ou à raison d'avoir connu la tentative de Charny, cet échec lui fut particulièrement sensible (4). Philippe VI mourut d'ailleurs quelques mois plus tard, le 22 Août 1350. Edouard III récompensa tous ceux qui avaient combattu avec lui pour sauvegarder Calais (5).

Quant à Aimeri de Pavie, sa trahison fut cruellement châtiée. Retiré dans le petit château de Fréthun, à son retour de Rome, il y fut attaqué à l'improviste par une troupe venue de Saint-Omer, sous la conduite de Geoffroi de Charny, sans doute en 1352, peu de temps après la libération de celui-ci qui avait hâte de se venger du Lombard. Saisi sans pouvoir même se défendre, Aimeri fut conduit à Saint-Omer où Geoffroi de Charny le fit périr d'une mort affreuse. Ce récit de Froissart est confirmé, mais avec quelques variantes, par la Chronique des quatre Premiers Valois, d'après laquelle la capture d'Aimeri aurait été l'œuvre du maréchal Arnoul

---

(1) Cf. Calais par l'Image, planche 50

(2) Le 25 Juin 1350, don à John de Podenhale, parce qu'il a remis au roi « Geoffrey de Charnyt » chevalier, pris par lui à Calais, pour en disposer à sa volonté, de 100 marcs par an. Calendar of the Patent Rolls, Edw. III, VIII, p. 517.

(3) Cf. Siméon Luce, édit. de Froissart, IV, p. XXXIV, note 1.

(4) Bourgeois de Valenciennes, édit. cit. p 266.

(5) Nombreuses lettres de rémission du 24 Janvier 1350 et pendant toute l'année pour ce motif Calendar of the Patent Rolls, VIII, pp. 417, 463, 464, 491, 492, 493, 496.

d'Audrehem (1). Le fait peut en tout cas être tenu pour vrai et il s'accorde avec les mœurs du temps.

L'année 1351 fut marquée par un combat assez important entre les garnisons de Calais et de Saint-Omer. Edouard de Beaujeu commandait à Saint-Omer et à Guînes au début de cette année, quand les Anglais de Calais firent une incursion en Artois, pillant et recueillant du butin jusqu'aux portes de Saint-Omer (2). Ils étaient commandés par Jean de Beauchamp (3). Même désaccord existe entre les chroniqueurs sur les péripéties de la rencontre et sur sa date réelle. Ils s'accordent seulement pour affirmer qu'il y eut deux affaires distinctes. Dans la première, les Anglais prirent l'avantage et le sire de Beaujeu fut blessé à mort. Alors des renforts arrivèrent aux Français qui firent prisonniers presque tous les chevaliers anglais et, parmi eux, Jean de Beauchamp lui-même. Plus de sept cents Anglais furent tués ou pris. Les garnisons françaises de Hames, La Montoire et Guînes réussirent, de leur côté, à enlever aux Anglais le butin qu'ils dirigeaient sur Calais, mais, au dire de Froissart, elles refusèrent de rendre ce butin aux gens à qui il appartenait. On peut fixer approximativement la date de cette rencontre au début de Juin 1351 (1). On voit comment, de part et d'autre, on respectait

---

(1) Froissart, édit cit. IV, pp 98-99. — Chronique des Quatre Premiers Valois, édit cit p. 30. — Cf. aussi Le Baker qui termine le récit de la tentative manquée des Français contre Calais, en décrivant le supplice infligé à Aimeri de Pavie. — La Chronographia attribue la prise d'Aimeri à l'affaire dite d'Ardres (édit. cit. II, p 251). C'est une erreur.

(2) Siméon Luce, dans son édit. de Froissart, IV, p. XLVI, note 2

(3) Robert de Herle est désigné comme capitaine le 9 Mars 1350 (n. s.) On n'a pas de nomination de Jean de Beauchamp en cette qualité pour l'année 1350 ou l'année 1351, mais dans un acte du 23 Octobre 1350, c'est Jean de Beauchamp qui remplit ces fonctions (Calendar of the Patent Rolls, Edw III, VIII, p. 580. D'autre part, Robert de Herle est nommé de nouveau le 20 Juin 1351. Il est donc vraisemblable que Jean de Beauchamp était capitaine quand il fut fait prisonnier. Les comptes ont confirmé ce fait (P. R. O. Foreign accounts... P. 25. — Edw. III, 17. — 25 Edw. III).

(1) Froissart raconte ce fait à la date de 1352 C'est une erreur, car le sire de Beaujeu était mort avant le 30 Juin 1351 (Cf Siméon Luce, édit. de Froissart, IV. p. XLVI, note I), et la garnison de Guînes n'aurait pu venir au secours des Français, car le château de Guînes fut pris par les Anglais, en Janvier 1352 — Nous avons adopté en partie le récit de Froissart, en le corrigeant avec les parties d'autres chroniques confirmées par des documents authentiques et les renseignements fournis par les éditeurs des chroniques. — Cf. outre Froissart, Chronique Normande, p. 101; Chronique des Quatre premiers Valois, p. 21; Gilles li Muisis, p. 112; Le Baker, pp. 211-212; Knighton, II, p. 68.

les trêves. La prise de Guînes en est un nouvel exemple.

En effet, de nouvelles trêves avaient été signées entre Guînes et Calais, le 11 Septembre 1351 (1), par l'évêque de Norwich, le comte de Huntyngdom, Barthélémy de Burghersh et Robert de Herle, capitaine de Calais, au nom du roi d'Angleterre, et Pierre, évêque de Paris, chancelier de France, Jean de Boulogne, comte de Montfort, Robert, comte de Roucy, et Geoffroi de Charny, au nom du roi de France. Elles devaient durer un an. Or, au début de Janvier 1352, Guînes tombait aux mains des Anglais. Les chroniqueurs français racontent que le gouverneur de Guînes, le sire de Bouvelinghem, s'étant rendu à Paris aux fêtes données par le roi Jean pour la fondation de l'ordre de l'Etoile, un écuyer, nommé Huc de Beauconroy (2), à qui l'on avait confié la garde du château de Guînes, se laissa corrompre et livra l'accès de la forteresse aux Anglais, qui se contentèrent de chasser les soudoyers. Ceux-ci se retirèrent à Saint-Omer où Geoffroi de Charny, informé de la trahison de Beauconroy, le fit mettre à mort (3). Les chroniqueurs anglais prétendent, de leur côté, que le château de Guînes fut pris par un chevalier anglais, Jean de Dancaster, qui, prisonnier dans ce château, apprit d'une femme quel était le point faible de la défense, un endroit du fossé où il n'y avait que deux pieds d'eau. Il repéra la hauteur du mur avec un fil, réussit à s'échapper et rentra à Calais. On prépara des échelles d'une hauteur convenable et trente hommes, revêtus d'armures noires, partirent sous sa conduite. On surprit la sentinelle qui ne put donner l'éveil et la garnison fut massacrée. Les réclamations du roi de France restèrent vaines (1). Laquelle de ces versions est la véritable ? Toutes deux renferment des inexactitudes et aucun document ne permet de choisir avec certitude. Les données du compte du

---

(1) Rymer, édit. cit. T III, Pars I, p. 232

(2) Il y a dans le récit de Froissart plusieurs inexactitudes. — Ce n'est pas Jean de Beauchamp, mais Robert de Herle qui était capitaine de Calais en Janvier 1352. — La date de 1350 donnée par Froissart est fausse. — Cf. Froissart, édit. cit. IV, pp. 125-126 et Var. 317-318.

(3) Froissart a reproduit le récit de Jean le Bel (édit. cit. II, p. 203). — Cf. Grandes Chroniques, VI, p. 6, et Chronique Normande, p. 292. Lefebvre a accepté sans réserve ce récit, Hist. de Calais, II, p. 18.

(1) Suivant Avesbury (Hist. Edw. III, p 188), Guines tomba aux mains des Anglais, à la Saint-Vincent 1352, n. s. (22 Janvier) — Cf. Knighton, II, p. 68, et Le Baker, édit. cit. p. 213 et suiv. Le dernier historien d'Edouard III a accepté cette version. Mackinnon, op. cit. p. 391.

trésorier de Calais, pour l'année 1352, nous confirment seulement l'acquisition de Guînes, dont le château fut l'objet d'importants travaux (1). Le premier capitaine anglais de Guînes fut Thomas de Hogsh. Le même compte mentionne des travaux aux châteaux de Fréthun, Coulogne, Sangatte, Marck et Oye. Les Anglais avaient donc gagné du terrain et acquis, aux environs de Calais, les petites forteresses protégeant la ville.

Geoffroi de Charny tenta de reprendre Guînes. Il mit le siège devant cette ville, le 27 Mai 1352. Il s'empara d'un couvent de religieuses à une portée de flèche du château de Guînes et le fortifia, ce qui empêchait les Calaisiens de ravitailler ce château. Mais, à un jour convenu, les garnisons de Calais, Marck et Oye attaquèrent les Français tandis que la garnison de Guînes faisait une sortie. Le couvent fortifié fut rasé par les Anglais (2). Geoffroy de Charny aurait essayé, vers la même époque, de surprendre la ville même de Calais. « Après la prinse de Guines, monseigneur Guieffroy de Charny et le mareschal d'Audrehen... furent envoiés en frontière contre ceulx de Kalaiz et assemblèrent la chevalerie de Picardie, le conte de Bouloingne, monseigneur de Fiennes... et alerent par nuit devant Kalaiz et la cuida escheler le conte de Saint-Pol. Mais ilz furent apperceus et fut l'eschielle prinse des Anglois. Et lors s'en retournerent à Saint-Omer et à Bouloingne » (3). Cette tentative n'est rapportée, à notre connaissance, par aucun autre chroniqueur. Il est possible pourtant qu'elle se soit produite et Geoffroi de Charny n'avait pas renoncé à reconquérir la ville d'où les soudoyers anglais sortaient sans cesse pour ravager les contrées voisines.

Pendant la période d'hostilités ouvertes entre les rois de France et d'Angleterre d'Avril à Septembre 1351, le duc de Lancastre avait envahi l'Artois et la Picardie, brûlé les

---

(1) « Vadia diversorum morantium in munitionem castri de Guyne a captione ejusdem usque adventum Thome de Hogsh capitanei ejusdem. » Autres sommes « pro vadiis castri de Guynes... pro vadiis operariorum castri de Guyne .» Contrôle du compte de Richard de Eccleshale, trésorier, par Robert de Herle, reg. en parchemin de 56 p. — P R O. Exchequer Accounts, K R. Bundle 170, n° 16, années 25-26 Edw. III

(2) Le Baker, édit cit p 217 et suiv Il s'agit du couvent des Bénédictines de St-Léonard. — Cf. Denifle, op. cit. II, p. 69.

(3) Chronique des Quatre premiers Valois, p. 29. — Selon nous, c'est pendant cette période que Geoffroi de Charny réussit à capturer, dans le château de Fréthun, Aimery de Pavie dont il voulait se venger.

faubourgs de Boulogne, dévasté Thérouanne et Etaples, incendié cent vingt bateaux (1). Gautier de Masny et Robert de Herle ramenèrent à Calais tant de bétail que le prix de la viande tomba très bas (2).

Les trêves de 1351, qui n'avaient pas empêché les Anglais de s'emparer de Guînes, ni Geoffroi de Charny de reprendre la campagne, ne purent davantage mettre fin aux actes de piraterie sur mer et aux attentats contre les personnes et les biens. C'est ainsi qu'au mois d'Avril 1353, un navire, chargé de provisions pour le ravitaillement de Calais, fut enlevé par des pirates (3). Le 11 Juillet 1354, sur une plainte de John de Bridport et de John de Calais, dont les navires avaient été pris et les équipages massacrés, ordre fut donné par Edouard III aux maires et shérifs de Londres, Southampton, Sandwich, Douvres, aux maire, échevins et communauté de Calais, ainsi qu'au capitaine de Calais, de saisir les vaisseaux et les biens des marchands français qui viendraient dans ces ports (4). En janvier 1355 (n. s.), une conférence fut tenue entre Arnoul d'Audrehem et Renaud de Cobham, capitaine de Calais (5), pour régler la question des dommages réciproques que Français et Anglais s'étaient faits pendant les trêves. Renaud de Cobham relâcha les bateaux et marchandises des gens d'Amiens, Saint-Valery, Boulogne, Saint-Omer, Abbeville et Le Crotoy gardés à Calais (6). Peu après, un clerc du roi Edouard, John de Derby, fut arrêté à Saint-Omer et maltraité par les gens de cette ville, sans que le maréchal d'Audrehem fît rien pour sa défense et, de nouveau, l'embargo fut mis sur les biens des Français que l'on put prendre à Londres (7). Ces incidents, et ce ne fut sans doute pas les seuls, montrent bien comme les relations restaient tendues entre Anglais et Français, même durant les périodes de paix apparente.

D'ailleurs, la guerre avait recommencé en 1355. Edouard III, comptant sur l'appui de Charles le Mauvais, roi

---

(1) Knighton, II, p. 68. — Cf. Denifle, op. cit. II, p. 69.

(2) Le Baker, édit. cit. pp 210-211.

(3) Calendar of the Close Rolls, Edw. III, IX, p. 511. — 20 Avril 1353.

(4) Ibidem, X, 12 Juillet 1354, p. 87.

(5) Nomination de Renaud de Cobham, 29 Juin 1353. Rymer, III, Pars I, p. 259.

(6) Calendar of the Close Rolls, Edw. III, X, 16 Janvier 1355, pp. 32, 14.

(7) Ibidem, X, 16 Septembre 1355, p. 165.

de Navarre, préparait une nouvelle invasion de la France. Tandis que le prince de Galles allait débarquer dans le Midi et arrivait à Bordeaux le 20 Septembre, le roi d'Angleterre faisait crier dans les rues de Londres, le 11 Septembre, que les chevaliers, gens d'armes et archers se tinssent prêts à partir, le 29 Septembre, de Sandwich pour Calais. Le 15 et le 26 de ce mois, il défendit de faire sortir des ports aucun navire avant la Saint-Michel (1). Une armée de plus de trois mille hommes d'armes, avec deux mille archers à cheval et beaucoup d'archers à pied, fut ainsi concentrée à Calais à la fin d'Octobre 1355.

Jean le Bel dit qu'Edouard III vint à Calais le sixième jour avant la Toussaint (2). Peut-être faut-il retarder cette date de quelques jours (3). Il était accompagné de deux de ses fils, Lionel, duc d'Ulster, et Jean de Gand. Parmi les nobles de sa suite étaient le comte de Richmond, le duc de Lancastre, les comtes de Stafford, de Northampton, Gautier de Masny, et d'autres braves chevaliers. Il fut renforcé à Calais par un millier de mercenaires flamands, brabançons et allemands, et son armée, où se trouvaient cinq cents archers levés par la cité de Londres, était l'une des plus belles, sinon la plus forte, avec laquelle il fût entré en campagne (4). Il partit de Calais le 2 Novembre (5).

Nous n'avons pas à étudier ici cette brève chevauchée dont Calais fut le point de départ. Les chroniqueurs anglais ont montré le roi de France reculant devant son adversaire et laissant dévaster l'Artois et la Picardie sans oser combattre. L'itinéraire du roi Jean semble bien prouver le contraire (6). L'armée anglaise, de l'aveu même de documents officiels, eut

---

(1) Rymer, vol III, pars. I, p. 313.

(2) Jean le Bel, édit. cit. II, p 212

(3) Les autres chroniques sont en effet moins précises Knighton dit le jour de la Toussaint (édit cit II, p. 81) Une note reproduite dans les Calendars fixe cette traversée en Octobre, sans autre indication. Calendar of the Close Rolls, Edw. III, X, p 238.

(4) Mackinnon, op cit. p 100.

(5) Rot. Parl. II, p. 264 b

(6) Siméon Luce a donné cet itinéraire dans son édition de Froissart, IV, p. LV, note 3.

à souffrir dans cette expédition (1) et Edouard III rentrait à Calais le 11 Novembre, neuf jours seulement après en être parti. Le lendemain, le connétable de France vint lui offrir la bataille, de la part de son souverain qui était arrivé à Saint-Omer. Edouard III venait d'apprendre à Calais que, pendant son absence, les Ecossais s'étaient emparés de Berwick. Il refusa donc le défi et se hâta de regagner l'Angleterre (2).

Quelques années plus tard, Calais devait servir de base à une nouvelle attaque contre la France. En 1356, la défaite de Poitiers avait inauguré une ère de difficultés pour le royaume, dont le dauphin Charles assumait le gouvernement durant la captivité du roi. Des trêves avaient été conclues, en 1357, pour deux ans. En 1359, la guerre recommença. Les mois d'Août et de Septembre s'écoulèrent en préparatifs. Attirés par l'espoir d'une campagne fructueuse, un grand nombre de chevaliers d'Allemagne, de Brabant, de Hainaut et de Flandre, sachant que le roi d'Angleterre devait débarquer à Calais, se rendirent dans cette ville. Ils y arrivèrent bien avant Edouard III et en si grand nombre que la place pouvait à peine les contenir. Knighton estime à quinze cents hommes les aventuriers que Gautier de Masny avait recrutés en Allemagne et prétend que la ville de Calais fut presque mise à sac par ces étranges auxiliaires (3). Les vivres devinrent rares et d'un prix élevé, ce qui se comprend d'autant mieux que tous les approvisionnements étaient tirés d'Angleterre. « Et furent pain, avaine et vivre si chiers que on n'en pouoit recouvrer. Et tousjours leur disoit-on, le noble roy vendra l'aultre septmaine. » (4). En attendant, les ressources de ces chevaliers s'épuisaient et plusieurs se virent contraints de vendre leurs chevaux pour subsister.

---

(1) « Ses gents furent molt lassez pur defaute de vyn et ne beurent cawe bien par quatre jours, se retourna devers Caleys Rot. Parl II, p. 261 b.

(2) Voir sur cet épisode Jean le Bel, édit. cit. II, pp 212-216; Froissart, IV, pp. 139-150; Chronologia, II, 255-256; Chronique Normande, p. 109; Récits d'un Bourgeois de Valenciennes, pp. 279-280 — Robert d'Avesbury, p 128-129; Knighton, II, p. 81, Walsingham, I, p. 280; Le Baker, p. 227. La Chronique des Pays-Bas, de France et d'Angleterre est favorable au roi de France « que le dit roy Edouars n'osa atendre, ains retourna à Callais. » Corp Chron. Fland. III, p. 181.

(3) Knighton, édit. cit. II, pp. 105-106.

(4) Jean le Bel, édit. cit. II, p. 290.

Leur présence constituait un danger, et Edouard III craignait que ces volontaires ne voulussent pas quitter Calais sans avoir reçu un dédommagement. Il résolut donc de se faire précéder à Calais par le duc de Lancastre, avec mission d'entraîner à sa suite ces aventuriers par l'appât d'une première expédition abondante en butin.

Le duc débarqua à Calais vers le premier Octobre (1), avec quatre cents hommes d'armes et deux mille archers (2). Il excusa le roi Edouard de son retard « comme cil qui bien faire le sçavoit », fit décharger ses nefs, puis dit à ces seigneurs qu'il ne valait rien pour eux de séjourner dans la ville de Calais et qu'il leur serait plus profitable de chevaucher à travers la France. Il les invita à l'accompagner et leur promit une certaine somme pour leurs dépens (3). Séduits par ces invites, ils allèrent avec lui en Artois et en Picardie.

Cependant, Edouard III s'était embarqué à Sandwich, le Lundi 28 Octobre et était entré dans le port de Calais vers six heures du soir (4). Le duc de Lancastre, avisé de sa venue, vint à sa rencontre. Jean le Bel et Froissart prétendent qu'il rejoignit Edouard III et le Prince Noir à quatre lieues de Calais. C'est alors que les chevaliers étrangers auraient prié le roi d'Angleterre de les prendre à son service. Le roi, fort embarrassé, leur demanda un court délai pour réfléchir et les invita à se rendre à Calais où il leur transmettrait sa réponse définitive. Deux jours après, il leur fit dire par trois de ses chevaliers qu'il n'avait pas apporté d'Angleterre des sommes suffisantes pour leur payer une solde et que, au surplus, son armée était assez forte pour se passer de leur concours. Ils restaient libres de le suivre, mais à leurs risques et périls. La plupart de ces étrangers retournèrent alors dans leur pays (5). Il est vraisemblable que c'est à Calais même que s'était opérée la jonction des forces de Lancastre et de celles

---

(1) « Applicuit apud Calesiam post festum sancti Michaelis ». (29 sept) Knighton, II, p 105. — Froissart, V. 192, dit : « environ la feste Saint-Remi ».

(2) Longman, op cit. II, p 16 et suiv.

(3) Jean le Bel, édit cit. II, p 291

(4) Il montait un navire appelé « la Philip » de Darmouth Calendar of the Close Rolls, Edw. III, X, p 657. Siméon Luce dit à tort que ce passage eut lieu le mercredi 30.

(5) Jean le Bel, II, pp. 292-296. — Froissart, V, 195-197.

d'Edouard III et que l'armée entière partit de cette ville le Lundi 1 Novembre (1).

On sait comment cette expédition ne donna pas à Edouard III les résultats qu'il en espérait et comment elle aboutit aux conférences de Brétigny en avril 1360. Le 7 Mai une trêve fut conclue jusqu'au 29 Septembre 1361. Le lendemain un projet de traité, qui devait être soumis aux ratifications d'Edouard III et de Jean le Bon, fut signé au nom du prince de Galles et du régent. Edouard alla s'embarquer à Honfleur et son armée, après avoir brûlé les bagages qu'elle ne pouvait transporter, reprit le chemin de Calais où elle rentra singulièrement affaiblie et en moins brillant équipage qu'elle n'en était sortie.

C'est à Calais que le traité de Brétigny devait recevoir sa consécration définitive. S'il faut en croire la chronique des quatre premiers Valois, au début de cette année 1360, un certain nombre de marins et de chevaliers picards avaient tenté un coup de main contre la ville. Par le conseil de monseigneur Moreau de Fiennez et du conte de Saint Pol, et de monseigneur Jehan de Neuville, [ils] firent leur navire singler droit à Kalaiz pour sçavoir s'ilz pourroient prendre Kalaiz du costé par devers la mer. L'escherguette de Kalaiz vit le navire de loing venir et crya qu'il veoit grant navire. Ceulx de Kalaiz s'appareillèrent pour deffendre la ville et vindrent sur les murs. Lors les Françoiz s'en retournerent en Boulloingne » (2). Nous n'ajoutons qu'une très médiocre confiance à ce récit que l'on ne trouve confirmé nulle part ailleurs, mais il est intéressant de noter l'état d'esprit qui l'explique, car nous y voyons la preuve nouvelle que les Français, et surtout les chevaliers d'Artois et de Picardie, n'avaient jamais cessé de songer à reprendre Calais.

Aux termes des conventions de Brétigny, le roi Jean devait être amené à Calais, aux frais du roi d'Angleterre, dans les trois semaines suivant la Nativité de saint Jean-Baptiste et qu'il y demeurerait quatre mois, sans rien payer pour sa garde pendant le premier mois, et en payant dix mille royaux pour chacun des trois autres mois. Sur sa rançon de trois millions d'écus d'or, six cent mille devaient être versés à

---

(1) R. Delachenal, Histoire de Charles V, Alphonse Picard, 1909, in-8º, T. II, p. 151.

(2) Chronique des Quatre premiers Valois, édit. cit. p. 113.

Calais pendant ces quatre mois (1). Le 8 Juillet, le roi Jean arriva à Calais (2). A peine installé au château de Calais, il se fit envoyer la liste des villes françaises avec l'indication des sommes qu'elles s'imposaient pour sa rançon. Froissart prétend que le prince de Galles, le duc de Lancastre, le comte de Warvick et plusieurs conseillers d'Edouard III, accompagnèrent Jean II, mais que, fatigués d'attendre à Calais les envoyés du régent, porteurs de la somme fixée pour le premier versement, ils retournèrent en Angleterre, confiant la garde du roi à quatre chevaliers : Renaud de Cobham, Gautier de Masny, Gui de Bryan et Roger de Beauchamp (3). Cette assertion est inexacte. Jean II vint à Calais sous bonne escorte, mais sans aucun de ces personnages. C'est seulement à la fin d'Août que le prince de Galles, le duc de Lancastre et d'autres membres du conseil du roi d'Angleterre passèrent le détroit (4).

Le 8 Octobre, Edouard III sachant que son prisonnier était en mesure de tenir une partie de ses engagements, arriva à son tour à Calais où se trouvait réunie la plus brillante assemblée de seigneurs : Richard d'Arundel, Ralph, comte de Stafford, Guillaume de Montaigu, comte de Salisbury, l'évêque de Winchester et d'autres illustres personnages, parmi lesquels le premier des grands écrivains anglais, Geoffroi Chaucer, alors clerc du roi et attaché à Lionel, comte d'Ulster, fils d'Edouard III (5).

Pendant quinze jours, Calais fut le théâtre de scènes magnifiques. Dîners et fêtes s'y succédaient (6) au milieu des négociations diplomatiques les plus enchevêtrées que l'on puisse concevoir. Nous n'avons pas à parler ici de ces faits qui relèvent de l'histoire générale. C'est là que, le 11 Octobre, par la médiation de Jean le Bon, le comte de Flandre se réconcilia avec le roi d'Angleterre (7).

---

(1) Rymer, T. III, Pars. I, p 189. Art 13, 14 et 19 du traité.

(2) « Nous sommes venus à Calais dès le huitième jour de Juillet ». Lettre du roi Jean à la commune de La Rochelle, du 18 Juillet 1360. Ibidem, p. 504.

(3) Froissart, édit. cit. VI, p 24.

(4) Delachenal, op. cit. II, p. 240.

(5) P R O., Exchequer Accounts, Bundle 314, n°. 1. — Cité par Delachenal, ibid. p 241.

(6) Froissart, édit. cit. VI, p. 26

(7) Grandes Chroniques, VI, p 216.

Enfin, le 24 Octobre 1360, les termes du traité ayant été fixés, les deux rois se rendirent à l'église Saint-Nicolas de Calais pour le jurer solennellement (1). Le légat du pape, Androuin de la Roche, abbé de Cluny, revêtu des ornements pontificaux, chanta trois messes du Saint-Esprit que les rois entendirent, chacun dans une sorte de pavillon, ouvert du côté de l'autel (2). Au moment de l'offrande, aucun des deux princes ne voulut, par courtoisie, passer le premier. On porta alors « la paix » au roi de France qui, sans la baiser lui-même, la prit et, sortant de son oratoire, la présenta au roi d'Angleterre. Celui-ci n'accepta pas et les deux rois s'embrassèrent à la façon des clercs (3).

Lorsque la dernière messe eut été chantée, le célébrant se retourna du côté de l'assistance, ayant dans les mains la patène où il avait déposé une hostie consacrée (1). Un peu plus bas, sur les degrés de l'autel, et face aux fidèles, prirent place les évêques de Thérouanne et de Winchester, chanceliers de France et d'Angleterre qui tenaient entre leurs mains le livre des Evangiles. Jean II et Edouard III vinrent s'agenouiller sur ces mêmes degrés par respect pour le Saint-Sacrement. L'abbé de Cluny résuma brièvement les principales clauses du traité qu'il leur demanda de jurer sur le corps du Christ et sur les Evangiles.

Avant de jurer, Edouard III déclara qu'il ne se considérerait comme lié par le serment qu'il allait prêter que dans la mesure où les conditions du traité seraient fidèlement accomplies par le roi Jean. Celui-ci (dont la réponse ne nous a pas été conservée) chercha sans doute à désarmer la défiance d'Edouard III en protestant de son amitié pour le roi anglais et de sa loyauté.

Les deux rois lurent, l'un après l'autre, la formule du serment. Edouard III demanda qu'il fut donné acte par un notaire, en forme authentique, de ses réserves et de la réponse du roi Jean.

---

(1) Procès-verbal dressé par les deux notaires royaux « in ecclesia beati Nicolai de Calesio, coram majori altari ipsius ecclesie » Rymer, T. III, Pars. I, p 520

(2) Grandes Chroniques, VI p 217.

(3) « Et ne alerent point à l'offrande, pour ce que l'un ne vouloit aller avant l'autre ». Ibidem, p 217.

(1) Nous empruntons ce récit à l'ouvrage (en cours de publication) de M Delachenal qui a consacré un excellent chapitre au traité de Calais. Op. cit II, chap. VI, pp 239-265.

La paix fut également jurée à Calais par trois des fils du roi de France : Louis, duc d'Anjou et du Maine ; Jean, duc de Berry et d'Auvergne ; Philippe, duc de Touraine, et un grand nombre de hauts personnages. Du côté anglais, jurèrent aussi les trois fils d'Edouard III, présents à Calais : le prince de Galles ; Lionel, comte d'Ulster ; Edmond, comte de Langley, et beaucoup d'autres.

Pendant que se déroulait cette imposante cérémonie, le régent Charles était à Boulogne. Il y était demeuré tout le temps des négociations préalables et n'était venu qu'une seule fois à Calais, le 13 Octobre, pour y dîner avec les rois de France et d'Angleterre. Deux fils d'Edouard III étaient allés, à cette occasion, se constituer comme ôtages à Boulogne, avant le départ du dauphin pour Calais et y étaient restés pendant son absence.

Après un dernier banquet offert par Edouard III au château de Calais, le roi Jean, remis en liberté, s'éloigna, le 25 Octobre, dans la direction de Boulogne. Le roi d'Angleterre l'accompagna environ une lieue et le prince de Galles le suivit jusqu'à Boulogne où il devait jurer la paix avec le dauphin.

Au nombre des ôtages français laissés à Calais, on comptait deux fils du roi, les ducs d'Anjou et de Berry, son frère, Philippe, duc d'Orléans, Louis de Bourbon, Pierre d'Alençon, Jean, frère du comte d'Etampes, « tous des fleurs de lys », Guy, frère du comte de Blois et comte de Saint-Pol, les seigneurs de Montmorency, de Hangest, de Saint-Venant, d'Andresel, le comte de Braisne, le seigneur de Coucy, les comtes d'Harcourt, de Grandpré, les seigneurs de La Roche-Guyon et d'Estouteville (1).

Edouard III séjourna à Calais jusqu'au samedi suivant, veille de la Toussaint, date à laquelle il s'embarqua pour l'Angleterre, avec les ôtages français. C'est à Calais que furent effectués les versements pour la rançon du roi Jean (2).

Parmi les clauses du traité juré à Calais, figure la cession définitive et sans réserve, au roi d'Angleterre, de la ville même de Calais et du château, ainsi que des villes, châteaux et

---

(1) Grandes Chroniques, VI, p. 218.

(2) Quittance du 28 Octobre 1360, Arch. Nat. J 639, n° 6 bis, publiée par Delachenal, op cit II, pp 411-415 — Quittance de cent mille écus d'or, à la Noël 1360, reçus par le trésorier de Calais et quelques autres députés spéciaux. Arch. Nat. J. 640, n° 31, citée ibid. p. 325.

seigneuries de Marck, Sangatte, Coulogne, Hames, Wale et Oye, formant un territoire nettement délimité et accru du comté de Guînes. Le tout est incorporé au domaine propre d'Edouard III « excepté les héritages des Eglises » et, sauf pour le territoire même de Calais, « les héritages des autres gens des Païs de Merck et de Calais, assis hors de la ville de Calais, jusques à la valeur de cent livres de terre par an... » (1).

Des lettres du 21 Octobre 1360, données à Calais même par le roi Jean, effectuèrent juridiquement cette cession. Leur exécution était confiée au bailli d'Amiens et aux gouverneurs des comtés de Boulogne et d'Artois, qui eurent mission de procéder à la remise des territoires (2).

Ainsi se trouva ratifié, en droit, le fait accompli treize années plus tôt. Calais, ville anglaise, capitale d'une petite enclave anglaise en Artois, avait vu se terminer dans ses murs le premier acte du grand drame où se jouait, entre Valois et Plantagenets, la souveraineté du royaume de France. Edouard III avait renoncé pour un temps à se parer du titre de roi de France, mais cette renonciation coûtait trop cher à la France elle-même pour que la paix fût définitive et d'autres jours allaient venir où la possession de Calais serait encore d'un précieux appoint à Edouard III et à ses successeurs.

---

(1) Rymer, édit. de La Haye, T. III, Pars II, p. 3 Art. 4 et 5 du traité.
(2) P. R. O., Diplomatic Documents, Exchequer, Box 4, n° 111.

CHAPITRE III

Calais de 1360 à la fin du XIVe Siècle

DOUARD III n'avait pas attendu le traité qui lui reconnaissait la souveraineté absolue de Calais pour s'y comporter en maître et nous avons indiqué les premières mesures qu'il prit pour organiser et défendre la ville. Toutefois, c'est pendant la période qui va de 1360 à la fin de son règne que l'administration anglaise de Calais reçut sa forme définitive. Les grandes ordonnances, réglant les institutions municipales, datent de 1363 et de 1365. L'organisation de l'étaple fut conçue, dans ses grandes lignes, en Mars 1363, modifiée en 1365 et 1366. Des querelles assez graves entre les habitants obligèrent le roi à intervenir et nous verrons, en étudiant l'administration et le commerce de Calais, comment s'établit enfin le régime municipal de la ville. Il nous suffit, actuellement, d'y faire une brève allusion, dans ce volume exclusivement consacré aux événements dont Calais fut le théâtre sous la domination anglaise.

Quand Edouard III projeta de renouer l'alliance anglaise avec le comte de Flandre, Louis de Male, par un mariage entre la fille du comte, Marguerite, et son cinquième fils, Aymon, comte de Cambridge, il offrit de céder à celui-ci les terres et comtés de Ponthieu, Guînes et Calais, sous réserve de sa suzeraineté (1). Mais ces pourparlers n'aboutirent pas et Marguerite porta son riche héritage à Philippe le Hardi, premier duc de Bourgogne de la seconde race. Calais demeura donc soumis à la souveraineté directe du roi d'Angleterre. Le pape Urbain V, à l'instigation du roi de France, refusa en effet d'accorder les dispenses nécessaires au mariage de Marguerite avec le comte de Cambridge et, le 16 Décembre 1365, Edouard III autorisait Henri le Scrop, gouverneur de Calais à retarder, de concert avec Louis de Male, l'époque fixée pour ces noces qui n'eurent jamais lieu. C'est à Calais que toutes les négociations avaient été poursuivies (2).

Au mois de Novembre 1362, les quatre princes des fleurs de lis, otages en Angleterre, suivant les clauses du traité de Calais, avaient entamé des négociations avec Edouard III pour recouvrer leur liberté. Le 15 Mai 1363, le roi d'Angleterre permit aux ducs d'Orléans, de Bourbon, de Berry et d'Anjou de venir à Calais où ils devaient résider jusqu'à l'entier accomplissement des conditions stipulées pour leur libération. Ils s'engageaient à retourner en Angleterre si l'on n'arrivait pas à une entente définitive (3). Dans la seconde quinzaine de Mai, les princes furent amenés à Calais avec leur suite (4). Jean de Cobham avait été chargé tout spécialement de veiller sur eux pendant leur séjour à Calais. Ils ne pouvaient quitter cette ville sans une autorisation du roi d'Angleterre et on avait exigé d'eux un serment précisant strictement leurs obligations (5). Ils ne devaient pas, dans ce cas, rester absents plus de quatre jours.

Le duc d'Anjou demanda à aller en pèlerinage à Notre-Dame de Boulogne ; il retrouva dans cette ville sa jeune

---

(1) Ce projet de cession est aux archives du département du Nord, B, 890 Cf. Cartulaire des comtes de Hainaut, coll chr belges, publié par Léopold Devillers, Bruxelles, 1881. T. II, p. 63 — Voir sur ce projet Froissart, édit. cit. VI, p XXXIX, note 5. — Pirenne, Histoire de Belgique, T. II, p. 187. — Ernest Lavisse, Histoire de France, T. IV, I, p. 232

(2) Le Cotton, manuscrit Galba B. I. transcrit par M. Edward Scott et annoté par M L Gilliodts-van-Severen, Bruxelles, 1896. (Coll. Chr. belges), pp 15, 19.

(3) Rymer, III, pars. 2, p. 701.

(4) Ibidem.

(5) Bibl Nat. ms latin 6049, f° 89 — Cf. Delachenal, op. cit. T. II, pp. 316-317.

femme, Marie de Châtillon, fille de Charles de Blois et, infidèle à son serment, il partit avec elle pour le château de Guise. Vainement, le dauphin Charles, envoyé par le roi Jean, alla le rejoindre à Saint-Quentin et essaya de lui persuader qu'il devait regagner Calais. Le duc d'Anjou refusa de suivre ce conseil (1), et l'on sait que cet incident détermina le roi de France à retourner en Angleterre, comme prisonnier, et qu'il y mourut en Avril 1364.

Au mois d'Octobre 1363, le roi de Chypre et de Jérusalem, Pierre de Lusignan, se rendant à Londres pour essayer de gagner Edouard III à ses projets de croisade, passa par Calais où il fut magnifiquement reçu par les ducs d'Orléans, de Bourbon et de Berry qui s'y trouvaient encore. Il y demeura quinze jours, attendant que l'état de la mer lui permît d'entreprendre la traversée (2).

Quand Charles V fut devenu roi de France, les relations avec l'Angleterre restèrent officiellement courtoises durant quelques années encore, mais on pouvait prévoir un nouveau conflit. Quel fut, pendant cette seconde phase de la guerre de Cent Ans, le rôle de Calais ? Il semble bien que, dès 1368, les Anglais aient redouté une attaque inopinée des Français contre cette ville. Le roi d'Angleterre demanda au Parlement de voter des subsides pour les grandes dépenses nécessitées par les fortifications (3).

En Avril 1369, Charles V envoyait à Edouard III un cadeau de cinquante pièces de vin, mais, en même temps, un de ses conseillers allait dans le Ponthieu préparer l'expulsion des Anglais. Le 29 Avril, Abbeville ouvrait ses portes au comte de Saint-Pol. A cette nouvelle Edouard III renvoya les présents de Charles. La garnison de Calais profita de l'aubaine, les soldats s'emparèrent des envoyés français et s'approprièrent les cinquante tonneaux de vin (4). Les chevaliers anglais pris à Abbeville furent bientôt après renvoyés à Calais (5).

---

(1) Chronographia, édit. cit. II, p. 299.

(2) Ibidem, II, p. 298. — Froissart, édit cit. variante du ms d'Amiens, VI, p. 283.

(3) Rolls of Parliament, T. II, p. 295 b

(4) Walsingham, édit. cit. I, p. 307.

(5) Chronographia, édit. cit. II, p. 338

La guerre était désormais ouverte. Le 21 et le 25 Mai, Charles V adressa à Edouard III des lettres qui équivalaient à un défi. Le 3 Juin, Edouard III reprit le titre de roi de France. Mais les conditions de la lutte n'étaient plus les mêmes. Edouard III, vieilli, trouvait devant lui un adversaire aussi prudent que résolu et qui, instruit par l'expérience, allait inaugurer une tactique nouvelle. On s'en aperçut vite. Le comte d'Hereford avait été nommé, le 10 Mai 1369, lieutenant du roi à Calais, Guînes et lieux voisins (1). Un mois après, le 12 Juin, il fut remplacé dans cet office par le propre fils d'Edouard III, Jean de Gand, duc de Lancastre. Celui-ci arriva à Calais vers la mi-Août avec 600 hommes d'armes et 1.500 archers. Il y fut rejoint par Robert de Namur à la tête d'une autre troupe. L'ensemble de ses forces se montait à 4.000 hommes (2). Son intention était d'envahir l'Artois et le comté de Saint-Pol (3), de reprendre le Ponthieu et d'aller détruire les armements entrepris par Charles V sur les bords de la Seine. Le duc de Bourgogne, Philippe, alla à la rencontre des Anglais ; il campa près de Tournehem, mais sans livrer bataille (4).

On trouve, dans les chroniques anglaises, trace de la surprise que causa cette nouvelle manière de comprendre la guerre. Walsingham s'indigne de l'inactivité du duc de Lancastre et il l'accuse de n'avoir pas osé combattre les Français. A l'en croire, Thomas Beauchamp, comte de Warwick, aurait alors débarqué à Calais avec une troupe d'élite et le seul bruit de son arrivée aurait mis en fuite les Français ! Le duc de Lancastre et Hereford voulurent l'empêcher de les poursuivre, mais il gagna cependant la Normandie, et succomba au retour à une peste soudaine (5). La vérité est que le duc de Lancastre fit en effet une chevauchée jusqu'à Harfleur, sans réussir à prendre cette ville et que, harcelé par son adversaire, il rentra à Calais

---

(1) Rymer, III, pars. 2, p. 866.

(2) Chronique des quatre premiers Valois, p. 202.

(3) Chronique Normande, édit. cit p. 189.

(4) De Barante, Histoire des ducs de Bourgogne, de la maison de Valois... Paris, 1839, T. I, p. 132. — Cf. Chronique des Pays-Bas, édit. cit. (Corp. Chron. Fland.), pp. 256-257. — Chronographia, II, pp. 310-311.

(5) Walsingham, édit cit. I, p. 308.

avec quelque butin, après avoir beaucoup souffert (1).

L'année suivante, 1370, une nouvelle tentative d'invasion par Calais se produisit sans plus de succès. Robert Knolles, un ancien tisserand d'origine allemande, le type des grands aventuriers de ce temps, avait été nommé lieutenant du roi Edouard (2), le 1er Juillet. Anglais et Allemands qui, depuis Pâques, affluaient à Calais, formèrent, sous ses ordres, un corps de 6.000 hommes environ avec lequel il envahit la Picardie à la fin de Juillet. Après plusieurs mois de marche à travers les provinces françaises, cette expédition échouait complètement (3). Edouard III pouvait se convaincre qu'il y avait désormais devant lui un souverain capable de lui tenir tête. Charles V songea-t-il alors à reprendre Calais ? Edouard III le crut ou fit semblant de le croire, car, en 1371, il dénonçait au Parlement les desseins de son adversaire contre cette ville (4), et en 1372, des renforts y furent expédiés (5). A diverses reprises, notamment au mois de Juin et au mois de Décembre de cette année, d'importants envois de munitions furent faits à William Rednesse, victuailler de Calais (6).

Peut-être ces préparatifs avaient-ils une destination plus offensive et étaient-ils conçus en vue de la grande expédition qui fut concentrée à Calais en 1373. Le duc de Lancastre et le duc Jean de Bretagne qui, en 1372, avait contracté avec Edouard III une alliance offensive et défensive, commandaient une armée nombreuse. Arrivés à Calais en Juin, ils virent affluer dans la ville les mercenaires du Brabant, des Flandres, du Hainaut et d'Allemagne. Dans les premiers jours d'Août, le duc de Lancastre quittait Calais à la tête de quinze mille combattants. Cinq mois plus tard, il arrivait à Bordeaux avec un effectif réduit des trois quarts par les maladies et d'inces-

---

(1) Mackinnon, op. cit. p. 530. — Longman, T. II, p. 119

(2) Rymer, III. pars. 2, p. 894.

(3) Sur cette expédition, voir Chronique Normande, p. 195, Chronique des quatre premiers Valois. p 207 ; Chronographia, II, p. 312 ; Chronique des Pays-Bas.., p. 258

(4) Rolls of Parliament, T. II, p. 303 a

(5) Ibidem, p. 310 a.

(6) Bibl. Nat. Coll. Moreau, 681, fos 81, 83, 93.

santes escarmouches, sans avoir pû livrer bataille et sans avoir pris une seule ville importante (1).

Durant ces années de guerre, les papes Urbain V et Grégoire XI avaient essayé de réconcilier les deux rois. Edouard III avait d'abord refusé tout arbitrage. En 1372, il y eut quelques entrevues infructueuses à Calais entre des envoyés d'Edouard III et « le cardinal de Beauvaiz, le doyen de Paris et autres [qui] alerent à Calaiz pour traictier de la paix » (2).

En 1374, il n'y eut autour de Calais que quelques escarmouches entre la garnison de la ville et celle de Boulogne. C'est dans un de ces combats que Waleran de Luxembourg, comte de Saint-Pol, fut pris par le duc de Lancastre et ramené prisonnier à Calais d'où on le dirigea sur Londres (3).

Le 11 Mars 1374, Edouard III consentit à envoyer des ambassadeurs soit à Calais, soit à Bruges pour y rencontrer les légats du pape afin de traiter de la paix. Le duc de Lancastre resta d'abord à Calais pendant que le duc d'Anjou séjournait à Saint-Omer, jusqu'à ce que l'inconvénient d'user de messagers pour Bruges les décida à se rendre tous deux dans cette ville. Les Français ne voulaient consentir à la paix que si le château de Calais était détruit. On n'aboutit qu'à une trêve jusqu'au mois de Juin 1376 (4). Cette trêve fut prorogée jusqu'au printemps de 1377. Au mois de Juin 1377, Edouard III, qu'avait précédé dans la tombe son fils, le prince de Galles, mourait, laissant la couronne à son petit-fils Richard.

Dès le début du nouveau règne, le 15 Novembre 1377, les privilèges de la municipalité et de l'étaple de Calais furent confirmés (5). Cette même année, les hostilités ayant été reprises par les Français avec une nouvelle vigueur, une tentative avait été dirigée contre Calais. Une flotte commandée

---

(1) Chronique des quatre premiers Valois, p. 216; Chronographia, II, p. 316, Istore et Croniques de Flandres, édit. cit. II, p 136. 136. — Cf. Mackinnon, op. cit p 519, Longman, T. II, p. 221; Lavisse, Hist. de France, T. IV, I, p 213

(2) Chronique des quatre premiers Valois, pp. 221-226.

(3) Chronique des quatre premiers Valois, édit. cit. p. 219.

(4) Longman, op. cit. II, p. 210 — Lavisse, op cit. IV, I, p. 215

(5) French Rolls, 1 Richard II, m. 18, transcrit par Bréquigny, Bibl Nat. Coll. Moreau, 684, f⁰ 138 et suiv.

par l'amiral Jean de Vienne, le neveu du chevalier qui avait défendu Calais en 1346-1347, alla pendant l'été de 1377, ravager Rye, Lewes, Folkestone, Portsmouth et arriva à l'improviste devant Calais (1). L'émoi des Calaisiens fut grand, et ils se mirent en devoir de repousser une attaque qu'ils croyaient imminente. Hugues de Calverley, capitaine de Calais, était parti faire une incursion vers Saint-Omer, quand la flotte française jeta l'ancre en face du port. Sa surprise fut extrême, dit Froissart (2). Au bout d'une dizaine de jours, le mauvais temps força les vaisseaux français à quitter leur mouillage.

On peut croire que cette apparition de la flotte devant Calais faisait partie d'un plan d'attaque que les circonstances firent échouer. Vers le même temps, en effet, le duc Philippe de Bourgogne envahissait le territoire anglais de Calais, à la tête d'une armée qui s'était concentrée à Amiens. Les chroniqueurs flamands prétendent que son véritable objectif était Calais (3). Cette opinion est admise par le récent historien de la marine française (1), et elle paraît des plus vraisemblables.

Le duc de Bourgogne arriva-t-il trop tard ? Est-ce le mauvais temps qui fit cesser trop tôt le blocus ? Ce qui est certain, c'est que l'expédition se borna à la prise de quelques forteresses anglaises parmi lesquelles Ardres et Audruicq. La prise d'Ardres ne pouvait être que le moyen de resserrer les Anglais dans Calais et de rendre plus facile le siège de

---

(1) Froissart, édit. cit. T. VIII, 2e partie, pp. 237-238. — Ce chroniqueur semble n'établir aucune relation entre l'arrivée de Jean de Vienne devant Calais et l'expédition du duc Philippe de Bourgogne dans le Calaisis

(2) « De quoi cil de le ville de Calais furent moult esmervilliet, quant il les veirent si soudainement là venir, et se coururent tantost armer et appareillier, car il cuidoient avoir l'assaut, et cloï leurs portes et leurs barrières et furent en grant effroi. » Froissart, ibidem.

(3) « Pour le temps avoit li rois Charles et les nobles de son conseil volenté d'aler asségier la ville de Calaix, tant par mer comme par terre, et s'assemblèrent Franchois à Amiens. » Istore et Cronique de Flandres, édit. cit. II, pp. 113-114

(1) « Le roi Charles donna ordre (en Août) à l'amiral Jean de Vienne de seconder, par des descentes en pays ennemi et par un blocus rigoureux, le siège de Calais, dont le duc de Bourgogne avait entamé les approches. Vers le 10 Septembre, le vent, soufflant en tempête, obligea de gagner les rades et interrompit le blocus. » De La Roncière, op. cit. II, pp. 55-56.

cette dernière ville. « Et, se on pooit tant faire que on l'euist françoise, on ne se doubtoit noient que on ne deuist tout reconquerre jusques as portes de Calais ; et, se on estoit signeur des frontières, on aroit milleur avantage pour constraindre Calais » (1). On voit combien se sont mépris les historiens qui ont affirmé que, de 1347 à 1558, les rois de France se désintéressèrent du sort de Calais (2). La vérité est qu'ils ne cessèrent jamais de méditer la reprise de cette ville. Ardres se rendit au duc de Bourgogne et le sire de Gommegnies, qui en était gouverneur, ne tenta pas, faute d'artillerie, la moindre résistance. Sa conduite parut même suspecte aux Anglais (3), et, sur l'invitation de Hugues de Calverley, il partit en Angleterre pour se disculper.

Le château de Marck fut pris aussi par les Français, pendant une absence du chevalier anglais qui y commandait, mais il ne tarda pas à retomber aux mains de Hugues de Calverley, capitaine de Calais, qui fit preuve, à cette époque d'une remarquable activité (4). Quand l'armée française eut été contrainte par la rigueur de la température de se retirer vers le Sud (5), le capitaine de Calais fit une audacieuse incursion en France. Il arriva à l'improviste devant Boulogne dont il brûla les faubourgs. Il surprit dans le port la barge de guerre de la ville, le stationnaire royal et vingt-six navires. Il y fit mettre le feu. Au dire du chroniqueur anglais, dont le récit est sans doute amplifié, il aurait ordonné à son chapelain de dire la messe à Boulogne et l'aurait entendue jusqu'au bout. Il revint ensuite à Calais, ramenant de nombreux prisonniers et poussant devant lui des troupeaux de bétail qui fournirent longtemps des vivres aux Calaisiens (6).

---

(1) Froissart, édit cit T VIII, 2e partie, p 241

(2) Daumet, op. cit. p 19

(3) Froissart, ibidem. — Walsingham, I, p. 312.

(4) Pardon à Robert Salle, chevalier, qui a quitté sans autorisation le château de Marck pour venir en Angleterre Ceux à qui il a confié ce château l'ont remis aux Français. Calendar of the Patent Rolls. Richard II, I, p. 204.

(5) « Pour le temps qui fu si lais, si fiers et si mervilleus, fu le pays si gasté qu'il lui convint par forche partir dou dit pays. » Istore et Croniques de Flandres, II, p. 144.

(6) Chronicon Angliæ, p. 170. — Walsingham, I, p. 341.

L'année suivante, Hugues de Calverley renouvela cet exploit. Il partit de Calais avec une troupe d'hommes d'armes, attaqua Etaples pendant une foire où étaient venus de nombreux marchands de Boulogne, Montreuil et Amiens et revint chargé de butin à Calais avec beaucoup de captifs (1). Peu après, il marchait sur Saint-Omer, sans rencontrer de résistance. Le capitaine français d'Ardres avait demandé au roi de France des renforts et des munitions. Le jour où ce convoi devait lui parvenir, il sollicita de Hugues de Calverley une entrevue sous un prétexte quelconque. Celui-ci y consentit, mais, pris de méfiance, il envoya un de ses lieutenants surveiller la route de Boulogne à Ardres. Le convoi français fut capturé et conduit à Calais, pendant que le capitaine d'Ardres s'y trouvait encore au rendez-vous qu'il avait lui-même demandé (2). Si le fait conté par Walsingham n'est pas vrai, il est tout au moins vraisemblable et peut être cité comme caractéristique des continuelles embûches et des pillages continuels auxquels la possession de Calais par les Anglais exposait les régions voisines de la ville.

Au début de l'an 1379, Hugues de Calverley fut rappelé en Angleterre et remplacé, comme capitaine de Calais, par William de Montaigu, comte de Salisbury (3), qui inaugura sa prise de possession en faisant une incursion en Artois (1).

En 1380, Charles V, qui sentait sa mort prochaine, se montra très disposé à conclure la paix avec les Anglais, et des conférences furent ouvertes à Leulinghem, entre Calais et Boulogne au mois de Mai de cette année. Les Anglais trouvèrent les offres qui leur furent faites insuffisantes et les pourparlers furent rompus. Le 19 Juillet 1380, une nouvelle expédition anglaise débarqua à Calais, sous les ordres de Thomas de Wodestoke, comte de Buckingham, oncle du roi. Elle était destinée à secourir le duc de Bretagne. Par crainte des croisières françaises, qui empêchaient le passage direct en Bretagne, les forces anglaises s'embarquèrent à Douvres

---

(1) Walsingham, I, p. 366

(2) Ibidem, I, p. 373.

(3) La nomination du comte de Salisbury est du 2 Février 1379 French Rolls, 2 Richard II, m. 9, transcrite par Bréquigny, Bibl Nat Moreau, 681, f° 152.

(1) Walsingham, I, p 390

et à Sandwich pour Calais (1). Peu après, le roi de France, Charles V mourait, le 16 Septembre 1380.

En 1381, Anne de Luxembourg, sœur du roi de Bohême, fiancée du roi d'Angleterre, Richard II, fut escortée jusqu'à Calais par le duc de Tesschen et de nombreux chevaliers. Les comtes de Salisbury et de Devonshire allèrent à sa rencontre, à mi-chemin de Gravelines, avec cinq cents lances et cinq cents archers. Elle fit une entrée solennelle à Calais où elle fut reçue par les ambassadeurs de Richard II, Jean de Montaigu, Simon Burley et Jean de Holland, frère du roi. Elle ne fit à Calais qu'un très bref séjour (2).

Cependant, les Flamands s'étaient révoltés contre leur comte, Louis de Male. Les Gantois étaient à la tête du mouvement. Ils envoyèrent à Calais des ambassadeurs pour y nouer une alliance avec Richard II (3). Celui-ci délégua de son côté Guillaume de Faringdon. Les négociations s'y poursuivaient quand l'armée française, à l'instigation du duc de Bourgogne, intervint en Flandre. Les envoyés flamands durent rester à Calais, sur le conseil de John Devereux, capitaine de la ville, jusqu'à ce que la bataille décisive ait été livrée (4). Le 27 Novembre 1382, la bataille de Roosebeke assurait le triomphe des Français et mettait fin aux pourparlers engagés à Calais. Guillaume de Faringdon se hâta de regagner Londres sans conclure d'alliance avec les vaincus. François Ackerman, et les six bourgeois de Gand qui l'accompagnaient, quittèrent aussitôt Calais (5).

---

(1) Sur cette expédition voir Walsingham, I. p 435; Istore et Cronique de Flandres, II, p 169, Chronique des Pays-Bas p 269, Chronique des quatre premiers Valois, p. 286; Froissart, IX, p XCIX, note 12, et pp. 236-238.

(2) Walsingham, II, p 16 — Froissart, édit. cit X, p. L, notes 6, 7, 8 et pp. 165-168.

(3) Froissart, t XI, p 37

(4) « Si leur vint ces nouvelles de messire Jehan d'Ewrues, cappitaine de Callais, qui leur dist « Tant que pour le présent, vous ne poés passer, car li rois de France est à Ippre, et tout li païs de chi [jusques] à là est tournés à lui Temprement nous arons autres nouvelles, car on dist que Phelippes (Philippe d'Artevelde) met ensamble son pooir, pour venir combatre le roi, et là vera on qui en ara le milleur » Froissart, ibidem.

(5) Froissart, XI, pp. XIV, XV, et p. 68

Au point de vue anglais, Richard II avait commis une faute en laissant écraser les Flamands (1). Il essaya de la réparer. Un schisme divisait alors l'Europe catholique entre Urbain VI et Clément VII. Sous prétexte de soutenir par les armes la cause urbaniste, une armée anglaise débarqua à Calais (2). Elle avait à sa tête Henri le Dépensier, évêque de Norwich. C'est le 17 Mai 1383 que la flotte anglaise toucha Calais. Quelques jours plus tard, les Anglais, d'accord avec les Gantois, dont la défaite de Roosebeke n'avait pas abattu l'orgueil, allèrent assiéger la ville d'Ypres. La résistance de cette place permit à Philippe de Bourgogne de ramener le roi de France en Flandre avec des forces importantes. Le siège d'Ypres fut levé. Les Français reprirent Cassel, Bergues et Bourbourg. L'évêque de Norwich, réfugié dans Gravelines, évacua la ville, à la suite d'une entente ménagée par le duc de Bretagne entre les adversaires. Les chevaliers anglais promirent de ne pas servir pendant sept ans contre le roi de France et on leur permit de rentrer à Calais. Ils y furent suivis par un certain nombre de Flamands compromis dans la révolte et dont plusieurs moururent à Calais (3). Les autres passèrent en Angleterre.

On pourrait s'étonner que la conclusion de cette campagne heureuse des Français n'ait pas été une tentative de reprise de Calais. Personne, dit un récent historien, ne paraît y avoir songé (4). Les Anglais semblent du moins avoir envisagé cette éventualité, car le 24 Janvier 1384, l'étape des laines fut transférée de Calais à Middelbourg (5). Mais le duc de Bourgogne avait alors d'autres projets que de rendre Calais à la France. La mort de Louis de Male (30 Janvier 1384), dont il était l'héritier, en le faisant comte de Flandre, l'incitait à se préoccuper avant tout d'asseoir son autorité sur

---

(1) Pirenne, Histoire de Belgique, II, p 211.

(2) On n'est pas d'accord sur l'importance de cette expédition La « Chronographia » (T. III, p. 53) dit 12 000 hommes, les « Istores et Croniques de Flandres (T II, p 291), disent 10 000 hommes. — Voir Froissart, T. XI, p XXIII, note 3.

(3) Chronique d'Adrien de Budt .Corp. Chr. Fland I, p 311 — Istore et Croniques de Flandres, II, p 307. — Chronique des Pays Bas p. 279. — Walsingham. II. pp 88, 102

(4) Lavisse ,Histoire de France, T. IV, I, p. 285

(5) Rolls of Parliament, T III, p. 159

ses nouveaux domaines (1). Aussi, les conférences de Leulinghem suspendirent les hostilités entre Français et Anglais jusqu'au 29 Septembre 1384 et de nouvelles trêves furent ensuite conclues jusqu'au 1er Mai 1385 (2). Guillaume Beauchamp, capitaine de Calais, avait été désigné comme gardien de ces trêves (3).

Pendant toute cette année 1384, des négociations se continuèrent pour la conclusion d'une paix définitive. Les Français demandaient que le roi d'Angleterre consentît à reconnaître la suzeraineté du roi de France sur Calais, dont le traité de 1360 lui avait concédé la propriété en toute souveraineté. Au Parlement, tenu le 29 Avril 1384, les Communes furent consultées sur la question de savoir si elles voulaient la continuation de la guerre ou la conclusion de la paix avec la France. Elles exprimèrent le désir de faire la paix, même en renonçant à la souveraineté sur Calais (4). Mais le roi n'y consentit pas.

Le duc de Bourgogne poussait Charles VI à envahir l'Angleterre. Tel était, au moins en apparence, le but poursuivi par la concentration d'une flotte française à L'Ecluse. En fait, il voulait obtenir la soumission des Gantois. Ce grand effort avorta, les navires d'Olivier de Clisson furent bientôt dispersés. Le 13 Septembre, l'avant-garde arrivait devant Calais quand plusieurs vaisseaux furent jetés à la côte. Cinq cents hommes tombèrent aux mains des Anglais (5). Le 16 Septembre, Guillaume Beauchamp, capitaine de Calais, vit apparaître soixante-douze navires venant de L'Ecluse. Les Calaisiens sortirent à leur rencontre avec tout ce qu'ils purent armer de vaisseaux, les attaquèrent, prirent dix-huit bâtiments et une grande barge remplis des dépouilles des insurgés flamands, et firent prisonniers ou tuèrent soixante hommes d'armes (6).

---

(1) Pirenne, Histoire de Belgique, II, p 214.

(2) Rymer, édit. de La Haye, 1710. T. III, pars 3 et 4, p. 163.

(3) Ibidem, p. 164, 8 Février 1384.

(4) Rolls of Parliament. T. III, p. 170 — Cf. Daumet, op. cit. p. 49, note 2.

(5) Walsingham, II, p. 135 Les faits qu'il rapporte sont de 1386.

(6) Ibidem. — Cf De La Roncière, op. cit. II, pp. 87-88.

Trois jours après, quarante-cinq grands navires essayèrent encore de franchir le détroit (1). Beauchamp les attaqua avec sa flottille. La lutte dura six heures. Les navires français réussirent cette fois à passer, sauf deux, et un coghe où furent pris deux chefs français et beaucoup de butin. Ces deux navires, d'un tonnage trop fort pour entrer dans le port de Calais, furent conduits à Sandwich. Cet épisode montre bien de quelle importance était alors, pour l'Angleterre, la possession d'une ville qui lui permettait d'intercepter ainsi les communications entre les ports français et les côtes flamandes.

Les Anglais avaient du reste redouté cette flotte. Le 28 Mars 1386, le roi avait ordonné la concentration d'une force importante pour la défense de Calais que l'on craignait de voir assiéger (2). Soixante canons avaient été placés sur les remparts (3). La garnison de Calais fit de nombreuses incursions en territoire français (4). Henry Percy, fils du comte de Northumberland, s'y distingua par des actions d'éclat. Le 31 Mai, il tomba dans une embuscade, dressée par les Français sur la route de Boulogne, et, tandis que la plupart de ses compagnons étaient tués ou pris, il réussit à rentrer à Calais. Le lendemain, avec Guillaume Beauchamp, il livra aux Français un combat heureux. Après une chevauchée vers Thérouanne et en Picardie, il se décida à regagner l'Angleterre quand il fut devenu évident que les Français ne dirigeraient aucune attaque contre Calais (5).

A dater de 1387, la guerre se ralentit entre la France et l'Angleterre. Autour de Richard II, ses oncles se disputaient le pouvoir et les deux partis des ducs de Lancastre et de Gloucester s'y partagèrent successivement l'influence, l'un favorable à la paix avec la France, l'autre irréductible dans ses prétentions. Richard II était, personnellement, porté vers une solution pacifique. En 1387, le bruit courut en Angleterre

---

(1) Walsingham, II, p. 136. — Polychronicon Ranulphi Higden, édit. Joseph Rawson Lumby, Rolls Series, T. IX, p. 68.

(2) Rymer, édit. de La Haye, T. III, pp. 3 et 4, p. 197.

(3) Issue Rolls, 8 et 9 Richard II, édit. Devon, pp. 227-229

(4) Chronique du Religieux de Saint-Denys contenant le règne de Charles VI, de 1380 à 1422, édit. L. Bellaguet, Paris, 1839-1852, 6 vol. in-f°. Coll. Documents inédits de l'Hist. de France, I, p 429.

(5) Knighton, II, p. 210. — Walsingham, II, p. 144.

que Richard était disposé à rendre Calais au roi de France. Un chevalier anglais aurait été envoyé par lui au capitaine de Calais, Guillaume Beauchamp, porteur d'une lettre scellée contenant des instructions en ce sens, mais Guillaume Beauchamp aurait retourné la lettre au duc de Gloucester qui refusa d'obéir (1). Richard en aurait conçu contre Guillaume Beauchamp un vif ressentiment.

En 1388, une ambassade fut envoyée à Calais pour traiter de la paix avec les Flamands (2). L'année suivante, 1389, des négociateurs furent désignés, par le conseil privé du roi d'Angleterre, pour se rendre dans la même ville et d'autres reçurent la mission, si les pourparlers échouaient avec la France, de traiter avec les Flamands (3).

La garnison de Calais fut affaiblie. A la suite des trêves conclues avec la France, on rappela une partie des soudoyers qui la composaient (1). Richard Stury vint à Calais faire une enquête sur les conditions de l'entretien de cette garnison par le capitaine. Il semble que, dès cette époque, le roi ait eu peur de la force que donnerait à un de ses adversaires la possession de cette forteresse. En 1390, on trouve de nombreuses instructions expédiées aux ambassadeurs qui continuaient de séjourner à Calais (5). Richard II leur mandait que son intention formelle était de ne jamais se dessaisir de Calais et des places voisines qui lui appartenaient.

Dès ce moment, le parti de la paix l'emportait cependant en Angleterre et le duc de Lancastre déclarait qu'il n'y avait aucun avantage pour l'Angleterre à continuer la lutte, et « *que la possession de Calais était plus onéreuse que profitable à cause des lourdes dépenses que la ville imposait à l'Angleterre* ». C'était une opinion singulièrement hardie et que

---

(1) Knighton, II, pp. 213-211 — Walsingham, II, p. 164.

(2) Knighton, II, p. 270.

(3) Proceedings and ordinances of the Privy Council of England, édit. Harris Nicolas, 1831. I, p 7. 20 Août 1389.

(1) Ibidem, p. 8.

(5) Ibidem, pp. 19-22 — (13-28 Avril 1390).

combattait avec violence le duc de Gloucester (1). Au point de vue national anglais, il est difficile de ne pas donner raison à ce dernier.

En 1391, un projet d'entrevue entre Charles VI et Richard II fut mis en avant par les ambassadeurs anglais et le duc de Lancastre débarqua à Calais avec une suite nombreuse de nobles anglais, mille chevaliers, écuyers, et membres du haut clergé d'Angleterre. Charles VI avait envoyé son oncle, le duc de Bourgogne, au devant de lui jusqu'à Amiens où il se rendit lui-même (2). Mais, on ne s'entendit pas sur les conditions de la paix et tout se borna à un renouvellement des trêves.

De fait, les hostilités avaient cessé, les relations étaient des plus courtoises entre chevaliers anglais et chevaliers français qui s'en tenaient à des défis, à des joutes comme celles qui, en 1390, avaient rassemblé au champ clos de Saint-Inglevert, entre Calais et Boulogne, l'élite de la chevalerie et dont Froissart et les autres chroniqueurs nous ont laissé d'enthousiastes descriptions. C'est aussi le moment où la folie de Charles VI va livrer le royaume de France aux intrigues et aux rivalités des princes du sang. Leur politique fut très pacifique et de nouvelles conférences eurent lieu à Leulinghem et à Boulogne, en 1393 et en 1394. Les Français offraient d'abandonner le Limousin, l'Agénois, le Quercy, le Rouergue et le Périgord, si les Anglais consentaient à évacuer Calais. Mais, des deux côtés, on mettait une sorte de point d'honneur à ne pas céder sur cette question. Le poète français, Eustache Deschamps, se faisait l'interprète de l'opinion commune quand, en 1394, il terminait chacune des strophes de sa célèbre ballade, sur les conventions projetées avec l'Angleterre, par ce vers menaçant:

---

(1) « The duke said, for to bere the armes of Fraunce, it was non availle ne profit, and Calais greved more Engeland, and dede more hurt therto than profit, for the grete expensis aboute the Keping therof » An English Chronicle of the reigns of Richard II, Henry IV, Henry V, and Henry VI, written before the year 1471; ed. by John Silvester Davies, printed for the Camden Society, 1856, p .7.

(2) Religieux de Saint-Denys, éd. Bellaguet, I, p. 735. — Cf. Knighton, II, p. 321, et Walsingham, II, p. 205. — Chroniques des Religieux des Dunes . dans les Chroniques relatives à l'Histoire de la Belgique sous la domination des ducs de Bourgogne . publiées par le baron Kervyn de Lettenhove, Bruxelles, 1870, T. I, p. 21.

« Paix n'arez jà s'ilz ne rendent Calays » (1).

On crut avoir trouvé un moyen de réconciliation durable par le projet d'union entre Richard II, devenu veuf, et Isabelle de France, la fille, encore toute jeune, de Charles VI. En Février 1396, on proclama officiellement les fiançailles et une trêve de vingt-huit ans fut décidée. Les préparatifs de la rencontre de Richard II et de Charles VI donnèrent lieu à une première entrevue, à Calais, entre le duc de Bourgogne et le souverain anglais. Les chroniqueurs nous en ont laissé le récit (2), ainsi que celui de la rencontre des deux rois entre Guines et Ardres.

Philippe le Hardi arriva à Guines la veille de l'Assomption. Il y trouva le comte maréchal, Thomas Mowbray, comte de Nottingham, alors capitaine de Calais, le comte de Rutland, ainsi que les prélats d'Angleterre, les ducs de Lancastre et de Gloucester qui étaient venus à sa rencontre, accompagnés de cinq cents chevaliers et écuyers qui le conduisirent jusqu'à Calais au son des instruments. « Pour que sa réception se fît avec plus de magnificence, les bourgeois de cette ville, tous vêtus de même, étaient rangés de chaque côté de la rue ; une vaste salle, construite en planches, avait été élevée sur le marché et décorée comme un temple. Des archers et des hommes d'armes étaient placés à l'entour.

Le duc entra dans la salle en faisant trois salutations. Le roi le reçut avec une extrême affabilité, répondit gracieusement à ses compliments et s'informa avec intérêt de la santé du roi, de la reine et de ses enfants, ainsi que de chacun des princes du sang ; puis il alla avec lui entendre les vêpres dans l'église de Saint-Nicolas.

Le lendemain, il assista à la procession et à la messe, le sceptre à la main, la couronne en tête et vêtu du manteau royal. Après le service divin, que célébra l'archevêque, chancelier du roi, assisté de deux évêques, on se rendit dans la salle du banquet. « Le dit chancelier, l'évêque de Bayeux, un évêque d'Irlande et l'évêque d'Arras prirent place à la droite du roi, qui avait à sa gauche le duc de Bourgogne et

---

(1) Recueil de chants historiques français depuis le XIIe jusqu'au XVIIIe siècle, par Leroux de Lincy. Paris, Gosselin, 1841. T. I, p. 273.

(2) Religieux de Saint-Denys, édit Bellaguet, T. II, pp. 115-116. — Walsingham, II, pp 220-221. — Jean Juvénal des Ursins, Histoire de Charles VI, édit Michaud et Poujoulat, p 363 et p 405

Isabelle de France fiancée à Richard II

entre Guînes et Ardres

Miniature British Museum

son fils, Antoine, la duchesse de Lancastre et sa fille. La table du roi était dressée sous un dais tout de drap d'or. Des ducs et des comtes servirent les mets au son d'une musique harmonieuse. Le roi témoigna, par ses paroles et son air de satisfaction, qu'il était ravi de voir une telle réunion autour de lui... » (1).

Après avoir échangé de luxueux présents, le roi et le duc arrêtèrent les détails du cérémonial pour le mariage projeté et, tandis que Richard II allait tenir à Westminster le Parlement de la Saint-Michel, Philippe le Hardi rentra en France.

A la fin du mois d'Octobre, eut lieu l'entrevue de Charles VI et de Richard II. Ce fut, entre Ardres et Guînes, un luxueux entassement de pavillons et de tentes richement aménagées. Cent vingt tentes avaient été dressées près d'Ardres pour le roi de France. « Un peu plus bas, du côté de Calais, étaient en nombre égal les pavillons du roi d'Angleterre, en avant desquels s'élevait, comme une vaste tour, une tente ronde plus haute que les autres. Le faîte en était soutenu par une grosse corde qui s'étendait vers la tente du roi de France, et qui avait été attachée à un énorme pieu planté en terre. Comme ce pieu se trouvait placé au milieu des deux camps, il fut réglé que les deux rois s'arrêteraient là, toutes les fois qu'ils voudraient se voir » (2).

C'est là que la jeune Isabelle fut remise par son père au roi Richard. Les duchesses de Lancastre et de Gloucester, les comtesses de Huntington et de Stafford la conduisirent alors à Calais avec un grand apparat d'hommes et de chevaux. Il n'y avait pas moins de douze chars remplis de dames et de damoiselles (3). Isabelle n'avait alors que sept ans.

Le roi d'Angleterre prit congé de son beau-père, après un dernier banquet servi, pour les rois seuls, par les ducs de France et d'Angleterre. Il rentra à Calais, escorté des ducs de Bourgogne et de Berry, qui devaient assister à la célébration du mariage. Le 4 Novembre, Richard II se rendit à l'église Saint-Nicolas, vêtu des ornements royaux et précédé d'un chœur de musiciens. Il reçut la bénédiction de l'arche-

---

(1) Religieux de Saint-Denys, éd. cit. II, p 445.

(2) Religieux de Saint-Denys, éd. cit II, p 453 — Cf Froissart, édit Kervyn de Lettenhove, T. XV, p. 273

(3) Walsingham, II, p. 221.

vêque de Cantorbery, Thomas Arundel, et remit à la jeune reine l'anneau nuptial bénit par le prélat. Après la cérémonie, il offrit un splendide repas à la reine et aux Français qu'il combla de présents. Les ducs restèrent à Calais plusieurs jours encore. Durant tout ce temps, on régla le mode de publication des trêves et les conditions de nouvelles conférences pour la paix. Le duc de Bourgogne avait, vainement du reste, essayé, au milieu de ces fêtes, de gagner le duc de Gloucester par des égards tout particuliers, mais il restait orgueilleux et hautain (1), adversaire irréductible du royaume de France.

Son attitude d'opposition constante au gouvernement personnel de Richard II décida celui-ci à faire arrêter son oncle. Il l'accusa de comploter contre lui, le fit saisir à l'improviste et transporter au château de Calais, sous la garde du comte maréchal, Thomas Mowbray, capitaine de la ville. Ceci se passait au mois de Juillet 1397. C'est à Calais que le duc de Gloucester fut mis à mort dans des circonstances qui resteront à jamais mystérieuses. Selon Froissart, le duc, en arrivant à Calais, demanda la cause de son arrestation et l'autorisation de sortir librement, ce qui lui fut refusé. Craignant alors pour sa vie, il fit venir un prêtre et se confessa. Peu après, au moment où il se lavait les mains pour se mettre à table, quatre hommes sortant d'une cachette lui enveloppèrent la tête d'une pièce de toile et l'étranglèrent (2). On le porta alors sur son lit et on fit courir le bruit qu'il avait succombé à une attaque d'apoplexie. Le comte de Nottingham prit le deuil et fit transporter le corps en Angleterre.

Cette version est sans doute inexacte, comme le paraît démontrer une enquête faite après la déposition de Richard II, à qui l'on imputa le meurtre de son oncle. Le 17 Août 1397, Richard II avait ordonné à Sir William Rickhill, l'un des juges de Londres, de se rendre à Calais pour y interroger le duc de Gloucester. Ce juge ignorait d'ailleurs le but de sa mission et ne l'aurait appris qu'à Calais, par une lettre scellée qui lui fut remise par le comte maréchal. Le Samedi 8 Septembre, le juge fut introduit auprès du duc qu'il invita à répondre

---

(1) De Barante, Hist des ducs de Bourgogne, T. II, p. 177.

(2) Froissart, édit Kervyn de Lettenhove, T. XVI, pp. 72 et suiv. — Cette version a été adoptée, sans doute à cause de son caractère un peu romantique, dans les « Annals and Legends of Calais » de Calton, p. 109.

par écrit aux questions qui lui étaient posées. Cette réponse
fut donnée le même jour, après dîner, et le duc pria Rickhill
de revenir le lendemain matin, au cas où il se rappellerait
quelque argument utile à sa défense. Or, ce jour-là (le
Dimanche 9 Septembre), on refusa au juge l'entrée du château
et le capitaine de Calais, à qui il s'était plaint de ce refus,
lui déclara qu'il ne lui serait plus permis de revoir Gloucester.
Le Mardi 11, au moment de s'embarquer, Rickhill fit une
nouvelle et vaine tentative pour pénétrer dans le château.
Le Dimanche 16, il remettait, à Richard II, la défense écrite
du duc.

A cette date, celui-ci était mort. On peut donc fixer
du 9 au 16 Septembre le meurtre de Gloucester. Un serviteur
du comte de Nottingham déclara, au Parlement de la première
année de Henry IV, que le duc avait été extrait du château,
conduit à l'hôtel appelé « Prince's Inn » et étouffé entre deux
matelas par des serviteurs du roi, tandis que lui-même faisait
le guet. Il fut condamné à mort, à la suite de cet aveu et
sa tête envoyée à Calais (1). Comment expliquer pourtant
que, cinq jours après le retour de Rickhill, un ordre ait été
adressé au comte maréchal, capitaine de Calais, d'amener le
duc devant le Parlement ? Le 21 Septembre arrivait la réponse
du comte annonçant la mort de Gloucester. A moins qu'il
n'y ait eu, et c'est possible dans l'hypothèse d'un meurtre
ordonné par Richard II, une mise en scène réglée pour mieux
égarer les soupçons. Le fait incontestable est la mort, à coup
sûr violente, du duc, à Calais, en Septembre 1397.

C'est le dernier événement important de l'histoire de
Calais au XIVe siècle. Peut-être contribua-t-il à hâter le
mouvement d'hostilité contre Richard II. A la suite d'une
querelle entre le duc Henry de Derby, fils du duc de Lancastre
et Thomas Mowbray à qui il reprochait, notamment, d'avoir
dilapidé une forte somme destinée à la garnison de Calais
dont il était capitaine (2), Richard II avait exilé son cousin

---

(1) Rolls of Parliament, T. III, pp. 452-153 (17 Octobre 1399). C'est
la version adoptée dans « An English Chronicle... » édit. cit. « Famuli
comitis, cum lecto plumali super ducem posito, ipsum viliter
suffocabant, divulgantes ipsum morte naturali obiisse. » p. 130. —
L'éditeur de cette chronique a donné en note tous les documents
connus dont nous avons fait usage pour écrire ce paragraphe.

(2) Religieux des Dunes... (Jean Brandon), édit. cit. p. 13.

de Lancastre. On sait comment celui-ci rentra en Angleterre, rallia autour de lui une foule de partisans en dénonçant l'alliance criminelle de Richard II avec les Français et contraignit son rival à quitter le trône. Le 1er Octobre 1399, Henry de Lancastre était acclamé par le parlement à Westminster et son avènement allait amener une nouvelle rupture entre la France et l'Angleterre qui veilla, plus jalousement que jamais, sur sa citadelle continentale.

CHAPITRE IV

Calais sous les Lancastre, jusqu'au siège de 1436

ALGRÉ l'émotion que produisit en France la nouvelle de la mort de Richard II qui suivit de près l'avènement de Henry IV, les relations officielles restèrent pacifiques et les trêves, signées sous le règne qui venait d'avoir une fin si tragique, furent confirmées. On s'attendait, cependant, à la reprise des hostilités, car, le 9 Février 1400, William Faryngton, lieutenant du capitaine de Calais, Pierre de Courtenay (1), déclarait, au conseil privé du roi d'Angleterre, que la guerre était imminente et qu'il était urgent de faire des préparatifs « tant pur la gouvernance et estuffement de Calais et des marches illoeques come pur lordinance affaire sur la meer » (2).

Mais les luttes, que le nouveau souverain anglais allait avoir à soutenir pour consolider son pouvoir, retardèrent le conflit que Charles VI ne voulait pas non plus provoquer avant le retour, en France, de sa fille Isabelle, veuve de Richard II. Les négociations engagées, à ce sujet, durèrent longtemps, et c'est seulement le 28 Juillet 1401 que la jeune princesse fut ramenée à Calais où avait eu lieu la cérémonie officielle de son mariage (3).

---

(1) Il avait été nommé à ce poste le 2 Novembre 1399 Bibl. Nat. Moreau, 681, fo 260.

(2) Proceedings of the Privy Council. I, p. 103.

(3) Wylie, History of England under Henry the Fourth, 4 vol in-8o, London, Longmans, Green and Co, 1884-1898. T. I, p 209.

Elle était accompagnée, cette fois encore, d'une suite brillante de nobles dames, au premier rang desquelles figuraient la duchesse d'Irlande et la comtesse de Hereford, et de grands seigneurs ayant à leur tête le propre frère du roi, Jean Beaufort, comte de Somerset, récemment investi du gouvernement de Calais, auquel on avait adjoint, pour cette mission spéciale, le comte de Worcester et les évêques de Durham et de Hereford (1). Isabelle ne demeura à Calais que trois jours. Le 31 Juillet, elle fut remise, à Leulinghem, au comte de Saint-Pol et aux autres personnages, délégués par le roi de France pour la recevoir, qui la conduisirent le même jour à Boulogne où le duc de Bourgogne, Philippe le Hardi, l'attendait avec cinq cents chevaliers et écuyers chargés de l'escorter jusqu'à Paris (2).

Henry IV s'était empressé de confirmer les privilèges de l'étaple de Calais. Dès le 16 Décembre 1399, il ratifiait les concessions faites à cette compagnie par son prédécesseur et élargissait encore ses attributions et la juridiction de ses chefs élus (3). La prospérité commerciale de Calais était grande et portait ombrage aux riches villes flamandes. « Calais (dit un historien de Bruges) abrité par le pavillon britannique, avait étendu son étaple, et, profitant de nos désastres, attirait au détriment de notre port les marchands et les laines » (4).

D'importantes améliorations furent aussi entreprises pour faciliter l'entrée du port que défendirent les nouvelles fortifications élevées sur le Risban, en particulier la tour qui s'appela la tour de Lancastre (5). Ces précautions n'étaient

---

(1) La composition de la suite de la jeune reine avait été fixée par une délibération du Conseil Privé « pour le passage de la Roigne vers Caleys. » Juin 1401. Proceedings of the Privy Council, pp. 131-133 et pp. 136-142.

(2) La date du 7 Août donnée par le Religieux de Saint-Denys (édit cit. III, p. 5) est inexacte. — Cf. E Petit, Itinéraires de Philippe le Hardi et de Jean sans Peur, in-4º, 1888, p. 315, et Chronologia, édit. cit. III, p 190, note 5.

(3) Bibl. Nat. Moreau, 681, fos 262-264.

(4) Gilliodts van Severen, Inventaire des Archives de la ville de Bruges. III, p. 462. Compte de 1400-1401.

(5) Je parlerai ailleurs de ces travaux sur lesquels j'ai trouvé des détails dans le compte de Nicolas Usk, trésorier de Calais, du 29 Septembre an 2 au 30 Mars an 4 de Henry IV. — P. R. O. Exchequer Accounts, K. R, Bundle 184, nº 10.

pas superflues, car jamais la ville de Calais ne fut plus menacée que pendant la dernière partie de la guerre de Cent-Ans.

Dès le mois d'Août 1402, le duc d'Orléans, se posant en vengeur de Richard II, envoyait à Henry IV un cartel injurieux. Ceux qui portaient ce message furent retenus à Calais jusqu'à ce que le roi consentît à les recevoir (1). Henry IV se borna à répondre qu'un roi ne se battait pas contre un simple duc. Peu de temps après, un seigneur de moindre importance défiait Henry IV, en Septembre 1402, par l'entremise du gouverneur de Calais, et, comme le souverain anglais dédaignait cette provocation de Waleran, comte de Saint-Pol, celui-ci fit apporter, à la fin de Février 1403, pendant la nuit, un mannequin représentant le comte de Rutland, duc d'York, gouverneur d'Aquitaine, revêtu d'une armure et le fit pendre à un gibet dressé devant les portes de Calais. La colère des Calaisiens égala leur surprise quand ils virent, au petit jour, cet insultant spectacle. Ils se hâtèrent de renverser le gibet et de faire disparaître le mannequin ; mais, en dépit des trèves, la garnison de Calais se vengea par des incursions sur le domaine du comte de Saint-Pol (2).

En Avril 1403, le comte de Somerset vint prendre en personne (3) le commandement de Calais, abandonné à des lieutenants. L'approvisionnement de Calais fut assuré par les ressources de l'île de Thanet, dans le comté de Kent, qui fut spécialement assignée au comte pour les besoins de sa maison et de ses hommes (4). La situation intérieure de la ville était d'ailleurs assez troublée et la garnison était prête à se mutiner. A la fin de Décembre 1403, les arrérages de ses gages montaient à 12.423 lb. 12 s. 3 d.

Le bruit avait couru, en Octobre, que le duc de Bourgogne, Philippe, méditait une attaque contre Calais. Au dire des chroniqueurs français, tandis que le duc d'Orléans préparait une expédition contre l'Aquitaine, Philippe devait assiéger Calais. « Mais tout vint au néant, qui estoit grande pitié d'avoir

---

(1) Religieux de Saint-Denys, édit. cit. III, p. 59.

(2) Ibidem, III, p. 121. — Cet épisode est raconté dans Wylie, op. cit. I, p. 322. Voir aussi De Barante, Hist. des ducs de Bourgogne, II, p. 326.

(3) Calendar of the Patent Rolls, Henry IV, vol. 2, p. 276.

(4) Calendar of the Patent Rolls, Henry IV, vol. 2, p. 380.

levé tant d'argent, comme on disoit d'avoir fait, et sans rien faire au profit de la chose publique. » (1) Suivant les historiens anglais, le duc de Bourgogne aurait noué des intelligences avec les soldats mécontents de la garnison de Calais qui étaient disposés à livrer la ville aux Français, mais les Anglais se disposèrent à la résistance, les traîtres découverts auraient été conduits en Angleterre d'où ils furent ramenés à Calais pour y être exécutés (2).

Ce projet n'a rien d'invraisemblable et, pourtant, toute cette année 1403 avait été occupée par des négociations, à Calais même, par les ambassadeurs des villes flamandes pour arriver à conclure des trêves marchandes avec les Anglais. Les Flamands se plaignaient des actes de piraterie commis par « plusieurs escumeurs et gens de mer tenant la partie d'Angleterre » (3). Au mois d'Avril 1403, Richard Aston, lieutenant de Calais, avait écrit à Thierry de Heuchin, l'un des délégués des villes de Flandre, pour lui proposer une conférence à Calais, le 28 Avril. Au mois de Juillet, pendant que les délégués anglais et flamands discutaient, dans cette ville, les conditions d'un accord, les actes de piraterie continuaient (4). Le 29 Août, à la suite d'une entente intervenue à Calais entre Nicolas Risheton et Jean Urban, commissaires anglais, et les députés des Quatre Membres de Flandre, les trêves conclues en 1402 furent prorogées (5). Mais les Anglais se plaignirent à leur tour d'infractions à ces trêves. Le 4 Décembre, les ambassadeurs anglais écrivaient au duc de Bourgogne que le duc d'Orléans et le comte de Saint-Pol avaient pillé des marchandises anglaises (6). Les négociations reprirent en 1404 (7).

---

(1) Juvénal des Ursins, Histoire de Charles VI, édit. Denis Godefroy, 1653, p. 156. — Suivant Christine de Pisan, le duc méditait d'aller à Calais « l'année de son trespassement en propre personne, à grand ost... » Le Livre des Fais et Bonnes meurs du sage roy Charles V.. édit. Michaud et Poujoulat, Paris, 1836, T II, p 20. — Cette version a été admise par De Barante, op. cit. II, pp. 327-331.

(2) Wylie, op. cit. I, p 387.

(3) Archives du Nord, B, 286.

(4) Calendar of the Patent Rolls, Henry IV, vol. 2, pp. 279 et 283

(5) Rymer, édit. de La Haye, IV, I, p. 51

(6) Hingeston, Royal and historical letters, p. 170

(7) Voir, pour ces négociations, Félix de Coussemaker, Thierry Gherbode.. p. 113 et suiv.

La situation de Philippe le Hardi était des plus délicates. Prince français, il restait fidèle aux traditions de la maison de Valois (1) ; mais, souverain flamand, il souhaitait la paix nécessaire au commerce et à l'industrie de la Flandre (2). Sa mort, le 27 Avril 1404, retarda l'entrevue projetée à nouveau entre Anglais et Flamands à Calais, mais les ambassadeurs continuèrent à négocier par lettres (3).

Pendant ce temps, la garnison de Calais poursuivait ses ravages dans le comté de Saint-Pol. La ville ne pouvait contenir tout le bétail que les soldats ramenaient de leurs expéditions. On le parquait hors des murs dans un vaste enclos entouré d'une palissade en bois par crainte d'une attaque des Français que l'on s'attendait à voir paraître devant la place (4).

Les ducs de Bourgogne et d'Orléans envoyèrent pourtant le sire de Hugueville à Calais pour renouveler officiellement les trêves (5), et, le 21 Juillet, le comte de Somerset, capitaine de Calais, reçut la mission de traiter cette affaire par lui-même ou par son lieutenant (6). Cette trêve ne fut conclue que pour une courte durée et seulement pour le pays de Calais jusqu'à la Somme.

Dans la ville, le mécontentement des soldats que l'on ne payait pas provoquait des craintes. Le 25 Août, le conseil assignait cinq mille marcs, sur le décime concédé au roi d'Angleterre par le clergé de la province de Cantorbery, pour le paiement des hommes d'armes et archers de Calais et décidait de consacrer au même objet, durant cinq ans, la moitié de toutes les sommes à provenir des droits sur les laines dans toutes les parties du royaume. Le trésorier de Calais devait percevoir cet argent (7). Ces mesures ne produisirent pas tout l'effet que l'on en attendait, car, le 7 Avril 1405, les envoyés anglais écrivaient de hâter le paiement des troupes « pour éviter de plus grands scandales et de grands périls ».

---

(1) Pirenne, Histoire de Belgique ,II, p 222.

(2) Lavisse, Histoire de France, IV, I, p 327.

(3) Voir les instructions données aux ambassadeurs anglais chargés de traiter à Calais avec les ambassadeurs de Marguerite, duchesse de Bourgogne et comtesse de Flandre, Proceedings of the Privy Council, I, pp. 238-240. — 12 Novembre 1404.

(4) Religieux de Saint-Denys, III, p. 159

(5) Ibidem, p 161.

(6) Bibl Nat. Moreau, 681 ,f° 272.

(7) Calendar of the Patent Rolls, Henry IV, vol. 2, pp 104 et 113.

Les soldats déléguèrent un messager, John Brisingham, pour porter leurs doléances au roi (1).

Or, l'Angleterre s'alarmait, au même moment, des mouvements des Français. Des renforts étaient prêts à s'embarquer à Southampton (2). Le comte Waleran de Saint-Pol, qui livrait de fréquents combats à la garnison des marches de Calais, rassembla des forces importantes et vint assiéger le château de Marck que défendait le chevalier John Arundel. Il partit de Saint-Omer, le Mardi 12 Mai, à la tête de trois cents hommes d'armes, quatre cents arbalétriers génois et quinze cents hommes de pied. Le 13 Mai, il arriva à Marck, fit dresser ses engins de guerre et commença à assaillir le château ; puis, voyant que la forteresse ne pouvait être enlevée de vive force, il logea ses troupes dans les maisons voisines et fit réparer en hâte d'anciens retranchements pour se garder d'une attaque des Anglais de Calais ou des autres châteaux du voisinage.

Le lendemain, les Français s'emparèrent de la basse-cour du château et y trouvèrent une grande quantité de bétail. Cent hommes de la garnison de Calais vinrent jusqu'aux retranchements et un héraut défia le comte de Saint-Pol, lui demandant la bataille pour le Vendredi 15 Mai. Ce jour-là, en effet, les Calaisiens revinrent en nombre, sous la conduite de Richard Aston, lieutenant du capitaine de Calais, avec des chariots, de l'artillerie et des munitions. Ils attaquèrent avec impétuosité les retranchements. Les gens du comte de Saint-Pol se débandèrent presque aussitôt. Le comte lui-même prit honteusement la fuite et la plupart des chevaliers qui l'accompagnaient furent tués ou ramenés prisonniers à Calais (3).

---

(1) Wylie, op. cit. II, p. 88.

(2) Ibidem, p. 87. — On avait décidé d'envoyer 2 000 hommes d'armes et 3 000 archers pour la protection de Calais, 12 Janvier 1405. — Rymer.

(3) De toutes les chroniques, c'est la Chronographia regum Francorum (édit cit III, pp. 250-256) qui donne le récit le plus complet et, à ce qu'il semble, le plus exact de cet événement. — Monstrelet le relate, à peu près de la même façon, mais sans indiquer la date. (Monstrelet, édit L. Douët-D'Arcq pour la Soc. Hist. de France, I, p. 100). — La version du Religieux de Saint-Denys est plus brève. Elle prétend que les soldats de Calais avaient à leur tête le comte de Pembroke édit cit III, pp 261-263. — Même version dans Juvenal des Ursins, édit cit. p 165. — L'historien anglais Wylie dont nous n'avons pu contrôler les sources, prétend que le comte de Somerset avait rejoint son poste, quand les Français attaquèrent Marck (op. cit II, p. 91).

Trois jours plus tard, un détachement de la garnison de Calais parut à l'improviste, vers le soir, devant Ardres. Les échelles furent dressées et déjà les assaillants atteignaient le sommet de la muraille quand deux chevaliers, le seigneur de Licques et Mansart du Bos rallièrent les Français et contraignirent les Anglais à la retraite, non sans tuer une cinquantaine des leurs. Le chroniqueur raconte que, pour ne pas laisser leurs cadavres aux ennemis, les Anglais les entassèrent dans une vaste maison à laquelle ils mirent le feu. Rentrés à Calais, après cette expédition sans gloire, les soldats voulurent mettre à mort ceux des arbalétriers génois qu'ils avaient pris à Marck, les accusant de s'être servis de traits empoisonnés (1).

De son côté, le duc de Bourgogne, Jean sans Peur, prit des mesures défensives. Il renforça les garnisons de Gravelines, Bourbourg, Dunkerque, Furnes et Nieuport (2). A la fin de Mai, une flotte anglaise avait attaqué l'Ecluse et brûlé le village de Cadzand (3), ainsi que d'autres agglomérations (4). Rien de plus confus et de plus déconcertant que cette période des rapports entre le duc et les Anglais. Ambassadeurs anglais et flamands continuent leurs interminables débats sur la possibilité d'une paix commerciale, tandis que les actes de guerre se multiplient. Il semble bien que les négociateurs anglais aient voulu peser sur les déterminations des Flamands, au moyen de démonstrations navales (5). Pris entre ses intérêts en Flandre et sa situation de prince français, le duc de Bourgogne s'ingénie à concilier les contraires. Les continuelles incursions des soldats de Calais sur son territoire expliquent son irritation et le désir qu'il avait de détruire cet obstacle. Aussi songea-t-il à reconquérir Calais. Dès le mois de Juin 1405, le bruit se

---

(1) Chronographia, édit. cit. pp. 254-255.

(2) Chronique des Religieux des Dunes... Jean Brandon, dans la Coll. des Chron. Belges, édit. cit. pp. 99-100 — Lefebvre, Hist. de Calais, II, p. 105, dit que les Calaisiens s'emparèrent de Gravelines que le duc reprit aussitôt. Même affirmation dans De Barante, II, p 360 — Je n'ai pas trouvé la confirmation de ce fait que M Daumet accepte pour vrai, op. cit p 20.

(3) Cadzand, village de la province de Zélande.

(4) Arch. du Nord, B, 519, publié par Varenbergh, Histoire des relations diplomatiques de Flandre et d'Angleterre, pp 493-494, 915.

(5) Ms. Cotton Galba I, édit. Gilliodts van Severen, p 243, pièce CIX.

répandit que cette entreprise allait commencer (1), mais la querelle qui divisait le duc de Bourgogne et le duc d'Orléans prit, à cette date, une tournure plus violente et faillit mettre aux prises les forces des deux rivaux qui se disputaient le gouvernement du royaume. En Octobre 1405, une réconciliation apparente intervint entre eux. Au cours de l'année 1406, les hostilités avec l'Angleterre étant devenues plus vives, le projet fut agité de nouveau et reçut cette fois un commencement d'exécution. Tandis que le duc d'Orléans attaquerait les Anglais en Aquitaine, le duc de Bourgogne assiégerait Calais. « Pour ce que à Paris y avoit tousjours aucuns grommelis et plaintes entre les ducs d'Orléans et de Bourgongne, il fut ordonné que, comme du temps de Philippes le Hardy duc de Bourgongne, son fils iroit à Calais et le duc d'Orléans en Bourdelois... » (2).

Le duc fut nommé, le 21 Septembre 1406, lieutenant et capitaine général du Roi en Picardie et dans la West Flandre pour réprimer les entreprises des Anglais et lever les hommes d'armes dont il avait besoin. Le trésorier des guerres, Hémon Raguier, fut chargé de les solder, après les avoir passés en revue. Quand Jean sans Peur arriva à Saint-Omer, le 30 Octobre, avec son frère Antoine, duc de Limbourg, et le seigneur de Hugueville, six mille hommes d'armes y avaient été rassemblés, avec trois mille archers et quinze cents arbalétriers dont beaucoup de Génois. Les forêts ducales avaient fourni d'immenses quantités de bois avec lequel cinq cents charpentiers et menuisiers construisirent « une enceinte de huit cent pas en guise de ville flanquée de forts en bois de seize pieds de haut et entourée de palissades de cinq pieds... » (3). Les chênes de la forêt de Beaulo étaient transportés par eau et par terre à Saint-Omer où des bastilles munies de machines et de mantelets étaient préparées pour

---

(1) Religieux des Dunes, Jean Brandon, édit. cit p. 100. — C'est sans doute à ce premier projet que se réfère la mention de Monstrelet, édit. cit. I, p. 107 — M Daumet, op. cit. p 21, note, a confondu ce projet avec le commencement d'exécution qu'il reçut en 1406. En 1405, pendant le séjour de Jean sans Peur à Arras (Août, d'après E. Petit, Itinéraire des ducs de Bourgogne, p 350), le conseil du duc avait délibéré sur ce projet pour lequel il fallait le consentement du roi de France. — Cf Plancher, Histoire de Bourgogne, III, p 221.

(2) Juvénal des Ursins, édit cit p. 180.

(3) Religieux de Saint-Denys, III, p. 119.

dominer les murs de Calais (1). On voulait sans doute imiter la « Villeneuve-la-Hardie » d'Edouard III.

Le duc fit aussi concentrer à Saint-Omer un formidable armement. On acheta des engins et des munitions en Hollande, à Utrecht, à Bruges, Bruxelles, Louvain. L'un des canons, du poids de deux mille livres pouvait lancer des pierres de cent vingt livres. Sept mille deux cents livres de poudre avaient été amassées, ainsi que cinq mille livres de salpêtre, de soufre et de charbon de bois (2). Il faut y joindre deux cent mille traits, trois mille grosses pierres pour les canons. On n'avait pas négligé les matériaux pour construire des bateaux et l'on avait confié à un peintre fameux de Hesdin, Jean le Voleur, le soin de confectionner les étendards, deux de satin et le troisième de toile vermeille, ayant quatre aunes de long et deux de large. Dix vieilles bannières aux armes de Flandre et une foule de pennons « de couleur vermeille » devaient rallier les troupes du duc (3).

Pour se procurer les sommes nécessaires à des préparatifs si importants, Jean sans Peur eut recours à des emprunts forcés dans ses villes de Flandre (4).

Le danger qui menaçait Calais paraissait d'autant plus grave que la ville s'approvisionnait difficilement. Dès la fin de 1405, les vivres étaient rares et d'un prix élevé. Le comte de Somerset avait rapporté au conseil d'Angleterre que les mariniers des ports du Suffolk ne pouvaient plus pénétrer à Calais, par crainte des ennemis français et flamands qui capturaient leurs bateaux, et il fallait offrir des primes aux marchands anglais pour les décider à risquer la traversée du détroit (5).

---

(1) Wylie, op. cit. III, pp. 56 et suiv.

(2) Sur les achats faits pour ce siège, voir Wylie, ibidem, p. 58, note 1. — Cf. Joseph Garnier, l'Artillerie des Ducs de Bourgogne, d'après des documents conservés aux Archives de la Côte-d'Or. Paris, Champion, 1895, p. 16.

(3) Plancher, Histoire de Bourgogne, III, p. 236.

(4) « Quant mon très redouté seingneur se devoit partyr pour aleir à Saint-Omeir devers Calais, il requist à la Vile de prester VI^m coronnes » Mémoire justificatif du trésorier de Bruges, Ch. des Comptes, B, 1383, Arch. du Nord. Gilliodts van Severen, Inventaire cité, IV, p. 12.

(5) Calendar of the Patent Rolls, Henry IV, vol. 3, p. 89.

La garnison était affaiblie. Il n'y avait que peu de soldats, et l'on enrôlait pour la montre des matelots et des étrangers de passage dans la ville. Mais, la crainte du danger amena un brusque changement. Le 1ᵉʳ Juillet 1406, cinq mille marcs furent destinés à la garnison de Calais qui venait de tenter une attaque sans résultat contre la petite forteresse française de Balinghem (1). Des envois de renfort furent décidés et se poursuivirent jusqu'en Novembre (2), au moment même où Jean sans Peur était contraint à abandonner momentanément son projet.

Après deux mois de préparatifs qui avaient épuisé son trésor, le duc de Bourgogne, mal secondé par la cour de France, desservi par le duc d'Orléans, envoya le sire de Croy, le sire de Châlons et quelques autres se plaindre au conseil du roi. Ils n'obtinrent rien. D'autre part, l'hiver était venu avec des pluies incessantes qui, dans cette région marécageuse, rendaient toute opération importante complètement impossible. Les villes de Flandre avaient toujours vu avec mécontentement un projet qui mettait obstacle à la paix dont elles avaient besoin pour leur commerce (3). Jean sans Peur, profondément humilié de cet échec d'une expédition annoncée à grand fracas, quitta Saint-Omer le 16 Novembre et licencia son armée. Il fit mettre en sécurité ses engins et appareils dans l'enclos de Saint-Bertin et annonça qu'il reviendrait au printemps. Il rejetait sur son rival, le duc d'Orléans, l'échec de cette entreprise. « Par mauvais conseil et enort le dit voiaige fu rompu, et ne sçot on pour quelle raison, dont le noble duc Jehan fut moult mary, et dist bien que encoires rengnoit

---

(1) Balinghem, petit village entre Ardres et Calais — Sur cette attaque voir le Religieux de Saint-Denys, édit cit III, pp 101 103. — L'éditeur confond Balinghem avec Bouvelinghem, près de Lumbres

(2) Le 10 Novembre 1406, on réquisitionne des navires pour conduire des soldats à Calais. — Le 13 Novembre, ordre est donné au connétable du château de Douvres de surveiller la montre de 100 hommes d'armes et de 600 archers que le roi a chargé Thomas Pykworth, chevalier, de lever au nom du comte de Somerset pour aller à Calais où ils serviront 10 jours — Le 16 Novembre, réquisition de navires à Douvres pour leur passage Calendar of the Patent Rolls. Henry IV, vol 3, pp 305-306

(3) Sur l'attitude des gens de Bruges, hostiles au siège de Calais, voir De Laborde, Les Ducs de Bourgogne, T I, p. LXII, et Wylie, op. cit. II, p. 106

Guennelon... » .(1). On retrouve les mêmes imputations dans toutes les chroniques favorables au duc de Bourgogne (2), et il y avait sans doute quelque vérité dans ses accusations contre le duc d'Orléans. Celui-ci n'avait d'ailleurs pas mieux réussi dans le Midi que Jean sans Peur dans le Nord.

Les Anglais pensaient-ils que le duc reviendrait devant Calais au printemps de 1407 ? On peut le croire en voyant les ordres donnés, au mois de Février, pour la défense de Calais (3). Le 17 Février, il fut interdit aux étrangers de quitter Calais ou d'y pénétrer. Des charpentiers et des maçons y avaient été envoyés pour réparer et accroître les fortifications (4). Aucune attaque ne se produisit, car Jean sans Peur avait passé l'hiver malade à Bruges et l'avènement de son frère Antoine au duché de Brabant, en provoquant des difficultés avec le roi des Romains, Ruprecht (5), détourna son attention vers un autre objet.

En revanche, des troubles éclatèrent à Calais même parmi les soldats de la garnison qui, lassés d'attendre le paiement de leurs gages, se mutinèrent et saisirent le stock des laines appartenant aux marchands de l'étaple. Ceux-ci durent avancer la somme nécessaire pour payer les arrérages, sur

---

(1) Chroniques relatives à l'Histoire de la Belgique sous la domination des Ducs de Bourgogne édit. Kervyn de Lettenhove, T II (textes français), Bruxelles, 1873 — Le Livre des Trahisons de France, p 19. — Dans la même collection, la Geste des ducs de Bourgogne reproduit en vers les principaux passages du Livre des Trahisons. A en croire ces chroniques, animées d'un violent esprit bourguignon, les Anglais de Calais avaient été saisis de panique en apprenant les projets du duc et auraient envoyé leurs biens en Angleterre :

    « Dont telle paour eurent tout li plus souffisant
    Que deviers Engleterre, parmi le mer bruiant
    En firent-il mener et fames et enfans
    Et trestout leur trésor, or et argent luisant. »

(Geste des Ducs, p 304).

(2) « Il fu si dolant que il en pleura d'anuy. Et ces choses furent pourcachies par envie et sans le voulenté du roy, pour ce que on n'euist mie voulu que de une si grant emprinse il fust venus à chief, ne que il le euist achievée » Istore et Croniques de Flandres, édit. cit. II, p 123 — Cf., sur ce projet de siège, De Barante, II, p. 110.

(3) Calendar of the Patent Rolls, Henry IV, vol. 3, pp 309 et 354.

(4) Wylie, op cit. III, pp. 60-63.

(5) Pirenne, Hist de Belgique, II, pp. 226-227.

les pressantes instances du roi Henry IV (1).

Jean sans Peur n'avait pas renoncé définitivement à renouveler une attaque contre Calais, s'il faut en croire du moins les chroniqueurs anglais (2). Après le meurtre du duc d'Orléans, il est possible que ce projet ait été repris et les Anglais se tinrent sur la défensive. Au parlement de 1410, l'évêque de Winchester fit part de ses inquiétudes (3). Peut-être était-ce simplement un moyen d'obtenir le vote des subsides nécessaires au paiement de la garnison. Vers Pâques de cette année 1410, les Anglais réussirent à détruire le matériel de siège laissé en réserve à Saint-Omer. Ils eurent recours à un bourgeois de cette ville qui, prisonnier à Calais, ne pouvait payer sa rançon. Ils lui rendirent la liberté et lui promirent une forte somme. Avec la complicité d'un charpentier, celui-ci profita d'un moment favorable pour s'introduire dans l'enclos de Saint-Bertin où se trouvaient les palissades et les machines déjà façonnées. Il y mit le feu et tout fut consumé (4).

Le gouvernement de Calais avait été donné, le 18 Mars 1410, au propre fils du roi d'Angleterre et l'on avait pris toutes les précautions pour approvisionner la ville et pour remettre en bon état les fortifications. Le 16 Juin 1410, le conseil d'Angleterre avait décidé que sur les nouveaux impôts consentis par le dernier parlement les trois quarts seraient consacrés

---

(1) Continuatio Eulogii historiarum, édit. Haydon, III, p 411 Le fait est confirmé par une lettre de remerciements adressée, le 29 Avril, aux marchands de l'étaple. P. R. O. Early Chancery Rolls 350, m 9.
 ' Cette lettre est publiée dans Daumet, op. cit. pièce justificative n° XIII, pp. 167-168.

(2) Walsingham, après avoir raconté le meurtre du duc d'Orléans, dit que le duc de Bourgogne, accusé de ce crime, ne fut pas poursuivi parce qu'il promit de prendre Calais (sub pacto Calesie capiendae)
— Walsingham, édit. cit II, p. 279.

(3) Rolls of Parliament, T. III, p. 622

(4) Religieux de Saint-Denys, édit cit. T IV, p. 313 — Juvenal des Ursins raconte aussi ce fait, édit Godefroy, p. 202 Walsingham, qui relate ce fait à la date du 9 Avril 1410, fait une description très bizarre des engins préparés pour le siège de Calais. Son imagination lui montre des vases remplis de serpents et de scorpions que les machines devaient lancer dans Calais « qui, dum contracti fuissent jactus violentia, fœtore pestifero strangularent inclusos; armatos contactu inficerent et ubique vicos venena sparsa lœdarent.. » !! — Walsingham, II, p. 283.

à la garnison et à la défense de Calais (1). Le 30 Juillet suivant, le conseil fit verser au prince de Galles, capitaine de Calais, « pour la sauvegarde de la ville de Caleys, par voye d'apprest, mille et quatre cens livres du trésor du Roy » à titre d'avance remboursable sur les premiers fonds à percevoir du subside accordé par le parlement (2).. Les dépenses prévues pour deux ans, en temps de trêves, se montaient à 27.243 lb. 5 s. 9 d. une obole, et l'on y ajouta 9.000 lb. « d'ancienne dette avant la fête de Pâques ». C'était donc une liquidation complète de la situation et le changement de commandement se manifestait par un renouveau d'énergie (3).

Cependant la guerre civile avait éclaté en France entre Armagnacs et Bourguignons et les deux partis n'hésitaient pas à solliciter l'appui des Anglais. Les négociations engagées à Calais depuis plusieurs années entre les Flamands et les Anglais avaient abouti, le 15 Juin 1411, à la conclusion de nouvelles trêves (4), pour une durée de cinq ans. Jean sans Peur greffa sur ces ententes commerciales un accord politique. Le 18 Septembre 1411, une ambassade anglaise fut reçue à Calais par des envoyés du duc de Bourgogne (5). Une action commune y fut décidée, en même temps que des pourparlers pour un mariage entre le prince de Galles et une fille du duc de Bourgogne. On ignore à quelles conditions consentit Jean sans Peur, mais, quelques jours plus tard, un corps anglais,

---

(1) Proceedings.. I, p. 331.

(2) Ibidem, pp. 351-352.

(3) Cf. Wylie, op cit. III, p. 307

(4) Félix de Coussemaker, Thierry Gherbode. , p. 169. — Cf. Gilliodts. van Severen, Inventaire de Bruges, IV, p. 315 Les Flamands se réjouissaient de cet accord qui eut pour résultat de faire affluer dans les villes de Flandre les laines et les autres marchandises. — Religieux des Dunes . Jean Brandon. p 148.

(5) Cette ambassade comprenait l'évêque de Saint-David, messire François de Court-Mortimer, chambellan du prince de Galles et maître Jean Cadut — Dom Plancher, Hist de Bourgogne, III, p. 331.

sous les ordres du comte d'Arundel, arrivait à Calais (1) et se mettait en route pour rejoindre l'armée bourguignonne à Paris dont les Armagnacs essayaient de s'emparer. Une partie de la garnison de Calais s'était également jointe aux Bourguignons, sous les ordres de John Gerard, capitaine de la tour Lancastre sur le Risban (2). Assez mal accueillis d'abord à Paris, ces auxiliaires furent ensuite comblés de présents par le duc et s'en retournèrent à Calais en vivant sur le pays (3).

L'année suivante, 1412, les Armagnacs ayant à leur tour sollicité l'alliance anglaise, Henry IV resta neutre. Il fit crier, à son de trompe, dans la ville de Calais et sur les divers points des marches anglaises, défense à tous ses sujets, sous peine de confiscation de leurs biens, d'aller servir en France (4). Une réconciliation momentanée eut lieu entre les princes rivaux (5), mais les Anglais rompant les trêves firent plusieurs incursions en territoire français. Au mois de Mai, la garnison de Calais s'empara du château de Balinghem contre lequel elle avait fait précédemment d'infructueuses tentatives. Le bruit courut que cette forteresse avait été vendue aux Anglais par son capitaine, Jean de Stenbecque,(6).

Pendant que Charles VI était à Sens, avec les princes,

---

(1) La Geste des Ducs de Bourgogne, édit. Kervyn de Lettenhove, p. 150 et suivantes, raconte longuement ces faits

« A Calais arrivèrent par un jour solemnel,
Là peussiés oïr son de maint ménestrel,
De tromppes, de nacaires et maint moienel ;
Au descendre des nés menèrent grant reviel »

Le Livre des Trahisons , (même collection citée des Chroniques relatives à l'Histoire de la Belgique, II, p 95), estime à 1 000 hommes d'armes et à 2 000 archers, les renforts amenés par le comte d'Arundel à Calais.

(2) John Gerard avait été nommé capitaine de cette tour le 6 Juin, an VI de Henry IV (Calendar of Patent Rolls, Henry IV, vol 3, p. 119) — Cf. sur cette intervention des Anglais, Dom Plancher, Hist. de Bourgogne. III, pp. 326-334.

(3) Juvénal des Ursins, édit. cit. p. 236.

(4) Chronique de Jean Le Fèvre, seigneur de Saint-Remy édit. François Morand, Soc Hist. de France. Paris. 1876-1881. T I. p. 54 — Et Monstrelet, édit Douët D'Arcq, II. p. 247.

(5) Lavisse, Hist. de France. IV, I, p. 338.

(6) Jean Le Fèvre, édit. cit. I, p. 62.

pour les négociations entre Armagnacs et Bourguignons, il apprit que les Anglais avaient quitté Calais et envahi le Boulonnais. Aussitôt le connétable de Saint-Pol y fut envoyé avec quelques troupes, pour organiser la résistance. Celui-ci tenta un coup de main contre Guînes. Plaçant un détachement entre cette ville et Calais afin d'empêcher la garnison de Calais de secourir les habitants de Guînes, il pénétra dans la ville dont il brûla plusieurs maisons, mais la garnison tint bon dans le château où se réfugièrent les habitants et que le connétable n'osa pas attaquer (1). Cette malheureuse région fut dévastée une fois de plus par un corps de deux mille Anglais débarqués à Calais avec les comtes de Warwick et de Kent (2).

Durant cette même année 1412, le prince de Galles avait été accusé, devant le conseil d'Angleterre, de dilapider les fonds qu'on lui confiait pour la défense de Calais. Le 2 Août 1412, sir William Farington et Richard Merlaw reçurent l'ordre de faire une enquête sur Robert Thorley, trésorier de Calais. Le 11 Juillet, le prince de Galles avait produit sa défense et fourni les rôles constatant que l'argent avait été employé au paiement des gages de la garnison (3). Mais, si le prince se justifia, le trésorier et le victuailler furent sommés d'apporter leurs registres et le trésorier fut mis à la Tour de Londres (4).

Le 20 Mars 1413, la mort du roi Henry IV faisait de son fils, capitaine de Calais, le nouveau souverain de l'Angleterre. Son avènement fut, pour l'administration de Calais, le signal d'une complète rénovation et nous aurons à étudier longuement, dans une autre partie de cet ouvrage, les transformations apportées par Henry V au système administratif de Calais. Qu'il nous suffise ici de les mentionner.

Henry V rêvait de renouveler, en France, les exploits d'Edouard III et il fit de Calais la base de ses principales opérations. Les trêves avaient cependant été renouvelées au début de son règne (5), sans que, pour cela, les hostilités

(1) Jean Le Fèvre, I, p. 69.
(2) Ibidem, I, p. 65 et Monstrelet, édit. cit. II, p. 268
(3) Wylie, IV, p. 89
(4) Proceedings, II, pp 36-37, Délibérations du Conseil Privé, le 20 et le 21 Octobre 1412
(5) Conférences à Leulinghem, en 1413 Voir Monstrelet, II, p 391, Le Fèvre, I, p. 105 et surtout Rymer.

fussent suspendues autour de Calais (1). Le comte de Warwick, nommé capitaine de Calais, le 18 Juillet 1414, n'avait pas pris possession de ce poste, car il fut envoyé, en qualité de représentant du roi d'Angleterre, au concile de Constance. Accompagné d'une brillante escorte de chevaliers, d'évêques et de docteurs, il avait quitté Calais pour se rendre au concile, en traversant la Flandre (2).

Henry V avait trouvé dans Jean sans Peur un allié secret et se disposait à envahir le territoire français. A l'heure même où il accueillait, en Juin 1415, la grande ambassade française qui, conduite par l'archevêque de Bourges, était venue s'embarquer à Calais (3), pour aller en Angleterre offrir au roi la main de Catherine de France et proposer le règlement définitif du conflit entre les deux royaumes, les préparatifs de guerre étaient poussés avec une fiévreuse activité. Les approvisionnements s'entassaient à Southampton et à Calais (4). Le 13 Août 1415, Henry V débarquait en Normandie et, le 22 Septembre, Harfleur tombait en son pouvoir. Les chevaliers qui s'y étaient enfermés durent jurer de se rendre prisonniers à Calais avant la Saint-Martin (5).

Dès le 2 Août, la garnison de Calais, renforcée de plusieurs centaines d'hommes d'armes, avait recommencé ses courses dans le Boulonnais et le roi de France avait envoyé, pour défendre le pays, le seigneur de Rambures, maître des arbalétriers (6).

Le 8 Octobre, Henry V s'était mis en marche pour regagner Calais. Une armée française, commandée par le connétable d'Albret, essaya de lui barrer la route. Le bruit courut que le roi d'Angleterre, craignant l'issue d'une rencontre avec des forces si considérables, aurait offert aux Français de leur

---

(1) Les habitants de Saint-Omer avaient craint une attaque contre leur ville. — Cf. Pagart d'Hermansart, Les Argentiers de la Ville de Saint-Omer, 1902, p 134, Extrait d'un compte de 1413-1414.

(2) Jean Le Fèvre, I, p 196 — Monstrelet, III, p 54.

(3) Ibidem, I, p 215 et III. p 72. — Cf. sur cette ambassade, G. Du Fresne de Beaucourt, Histoire de Charles VII, T I, pp. 259-260.

(4) Voir pour les approvisionnements et la défense de Calais les ordonnances du Conseil privé, 16 et 18 Avril, 27 Mai et 17 Juin 1415 Proceedings, II, pp. 158, 168, 171.

(5) Jean Le Fèvre, I, p. 229. — Monstrelet, III, p 94.

(6) Monstrelet, III, p 78.

restituer Calais et de leur verser une certaine somme d'argent, si l'on consentait à lui livrer passage (1). Cette rumeur, répandue sans doute après la défaite d'Azincourt, ne repose sur aucun fondement.

Tandis que le roi Henry V se dirigeait vers Calais, trois cents hommes d'armes en étaient partis à sa rencontre ; mais ils furent assaillis « par aucunes vaillantes gens de Picardie ». Plusieurs furent tués ou pris. Les autres durent se retirer vers Calais (2).

Après le désastre d'Azincourt, les prisonniers français, pour la plupart blessés et souffrant de la faim, furent amenés à Calais, mais on refusa de les recevoir dans la ville parce que l'on craignait d'y manquer de vivres (3). Les vainqueurs n'étaient guère en meilleur état. Beaucoup étaient à pied, blessés ou malades, et ils gagnèrent à grand peine Calais où leur fut fait bon accueil (4).

Quant à Henry V, il s'arrêta quelques jours à Guines et, le 26 Octobre, au dire de Monstrelet, il fit à Calais une entrée triomphale. « En allant, se print à deviser avec les prisonniers et princes français, en les reconfortant amiablement comme cellui qui bien le savoit faire ; et tant chevauchèrent qu'ilz vindrent à Calais, où le roy d'Angleterre fut receu du capitaine et de ceulx de la ville, lesquelz luy vindrent au devant jusques au plus près de Guisnes, et d'aultre part les prebstres et clerez tous revestuz avec les croix et fanons de toutes les églises de la ville, en cantant : *Te Deum laudamus*. Hommes et femmes, et petis enfans s'esjoyssoient à sa venue, disant : « Bien soit venu le roy, nostre souverain

---

(1) Histoire des règnes de Charles VII et de Louis XI, par Thomas Basin, évêque de Lisieux, édit. Quicherat, Soc. Hist. de France, 1859. 1 vol. T. I. p. 20. En rapportant ce bruit, Basin fait des réserves : « Ferunt nonnulli.. », dit-il, et il ajoute « quod an ita si habeat, non satis habemus compertum »

(2) Juvenal des Ursins, édit. p. 315.

(3) « Ceulx de la ville ne les vauldrent laissier entrer, excepté aucuns seigneurs d'Angleterre ; et le faisoient affin que vivres ne leur faulsissent, et que la ville qui estoit en frontière demourast toujours bien garnie.. » Jean Le Fèvre, T. I, p. 262

(4) Mémoires de Pierre de Fenin, édit. Michaud et Poujoulat, T. II, p 588 — Cf. Monstrelet, édit. cit. III, p 112 — Voir aussi Walsingham, édit. cit. II, p. 310.

seigneur ! » et ainsi, en grant gloire et triumphe, entra dedens la ville de Calais » (1).

Parmi les prisonniers qui suivaient son triomphe, les Calaisiens purent voir les membres de la plus haute noblesse française le duc Charles d'Orléans dont l'exil devait durer si longtemps, le duc de Bourbon, le comte d'Eu, le comte de Vendôme, le comte de Richemont et le maréchal Boucicaut (2).

Henry V passa à Calais les fêtes de la Toussaint. Il y reçut une délégation de la noblesse anglaise qui le félicita de sa victoire et l'engagea à continuer la guerre. Il s'embarqua, vers la mi-novembre, avec les principaux captifs (3). Fidèles à leur parole les chevaliers, défenseurs de Harfleur, étaient venus le rejoindre.

L'année suivante, Calais fut le théâtre d'une entrevue très importante pour l'histoire. L'empereur Sigismond, sollicité d'intervenir pour la paix entre la France et l'Angleterre, était venu à Paris, le 1er Mars 1416. Quelques semaines plus tard, il partait pour l'Angleterre, avec une ambassade française conduite par l'archevêque de Reims, Regnault de Chartres. Le roi d'Angleterre, qui voulait s'en faire un allié, le fit recevoir à Calais avec les plus grands honneurs. Ordre fut donné à tous les capitaines des garnisons des marches de Calais de s'entendre avec le capitaine de la ville de Calais « en le plus honorable appareille qu'ils purront encountre la venue du dit Empereur illocques ». Le sire de Talbot fut adjoint spécialement au comte de Warwick pour la circonstance (4) Sigismond resta deux jours à Calais (5).

---

(1) Jean Le Fèvre, édit. cit. I, p. 263.

(2) Juvenal des Ursins, édit. cit pp 315-318.

(3) Monstrelet dit que Henry V quitta Calais le 16 Novembre Jean Le Fèvre rapproche cette date au 11 Novembre — La date donnée par Monstrelet concorde avec l'indication d'un chroniqueur anglais
  « In terna feria, post Calesiam veniebat,
  Vicenis pausat sponte diebus ibi »
Memorials of Henry the Fifth, ed by Charles Augustus Cole. London, Longman, 1858.

(4) Instructions du conseil privé d'Angleterre, Proceedings, II, p 193.
— Avril 1416 — Le chroniqueur anglais rapporte ainsi cet événement
  Post, prope Pascha, venit ad Calesiam memoratus
  Induperator ; ibi, mille paratus equis,
  Illum Warwici comes acceptat reverenter.
Memorials of Henry the Fifth, édit. cit p 133.

(5) Jean Le Fèvre, édit. cit. I, p. 278.

Il y revint, avec le roi Henry V, le 4 Septembre 1416. Pendant son séjour en Angleterre, Sigismond s'était laissé gagner à la cause anglaise et une nouvelle conférence allait s'ouvrir à Calais entre le roi d'Angleterre, l'empereur et le duc de Bourgogne. Jean sans Peur négociait depuis plusieurs mois les conditions d'une alliance avec l'Angleterre. Le 1er Octobre, Henry V lui délivrait un sauf conduit pour venir à Calais avec une suite de huit cents personnes (1). Le frère du roi, Humphroi, duc de Glocester, devait se rendre à Gravelines comme ôtage jusqu'à ce que le duc fût revenu de Calais.

Le 4 Octobre, le duc de Glocester arrivait à Gravelines (2). Il fut conduit par le comte de Charolais à Saint-Omer. Jean sans Peur fut reçu solennellement à Calais le 6 Octobre. Pendant six jours, les princes eurent de fréquents entretiens. Que fut-il convenu entre eux ? Les différends existant entre Sigismond et Jean sans Peur furent aplanis et il est certain que le roi Henry V s'efforça d'obtenir le concours du duc de Bourgogne, ou tout au moins sa neutralité. En échange ses domaines seraient à l'abri de toute attaque anglaise et même il recevrait une partie des conquêtes faites par Henry en France (3). Jean sans Peur accepta-t-il ces conditions ? Les chroniqueurs du temps ou bien avouent leur ignorance (4) ou bien défendent le duc contre cette imputation (5) que cependant paraissent confirmer des projets de traité conservés dans les archives anglaises. Les historiens modernes semblent croire que le duc jouait alors un double jeu et était favorable

---

(1) Archives du Nord, B, 1433

(2) Petit, Itinéraire des ducs de Bourgogne, loc. cit. — Et Itinéraire de Jean sans Peur dans la Collection des Voyages des Souverains des Pays-Bas, publiée par M. Gachard, I, p 64.

(3) Dom Plancher, Hist. de Bourgogne, pp. 151-152

(4) « Parlèrent eulx deux ensemble grant pièche, sans ce qu'il y eust nul de leurs gens qui les peust ouir, ne sçavoir qu'ilz disoient. Et de ce on parla depuis en mainte manière ; mais peu de gens en sceurent la vérité de ce qu'ilz avoient parlé » Mémoires de Pierre de Fenin, édit. Michaud et Poujoulat, II, p. 588.

(5) « Laquelle requeste ne lui fut point accordée par le dit duc. » Monstrelet, édit. cit III, p. 163. — Même dénégation dans Jean Le Fèvre, I, pp. 283-284. La Chronique des Pays-Bas, édit. cit. pp. 366-367, se borne à mentionner l'accord entre Sigismond et Jean sans Peur. — Cf. Religieux des Dunes, chronique de Gilles de Roye, p 170.

aux Anglais, sans oser s'engager à fond (1). Quoiqu'il en soit de ce problème qui appartient à l'histoire générale, l'entrevue de Calais attache encore le nom de la ville de Calais à l'un des épisodes importants de cette histoire.

Quelques jours avant l'entrevue de Calais et pendant que Henry V y résidait avec Sigismond, le 21 Septembre 1416, les Calaisiens avaient aperçu une grande carraque qui se dirigeait vers la Flandre. Aussitôt une flottille de six petits navires s'était lancée à sa poursuite sous la conduite du comte de Warwick, capitaine de la ville, mais la carraque leur échappa (2).

Pendant les dernières années du règne de Henry V, la ville de Calais paraît avoir été quelque peu négligée par le gouvernement anglais. La complicité tacite de Jean sans Peur suivie bientôt de l'alliance déclarée avec Philippe le Bon, après le meurtre de son père à Montereau, permettait aux Anglais de ne rien craindre de ce côté. Henry V faisait la conquête de la Normandie.

La garnison, mal payée, renouvela ses plaintes. Le 12 Novembre 1417, William Bardolf, lieutenant de Calais, écrivait au conseil d'Angleterre pour représenter, au nom de ses compagnons d'armes, l'extrême indigence où les réduit le défaut de paiement de leur solde, en retard de deux ans et le manque de vivres et de munitions de toute espèce qui met la ville en danger (3).

Henry V, après le traité de Troyes, repassa par Calais avec sa jeune femme, Catherine de France (1). Il avait établi son frère, le duc de Clarence, capitaine de la Normandie. Parti de Paris le 27 Décembre 1420, le roi d'Angleterre était à Amiens le 21 Janvier 1421 et, par Doullens, Saint-Pol et Thérouanne,

---

(1) Pour tout ce qui concerne cette entrevue, voir Du Fresne de Beaucourt, op. cit. I, pp. 137-141.

(2) Henrici Quinti Gesta, édit. Williams, p. 76. — Memorials of Henry the Fifth, édit. cit. p. 113. — Cf. De La Roncière, op. cit. II, p. 225.

(3) « remonstrant véritablement et sans dissimulation que nous n'avons de quoi vivre ne nous ne nos chevaulx sustener ne maintener... » William Bardolf ajoute qu'il n'est pas bon « de legierement les oublier ne comme chose morte les mettre à nonchaloir, comme on pourroit bien noter les estre pour présent ». Bibl. Nat. Moreau, 681, f° 311.

(1) Jean Le Fèvre, édit. cit. II, p. 29. — Monstrelet, édit cit IV, p 24. — Mémoires de Pierre de Fenin, édit. cit. p. 607.

il arriva à Calais vers le 25 Janvier. Il y demeura jusqu'au 1er Février (1).

Au mois de Mars 1421, Jacqueline de Bavière, femme de Jean IV de Brabant, avec lequel elle était en désaccord, s'enfuit de ses États du Hainaut et se réfugia à Calais (2). Le seigneur d'Escaillon qui l'avait escortée avec soixante hommes d'armes partit à Londres solliciter pour elle l'appui de Henry V (3). Warwick et ses lieutenants firent à la princesse fugitive un accueil des plus courtois, pendant les longues journées où, montant sur les remparts qui dominaient le port, elle regardait les côtes anglaises dans l'espoir d'apercevoir son messager (4). Henry V autorisa Jacqueline à venir en Angleterre où elle épousa bientôt Humphroi, duc de Glocester.

Henry V ne tarda pas d'ailleurs à être rappelé en France par les événements. Les troupes du dauphin Charles battirent à Baugé, le 22 Mars 1421, les Anglais du duc de Clarence qui fut tué. Des seigneurs picards restaient fidèles au parti français. Le gouverneur du Crotoy, Jacques d'Harcourt, bataillait contre les Anglais. Une expédition des soudoyers de Calais et de Guînes s'embarqua pour aller brûler les navires qui se trouvaient dans le port du Crotoy (5).

Le 10 Juin 1421, le roi d'Angleterre débarquait une fois encore à Calais, avec une armée de près de trente mille hommes (6). L'arrivée de ces troupes provoqua à Calais un renchérissement des vivres dont se plaignaient les habi-

---

(1) Le 23 Janvier, les échevins de Saint-Omer avaient envoyé « Coppin Plante, chevaucheur de la ville, devers le Roy et le Royne d'Engleterre partis d'Amiens à venir entrer en mer à Calais pour aler en Engleterre, et ce pour savoir s'ilz venroient en ceste ville. » Pagart d'Hermansart, op. cit. p 136. — Walsingham, édit cit II, p 336, dit que le roi arriva à Douvres la veille de la Purification de la Vierge

(2) Cartulaire des comtes de Hainaut, T IV, p. XXIII.

(3) Monstrelet, édit. cit IV, p. 27.

(4) G Chastelain, Chronique des ducs de Bourgogne, édit Kervyn de Lettenhove, I, pp. 213-216.

(5) Ibidem, I, p. 233. — Monstrelet, édit. cit. IV. p. 12

(6) « Celuy mesmes jour (la veille de Saint-Barnabé, 10 Juin), entra à Calais où il prit port avec bien quatre mil hommes d'armes et vingt quatre mil archiers ». Chastelain, édit. cit I, p. 236 — Cf. Jean Le Fèvre, II, p 37. — Monstrelet, IV, p 13. — Pierre de Fenin, p. 607.

tants (1). La nouvelle campagne entreprise par Henry V aboutit à un succès complet et le dauphin se confinait dans ses résidences de la Touraine et du Poitou quand une maladie soudaine emporta le roi d'Angleterre le 31 Août 1122. Le 16 Septembre, ses restes étaient acheminés vers Calais « où grant doulleur fut menée pour sa mort » (2). Les Anglais avaient fait faire une effigie du roi portant la couronne d'or. Sa veuve et un immense cortège accompagnaient sa dépouille. Le 3 Octobre, le conseil privé avait donné l'ordre d'apprêter une flotte (3) qui vint à Calais chercher le corps de Henry V pour le transporter en Angleterre. Aucun document ne nous a révélé ce que fut à Calais la pompe funéraire du vainqueur d'Azincourt.

La mort de Charles VI, survenue le 21 Octobre, fit passer la couronne de France, suivant les conventions du traité de Troyes, au jeune fils de Henry V, qui réunit ainsi les deux royaumes. On sait ce que furent les débuts de ce règne d'un enfant de dix mois. Tandis que le duc de Bedford assumait la régence en France, le duc de Glocester prenait en mains le gouvernement de l'Angleterre. Pendant de longues années encore, Charles VII allait rester « le roi de Bourges ». De 1122 à 1135, la ville de Calais n'apparaît dans l'histoire générale que comme le port de débarquement par où les Anglais font passer leurs renforts pour la lutte incessante qu'ils doivent soutenir, ou comme le centre diplomatique où s'élaborent des tentatives, toujours vaines, de réconciliation entre les adversaires. Nous n'avons au surplus que de très brefs renseignements pour cette période.

Les difficultés éprouvées en Angleterre pour le paiement des gages de la garnison de Calais furent grandes, en 1123. En Janvier 1123, le conseil décidait d'envoyer deux mille livres en argent, de consacrer à l'entretien de la ville tous les revenus du roi dans le territoire voisin de Calais et enfin d'assigner sur chaque sac de laine de l'étaple 13 s. 1 d. Le

---

(1) Les messagers envoyés par les magistrats de Saint-Omer pour s'informer de l'arrivée du roi reçurent XXVI lb « pour considération de la grande despense et chierté de vivres qui est au dict lieu de Calès .. » Pagart d'Hermansart, op. cit. p. 137.

(2) Chronique de Jehan de Waurin, édit. William Hardy, II, p. 127.

(3) Proceedings, III, p 5. — Le 5 Octobre, Henry Bromley, sergent d'armes du roi reçut la mission de retenir dans les ports les vaisseaux nécessaires. Patent Rolls, Henry VI, T. I, p 35.

21 Février, nouvelle distribution de cinq mille livres. Le 2 Mars, des ordres furent donnés pour exiger rigoureusement dans tous les ports anglais et faire remettre au trésorier de Calais les produits des subsides votés sur les laines, cuirs et peaux lainues (1). Le 19 Mai, une lettre de Henry VI adressée, semble-t-il, à la garnison de Calais, et dont les termes dénotent la nécessité de ménager les soldats, reconnaît l'insuffisance des sommes distribuées et promet de les augmenter à mesure que s'accroîtraient les ressources du roi (2).

Le 1er Mars 1424, Richard de Beauchamp, comte de Warwick, fut nommé capitaine de Calais, gouverneur des marches de Picardie, et Lieutenant du Roi dans cette ville, dans les marches de Picardie, de Flandre et d'Artois (3).

Cependant, le duc de Glocester, devenu l'époux de Jacqueline, se préparait à revendiquer, par la force, les domaines de celle-ci, malgré les efforts de Bedford pour l'en dissuader, car Philippe le Bon avait manifesté hautement son intention de soutenir les droits de Jean de Brabant. Le 17 Octobre 1424 (4), Glocester arrivait à Calais avec sa femme. Tous deux envoyèrent, de cette ville, des lettres aux habitants de Mons pour leur annoncer leur projet de se rendre en Hainaut et requérir d'eux l'obéissance (5). Dès le 25 Septembre, les États de Hainaut avaient fait partir du Quesnoy une ambassade auprès de la duchesse Jacqueline et en Octobre, le conseil de la ville de Mons envoyait aussi des messagers à Calais (6).

Des négociations s'engagèrent à Calais même. Les ducs de Bourgogne et de Bedford avaient préparé un projet de médiation qui fut apporté, à la fin d'Octobre, à Glocester ; mais celui-ci refusa de l'accepter (7). Quand l'armée de cinq

---

(1) Proceedings of Privy Council, III, pp. 19, 40, 50.

(2) La copie de cette lettre, en anglais, est dans Moreau, 682, f° 22, Bibl. Nat.

(3) Copie, dans Moreau, 682, f°s 28 et 30

(4) Pour cette date, voir de Beaucourt, op. cit. II, p. 18.

(5) Cartulaire des comtes de Hainaut, édit. cit IV, p. 112

(6) Ibidem, préface, pp. XXX-XXXI.

(7) Monstrelet, édit. cit IV, p. 207.

mille hommes qu'il avait levée fut concentrée sous Calais, le duc de Glocester se mit en marche vers le Hainaut (1). Il y fut battu par l'armée bourguignonne de Jean de Luxembourg et dut repasser en 1425 par Calais pour aller chercher en Angleterre des secours qu'il n'eut pas à ramener en France, car Jacqueline, assiégée dans Mons, avait été contrainte de se rendre.

En 1424, seize cents combattants anglais étaient aussi descendus à Calais et la majeure partie d'entre eux avait rejoint le duc de Bedford à Paris (2).

Au mois de Décembre 1425, le régent de France était allé conférer en Angleterre avec son frère dont la politique rendait difficile le maintien de l'alliance anglaise avec le duc de Bourgogne. Quelques mois plus tard, il rentrait à Calais avec trois mille soldats (3).

Les envois de troupes se poursuivaient régulièrement. L'armée anglaise consistait alors en « retenues », petites compagnies recrutées, à l'aide d'engagements volontaires, par un capitaine anglais qui la commandait et l'administrait. A leur arrivée en France, ces « retenues » étaient passées en revue à Calais par des commissaires spécialement nommés à cet effet (4). Bedford avait succédé à Warwick comme capitaine de Calais et c'est à ce titre qu'il était chargé de désigner les commissaires qui procédaient à ces revues (5). Le lieutenant de Calais était toujours l'un d'eux.

Quand le comte de Salisbury conduisit en France, en 1428, l'armée de six mille hommes avec laquelle il commença le siège d'Orléans, c'est encore à Calais que cette armée prit terre, le 21 Juin (6). En 1429, nouvelle armée anglaise amenée

---

(1) Au dire de Monstrelet, le départ de Calais s'effectua à la fin de Novembre 1424 Ibidem, p. 210. — Cf. Jean Le Fèvre, édit. cit. II, p. 91.

(2) Monstrelet, édit. cit. IV, p. 183.

(3) Ibidem, pp. 252 et 258.

(4) Revue de troupes à Calais par Ralph Boteler, John Burghop, John Isaak et John Pykering; 20 Mai 1425, Patent Rolls, Henry VI, 1, p. 302. — Cf. Ibidem, p. 404 et passim

(5) Le 21 Mars 1427, Bedford est qualifié dans un acte « régent de France et capitaine de Calais ». — Ibidem, I, p 404.

(6) Monstrelet, IV, p. 293. — Jean Le Fèvre, II, p 110. — Cf. De Beaucourt, II, p. 31.

à Calais par Henri Beaufort, évêque de Winchester, et cardinal (1). Ainsi, Calais était toujours pour les Anglais la clef de la France.

La fortune avait d'ailleurs cessé de leur sourire et l'élan imprimé à la résistance nationale par Jeanne d'Arc suscitait de graves difficultés aux Anglais quand, en 1430, le jeune Henry VI vint pour la première fois en France. Il avait alors huit ans. Le cardinal de Winchester l accompagnait ainsi que le duc d'York, les comtes de Warwick, de Stafford et d'Arundel et beaucoup d'autres personnages dont l'évêque de Beauvais, Pierre Cauchon, qui devait acquérir une si triste célébrité dans le procès de Jeanne d'Arc (2).

Henry VI arriva à Calais, le jour de la Saint Georges (23 Avril), à 10 heures du matin. « Si tost que avoit mis pied en terre, fut monté sur un petit cheval richement attinté, et atout les haulx princes et barons de sa compagnie s'en alla en l'église de Saint-Nicolay rendre grâces à Dieu et oyr messe... » (3).

La ville de Calais paraît avoir été troublée entre 1430 et 1433 par des querelles entre les marchands de l'étaple (4). Le 21 Février 1433, Henry VI nomma des enquêteurs pour s'informer des origines de certaines divisions entre les officiers royaux et les soldats de la garnison (5). Il n'est que trop facile d'en deviner les motifs. L'irrégularité de la solde des hommes d'armes causait tout le mal. Ceux-ci avaient consenti en 1426 à renoncer, en considération des besoins de l'Etat, au produit du droit sur les laines, mais ils le réclamèrent de nouveau, jugeant insuffisantes les sommes qu'on leur allouait (6). Le

---

(1) Beaufort créé cardinal par le pape Martin V avait reçu le chapeau à Calais, en Mars 1427 « And sente his hat to Caleys, and thider he wente, and there receyved it » An English Chronicle, édit. cit. p. 54.

(2) « Si y estoit messire Pierre Cauchon, evesque de Biauvais, qui avoit esté envoyé pour le quérir... » Monstrelet, IV, p. 389.

(3) G Chastelain, Chronique des Ducs de Bourgogne, édit Kervyn de Lettenhove, II, p. 51.

(4) Le 28 Avril 1431, John Reynewell, maire de l'étaple, écrit au conseil d'Angleterre que les commissaires nommés pour apaiser un désaccord entre lui et les marchands ont heureusement terminé cette affaire — Proceedings, IV, p. 85.

(5) Copie de ces lettres, Bibl. Nat. Moreau, 682, f° 54.

(6) Ibidem, f° 32.

9

4 Février 1427, Richard Bokeland, trésorier de Calais, John Shirley, serviteur du comte de Warwick, John Halle, soldat élu par ses camarades pour les représenter, s'accordèrent avec le conseil sur le mode de paiement de leurs arrérages (1). Cette intervention d'un soldat est caractéristique. Cinq ans plus tard, le 19 décembre 1432, un autre soldat, John Madley, fut délégué par ses camarades pour présenter au conseil d'Angleterre leurs réclamations. Le conseil répondit que des mesures seraient prises pour secourir « leur grande pauvreté et indigence » (2). On ne tint sans doute pas parole et c'est ce qui provoqua la mutinerie de Janvier 1433.

Cette fois, le gouvernement anglais usa de sévérité. Le duc de Bedford se rendit en personne à Calais, avec des forces imposantes, le 7 Avril 1433 et fit arrêter les mutins. Le 11 Juin, quatre d'entre eux, dont John Madley, furent décapités. Deux cent trente autres furent bannis de la ville et des marches de Calais. Les soldats, ainsi dépouillés de leur propriété à Calais, demandèrent au conseil la restitution de leurs terres et de leurs biens et les arrérages de leurs gages. Ils obtinrent seulement leurs anciennes propriétés dans la ville (3).

La garnison de Calais détacha, en Mai 1433, un certain nombre d'hommes pour la défense du Crotoy menacé par un parti français qui s'était emparé de Saint-Valéry-sur-Somme.

Le 13 Août, le conseil d'Angleterre ordonnait aux maire, connétable et communauté de Calais de remettre aux receveurs du Ponthieu 2.000 marcs pour contribuer aux dépenses du siège de Saint-Valéry, que les Bourguignons du comte de Saint-Pol et douze cents combattants anglais reprirent alors (4).

Les négociations avaient recommencé, durant cette même année 1433. Le conseil d'Angleterre envoya à Calais les ducs de Bedford et de Glocester, le cardinal de Winchester et un grand nombre de prélats, comtes et barons.

Les ambassadeurs français demandèrent que les ducs de Bourbon et d'Orléans y fussent amenés. Ceux-ci furent conduits

---

(1) Proceedings, III, pp. 212-213.

(2) Ibidem, IV, p. 139.

(3) Proceedings, IV, Préface, p. XLVI.

(4) Ibidem, IV, p. 163 et p. 178. Sur la reprise de Saint-Valéry, voir Monstrelet, édit cit V, p. 71.

à Douvres (1). Les ducs et le cardinal d'Angleterre séjournèrent à Calais du 12 Avril au 21 Juin (2). Le duc d'Orléans signa avec Henry VI un traité secret prévoyant une nouvelle conférence à Calais le 15 Octobre. Le duc de Bretagne s'efforçait de jouer le rôle de médiateur entre Henry VI et Charles VII, mais celui-ci n'envoya aucun représentant à Calais. Le connétable de Richemont qui se proposait d'assister à ces conférences n'y vint pas(3) et c'est en vain que les comtes de Warwick et de Suffolk et le cardinal de Winchester attendirent à Calais des ambassadeurs français. Le projet fut repris l'année suivante, car le 1er Juillet 1434, le conseil d'Angleterre donnait de nouvelles instructions pour l'envoi du duc d'Orléans à Calais (4).

En 1435, la conclusion du traité d'Arras entre le duc de Bourgogne et le roi de France changeait complètement la situation et les Anglais allaient se voir menacés à leur tour dans la ville même de Calais.

---

(1) Plancher, Histoire des Ducs de Bourgogne, Preuves, IV, p CXXXV.
(2) De Beaucourt, op. cit. II, p. 162.
(3) Cosneau, Le Connétable de Richemont, Paris, Hachette, 1886. p 205.
(4) Proceedings, IV, pp. 259-260.

Philippe le Bon
Portrait de R. Van der Weyden
Musée d'Anvers

CHAPITRE V

Le Siège de Calais, par Philippe le Bon

USSITOT après la signature du traité d'Arras, le duc de Bourgogne avait envoyé en Angleterre le roi d'armes de la Toison d'Or en aviser Henry VI et protester de ses intentions pacifiques, mais l'orgueil anglais avait été si vivement froissé de ce que l'on considérait comme une trahison que les envoyés de Philippe le Bon reçurent un accueil discourtois et ne furent même pas admis en présence du roi. Le duc de Glocester, l'ancien adversaire de Philippe, jurait de se venger du traître ; la populace de Londres attaquait les sujets flamands du duc qu'il fallut protéger contre ses fureurs. En même temps, le conseil privé se préparait à reprendre énergiquement la guerre et ordre était donné à la garnison de Calais de commencer ses attaques contre les possessions de Philippe (1).

Celui-ci résolut alors de prendre l'offensive et de tenter l'entreprise que son père n'avait pu mener à bien en 1406. Ce ne fut pas cependant sans hésitations que le siège de Calais fut décidé dans un grand conseil tenu en Février 1436 (2).

Les uns voulaient que le duc rassemblât toutes les forces dont il pouvait disposer pour reconquérir Calais « qui estoit

---

(1) De Beaucourt, op. cit. III, p. 77.

(2) Monstrelet, édit. cit V, p 212 et suivantes « Comment le duc de Bourgogne avec aulcuns de ses privés conseillers se conclut d'aler asségier et conquerre la ville de Calais ».

de son héritage ». Les autres objectaient que les terres du duc, voisines du territoire anglais, allaient être exposées à de fâcheuses représailles et que l'on ne trouverait sans doute aucune aide auprès du roi de France, en cas d'échec. A ce conseil n'assistaient pas un certain nombre d'anciens amis du duc, comme Jean de Luxembourg qui refusa de le servir contre ses alliés de la veille. Après plusieurs journées de pourparlers, la décision fut prise et le duc s'adressa à ses sujets des Flandres.

Il vint à Gand, le 5 Mars, et réunit le lendemain les trois membres de la ville pour leur exposer ses projets (1). Le temps n'était plus où l'intérêt commercial poussait les villes flamandes dans l'alliance anglaise. « Depuis quelques années, la concurrence de la draperie anglaise aux métiers flamands était devenue telle que, dès le 19 Juin 1434, Philippe le Bon avait dû, à la prière des villes, défendre l'importation des tissus d'Angleterre dans ses états. Les tisserands flamands ne cessaient d'ailleurs de protester contre les augmentations continuelles des droits de douane que le maire de l'étaple de Calais y prélevait sur les laines anglaises. » (2).

Les pirateries que, jadis, les gens d'Artevelde avaient reprochées aux Calaisiens, c'étaient maintenant les côtiers anglais qui s'en rendaient coupables et l'exaspération était grande contre les Anglais.

Le 8 Mars, Philippe fit développer à la Collace de Gand, en sa présence, par Nicolas de Commynes, grand bailli de Flandre, la proposition d'assiéger Calais. Un autre de ses conseillers, maître Grossewin le Sauvage, fit valoir des arguments à la fois politiques et économiques. Il rappela les injures dont le duc était accablé par les Anglais, les violences dont étaient victimes les négociants flamands, la concurrence des draps anglais qui ruinait le tissage, source de la prospérité du comté. « Le seigneur de Ruescuere montra comment l'augmentation du prix de la laine empêchait les courtiers et les marchands de gros d'aller s'approvisionner à Calais ; comment le change inique, par lequel les gens de l'étaple

---

(1) Victor Fris, Documents gantois concernant la levée du siège de Calais en 1436 Bruxelles, H Lamertin. 1901 (Extrait des Mélanges, Paul Fredericq), p 3

(2) Ibidem.

exigeaient deux florins pour un noble amenait la complète dépréciation de la monnaie ducale. » (1).

Le lendemain, le pensionnaire de la ville, maître Georges Neveline, apportait à Philippe l'avis favorable du Large Conseil et les trois autres Membres de Flandre promirent aussi leur concours. L'enthousiasme des Flamands pour cette expédition n'avait d'égal que leur présomption. Ils désiraient montrer « comment ilz estoient bien armés et pourveus d'engiens et aultres habillemens de guerre. Si procédèrent en ce arrogamment et pompeusement. Et pour vray il leur sambloit que la dessusdicte ville de Calais n'aroit point de durée contre eulx ».

Philippe se procura les ressources pécuniaires nécessaires au moyen d'aides spéciales consenties par les villes de ses Etats de Flandre, du Brabant, de Hollande, de Hainaut et d'Artois. Cet impôt sur les bonnes villes et les gens d'Eglise était accordé pour une durée de quatre mois, si le siège se prolongeait pendant aussi longtemps. Le premier terme était payable en Juin (2). Nous connaissons les sommes payées par quelques unes des villes. Bruges ne dépensa pas moins de 36.507 lb. (3). En Flandre, c'est le sire de Commynes qui fut chargé de percevoir l'aide.

On fit de grands achats de matériel d'artillerie. Le contrôleur de l'artillerie des ducs de Bourgogne, Guillaume de Troyes, d'abord, puis Mahieu des Prés, s'occupèrent de

---

(1) Monstrelet prête les mêmes arguments aux orateurs du duc « les laines, estain, plont et fromages, et aultres marcheandises que ceulx de Flandres y achetoient, on ne povoit payer de quelque monnoye, tant fust de bon aloy, à leur plaisir .. » Edit. cit. V, p. 215.

(2) « A Jehan de Diéval, conseiller de Mons, le duc de Bourgoigne et de Brabant et receveur général des aides d'Artois, commis par nostre dit seigneur à recevoir les deniers à lui accordez, tant des gens d'église comme des bonnes villes du dit pays d'Artois et autres, pour le fait de son siège de Calès, auquel a esté paié, baillié et délivré des deniers venant de ceste ville la somme de mil et XXXIII f. de XXXII gros, monnoie de Flandre, le franc, pour la porcion de ceste ville d'un demy-aide accordé par les dites bonnes villes chascun mois, durant quatre mois si le dit siège de Calais dure tant. » 20 Juin 1436, Compte de l'argentier de St-Omer, dans Pagart, op. cit. pp 162-163.

(3) Pour Arras, compte du 1er Nov 1436 - 31 Oct 1437, Bibl. roy. d'e Belgique, ms 11816, f° 28 (note communiquée par M. Hirschauer) — Pour Bruges, voir Inventaire par Gilliodts van Severen, V, pp. 114-128. — Pour Mons, voir Cartulaire des Comtes de Hainaut, V, p. 352.

rassembler les canons et les munitions nécessaires au siège (1).

Il fallait aussi des navires pour coopérer au siège de Calais, en interceptant les communications anglaises qui eussent assuré le ravitaillement de la ville et l'envoi d'une armée de secours. Le duc se rendit à cet effet en Hollande. C'est de La Haye qu'il adressait, le 6 Avril, aux échevins de Gand les instructions relatives au prélèvement des fonds destinés à l'expédition (2). Les Hollandais promirent la flotte demandée (3).

Tandis que le duc poussait ainsi ses préparatifs, les Anglais ne restaient pas inactifs. Ils essayèrent de détacher les villes flamandes du parti de Philippe le Bon. Henry VI écrivit aux Flamands et aux Hollandais pour leur rappeler les antiques liens d'amitié qui les avaient unis à ses ancêtres. Il chercha même à susciter une reprise des hostilités entre Philippe et Jacqueline de Bavière, mais ces efforts restèrent stériles (4).

En Angleterre même, dès le printemps, aussitôt que les projets de Philippe contre Calais furent connus, on prit des mesures pour y faire échec, avec une hâte et un zèle qui montrent bien l'intérêt que l'Angleterre portait à la conservation de cette ville. Un appel fut lancé à tous les sujets du roi et des commissaires furent envoyés dans toutes les parties du royaume pour obtenir des subsides. Nous connaissons les instructions qui leur avaient été données par le conseil privé. Ils devaient réunir les habitants en des lieux désignés à l'avance et leur exposer à quel point la sécurité de Calais tenait à cœur au roi et aux seigneurs du conseil. Ils devaient dire que le Parlement avait offert un grand nombre de soldats pour six semaines et que beaucoup de lords s'étaient engagés à servir en personne. Il importait de faire comprendre à tous quel « précieux joyau » Calais était pour l'Angleterre, quel « boulevard et défense » cette ville

---

(1) Garnier, Artillerie des Ducs.., donne le détail du matériel employé dans cette circonstance, p 152 et suiv

(2) Victor Fris, op cit p. 1.

(3) « Ycelu' duc s'en ala en Holande, et fist requeste à ceulx du pays que aussy ilz luy leyssent ayde de gens et de navire, pour aler audit lieu de Calais Lesquelx luy accordèrent grand partie desdictes requestes » Monstrelet, édit. cit V, p 216

(4) Pirenne, Hist de Belgique, II p 247.

constituait pour tout le royaume, combien il en avait coûté d'existences, d'argent et de peines pour l'acquérir ; enfin, outre la honte et le déshonneur qui en résulteraient, quels dommages entraînerait sa perte (1).

La garnison de Calais avait commencé ses courses en territoire français. Le duc de Bedford était mort au mois de septembre 1435. Le 1er Octobre, Richard Wodevyle, écuyer, avait été investi provisoirement du commandement à Calais et, le 8 Octobre, il était chargé, de concert avec un chevalier, John Styward, de dresser un état des hommes qui faisaient partie de la retenue de Bedford au jour de son décès (2).

Le 1er Novembre 1435, Humphroi, duc de Glocester, fut nommé Lieutenant du Roi dans les ville, château et marches de Calais et dans les provinces de Picardie, Flandre et Artois (3). Il est très probable qu'il laissa le commandement effectif de Calais à John Radclyf, l'ancien lieutenant de Bedford dans cette ville (4).

Une première attaque de la garnison de Calais fut dirigée contre Boulogne. Ils pensaient s'emparer de la basse ville, mais elle fut bien défendue. Ils brûlèrent alors quelques uns des vaisseaux qui étaient dans le port et se retirèrent sur le territoire anglais. Presque aussitôt, ils se remirent en campagne du côté de Gravelines, où ils ravagèrent le pays, au nombre de cinq ou six cents combattants. Les habitants s'assemblèrent en hâte pour leur résister, et, malgré les avis contraires des nobles qui étaient à leur tête, ils assaillirent les Anglais. Ceux-ci les mirent en déroute, en tuèrent trois ou quatre cents et firent cent vingt prisonniers que l'on conduisit à Calais et dans les autres places anglaises du voisinage (5).

---

(1) Proceedings, IV, Préface, CXIV. Les termes sont des plus énergiques « the greatest dishonour, rebuke, slander and shame ».

(2) Rymer, V, I, p. 23. — Patent Rolls, Henry VI, vol II, p. 189

(3) Rymer, V, I, p. 23.

(4) Patent Rolls, Henry VI, II, p 607.

(5) « Et puis assés brief ensievant se remirent ensamble, de cinq à six cens combatans, et alèrent fourer le pays vers Gravelines Mais les Flamens de la marche à l'environ et ceulx du pays, s'assamblèrent et coururent sus aux dessus diz Anglois, oultre la voulenté des gentilz hommes qui les conduisoient, c'est assavoir George du Wes et Theri de Hazebrouch Sy furent tost vaincus et mis en desroy, et en y eut de trois à quatre cens mors, et, bien six vins prisonniers, Lesquelz par lesdiz Anglois, avec grans proies furent menés à Calais et ès aultres forteresces de leur obéyssance. Monstrelet, V, p 234.

Pendant que les Gantois achevaient leurs préparatifs pour venir à Calais, une autre escarmouche plus importante eut lieu entre les soldats de Calais et une troupe bourguignonne et picarde. Jean de Croy avait levé environ quinze cents hommes commandés par plusieurs seigneurs du pays, avec l'intention « de les mener courre devant Calais et aultres forteresces tenans le parti des Anglois ». A l'heure même où cette troupe se réunissait dans le Boulonnais, le commandant de Calais se mettait en campagne avec deux mille hommes « pour aler fourer le pays de Boulonois et ès marches d'environ ».

Jean de Croy apprit par ses éclaireurs que les Anglais se trouvaient au pont de Nieulay. Il décida de se porter à leur rencontre. Les Anglais étaient également prévenus par leurs espions de la présence de l'ennemi. Une fois de plus, la fougue des Français leur fut funeste et après un premier choc qui coûta aux Anglais de soixante à quatre-vingts hommes, « les dessus diz de la partie de Bourgongne, sans faire grand résistence, se mirent en desroy et retournèrent hastivement, en fuiant... »

Les Anglais les poursuivirent jusqu'aux murs d'Ardres où ils en tuèrent et en prirent une centaine. Les autres et Jean de Croy qui avait été blessé dans cette affaire trouvèrent un refuge à l'intérieur de cette ville. Les vainqueurs retournèrent à Calais où ils furent reçus avec des acclamations par le comte de Mortain qui y avait amené des renforts (1).

Cependant, les Gantois faisaient diligence pour réunir les 17.000 hommes qu'ils avaient promis au duc (2). Les villes et les villages de leur obéissance reçurent l'ordre de fournir les équipages pour les transports. Ils se munirent d'armes : « Si ordonnèrent et conclurent ad fin que chacun d'eulx fust pareillement embastonnés, que chascun se pourveissent de cours maillès de plonc ou de fer à pointes, et de lances, et que deux maillès vauldroient une lance... » Les gens de Bruges et des autres villes n'étaient pas moins affairés. Tous ceux qui étaient choisis pour aller à l'armée avaient cessé de travailler : ils passaient leur temps à boire dans les tavernes et les cabarets, où les rixes étaient fréquentes « par le moyen

---

(1) Monstrelet, V, p. 235 et suiv — Lefebvre, dans son Histoire de Calais, II, pp .117-118, rapporte ce fait, en le dénaturant un peu

(2) Voir le chapitre CCIII de Monstrelet, édit. cit V, p 232 et suiv.

desquelz y en avoit souvent de mors et de navrés ».

Le duc de Bourgogne alla à Gand, au début de Juin, et, le 9 de ce mois, il passa en revue les contingents de la ville qui se mirent en route pour Calais. Il se rendit ensuite à Bruges. Chacune des villes avait un chef de guerre. « Si estoient capitaines généraulx d'ycelle armée des Flamengz, assavoir, desdiz Gantois, le seigneur de Commines ; de Bruges, le seigneur de Stienhuse ; de Courtray, messire Gérard de Ghistelles · de ceulx du Franc, le seigneur de Merquenne : et de ceulx d'Yppre, Jehan de Commines. »

Les milices flamandes furent acheminées vers Gravelines par Hazebrouck et Bourbourg ; elles témoignaient déjà d'un grand esprit d'indiscipline et, en cours de route, elles abattirent les propriétés de Thery d'Hazebrouck et de Georges du Wez, les deux chefs des troupes qui s'étaient fait tailler en pièces quelques semaines plus tôt par la garnison de Calais.

Philippe s'illusionnait singulièrement sur la valeur de ses communiers flamands. Le connétable de Richemont était venu le rejoindre à Saint-Omer et lui avait offert un renfort de trois mille hommes qu'il avait dans le pays de Caux pour l'aider à prendre Calais, mais cette offre ne fut pas agréée, tant le duc avait confiance dans les forces venues des Flandres. Il voulut montrer au connétable le bel équipage de ses hommes et le fit assister à leur défilé. Ils virent passer des multitudes de chariots sur chacun desquels « avoit un coq pour chanter les heures du jour et de la nuit ». On leur présenta du vin dans la tente des Gantois (1).

L'armée franchit l'Aa près de Gravelines et vint camper à Tournehem. Outre les milices flamandes, le duc avait des contingents picards et boulonnais et un certain nombre de seigneurs bourguignons. Le Vendredi 22 Juin, très probablement (2), le comte d'Etampes avec les Flamands assaillit la forteresse anglaise d'Oye qui se rendit à merci. Les Gantois firent pendre le jour même vingt-neuf et le lendemain vingt-

---

(1) Cosneau, op. cit. p. 257.

(2) Monstrelet dit seulement « ung vendredy ». Une note de l'éditeur ajoute : « sans doute le 15 Juin » Mais cette date me paraît trop proche de la date du départ de Gand D'autre part, le premier document anglais où il soit fait mention de la prise du château d'Oye est daté du 3 Juillet. (Rymer, V, pars I, p. 32). La date du 29 Juin serait donc un peu tardive. J'adopte celle du 22 Juin.

cinq des défenseurs de ce château. Le duc obtint à grand peine la grâce de quatre ou cinq d'entre eux. Le château fut ensuite incendié et rasé.

Fiers de ce succès facile dont ils s'attribuèrent tout le mérite, les Flamands s'imaginèrent que les Calaisiens n'oseraient pas même les attendre et abandonneraient la ville. Ils disaient aux Picards avec lesquels ils étaient sans cesse en querelle : « Nous sçavons bien que puis que les Anglois sçauront que messeigneurs de Gand sont en armes et à puissance pour venir contre eulx, qu'ilz ne les attendront pas ; et a esté très grand négligence que le navire qui doibt venir par mer n'a esté assise avant qu'on les approuchast, adfin qu'ilz ne s'en peussent fuyr ».

Les Anglais ne songeaient guère à fuir ! Monstrelet remarque avec raison que l'intention du roi d'Angleterre et de tous ses sujets était au contraire de défendre Calais et qu'ils eussent « avant laissié perdre toute la conqueste qu'ilz avoient faite ou royaume de France depuis trente ans par avant, que la dicte ville de Calais, comme on fut depuis véritablement adcertené et informé. »

Le roi d'Angleterre avait ordonné, le 18 Juin, de lever des soldats dans toutes les parties du royaume et mobilisé une flotte qui fut placée sous les ordres du comte de Huntingdon, amiral d'Angleterre (1). Sans attendre la réunion de la grande armée de secours que devait amener le duc de Glocester, on avait expédié cinq cents hommes de renfort à la garnison de Calais sous le commandement du comte de Mortain (2).

Après la prise du château d'Oye, l'armée du duc de Bourgogne investit le château de Marck. Philippe, avec une partie de ses troupes, se présenta le même jour devant Calais dont la garnison fit une sortie. Finalement, les Anglais furent repoussés et laissèrent entre les mains des assaillants du bétail et quelque autre butin. Le duc et ses gens restèrent devant Calais jusqu'à ce que les Flamands eurent dressé leurs tentes et assis leur camp devant Marck, sans doute afin d'empêcher la garnison de Calais de les troubler pendant cette opéra-

---

(1) Rymer. V, pars I. p. 31.
(2) An English Chronicle. édit cit p 55.

tion (1). C'est le 3 Juillet que le duc arriva devant Marck.

Les Picards de l'armée du duc s'emparèrent du boulevard qui défendait les approches du château de Marck. La garnison resserrée dans l'enceinte du château, autour duquel les Flamands dressèrent « pluiseurs grans engiens », combattit vaillamment, mais fut contrainte de se rendre, moyennant la vie sauve. Elle comptait cent quatre hommes qui furent conduits prisonniers à Gand. On voulait les échanger contre les Flamands retenus dans Calais.

Quand le château de Marck eut été détruit, l'armée flamande se rapprocha de Calais et prit ses positions définitives. Le siège de la ville proprement dite commença (2). Les Flamands évoquaient le souvenir du siège de 1346-47 et s'imaginaient camper « ou propre lieu où on dist que Jacques d'Artevelle avoit jadis mis ses tentes, quand Calais fut conquise de par le roy Edward d'Angleterre après la grande bataille de Cressy » (3). Le duc fit placer son logis « plus près des dunes, contre les montaignes de sablon ».

L'artillerie anglaise avait répondu vigoureusement au premier feu ouvert contre la place et obligé les assaillants à reculer leurs lignes d'investissement. Philippe lui-même, ayant fait une reconnaissance trop près des murailles, faillit être tué par une « grosse pierre de canon » qui atteignit près de lui un trompette et trois chevaux.

Les assiégés firent de fréquentes sorties dont le résultat était très différent suivant les adversaires qu'ils rencontraient. Les troupes picardes « les reboutoient trop souvent jusques dedens leurs barrières ». Quelquefois, l'avantage restait aux Anglais. Ceux-ci ne paraissaient pas craindre les Flamands; « et leur sembloit que s'ilz n'euyssent que trois Flamengz contre l'un d'eulx, qu'ilz en venissent bien à chief » (4).

---

(1) « Si se tint ledit duc avec ses gens grand espace devant ladicte ville, tant que les ostz furent logés » Monstrelet, V, p. 213. — Le 3 Juillet, le duc est à Marck. « Mardi IIIe jour de Juillet, l'an mil IIIIc XXXVI, mons le duc de Bourgogne et de Brabant tout le jour en son ost lez Marc... » Arch. du Nord, B 3 102 (nouvelle cote) Le 4, il est « en sor ost entre Marc et Calais... » Ibidem.

(2) Le compte des dépenses du duc daté du 1 au 10 Juillet « entre Marc et Calais » porte, le jeudi 12 Juillet la mention « en son logis pr. » de Calais », qui ne varie plus jusqu'au 25 Juillet

(3) Monstrelet, p 215. — Sur cette prétention des Flamands et la grossière erreur qu'elle implique, voir plus haut, p. 28, note 2

(4) Monstrelet, p 216 — Cf. sur ce siège de Calais le « Liber de Virtutibus Philippi Burgundæ ducis », dans les Chroniques relatives à l'Histoire de la Belgique, édit Kervyn de Lettenhove, T. III, pp. 60-61.

La confiance du duc dans les milices flamandes restait pourtant entière. Il n'avait pas rassemblé la moitié des forces qu'il aurait pu se procurer en Picardie et cette façon de faire ne laissait pas d'inquiéter « bien des gens qui amoient son honneur », et qui ne partageaient pas son estime exagérée pour les communiers flamands. Le connétable de Richemont, après le refus opposé par le duc à son offre d'un corps de troupes françaises, s'était montré disposé à attaquer les Anglais retirés dans le château du Crotoy, mais il ne pouvait le faire sans l'assentiment de Philippe le Bon à qui le traité d'Arras avait donné les villes de la Somme. Il l'envoya demander au duc qui répondit qu'il serait temps de s'en occuper après la prise de Calais. En repoussant ce projet d'une diversion qui lui aurait été si utile, le duc faisait preuve d'autant d'aveuglement que de présomption (1).

Le principal lieutenant du duc, Jean de Croy, qui avait sous ses ordres des hommes d'armes du Boulonnais et du Hainaut était campé près du pont de Nieulay et escarmouchait avec la garnison de Calais. Philippe le détacha contre les forces anglaises de Guînes. Chemin faisant, Jean de Croy reçut la soumission de la petite garnison anglaise du château de Balinghem. La ville de Guînes fut abandonnée par les Anglais qui, réfugiés dans le château, soutinrent l'attaque des Bourguignons. Un autre seigneur du parti de Philippe, Robert de Saveuse, s'empara du château de Sangatte.

Du côté de la terre, l'investissement de Calais n'était pas très rigoureux, car les assiégés pouvaient laisser sortir leur bétail hors des remparts pour le mettre en pâture. Un jour les Gantois, voulant imiter les Picards qui, plusieurs fois, avaient réussi à capturer quelques têtes de bétail, pensèrent « qu'ilz estoient grans et fors et bien armés, et qu'ilz povoient aussy bien conquerre et avoir leur part dudict bestail ». Ils s'approchèrent donc, au nombre de deux cents, du marais où paissaient les troupeaux, mais les Anglais les aperçurent et, tombant sur eux à l'improviste, en tuèrent vingt-deux, firent trente-trois prisonniers et mirent le reste en fuite.

D'ailleurs, la mer restait libre. Le duc de Bourgogne guettait en vain l'arrivée de la flotte que, dès le mois de Mai, le comte de Horn avait commencé à rassembler à L'Ecluse (2).

---

(1) Cosneau, op cit p. 258.
(2) Hanserecesse, T. I, p. 503.

Des navires anglais pénétraient chaque jour dans le port de Calais, chargés de vivres, de munitions et de soldats. Les Flamands murmuraient (1) et le duc, pour les calmer, leur promettait que sa flotte, retenue par des vents contraires, ne tarderait pas à apparaître devant Calais (2).

Pendant que Philippe était en son logis près de Calais, un héraut d'armes anglais, nommé Kennebrouck vint lui porter un défi du duc de Glocester, l'avertissant que celui-ci le voulait combattre et que, au besoin, il irait le chercher dans ses propres Etats, mais « il ne lui faisoit point sçavoir le jour, pour tant que la mer et le vent ne sont point estables, et ne sçavoit se il pouroit passer à son plaisir ». Philippe répondit qu'il se trouverait là « se Dieu ne lui envoioit aulcune aultre fortune ». Il renvoya le héraut, après l'avoir comblé de présents (3).

Le lendemain, le duc de Bourgogne s'en alla à la tente des Gantois où il fit rassembler tous les capitaines flamands. Il leur dit comment il avait été défié par le duc de Glocester et les pria de demeurer avec lui pour l'aider à garder son honneur. Tous le lui promirent. En prévision de l'arrivée de l'armée anglaise, on résolut de pousser plus activement le siège et, par imitation de ce qu'avait fait Edouard III, de construire le plus près possible de la grève une bastille en bois, afin de découvrir les mouvements des assiégés. Cette forteresse fut armée d'une puissante artillerie qui tirait sur la ville, sous la direction du maître Philibert de Vaudrey (4). Les Calaisiens essayèrent à diverses reprises de s'emparer de cette bastille, mais les Flamands qui la gardaient la défendirent énergiquement « par le moyen et conseil d'aulcuns nobles hommes de guerre qui si estoient retrais » (5).

Enfin, le 25 Juillet, la flotte hollandaise tant attendue apparut vers l'est. Le duc, accompagné de plusieurs seigneurs

---

(1) Les Flamands disaient que « c'estoit labouré en vain, puisqu'ils n'estoient pas enclos du costé de la mer, dont toutte lor forche leur croissoit chascun jour, tant de gendarmes à piet et à cheval comme d'artillerie et de vivres... » Le Livre des Trahisons de France, édit. cit. p. 211.

(2) Monstrelet, p. 218.

(3) Ibidem, p 219.

(4) Garnier, Artillerie des ducs., p. 216

(5) Monstrelet, p. 250.

se rendit à cheval au bord de la mer. Une barge s'approcha du rivage autant qu'il était possible et un de ceux qui la montaient vint à la nage apporter au duc des nouvelles qui lui causèrent une grande joie. On voulait renouveler la manœuvre qui jadis avait si bien réussi à Edouard III, en coulant des vaisseaux pour obstruer l'entrée du port (1). Le soir, à la marée haute, un navire pénétra donc dans le chenal et y conduisit quatre grosses nefs remplies de pierres « et ancrées de plonc, adfin de rompre, démolir et désoler le passaige, que ceulx d'Angleterre n'y puyssent plus venir, ne aler à tout leur navire ». Les assiégés essayèrent de s'opposer à cette manœuvre et leur tir réussit à détruire un navire ennemi. Le lendemain, 26 Juillet, la flotte du duc réussit encore à couler deux nefs « maçonnées comme les aultres ». Mais, à marée basse, les habitants de Calais, femmes et hommes, coururent auprès de ces nefs qui s'étaient échouées sur un banc de sable que le retrait des eaux découvrait en partie. Malgré les projectiles lancés par les Bourguignons, les Calaisiens réussirent à disperser les pierres et à brûler les nefs qui les contenaient. La flotte du comte de Horn ne put séjourner dans le détroit « pour ce que la mer y est très périlleuse », et elle ne se sentait pas assez forte pour s'opposer au passage de la flotte anglaise qui se tenait prête à transporter à Calais l'armée du duc de Glocester.

Cette armée avait été recrutée dès le début de Juillet et rendez-vous avait été fixé au port de Sandwich, pour la fête de la Madeleine (22 Juillet) (2). Le 5 Juillet, le roi d'Angleterre pour assurer l'armement et l'approvisionnement de ses troupes avait fait défense aux armuriers de profiter de la circonstance pour augmenter le prix de leurs marchandises (3). Il avait enjoint aux négociants de concentrer pour Calais farine, vin, bière, poisson, viande, arcs, cordes, flèches, au prix ordinaire (4). Le 16 Juillet, des matelots étaient enrôlés pour assurer le passage (5) et, les 25 et 26 Juillet, à l'heure où la

---

(1) Cf De La Roncière, op. cit. II, p. 259 — Il semble que quelques croiseurs essayèrent de pénétrer dans le port, tels le baleinier de ce seigneur de Chargny qui toucha 160 lb. « pour lui aidier à faire et avoir ung bateau. » Arch. du Nord, ancien B. 1.508.

(2) Rymer, V, pars I, p 32.

(3) Ibidem.

(4) Patent Rolls, Henry VI, vol. 2, p. 609

(5) Ibidem, p. 610.

flotte du duc de Bourgogne essayait en vain d'obstruer le port de Calais, ordre était donné de faire la montre, dans l'île de Thanet, des maîtres et marins des bateaux chargés du transport (1). On s'était préoccupé du service de santé nécessaire à l'armée (2). Le cardinal de Winchester avait fourni une bonne partie des sommes indispensables (3).

Le 27 Juillet, le duc de Glocester nommé chef suprême de l'armée de secours était investi, par le roi, des pouvoirs les plus étendus (4). La mer était libre, et rien ne pouvait empêcher l'ancien rival de Philippe le Bon de venir combattre « le rebelle se disant duc de Bourgogne », comme on qualifiait alors en Angleterre cet allié, infidèle à ses serments. Le 30 Juillet, Henry VI, agissant comme roi de France, nommait Glocester comte de Flandre ! (5).

Cependant, Philippe allait connaître la valeur de ses milices flamandes. Aussitôt qu'elles avaient vu la flotte disparaître à l'horizon, des murmures avaient éclaté et, tandis que le duc de Bourgogne avisait, avec ses chevaliers les plus expérimentés, au choix du lieu le plus convenable pour livrer bataille au duc de Glocester, les capitaines flamands contenaient à grand peine leurs hommes qui criaient « à la trahison ».

Le 27 Juillet, le duc avait tenu conseil et obtenu la promesse des capitaines flamands d'attendre l'armée de Glocester pour livrer bataille ; mais, ce même jour, les Anglais de Calais assaillirent la bastille récemment élevée tandis qu'une troupe de cavalerie s'opposait au secours que tentait d'apporter le duc en personne. Les Flamands qui gardaient la bastille n'opposèrent aucune résistance sérieuse. Sur les trois ou quatre cents hommes qui s'y trouvaient, cent vingt furent tués. Les autres étaient conduits à Calais quand les Anglais massacrèrent

---

(1) Patent Rolls, Henry VI, vol 2, pp. 611-612.

(2) Commission à John Harowe, chirurgien, d'enrôler des chirurgiens et barbiers, instruits dans leur art, pour aller à Calais. Ibidem, p. 604.

(3) Il avait prêté neuf mille marcs pour lesquels on lui concéda les profits à provenir du port de Southampton. 23 Juillet 1436. Ibid. p. 610.

(4) Rymer, V, pars I, p. 33.

(5) Ibidem, p. 34.

encore la moitié d'entre eux, près des portes de la ville, par représailles de la mort d'un chevalier anglais (1).

Ce désastre mit le comble au mécontentement des gens des communes qui se rassemblèrent par groupes, disant qu'ils étaient trahis, que les nobles ne tenaient pas leurs promesses et qu'ils allaient retourner sur le champ dans leur pays. En vain, le duc, averti de ce qui se tramait, tenta de les ramener au sentiment du devoir et leur représenta la honte dont ils seraient couverts si l'armée du duc de Glocester ne les trouvait plus là quand elle viendrait pour combattre. Toutes les remontrances et les prières furent inutiles. Les Gantois prétextaient qu'ils devaient rentrer dans leurs foyers pour le renouvellement de la Loi, à la mi-Août (2).

Philippe, se rendant compte du danger, essaya de mettre un semblant d'ordre. Décidé à lever le siège, il offrit de reconduire les Flamands jusqu'à Gravelines, sous la protection de ses troupes régulières. Les mécontents répondirent « qu'ilz estoient assez puissans pour eulx en raler sans avoir conduicte ». Les plus excités voulaient tuer les conseillers du duc, le seigneur de Croy, Baude de Noyelle, Jean de Brimeu, bailli d'Amiens, qu'ils accusaient d'avoir fait entreprendre cette expédition et qui furent contraints de se réfugier dans le logis de Jean de Croy devant Guînes.

Dans la nuit du 27 au 28 Juillet, les Flamands chargèrent en hâte leurs bagages et commencèrent la retraite. « Si se commencèrent à deslogier en faisant très grand bruit, crians tous à une voix en très grand multitude : Gawe ! Gawe ! nous sommes tous trays. Qui vault autant à dire : Alons ! Alons ! en no pays » (3).

---

(1) Monstrelet, V. p 253 — Le Livre des Trahisons, édit. cit. p 211, dit que les Flamands étaient ivres quand ils furent attaqués par les Anglais. — Basin, qui a fait de ce siège un récit d'une prétention littéraire un peu suspecte, rapporte que, lors de cette attaque, les Gantois mangeaient, buvaient ou jouaient. (I, p 127). — En somme tous s'accordent pour incriminer l'incurie des Flamands.

(2) Le Livre des Trahisons, édit. cit. p. 212.

(3) Monstrelet, V, p 256 — La conduite des Flamands est stigmatisée dans tous les chroniqueurs « Flandreorum rustica manus res novas molitur, mendacia fingit et velut porcorum grex intra se commota grunit. » Liber de virtutibus Philippi, édit. cit p. 61. — Voir aussi le récit très postérieur des « Antiquités de Flandre » du président Wielant, dans le Corpus de De Smet, T IV, p. 315 et suiv.

Les Gantois mirent le feu au camp où ils abandonnèrent une partie de leurs provisions et de leurs armes. Les gens de Bruges, « très mal contens de leur honteus département », chargèrent leurs engins sur des chars et réussirent à les conduire à Gravelines. Philippe protégea la retraite avec ses hommes d'armes et donna l'ordre à Jean de Croy de lever le siège de Guines. C'est le 29 Juillet que le camp fut abandonné avec quelques-unes des pièces d'artillerie qui y avaient été amenées (1).

L'échec de Philippe était donc complet. Dans un conseil tenu à Gravelines, on avisa à la mise en défense de cette ville et du pays voisin que le duc de Glocester allait sûrement envahir. Une dernière démarche auprès des Flamands, pour obtenir qu'ils restassent quelques jours à attendre l'ennemi, demeura infructueuse. Les Gantois réclamaient chacun une robe aux dépens de la ville, selon l'ancien usage, « quand ilz revenoient d'aulcune armée ». On opposa à ces prétentions un trop juste refus et leur rentrée à Gand fut le prélude de troubles graves.

Quant aux Anglais, ils firent honneur de la délivrance de Calais à John Radclyf, lieutenant du duc de Glocester, qui avait dirigé la défense avec énergie (2).

Au début du mois d'Août, le duc de Glocester abordait à Calais avec une nombreuse flotte et une quinzaine de mille soldats. Il envahit le Westland, brûla Poperinghe, Bailleul, Wervicq et sa flotte ravagea la côte jusqu'à Biervliet. Philippe le Bon, qui s'était rendu en Artois et en Picardie pour lever des troupes, fit exhorter les milices flamandes, par l'intermédiaire de la duchesse de Bourgogne et par Gilles de Clercq, avocat du banc supérieur des échevins à Gand, à marcher contre les envahisseurs. Les Flamands comprirent le danger et contraignirent les Anglais à regagner Calais (3).

---

(1) « Le jour du partement devant la ville de Calais à minuyt et en desroy... furent laissées trois grosses bombardes qui furent amenées du pays de Hollande, ensemble les chariots et plusieurs manteaulx et cordage par défaut de chevaulx et charroy.. Item, furent laissées au dit logis plusieurs veuglaires et crappaudeaulx dont je ne say le nombre... » Extrait du compte de Mahieu des Prez, contrôleur de l'artillerie devant la ville de Calais « jusques au 29e jour du mois de Juillet que on desloga de devant la dite ville » Publié dans Garnier, op. cit. pp. 164-165.

(2) An English Chronicle, édit. cit. p. 55.

(3) Voir sur ces faits le travail de M. V. Fris, pp. 5-7.

Mal préparée, entreprise avec des forces sinon insuffisantes comme nombre du moins, incapables de la discipline et de l'effort soutenu qui auraient été indispensables au succès, la tentative de Philippe le Bon n'eut d'autre résultat que de le décourager et de décourager aussi les capitaines français qui eussent pu, quelques années plus tard, reprendre avec des chances de succès un projet qu'allait faciliter l'affaiblissement de la puissance anglaise, minée à son tour par des discordes intérieures.

Siège de Calais par le duc de Bourgogne
Miniature. British Museum

CHAPITRE VI

Calais, de 1436
Au début de la Guerre des Deux Roses

ES années qui suivirent l'échec de Philippe le Bon devant Calais ne furent marquées d'abord par aucun événement bien important pour l'histoire de cette ville et, si l'on retrouve son nom attaché à quelques-uns des faits les plus saillants de l'histoire générale, ce n'est qu'incidemment et à l'occasion des négociations que Charles VII entreprit de renouer avec l'Angleterre par l'intermédiaire de la duchesse de Bourgogne. Un peu plus tard, quand le succès des armes françaises met enfin un terme à la guerre de Cent Ans, de nouveaux projets de reprise de Calais font craindre, en Angleterre, la perte du dernier lambeau de territoire français resté possession anglaise.

Les mesures prises pour renforcer la garnison, en 1436, et pour assurer l'approvisionnement de l'armée du duc de Glocester, avaient entraîné de lourdes dépenses qu'il fallut payer l'année suivante. Le trésorier de Calais eut à rembourser, sur les fonds à provenir du droit spécial perçu sur les laines pour l'entretien de la garnison ordinaire de Calais, les sept à huit mille livres que le trésorier d'Angleterre avait avancées sur les revenus généraux du Royaume (1). La possession de Calais commençait à peser lourdement aux Anglais et le duc de Glocester fut prié, le 9 Novembre 1437, de rechercher les moyens de garder cette ville en réduisant, autant qu'il se pourrait, les dépenses qu'il jugerait indispensables (2).

---

(1) Proceedings, V, 22 Juin, 8 et 9 Juillet, 5 Novembre 1437, pp 38, 12, 13, 69.

(2) Ibidem, p 70.

On pouvait craindre cependant un retour offensif du duc de Bourgogne, sinon contre Calais même, du moins contre Guînes ou quelque autre place du territoire anglais. Le conseil d'Angleterre se préoccupait, le 18 Novembre 1437, de cette éventualité et discutait les mesures à prendre dans ce cas. Il se fit apporter les anciennes conventions conclues, sous le règne de Richard II, entre la Couronne et les capitaines de Calais et de Guînes, afin de se rendre compte de leur teneur. Sans doute aussi fallut-il calmer quelque nouvelle mutinerie car, le 25 Novembre, on décidait d'envoyer en toute hâte Lord Dudley à Calais (1). Pendant l'hiver, des vivres furent expédiées à la garnison et, le 16 Mai 1438, de nouveaux actes furent rédigés, suivant les formes d'autrefois, pour la garde des châteaux dans les marches de Calais (2).

S'il faut en croire Monstrelet (3), Philippe le Bon aurait essayé, en 1438, de faire rompre les digues qui, de Calais à Sangatte, protégeaient contre la mer le pays en contre-bas situé à l'abri de ces levées de terre. Défendus contre une attaque de la garnison de Calais par une troupe de seize cents combattants, un grand nombre de pionniers, de charpentiers et d'autres manouvriers attaquèrent la digue, dans l'espoir « que par ces moyens ycelle ville seroit du tout mise à destruxion ». Mais on reconnut l'impossibilité de mener à bien cette entreprise et on se borna à rompre le pont de Nieulay et d'autres petites digues, sans grand dommage pour les Anglais. D'ailleurs, les hostilités entre l'Angleterre et les sujets flamands de Philippe le Bon étaient trop préjudiciables au commerce des deux pays pour durer bien longtemps, et la duchesse de Bourgogne, Isabelle de Portugal, avait pris, dès 1438, l'initiative de négociations auxquelles son mari restait,

---

(1) Proceedings, V, pp 73-75, 79-80, 80-82 Le 19 Novembre, on avait décidé l'envoi aux soldats de Calais d'une lettre de crédit pour leur faire prendre patience. Cette mesure ne produisit pas l'effet qu'on en attendait

(2) Ibidem, pp. 92, 94, 101.

(3) Monstrelet, édit. cit V, pp 353-354 Le fait est rapporté après l'indication de l'entrevue de Janvier 1438 (v s) entre le cardinal de Winchester et la duchesse de Bourgogne Ce serait donc au printemps 1439 (n s) A cette date, cette entreprise est invraisemblable, au cours de négociations Si le fait est vrai, la date de 1438 (n. s) conviendrait mieux, et peut-être pourrait-on en trouver la confirmation dans l'envoi de renforts à Calais, le 25 Mars 1438 (n s). Rymer, V, pars I, p 46

en apparence, étranger. Elles s'ouvrirent sur cette double base : rétablissement des relations commerciales entre l'Angleterre et la Flandre, tenue d'une conférence pour s'occuper de la paix avec la France » (1). Calais allait être, pendant l'année 1439, le siège d'une remarquable activité diplomatique.

A la fin de Janvier 1439, le cardinal de Winchester arriva dans cette ville, accompagné de l'archevêque d'York et de plusieurs notables conseillers de Henry VI. Une première conférence fut tenue entre Calais et Gravelines et on y décida que, dans le courant de l'année, on se réunirait à Cherbourg ou à Calais et que le duc d'Orléans, toujours prisonnier en Angleterre, assisterait à l'entrevue. Charles VII consentit à s'y faire représenter et, le 7 Avril, il confiait cette mission au duc de Bourgogne, au comte de Vendôme, au chancelier Regnault de Chartres et à Dunois, bâtard d'Orléans. Des lettres de sauf-conduit leur furent adressées, le 8 Mai, pour se rendre dans les marches de Calais.

Le Vendredi 26 Juin, le cardinal d'Angleterre débarquait à Calais avec le duc d'Orléans et une suite nombreuse. Le Dimanche 28, entre 5 et 6 heures du soir, les ambassadeurs français, qui avaient séjourné pendant tout le mois à Saint-Omer, entrèrent à Calais. L'archevêque d'Evreux, le comte de Stafford, l'évêque de Norwich, Henry Lord Bourchier et Walter Lord Hungerford étaient allés à leur rencontre jusqu'au pont de Niculay et on leur fit une réception solennelle (2).

Le lendemain 29 Juin, entre 10 et 11 heures du matin, les ambassadeurs français vinrent voir le duc d'Orléans, à la grande cour de l'étaple et l'entrevue du duc avec Dunois fut des plus cordiales. Le 30 la cérémonie de prestation de serment eut lieu dans l'oratoire du cardinal à Calais. Comme d'habitude, de grandes fêtes furent données à l'occasion de ce congrès diplomatique et la foule se pressait, le Jeudi 2 Juillet, sur le passage des ambassadeurs, conviés par le cardinal à un banquet. Le même soir, vingt clercs et autres notables du conseil du duc d'Orléans arrivèrent à leur tour.

---

(1) De Beaucourt, op. cit III, p 103

(2) Les détails de ces négociations ont été conservés dans le Journal de Thomas Bekynton, secrétaire de Henry VI, qui y participa. Ce journal est imprimé dans le tome V des Proceedings, pp 334-407 et l'éditeur de cet ouvrage, sir Harris Nicolas, en donne une analyse, ibidem, Préface, pp XXXV-LXII C'est de là qu'est tiré notre récit.

Le duc de Bourgogne était représenté par le seigneur de Crèvecœur.

Nous n'avons pas à parler ici des négociations qui s'engagèrent le 6 Juillet, près du château d'Oye où des tentes magnifiques avaient été dressées. Les ambassadeurs anglais sortirent de Calais par la *Lanterngate* (extrémité de la rue actuelle du Havre), sauf trois d'entre eux qui demeurèrent pour la garde de la ville et du duc d'Orléans.

Une nouvelle entrevue eut lieu, le Lundi 13 Juillet, sous les murs mêmes de Calais, à deux portées de flèche de la *Melkgate* (extrémité actuelle de la rue Notre-Dame). La duchesse de Bourgogne s'y rencontra avec le duc d'Orléans qu'on y avait conduit. Le cardinal d'Angleterre et les ambassadeurs français assistèrent à l'entretien et prirent leur part d'une collation servie dans un pavillon érigé spécialement pour cette circonstance. Le duc d'Orléans fut ensuite ramené à la grande cour de l'étape. Les deux côtés de la rue conduisant à la Melkgate (rue Notre-Dame) et la place du Marché (place d'Armes actuelle) étaient gardés par des hommes d'armes.

Trois jours après, il y eut grand émoi dans Calais. La duchesse de Bourgogne était rentrée à Gravelines vers onze heures du soir et l'on avait allumé une grande quantité de torches. Les soldats anglais qui veillaient sur les tentes près d'Oye, en apercevant ces lueurs s'imaginèrent que c'était un signal de soulèvement du pays et envoyèrent en hâte prévenir les sentinelles placées sur les murailles de Calais. Le comte de Stafford, averti sur le champ, alla éveiller le cardinal de Winchester qui envoya un héraut s'enquérir de la vérité. Cet incident, conté par un témoin oculaire, montre en quelle continuelle défiance on vivait à Calais '

Les pourparlers traînèrent en longueur. Au mois d'Août, les ambassadeurs anglais passèrent le détroit pour aller en référer à Henry VI des dernières propositions faites par la duchesse de Bourgogne et le duc d'Orléans. Celui-ci était resté à Calais avec le cardinal. Le 31 Août, une furieuse tempête rompit les digues près du Nieulay et le 1er Septembre, le trésorier de Calais requit un grand nombre d'hommes pour aveugler la brèche, mais la mer, plus furieuse encore, les en empêcha.

Après d'inutiles échanges de vue en Septembre, qui aboutirent néanmoins à des trêves commerciales entre la Flandre et l'Angleterre, le cardinal, le duc d'Orléans et les

Conférences pour la paix entre Calais et Gravelines (1439)
Miniature. Bibliothèque Royale de La Haye

ambassadeurs anglais s'embarquèrent le Vendredi 2 Octobre, après avoir entendu la messe dans la chapelle des Carmes.

L'année suivante, après de nouvelles négociations, le duc d'Orléans, libre enfin, débarquait à Calais le 5 Novembre, et quittait le 11, pour Gravelines, cette ville où il était entré prisonnier vingt-cinq années plus tôt, après Azincourt, et où il avait écrit quelques-unes de ses meilleures poésies inspirées par le regret du doux pays de France.

Le roi d'Angleterre confirma, en 1440, quelques-uns des privilèges accordés jadis par Edouard III aux bourgeois de Calais. Nous aurons à étudier ailleurs les conditions dans lesquelles fut modifiée alors la loi de la ville. Il semble bien cependant que Calais traversa une sorte de crise qui préoccupait le gouvernement royal. Les revenus domaniaux étaient insuffisants pour assurer l'entretien des fortifications et la défense, et il fallait recourir à des emprunts consentis par les marchands de l'étaple, en échange de droits sur les marchandises importées d'Angleterre (1).

Nous trouvons, en 1441, une preuve de plus des précautions que prenaient les Anglais, par crainte d'une attaque contre Calais. Le lieutenant de la ville, Thomas Kyryel, avait, de sa propre autorité, permis aux matelots de Dieppe d'entrer dans le port de Calais, pendant la saison du hareng. Quelques habitants en prirent ombrage, ils écrivirent en Angleterre que, sous ce prétexte, les Dieppois pénétraient dans Calais et pouvaient ainsi compromettre sa sécurité. Le conseil leur donna raison et fit révoquer la permission (2).

Le 3 Février 1442, Henry VI nomma des commissaires : John Sutton de Dudley, chevalier ; William Walesby doyen de l'église de Leicester ; maître Robert Beaumont ; maître John Langton, trésorier de Calais, et plusieurs autres, pour faire une enquête auprès des soldats et des ouvriers du Roi à Calais, apprendre d'eux le chiffre de ce qui leur était dû et la date de leurs arrérages (3).

Au mois de Mai, le bruit courut en Angleterre qu'une attaque des Français était imminente. Des instructions furent

---

(1) Bibl. Nat. Moreau, 682, f° 64, 12 Juin 1440. — Proceedings, V, pp. 163-164.

(2) Proceedings, V, p 153, 14 Octobre 1441.

(3) Bibl Nat Moreau, 682, f° 69 — Pièce imprimée dans Daumet, op cit. p. 169.

aussitôt envoyées dans le comté de Kent et des délégués spéciaux furent chargés, comme on l'avait fait en 1436, de solliciter des subsides. Ils avaient mission de dire (1) que le Roi connaissait de source certaine les intentions de l'ennemi contre Calais, qu'une puissante armée de terre et de mer se préparait à l'assiéger, qu'il était urgent d'y envoyer des hommes d'armes et des archers. Comme on craignait que le peuple ne se méfiât des demandes si souvent faites pour le même objet, on promettait que l'argent ainsi obtenu resterait enfermé dans un coffre fermé par diverses clefs dont des personnes notables auraient la garde et que l'on n'y toucherait qu'en cas de nécessité !

L'année 1442 se passa cependant sans le moindre mouvement offensif contre Calais, et si des troubles s'y produisirent, ils eurent toujours pour cause le mécontentement de la garnison. Sir Thomas Kyryel fut déchargé de son office de Lieutenant de Calais. Le 28 Août, le comte de Stafford, qui avait été nommé capitaine, promit de se rendre à son poste dans les dix jours qui suivraient la Saint-Michel et d'y faire passer immédiatement quelques-uns de ses plus fidèles serviteurs. Il demandait au roi que, si avant son arrivée les soldats venaient à saisir les laines entreposées à l'étaple, comme ils l'ont déjà fait en conséquence du manque d'argent pour payer leurs gages, le blâme ne lui en fût pas imputé (2). Cette réserve du comte de Stafford montre bien que la situation intérieure de Calais laissait encore à désirer à cette date. Le lendemain, 29 Août, le conseil d'Angleterre, en arrêtant les mesures nécessaires au paiement des soldats, décidait de leur écrire une lettre pour les remercier de leur « gentillesse ». C'était un moyen de leur faire prendre patience (3). Le comte de Stafford vint à Calais dans la première quinzaine d'Octobre (4). Son arrivée fut marquée par diverses ordonnances concernant le bon état de la ville (5).

---

(1) Les instructions détaillées, données aux envoyés royaux, sont du 11 Mai 1442. Proceedings, V, pp 187-189

(2) Proceedings, V, p 203.

(3) Ibidem, p. 207.

(4) Le 11 Octobre 1442, des commissaires sont nommés pour procéder à la « montre » des soldats du comte de Stafford, à son arrivée à Calais. Lui-même est autorisé à emporter avec lui une valeur de 5 000 marcs, en or, argent, vaisselle, etc. — Ibidem, p. 211.

(5) Nous les analyserons ailleurs — Ces ordonnances du Conseil sont du 12 et du 18 Octobre 1442 Ibidem, pp 215-217, 220.

L'attaque de Calais par une armée française, que le gouvernement anglais craignait en 1442, rentrait, à ce qu'il semble, dans le plan du roi Charles VII, dont l'armée avait entrepris une brillante campagne en Guyenne ; mais ce projet n'avait de chance de succès que si une flotte était maîtresse de la mer. Cette flotte, Charles VII espérait l'obtenir d'une alliance avec Jean II, roi de Castille. Un chevalier castillan vint en effet combiner, avec le roi de France, les arrangements pour une double expédition, l'une contre Bordeaux et Bayonne, l'autre contre Calais. Dans les premiers mois de 1443, pendant le séjour de Charles VII à Montauban, on avait décidé qu'une flotte attaquerait Calais (1).

Le conseil d'Angleterre, très inquiet de ces nouvelles, mobilisait de son côté le plus grand nombre possible de navires. Le 11 Mars 1443, le lieutenant et les autres officiers de Calais reçurent l'ordre de retenir tous les vaisseaux partant de ce port à destination de l'Angleterre, à l'exception de six qui servaient au passage entre Douvres et Calais. Les propriétaires des navires ainsi arrêtés devaient garantir qu'ils se trouveraient le jour de la Saint-Georges au point de concentration de la flotte anglaise (2).

Le gouvernement anglais paraît aussi avoir fait, au cours de cette année, les plus grands efforts pour assurer le paiement régulier des gages de la garnison et pour mettre les fortifications en bon état. De grands travaux furent entrepris pour améliorer les jetées et l'accès du port (3).

L'Angleterre avait fait, en 1443, un grand effort pour continuer la lutte avec Charles VII. Elle avait confié quelques milliers d'hommes au duc de Somerset pour passer en France ; mais cette expédition, qui n'eut aucun résultat, mettait en pleine lumière la déchéance de l'armée anglaise. Henry VI consentit à négocier et l'ambassade du comte de Suffolk aboutit à la conclusion du traité de Tours (28 Mai 1444).

---

(1) De Beaucourt, op. cit. III, pp. 250-251.

(2) Proceedings, V, p. 240.

(3) Ordre au trésorier de Calais de remettre au comte de Stafford, capitaine de Calais et de la tour du Risban, 3 100 lb pour paiement des gages de la garnison, 5 Juin 1443, ibidem, V, p. 285. — Paiement de 1 000 lb. à John Langton, trésorier de Calais, le 3 Juin 1443, pour les jetées, la « wheel of the haven » et autres travaux hydrauliques, ainsi que pour la réparation des murailles de la ville et du château Ibidem, V, p. 283.

Une trêve générale y était stipulée jusqu'au 1er Avril 1446.

Pendant la durée de cette trêve, la ville de Calais fut encore le théâtre de nouvelles séditions militaires. Quand aucun danger immédiat ne menaçait la ville, on la négligeait. Les compétitions auxquelles se livraient, autour de Henry VI, les grands seigneurs anglais, préludant aux luttes sanglantes de la guerre des Deux Roses, contribuaient à accroître le désordre.

Le 13 Décembre 1445, Henry VI concédait pour toujours, sous certaines conditions, à la Communauté de l'étaple de Calais, tous les terrains, pâturages, marais, gagnés sur la mer près du Nieulay, à charge d'entretenir et de continuer les travaux qui empêchent la mer de submerger ces terrains (1). Ainsi la royauté anglaise laissait, de plus en plus, à la puissante compagnie commerciale de Calais, le soin de son entretien et de sa défense.

La guerre entre l'Angleterre et la France, un moment interrompue, reprit en 1449. C'est l'heure décisive où la politique prudente et l'habile administration de Charles VII vont aboutir à un éclatant succès. En Juin 1449, des incidents assez graves avaient rompu aussi les trêves commerciales entre l'Angleterre et le duc de Bourgogne. Sur le bruit des mauvaises intentions de Philippe le Bon contre Calais, beaucoup de sujets flamands, résidant à Londres et dans les faubourgs, avaient été attaqués, pillés et cruellement maltraités, aussi bien par les soldats partant pour Calais que par d'autres personnes (2). Le 30 Juillet, John, Lord Dudley et le docteur Thomas Kent, clerc du conseil, furent envoyés à Calais pour discuter avec des ambassadeurs de la duchesse de Bourgogne au sujet des infractions aux trêves. Ces commissaires reçurent l'ordre de s'adjoindre des représentants de la communauté de l'étaple dans les pourparlers à engager avec les délégués des quatre membres de Flandre (3). Pendant les années suivantes, il y eut encore, de part et d'autre, des actes d'hostilité. Le duc fit saisir des marchandises appartenant aux staplers de Calais à qui le roi d'Angleterre accorda des dispenses de subsides,

---

(1) Moreau, 682, f° 81, Bibl. Nat.

(2) Proceedings, VI, p 74, 11 Juin 1449.

(3) Ibidem, p 77, 30 Juillet 1449.

en dédommagement des pertes qu'ils avaient subies (1).

Les Anglais avaient tout lieu de redouter alors la perte de Calais. Ils venaient d'être chassés de la Normandie et Somerset avait ramené à Calais, en Juillet 1450, les derniers débris de l'armée qui avait été battue par les lieutenants de Charles VII (2). Celui-ci allait-il tourner contre Calais ses armes triomphantes ? L'historien Thomas Basin, évêque de Lisieux, rapporte que la terreur des Anglais, après la reprise de la Normandie, était telle que si le roi de France avait sur le champ assiégé Calais, l'entreprise avait toute chance de réussir. Le retour de Somerset accrut cette crainte et les plus riches habitants de Calais se hâtèrent d'envoyer leurs biens les plus précieux en Angleterre. Charles VII aurait été retenu par la défiance que lui inspiraient les intentions du duc de Bourgogne (3).

Cette version a été adoptée par la plupart des historiens, elle est aujourd'hui très combattue (4). On doit distinguer entre les intentions de Charles VII, après la conquête de la Normandie, et ses résolutions après la campagne de Guyenne, en 1451.

Il est certain que, dès 1450, les Anglais s'attendaient à une attaque contre Calais (5) et, le 11 Août 1450, Henry VI ordonnait de retenir des navires pour les envoyer à Calais et à Cherbourg (6). Rien ne permet pourtant de croire que

---

(1) Cf. copie de cet acte dans Moreau, 682, f° 89, Bibl Nat Ce document est du 7 Juin 1451 — Le 7 Août 1451 Henry VI nomma des commissaires, Raoul de Suddeley et John Stourton, chevaliers; Richard Whetehill, Richard Reuhede, John Williamson, marchands de l'étaple, pour traiter à Calais avec les représentants du duc de Bourgogne, au sujet de ces faits Ibidem, f° 95

(2) Basin, op cit. I, p. 212

(3) Ibidem. p. 217.

(4) Le savant éditeur des « Paston Letters » reproduit l'opinion de Basin Voir The Paston Letters, édit James Gairdner, Westminster, Archibald Constable, 1897, T. I, Introduction, p LXXI — Dans « Calais sous la Domination anglaise », p 28, M Daumet admet encore que c'est la mauvaise volonté du duc de Bourgogne qui empêcha Charles VII d'assiéger Calais en 1450 — Pour l'opinion contraire voir De Beaucourt, op. cit. V, p. 55.

(5) « Le bruit court que Calais sera assiégé d'ici 7 jours » Lettre de John Crane à John Paston, 6 Mai 1450 — « Cherbourg est perdu, Calais va être assiégé » Lettre de James Gresham à John Paston, Paston Letters, édit cit I, pp 127 et 139

(6) Stevenson, Wars of the English, I, p 521.

Charles VII ait eu, en ce moment, l'idée d'assiéger Calais.

Après l'occupation de la Guyenne, Charles VII eut, au contraire, l'intention formelle de reprendre aux Anglais la dernière forteresse demeurée en leur pouvoir. Une médaille (1) frappée en 1451 commémorait la délivrance du sol français ; elle portait cette inscription :

> QVANT ' JE ' FV ' FAIT ' SANS ' DIFERANCE
> AV ' PRVDENT ' ROI ' AMI ' DE ' DIEV :
> ON OBEISSOIT '
>   PAR ' TOVT ' EN FRANCE
> FORS ' A ' CALAIS ' QVI ' EST ' FORT ' LIEV.

Ce fort lieu, les Anglais tremblaient de le perdre. Dès le mois d'Août 1451, Lord Beauchamp et Lord Suddeley y furent envoyés avec un renfort de onze cent cinquante hommes, outre les équipages des douze vaisseaux qui les conduisirent (2). Le duc de Somerset, dont l'influence resta prépondérante en Angleterre en 1451, reçut la charge de capitaine de Calais, le 21 Septembre, et fut nommé Lieutenant du Roi sur les marches de Picardie, Flandre et Artois (3).

Il est maintenant hors de doute que Charles VII projetait, pour 1452, un grand effort contre Calais. Un ambassadeur de Florence à la cour de France écrivait, le 18 Novembre 1451 : « Le Roi fait, en artillerie et autres approvisionnements, de grands préparatifs pour se rendre à Calais en la saison nouvelle et attaquer la place par terre et par mer. Le roi d'Angleterre voudrait la paix ; une ambassade a été envoyée dans ce but ; *mais le roi de France veut avoir Calais. Il estime que, n'était la crainte de ses propres sujets, le roi d'Angleterre abandonnerait Calais.* Certains pensent que le mois de Mars ne s'écoulera point sans que la chose ne se fasse. Les ambas-

---

(1) J'ai reproduit cette médaille dans Calais par l'Image, pl. 61 A — Cf. la description dans Les Médailleurs français du XVe siècle au milieu du XVIIe, par F. Mazerolle, T. II, Paris, Imprimerie Nationale, 1902, p. I.

(2) Mandat de paiement à Lord Beauchamp de 29 lb qu'il a avancées pour le paiement des navires employés à amener des hommes d'armes et des archers à Calais — Liste de ces navires avec l'indication du nombre d'hommes transportés sur chacun d'eux Proceedings, VI, p 112, et ibidem, Préface, p. XXXIX — Cf. De la Roncière, op. cit II, p. 270.

(3) Copie dans Moreau, 682, f° 105, Bibl. Nat — Cf. Proceedings, VI, p. XXXVII.

sadeurs du duc de Bourgogne sont auprès du Roi ; ils le sollicitent de laisser leur maître prendre la charge de l'entreprise sur Calais. Le Roi n'a pas voulu y consentir... (1).

Le 21 Décembre 1451, le même ambassadeur confirmait cette nouvelle et semblait croire que le roi d'Angleterre aurait volontiers conclu avec la France une paix définitive, au prix de la cession de Calais, s'il n'avait craint une révolte du sentiment national en Angleterre. « On fait toujours de grands efforts en vue d'une entente avec les Anglais. *Le roi d'Angleterre s'y prêterait volontiers et abandonnerait Calais; mais les Anglais ne le souffriraient pas.* Ce roi se trouve dans une situation périlleuse, et pourrait être, de la part des Anglais, l'objet de quelque vilenie du genre de celles qu'ont éprouvées d'autres de leurs rois. Au milieu de toutes ces tentatives en vue de la paix, le Roi de France fait de grands préparatifs pour aller assiéger Calais... Il a le projet de s'y rendre avec une armée d'environ cinquante mille hommes, et il y aura sur mer deux mille navires, du port de quatre à huit cents tonneaux, tirés d'Espagne, de Hollande, d'Islande et d'Allemagne » (2).

Le roi d'Angleterre avait-il vraiment conçu le dessein d'abandonner Calais ? Il est difficile de l'admettre, car, comme le remarque avec raison l'ambassadeur florentin, jamais l'orgueil anglais n'eût consenti volontairement ce sacrifice. Dans la lutte qui mettait alors aux prises le duc d'York et le duc de Somerset, le premier profita des circonstances pour accabler son rival sous le reproche d'impéritie et même de trahison. Le 3 Février 1452, il écrivit aux bourgeois de Shrewsbury pour leur rappeler que le danger qui menaçait Calais était dû à la négligence de Somerset (3). Le duc d'York, dans un acte d'accusation préparé contre Somerset, lui imputait à crime de n'avoir pas fait son devoir comme capitaine de Calais et même d'avoir songé à livrer cette ville au duc de Bourgogne, car, dans le contrat qui lui remettait la capitainerie de Calais, il avait spécifié que si la ville était assiégée et n'était pas secourue dans le délai d'un mois, il aurait

---

(1) Je donne le texte de cette dépêche tel que l'a traduit M. Du Fresne de Beaucourt, dans son Histoire de Charles VII, T. V, p 55

(2) Original de cette lettre, Bibl Nat Ms Italien 1.585 f° 231, donné par De Beaucourt, ibidem, pp 55-56.

(3) Now daily they make their advance for to lay siege unto Calais and to other places in the marches there » Ellis' Letters, First Series, I, pp 11-13.

le droit de la rendre. Or, ce délai était trop court. Il y aurait eu promesse de mariage entre le fils du duc de Bourgogne et une fille du duc de Somerset si la ville de Calais redevenait française (1).

La violence même de ces accusations est une preuve de l'intérêt passionné que les Anglais portaient à la conservation de Calais. Aussi, mit-on tout en œuvre pour assurer sa défense.

Le 11 Mars 1452, Henry VI mandait à Lord Clifford de se rendre à Calais pour y prendre la direction de la résistance. En même temps, John Talbot, comte de Shrewsbury était investi du commandement en chef de la flotte et réquisitionnait des navires et des hommes à Winchelsea et à Sandwich (2). Henry VI manifestait même l'intention de venir en personne en France (3). On avait fait aussi l'impossible pour se procurer de l'argent. Une ordonnance du 29 Février 1452 infligeait des amendes de 10 à 100 lb. aux lords qui n'étaient pas venus au Parlement et spécifiait que le produit en serait affecté à la défense de Calais (4).

Cet effort désespéré de l'Angleterre ne lui fut pas inutile. On craignit en France que la flotte de Talbot ne vînt jeter une armée d'invasion sur les côtes de la Normandie « et c'est sans doute ce qui fit renoncer à l'entreprise projetée contre Calais » (5). En fait, c'est la Guyenne qui servit de champ d'opérations à Talbot et force fut à Charles VII de recommencer la conquête de cette province. En 1453, le territoire français était de nouveau libéré, mais les Anglais y conservaient Calais. De cette terrible guerre qui, un moment, leur avait fait espérer la fusion des deux royaumes sous le sceptre de leurs souverains, Calais était la seule dépouille, et sa possession allait, pendant un siècle encore, leur imposer de lourds sacrifices, gêner parfois la liberté de leur politique extérieure et fournir, pendant la guerre civile qui déchira l'Angleterre, un point d'appui solide au « Faiseur de rois ».

---

(1) British Museum, Cottonian ms Vesp. C. XIV, f° 10. Ce document a été publié et analysé dans la préface de James Gairdner, Paston Letters, I, p LXXVII

(2) Copie des lettres à Clifford, 11 Mars 1452, dans Moreau, 682, f° 97. Le 22 Mars, copie des instructions envoyées à Clifford, ibid. f° 107. Cette copie est du reste incomplète — Cf Proceedings, VI, Préface, p XXXIV, et texte, pp 119-122, et 123-125

(3) Stevenson, op cit. T II, p. 178

(4) Proceedings, VI, Préface, p. LXV.

(5) De Beaucourt, op. cit. V, p 266. — C'est aussi l'opinion de l'éditeur des Paston Letters, Introduction, p. LXXXI.

CHAPITRE VII

Calais pendant la Guerre des Deux Roses

I jamais l'Angleterre connut des heures critiques, ce fut bien pendant la période qui commence en fait avec les premières manifestations de la maladie mentale de Henry VI, au mois d'Août 1453, et qui se prolongea jusqu'à l'avènement de Henry VII Tudor. Jamais non plus Calais ne joua un rôle plus important dans l'histoire intérieure de l'Angleterre et dans les préoccupations de ses gouvernants.

Au début de 1453, Somerset était, on l'a vu, capitaine de Calais. Son opulence lui permettait de faire les avances nécessaires aux dépenses d'entretien et de réparation des fortifications et au paiement de la garnison, car le mauvais état des finances royales ne pouvait y suffire (1). Depuis sa nomination, on lui devait déjà comme capitaine de Calais 21.648 lb., et il consentit à ce que l'on payât d'abord son prédécesseur immédiat, Humfrey, duc de Buckingham. Il n'en était pas pour cela plus populaire. Accusé de trahison, il fut enfermé à la tour de Londres et, au mois de Février 1454, le Parlement donna la lieutenance du Royaume à son rival, Richard, duc d'York, qui fut nommé Protecteur le 27 Mars.

Charles VII semble avoir voulu profiter de ces divisions pour menacer Calais. Une incursion française sur le territoire anglais eut lieu à la Noël 1453 et, au printemps de 1454, les précautions prises par le duc d'York témoignent de l'inquiétude

---

(1) Paston Letters, Introduction, p. XCVI.

des Anglais au sujet de Calais (1). Un conseil fut tenu à Westminster. Il avait été primitivement fixé au 6 Mai, mais il fut reporté au 25 Juin suivant (2). C'est probablement à la suite de ce conseil que le duc d'York consentit à prendre personnellement le gouvernement de Calais. Après les reproches qu'il avait adressés à Somerset, il ne pouvait moins faire que d'assumer la responsabilité de sa succession. Pendant que Somerset était à la Tour, la garde de Calais paraît avoir été confiée à Henry Lord Bourchier (3).

L'endenture conclue, le 17 Juillet 1454, entre Henry VI et son cousin Richard, duc d'York, accordait à celui-ci, pour une durée de sept ans, le poste de capitaine de la ville et du château de Calais, de capitaine du Risban et de Lieutenant du Roi dans les marches de Calais, avec tous droits, honneurs et profits y attachés. Le duc s'engage à entretenir la garnison comprenant 30 hommes d'armes à cheval, dont trois chevaliers, 30 archers à cheval, 200 hommes d'armes à pied, 200 archers à pied, dont les gages seront payés par le trésorier de Calais et qui seront aux ordres du duc. Les archers à pied toucheront 6 d. par jour, les archers à cheval 8 d., les hommes d'armes à pied 8 d., les hommes d'armes à cheval 12 d., les chevaliers 2 s. Quant au duc, il aura 6 s. 8 d. par jour, comme capitaine, plus 100 marcs chaque trimestre de gages spéciaux. Le tiers des gages sera payé en vivres estimés au prix courant alors dans la ville.

Le trésorier devra aussi payer les gages de 40 arbalétriers, 20 charpentiers et 15 maçons, plus les artilleurs résidant dans la ville. Le roi s'engage à tenir la ville garnie de vivres, de munitions et d'armes. S'il arrive que la guerre éclate pendant le terme dessus dit, le Roi devra fournir au duc, dans les six semaines suivant la date où le dit duc ou son lieutenant en

---

(1) Lettres du Roi au duc d'York et à plusieurs autres pairs, le 16 Avril 1454, les convoquant pour le 6 Mai, pour aviser entre autres choses à la sauvegarde de Calais — Lettres du 17 Avril adressées par ordre du Conseil à 60 pairs pour les inviter à fournir de l'argent et des hommes. Proceedings, VI, pp. 174-176.

(2) Lettres du 29 Mai 1454 aux lords spirituels et temporels les invitant à se rendre au grand conseil qui sera tenu, le 25 Juin suivant, à Westminster pour aviser aux mesures à prendre pour la défense du royaume et notamment de Calais, menacé par les Français. Proceedings, VI, pp 184-187.

(3) Lettre de William Botoner à John Paston, 5 Juillet 1454. Paston Letters, 1, p. 294.

auront informé le Roi et son conseil. 110 hommes d'armes dont 9 chevaliers, 150 archers à cheval, 100 hommes d'armes à pied, 181 archers à pied.

Si l'ennemi assiège Calais, le Roi devra envoyer un nombre suffisant de soldats dans le délai d'un mois après qu'il en aura été avisé. Ce nombre sera de 1.000 hommes, outre la garnison ordinaire, ou de 5.000 hommes, cette garnison comprise. Dans le cas où la ville ne serait pas secourue dans le délai de deux mois, le duc sera déchargé de toute responsabilité, s'il arrive malheur à la ville.

Le duc fera la montre ou revue de la garnison ordinaire quatre fois l'an, devant le trésorier et le contrôleur. Il remettra de temps à autre au trésorier la liste des hommes placés sous ses ordres. Il s'engage à établir les officiers nécessaires à la sauvegarde de la ville. Il a le pouvoir d'accorder, sous son propre sceau, des sauf-conduits et lettres de grâce aux adversaires du Roi pour venir à Calais et dans les marches et en repartir par terre ou par mer. Il a le même pouvoir pour l'approvisionnement de la ville et pour la délivrance des prisonniers, s'il en est fait par lui ou par les hommes sous ses ordres.

En ce qui concerne le château, le duc aura un homme d'armes à cheval, son lieutenant, avec 30 hommes d'armes à pied et 20 archers à pied, payés à raison de 2 s. par jour pour le lieutenant, 8 d. pour les hommes d'armes et 6 d. pour chaque archer. De plus, lui-même ou son lieutenant auront 100 s. de gages par trimestre. Nul ne pourra pénétrer dans le château sans la permission spéciale du duc.

Pour la tour du Risban, le duc aura un homme d'armes, son lieutenant et un autre homme d'armes à cheval, plus 16 hommes d'armes ou arbalétriers à pied. Le Roi doit pourvoir cette tour de canons, poudre et autres munitions à ses frais.

Le Roi aura aussi bien le tiers des bénéfices de guerre du dit duc que le tiers du butin des hommes placés sous ses ordres, rançons de prisonniers ou autres. Le duc en rendra compte à l'échiquier de Calais.

Le duc aura la garde de tout prisonnier fait par lui ou par ses soldats. Exception est faite pour le roi de France, ses fils, le connétable de France et le lieutenant-général du royaume de France, qui appartiendraient directement au roi d'Angleterre et pour lesquels une convention raisonnable interviendrait entre le Roi et le duc ou ceux qui auraient eu la chance de les faire prisonniers.

Le duc ne pourra remettre la ville à personne sans un ordre du Roi. Toutefois, si les gages ci-dessus mentionnés n'étaient pas payés par le Roi, le duc aurait pleine liberté de se décharger de la garde de la ville (1).

On voit par les termes de cette endenture que nous avons cru devoir analyser ici, bien que nous réservions pour un prochain volume l'étude spéciale de l'administration anglaise à Calais, comment le capitaine de cette ville traitait avec le souverain et contractait avec lui des engagements réciproques lui conférant, pendant la durée de son gouvernement à Calais, les pouvoirs les plus étendus. On s'expliquera mieux ainsi l'importance de la possession de Calais pour les partis en présence.

L'arrivée du duc d'York au pouvoir, sa nomination de gouverneur de Calais, marquait la reprise d'une politique de revanche contre la France et Charles VII prit des mesures pour repousser une invasion possible. Mais, vers la Noël 1454, l'état de santé de Henry VI s'améliora suffisamment pour qu'il pût reprendre la direction des affaires. Le protectorat du duc d'York prit fin, le duc de Somerset fut mis en liberté sous caution et le roi s'efforça d'amener une réconciliation entre eux. Comme la possession du gouvernement de Calais était l'une des causes de leur désaccord, Henry VI, par un acte du 1 Mars 1455, prit en mains propres et se réserva pour lui-même ce gouvernement (2).

Quelques semaines plus tard, en Mai, des commissaires étaient envoyés de nouveau à travers le royaume lever de l'argent pour la défense de Calais, en prévision d'un siège. On leur recommandait d'user de tous les arguments en leur pouvoir et de bien faire ressortir l'importance de ce « rare joyau » pour l'Angleterre (3).

---

(1) Le texte de ce document est en anglais Nous l'analysons sur la copie faite par Bréquigny, Moreau, 682, fos 114-117. — Cf. sur la nomination du duc d'York, Rymer, V, pars II, p 57, et Rotuli Parl. vol V. pp. 254 et suiv.

(2) Proceedings, VI, Préface, p. LXVIII. — Cf. Histoire d'Angleterre, par John Lingard, trad De Roujoux, 1826, T. V, p 223.

(3) Proceedings, VI, Préface, p. LXX Voir les instructions données aux commissaires. ibid pp. 234 et suiv.

C'est à cette même date (22 Mai 1455) que les partisans de Richard d'York, vainqueurs à la première bataille de Saint-Alban, où Edmond Beaufort, duc de Somerset, fut tué, s'emparèrent de Henry VI qui ne fut plus, dès lors, qu'un jouet entre leurs mains. L'un des principaux partisans de Richard d'York était Richard Neville, fils du comte de Salisbury, qui appartenait à l'une des plus puissantes familles de l'Angleterre et qui, par son mariage avec Anne Beauchamp, était devenu comte de Warwick. La journée de Saint-Alban lui valut la capitainerie de Calais le 13 Août 1455 (1). Il allait y acquérir une grande popularité et s'y constituer une force militaire considérable, dont il usa sans scrupule dans les luttes qu'il soutint plus tard en Angleterre.

Warwick ne prit pas immédiatement possession de son poste. Dans une lettre du 13 décembre 1455, Henry VI, ou plutôt Richard d'York, car c'est lui qui, redevenu Protecteur, exerçait en fait le gouvernement, ordonnait à la garnison de Calais de reconnaître le comte de Warwick comme capitaine. En termes conciliants et même très humbles, le roi invite les soldats à obéir à leur nouveau chef. Il leur promet qu'ils recevront leurs gages dans les vingt jours qui suivront l'entrée en charge du comte de Warwick. S'ils se montrent désormais fidèles sujets, leurs actes de mutinerie seront oubliés et ils n'ont pas à craindre que l'on use de rigueur envers quelques-uns d'entre eux à cause de leur désobéissance (2).

De ces soldats indisciplinés, parce que mal payés, Warwick fit en quelques années un corps solide et bien entraîné, dévoué à ses intérêts. Il sut se concilier la faveur des marchands et des bourgeois de Calais par l'exacte discipline qu'il imposa dans la ville et il paraît bien avoir mérité ce jugement du chroniqueur. « [Il] gouverna notablement la ville et le pays d'environ, voire trop mieulz que ses prédécesseurs en office n'avoient fait » (3).

---

(1) M. Daumet a donné la date de sa nomination, sur laquelle on n'était pas d'accord. L'éditeur des « Anchiennes Cronicques d'Engleterre » par Jehan de Wavrin, Mlle Dupont, (T. II, p 187, note 1), dit que cette nomination fut faite en Juillet ou même dès le 25 Mai — La date approximative donnée par le dernier biographe de Warwick (Voir Warwick, the Kingmaker, by Charles W. Oman. London, Macmillan and Co. 1893, p. 62) s'est trouvée confirmée par la découverte de M. Daumet dans les Early Chancery Rolls, 397, m 11.

(2) Proceedings, VI, pp 276-279 — Une copie de ces lettres par Bréquigny est dans Moreau, 682, f° 77, avec la date inexacte de 1445.

(3) Anchiennes Cronicques d'Engleterre par Jehan de Wavrin, édit. Mlle Dupont, pour la Soc. Hist. de France, II, p 187.

Il ne pouvait y avoir de meilleure école pour un homme d'action que le gouvernement de Calais. Cernée du côté du Sud et de l'Ouest par les Français qui, depuis la reprise de la Normandie et de la Guyenne la menacent sans cesse, nous l'avons vu, d'une attaque soudaine, cette place est voisine à l'Est des possessions du duc de Bourgogne. Malgré les trêves et les traités de commerce, de continuels incidents surgissent. C'est ainsi que, en Juillet 1455, un homme de confiance de Robert White, maire de l'étaple de Calais, avait été fait prisonnier à Bourbourg par un chevalier, sujet du duc de Bourgogne, et dépouillé de tout ce qu'il avait sur lui. Il fallut réclamer l'intervention de la duchesse (1). Le gouverneur de Calais devait donc être un diplomate en même temps qu'un chef militaire.

Nul, mieux que Warwick, ne sut tirer parti de cette situation. Son immense fortune lui permit de payer la garnison de ses propres deniers quand, après Octobre 1456, le duc d'York cessa d'être Protecteur, et quand il ne reçut plus d'Angleterre que de rares subsides. Sous couleur de négociations commerciales, il put intriguer à l'aise avec le duc de Bourgogne et Calais reçut plus d'une fois la visite d'émissaires envoyés par des princes français mécontents de Charles VII (2). Il accrut aussi sa popularité en Angleterre par le souci vigilant qu'il apporta à défendre Calais, comme par ses succès dans les escarmouches continuelles livrées aux Français et par son heureuse audace dans quelques expéditions maritimes. Pendant son séjour à Calais, il ne put aller souvent en Angleterre, car les alarmes françaises furent fréquentes.

En Juin 1456, le bruit courut que Charles VII allait assiéger Calais (3). Des pourparlers étaient effectivement engagés depuis le mois de Novembre 1455 entre ce prince et Jacques II, roi d'Ecosse, qui, rappelant l'ancienne alliance entre Ecossais et Français, réclamait le concours armé de Charles pour résister à ses ennemis, et aussi pour arracher Henry VI aux mains des Yorkistes. Si Charles VII voulait assiéger Calais, le roi d'Ecosse attaquerait simultanément Berwick-sur-Twede, que les Anglais détenaient contre tout

---

(1) Proceedings, VI, p. 253.

(2) De Beaucourt, VI, pp. 16, 50, 51, 53.

(3) « On dit que Calais et Guines seront bientôt assiégées. Une grosse armée est rassemblée sur la Somme. » Lettre de John Bocking à John Paston, 7 Juin 1456. Paston Letters, I, p. 392.

droit (1). Charles VII était disposé à s'entendre avec Jacques II, mais, au moment où il recevait, en Juillet 1456, une nouvelle invitation de celui-ci à agir, la fuite du dauphin Louis absorbait l'attention du roi de France et l'empêchait de répondre immédiatement à cet appel (2).

En Mai 1457, nouvelle alarme dans Calais. Warwick demande en hâte des renforts et des vivres dans le comté de Kent (3). Faut-il établir une connexion entre ces faits et l'expédition entreprise, dans les derniers jours d'Août 1457, par Pierre de Brezé, grand sénéchal de Normandie qui, avec une flotte nombreuse portant 4 à 5.000 hommes, débarqua à Sandwich ? Le dernier historien de Charles VII s'est demandé si cette expédition n'avait pas pour but « d'empêcher les Anglais de ravitailler Calais et, en faisant main basse sur tout ce qui se trouvait à Sandwich, port d'embarquement dont disposait le parti yorkiste, de préparer une attaque que Charles VII n'avait cessé de méditer... » (4). Ce qui est certain, c'est que l'explication que donne Chastellain, quand il voit dans cette tentative de Brezé le résultat d'une entente entre Charles VII et Marguerite d'Anjou, femme de Henry VI, pour déconsidérer aux yeux des Anglais le gouvernement des Yorkistes (5), est invraisemblable, car, depuis le mois d'Octobre 1456, Marguerite d'Anjou avait réussi à reprendre le pouvoir et pourvu plusieurs de ses partisans de postes importants (6). Elle n'avait donc aucun intérêt à provoquer une descente des Français sur les côtes anglaises.

Philippe le Bon, dont les relations avec Charles VII étaient alors assez difficiles, conçut quelques craintes de cette expédition et il se rapprocha des Anglais, en prévision d'une lutte possible avec le roi de France. Charles VII favorisait

---

(1) « Si placueril christianissimo regi obsidium ponere oppido Calice, predictus rex Scotie similiter contentus est ponere obsidium oppido Beruice... » Instructions données au héraut Rothsay, au mois de Novembre 1455, Bibl. Nat. Ms Latin 10.187, citées dans Stevenson, op. cit. pp. 319-322. M. Daumet, op. cit. p. 29, s'étonne que Charles VII n'ait pas répondu à cet appel.

(2) De Beaucourt, op. cit. VI, p. 111.

(3) Paston Letters, I, pp. 116-117.

(4) De Beaucourt, op. cit. VI, p. 115.

(5) G. Chastellain, édit. Kervyn de Lettenhove, T. III, p. 351.

(6) Rymer, V, pars II, p. 69. — Proceedings, VI, pp. 333-335.

les Lancastriens, Philippe se tourna vers les Yorkistes. Il avait eu pourtant à se plaindre des procédés de Warwick. En 1457, il avait même rassemblé une armée sur la frontière des marches de Calais pour résister aux continuelles attaques des garnisons anglaises (1), mais, dès le mois de Juillet, il envoya des négociateurs traiter avec le comte de Warwick, d'abord à Oye, puis à Calais (2). On ne put arriver à un accord définitif.

Warwick avait conservé le gouvernement de Calais, même après le succès momentané de Marguerite d'Anjou. Il est probable que la reine et ses amis préféraient le tenir ainsi éloigné de Londres, mais le calcul était mauvais, car il s'y fortifiait de jour en jour. En Janvier 1458, Henry VI prit l'initiative d'une réconciliation et invita York, Salisbury et Warwick à assister à un grand conseil à Westminster. Ils y vinrent, mais, craignant quelque embûche de la reine, Warwick amena 600 hommes de la garnison de Calais (3), vêtus d'uniformes rouges aux armes des Beauchamp. Ces conférences amenèrent un rapprochement momentané entre les partis. Warwick reçut, outre le gouvernement de Calais, le commandement en chef de la flotte. Cette nouvelle faveur destinée peut-être à l'attacher aux intérêts du roi, eut surtout pour effet d'augmenter son prestige.

Jamais il ne montra plus d'activité et de hardiesse que durant cette année 1458. A peine de retour à Calais, il dirigea contre Etaples une troupe de 800 combattants et, dans un raid audacieux, il s'empara de la ville et d'une flottille de vaisseaux chargés de vins du Sud de la France, d'où il tira des sommes assez fortes pour payer ses troupes pendant plusieurs mois (4).

Le matin du Dimanche de la Trinité (28 Mai), Warwick fut informé du passage d'une flotte de 28 navires espagnols,

---

(1) De Wavrin, édit. cit II, p. 306, note.

(2) G. Chastellain, édit cit. III, pp 318-319, donne les noms des envoyés du duc, parmi lesquels Loys de La Viéville, capitaine de Gravelines, Guichart de Tinderonne, capitaine d'Ardres, maistre Jehan Pottel maistre Gilbert » — En fait, les négociations furent menées par Warwick et le comte d'Etampes Archives du Nord, B. 2.030, f° 165, B 2 026, f°s 275 v°, 276, 283, 287 et 287 v°. — Cf. De Beaucourt, op. cit. VI, p. 121

(3) « Apparelled in red jackets emblazoned with the Beauchamp badge of the ragged staff Oman, op cit p 65

(4) Oman, op cit p. 63.

dont 16 grands navires. Il partit à la recherche de l'ennemi avec tout ce qu'il put rassembler de bâtiments : cinq grands navires, trois caravelles et quatre pinnaces. La bataille s'engagea le lundi 29 à 4 heures du matin. Warwick ne put empêcher la flotte de s'échapper, mais il ramena dans le port de Calais six vaisseaux qu'il avait capturés (1).

D'autres rencontres avec des navires espagnols valurent à Warwick la capture de prisonniers en si grand nombre que les prisons de Calais ne pouvaient les contenir et plus de dix mille livres de butin. « Les marchés de Calais et du Kent furent alors fournis de tant de marchandises du Midi que, avec un shilling on achetait autant de choses qu'avec deux, l'année précédente » (2). Aussi Warwick était-il devenu l'idole des marins et des marchands.

Vers le mois de Mai, le duc d'York avait essayé d'obtenir l'appui de Charles VII et lui avait promis de grands avantages s'il consentait à le soutenir dans sa querelle avec la Reine. Ses propositions furent repoussées. A cette même date, Philippe le Bon se rapprochait au contraire des Yorkistes. Le 1er Mai, il envoyait des lettres closes à Warwick. Le 3 Juin, arrivaient à Calais le comte d'Etampes, l'évêque de Toul et le maréchal de Bourgogne qui y séjournèrent jusqu'au 1er Juillet. Sous le prétexte du renouvellement des trêves commerciales, on traita dans ces conciliabules avec Warwick des questions politiques et il semble probable qu'une convention secrète intervint dès lors entre le duc de Bourgogne et les Yorkistes. Charles VII s'en inquiéta (3).

A l'automne, Warwick attaqua, dans le détroit, une grande flotte de vaisseaux appartenant à la ligue hanséatique et qui se rendaient de Lubeck dans le Sud de la France. Il en prit cinq qu'il conduisit à Calais. Or, il y avait un traité de commerce entre l'Angleterre et la Hanse. C'était donc un acte de piraterie. Warwick fut invité à comparaître devant le

---

(1) Voir sur ce combat l'introduction des Paston Letters, I, p CXXIII, et une lettre de John Jernyngham à Margaret Paston, ibid I, p 129.

(2) Oman, op. cit. p. 69.

(3) Voir, sur ces entrevues de Calais, Rymer, V, pars II, p 80. G. Chastellain, édit cit. T. III, p. 127 Dans une lettre de John Jernyngham à Margaret Paston, le 1er Juin 1458, l'arrivée des ambassadeurs bourguignons à Calais est annoncée pour le surlendemain, 3 Juin. Paston Letters, I, p 128. — Cl. de Beaucourt, VI, pp 182, 260, qui a utilisé aux Archives du Nord le reg B ; 2,030, fos 235 vo et 245.

Conseil à Westminster, le 8 Novembre 1458, pour donner des explications sur sa conduite. Pendant qu'il s'y trouvait, une discussion éclata entre les gens de sa suite et les hommes de Somerset et de Wiltshire. Il crut ou fit semblant de croire qu'on avait voulu l'attirer dans un guet-apens et repartit en hâte à Calais (1), après avoir conféré avec son père, le comte de Salisbury, et avec Richard, duc d'York.

A son retour à Calais, Warwick fut reçu par son oncle, William Neville, lord Fauconbridge, qui avait gouverné la ville pendant son absence. Soldats, bourgeois et marchands « quy estoient desja advertis comment on l'avoit voullu tuer » lui firent un accueil enthousiaste. Il manda près de lui ses principaux lieutenants, entre autres, André Trolop, un vétéran des guerres de France, et les pria de soutenir sa cause par les armes, se donnant comme persécuté par une faction qui égarait le Roi, car le respect de la personne de Henry VI était encore tel que tous « lui répondirent qu'ilz lui aideroient à mener sa guerre contre tous, exceptée la personne du roy, bien et loyaulement : dont le conte les remercya » (2).

La guerre civile allait commencer et Warwick s'y prépara dans sa forteresse de Calais sans que le gouvernement royal fît, au début de l'année 1459, la moindre tentative contre lui. A l'automne, quand les Yorkistes se mirent en campagne, Warwick débarqua à Sandwich avec deux cents hommes d'armes et quatre cents archers de la garnison de Calais que commandait sir André Trolop. Le 12 octobre, les troupes levées par la reine Marguerite et celles du duc d'York, de Salisbury et de Warwick étaient en présence. La reine eut alors l'idée de lancer une proclamation promettant de pardonner aux rebelles et André Trolop en fut informé par un messager du jeune duc de Somerset « moult bien enlanguagié, qui lui remonstra comment il venoit mener guerre alencontre du roy, son souverain seigneur » (3). Trolop se laissa gagner par ces exhortations et par l'espoir des récompenses qui lui étaient offertes et il réussit à détacher la garnison de Calais du parti de Warwick. Le reste des troupes yorkistes fut dispersé sans peine par l'armée royale, à Ludlow.

Tandis que Richard d'York avec son second fils, le comte

---

(1) Oman, op. cit. p. 71.

(2) Wavrin, édit. cit. II, p. 191.

(3) Ibidem, p. 191.

de Rutland, gagnait le pays de Galles, Warwick, avec le comte de March, fils aîné de Richard, et le comte de Salisbury réussit à s'enfuir dans le Devonshire et à s'embarquer pour Guernesey d'où il se rendit à Calais.

Il y arriva le 3 Novembre et y fut accueilli avec joie par Lord Fauconbridge. Après une visite à l'église de Saint-Pierre, ils rentrèrent dans la ville. Le maire, les aldermen et les marchands de l'étaple allèrent à leur rencontre avec tous les soldats. « Si firent, ceste nuit, tres bonne chiere : ce que piecha n'avoient fait, pour double qu'ilz avoient de trouver leurs annemis devant eulx à Callaix » (1).

C'était en effet une lourde faute de la reine de n'avoir pas au moins essayé de reprendre Calais aux Yorkistes aussitôt après la défaite de Ludlow. On avait, il est vrai, nommé le jeune duc Henry de Somerset capitaine de Calais dès le 9 Octobre (2), trois jours avant la rencontre, mais on ne paraît pas s'être hâté de prendre effectivement possession de la ville. Quand Somerset arriva à Sandwich, avec quelques centaines d'hommes, pour passer sur le continent, des vents contraires retardèrent la traversée et c'est seulement dans la nuit qui suivit le retour de Warwick qu'un héraut de Somerset parut devant la « Watergate » pour prévenir la garnison que son maître viendrait le lendemain prendre le commandement de la ville. La garde répondit au héraut qu'on allait communiquer cette nouvelle au comte de Warwick et qu'on rapporterait sa réponse. Le héraut, très surpris, consentit à l'attendre. « Et le guet se party, allerent au chastel, et raconterent au conte tout ce que le herault avait dit ; et lors fut, incontinent, faite responce au herault qu'on ne voulloit leans autre capitaine que le conte de Warewic... » (3). Le héraut repartit sur le champ.

La surprise de Somerset fut extrême en apprenant que Warwick l'avait devancé à Calais ; il jura de mettre « ceulz de Callaix en tele subgection, qu'il les feroit venir à obéissance ». Le lendemain, il mit à la voile avec ses forces, formées en grande partie des soldats de sir André Trolop ; mais une tempête s'étant élevée dans le détroit, il réussit à grand peine

---

(1) Wavrin, édit. cit. II, p. 198.

(2) Rymer, V, pars II, p 90.

(3) Wavrin, édit cit. II, p. 198 — Cf. An English Chronicle, édit cit pp. 79-85.

à aborder à la falaise d'Escalles, avec Trolop, et il se présenta devant Guînes, dont la garnison consentit à le recevoir. Mais les vaisseaux, contenant ses chevaux, ses armes et ses munitions, avaient été contraints, par la tempête, de chercher un refuge dans le havre de Calais. On peut croire aussi que, parmi les matelots qui les montaient, beaucoup étaient restés fidèles à Warwick, à qui ils offrirent leurs services. Le maître du navire appelé « La Trinité » lui dit, en touchant au port : « Monseigneur, nous avons amené gens, harnois et chevaulz pour ce que nous scavions bien que vous en auriés grant joye et plaisir ».

Warwick fit décharger les vaisseaux et mener à la halle ceux qui les montaient. Parmi eux était Lord Audley, l'un des fidèles de Somerset. Lord Roos, qui l'accompagnait aussi, avait réussi à se réfugier en Flandre. Warwick renvoya une partie des prisonniers, enferma Lord Audley au château et fit décapiter sur la place du Marché, en présence d'une grande foule, tous ceux de ses anciens officiers qui, ayant jadis servi sous ses ordres, comme capitaine de Calais, l'avaient abandonné. Il envoya ensuite au duc de Somerset un message ironique pour lui dire « qu'il remercyoit Dieu, non pas luy, des biens qu'il lui avoit envoiez ».

Ainsi, la ville de Calais devint la citadelle du parti yorkiste qui conservait d'ailleurs, en Angleterre, la faveur populaire. Warwick y était tout puissant et les mécontents anglais ne tardèrent pas à venir l'y rejoindre (1).

Somerset et Trolop avaient établi à Guînes leur quartier général, mais ils ne pouvaient rien contre Calais, faute de chevaux et d'armes. Ce n'est qu'après s'être refaits, avec l'aide de la garnison française de Boulogne, qu'ils purent commencer, contre Warwick, une guerre d'escarmouches. En fait, leurs communications avec l'Angleterre étaient coupées, mais comme de son côté Warwick ne pouvait plus se ravitailler dans le Kent, ils essayaient d'intercepter ses approvisionnements par terre, venus des Flandres.

Warwick escomptait la bonne volonté de Philippe le Bon à son égard. Deux jours après son arrivée à Calais, il avait reçu la visite d'un délégué du duc de Bourgogne qui y demeura

---

(1) Oman, op. cit. pp. 82-83. — Paston Letters, Introduction, pp. CXXXIV et suiv.

jusqu'au 5 Décembre 1459 (1). Il en était résulté un accord par lequel l'introduction des vivres dans la ville serait assurée par les soins des Flamands, nonobstant tout traité pouvant exister avec l'Angleterre. Chaque jour de marché, Warwick détachait une partie de la garnison pour escorter les Flamands et leurs voitures. Mais, ni Somerset ni Warwick ne tiraient grand profit des continuelles escarmouches qui mettaient aux prises, autour des convois de Gravelines et de Dunkerque, les soldats anglais de Guînes et de Calais.

Novembre et Décembre 1459 se passèrent ainsi. La reine avait pris des mesures pour renforcer Somerset. Lord Rivers et son fils, sir Antony Woodville, avec quatre cents hommes, furent envoyés à Sandwich, avec mission de s'emparer des vaisseaux de Warwick qui s'y tenaient à l'ancre et de saisir la première occasion favorable pour passer à Guînes. Le temps était mauvais et les troupes peu disciplinées. Warwick, informé de ces faits, résolut de prendre l'offensive. A la Noël, il réunit ses hommes et leur demanda s'il n'était pas possible de reprendre son grand navire qu'il montait quand il était amiral, car il était à Sandwich avec plusieurs autres navires. Sir John Dynham, l'un de ses capitaines, se déclara prêt à tenter l'entreprise si Warwick voulait lui confier quatre cents combattants. Dynham, auquel Warwick avait adjoint John Wenlock, un autre de ses lieutenants, arriva à l'improviste devant Sandwich, à 5 heures du matin. Ils ne rencontrèrent aucune résistance. Lord Rivers fut saisi dans son lit et son fils fut fait prisonnier au moment même où il revenait de Londres. Il n'y eut pas la moindre lutte, car les gens de Sandwich, favorables aux Yorkistes, ne firent rien pour les secourir. Dynham et Wenlock ramenèrent à Calais tous les navires de Sandwich, sauf le navire-amiral, *La Grâce de Dieu*, qu'une avarie empêchait de tenir la mer.

On attendit le soir pour faire débarquer les prisonniers que les habitants de Calais détestaient (2). On les conduisit, sous l'escorte de cent soixante hommes d'armes, porteurs de

---

(1) Le 5 Novembre, Charolais, maréchal d'armes de Brabant, était venu à Calais. Arch. du Nord, B. 2.010, f° 155 v°. — Cf. de Beaucourt, op cit VI, p 270.

(2) « Les contes de la Marche, de Salsebery et de Warewic ne volent point que le seigneur de Rivieres et son filz entraissent en la ville (pour doubte du commun qui ne les amoit point), jusque sur le vespre... » Wavrin, op. cit. II, p. 205.

torches, en présence des trois comtes : Warwick, Salisbury et le comte de March qui les accueillirent par des railleries et des paroles insultantes. Ils furent ensuite enfermés au château de Calais où, du reste, on les traita bien (1). Cet épisode peut être placé vers la mi-janvier 1460.

Si la fidélité des Calaisiens avait permis à Warwick de tenir en échec les Lancastriens vainqueurs, ce n'étaient pas les escarmouches quotidiennes avec Somerset qui pouvaient amener des résultats décisifs. C'est en Angleterre qu'il fallait jouer la partie suprême et, pour cela, il était indispensable de s'entendre avec Richard d'York. Au printemps de 1460, Warwick partit donc pour l'Irlande, avec dix vaisseaux montés par 1.500 marins ou hommes d'armes. Il prit congé du maire et des officiers de Calais, ainsi que des marchands de l'étaple, après leur avoir adressé un vibrant appel auquel ils répondirent par la promesse formelle d'obéir, en son absence, aux comtes de March et de Salisbury et à lord Fauconbridge (2).

L'absence de Warwick se prolongea près de trois mois et déjà le bruit courait, à Calais, qu'il s'était enfui et ne reviendrait plus (3). La flotte lancastrienne, que commandait le duc d'Exeter, n'osa pas lui livrer bataille à son retour d'Irlande où il avait arrêté, avec le duc d'York, le plan de la prochaine campagne en Angleterre. Le 1er Juin, les navires de Warwick parurent en vue de Calais. Les sentinelles de garde sur les remparts crurent que cette force navale était celle du duc d'Exeter et donnèrent l'alarme. Bientôt, ils reconnurent « les enseignes du conte de Warewic » et la population de Calais se porta vers le rivage pour saluer, d'acclamations bruyantes, le débarquement de Warwick qui ramenait avec lui sa mère, la comtesse de Salisbury. De leur côté, les Anglais de Guines qui, toujours bien informés, avaient espéré que la flotte signalée devant Calais leur apportait les

---

(1) Lettre de William Paston à son frère John, 29 Janvier 1460 Paston Letters, I, pp. 505-506 — Cf. An English Chronicle, p. 85.

(2) « Lesquelz oians la requeste du conte de Warewic, tous ensamble, bourgois et marchans, la loy et tous les sauldoyers de la ville de Callais, respondirent d'un commun acord que, pour tout prendre, ne feroient faulte aus dis seigneurs.» Wavrin, édit. cit. II, p 208

(3) « Le sien voyage avoit esté long et moult ennoiant à ceulx de Callais, dont aulcuns disoient qu'il s'en estoit fuys et que jamais ne reveroit... » Ibidem, p. 210.

secours qu'on leur promettait depuis de longs mois, s'approchèrent de la ville ; mais, apprenant que c'était Warwick qui revenait d'Irlande, « ilz devinrent moult simples et desplaisans ». Les Calaisiens commençaient à supporter avec impatience les pertes et les ennuis qui résultaient, pour eux, de leur isolement et de leur continuel état de guerre avec la garnison de Guînes Dès le lendemain du retour de Warwick, ils vinrent le prier d'aviser aux moyens d'en finir avec Somerset. Warwick leur recommanda de patienter encore un peu et, ayant rassemblé les principaux habitants de Calais, il leur démontra qu'une expédition contre Guînes était très dangereuse, car les Français profiteraient de l'occasion pour pénétrer sur leur territoire et que, d'ailleurs, le seul moyen de terminer la lutte avec les Lancastriens était de préparer une armée qui passerait en Angleterre, se grossirait de tous les partisans de Richard d'York et imposerait au Roi de nouveaux conseillers. Tous se rallièrent à cet avis (1).

Toutefois, avant de commencer cette expédition, Warwick, sachant que la reine avait réuni un corps de cinq cents hommes qui, sous les ordres d'un ancien officier de Calais, Osbert Mundeford, attendait à Sandwich le moment propice pour rejoindre Somerset, à Guînes, résolut de prévenir ce nouvel adversaire. Le 25 Juin, sir John Dynham conduisit, à Sandwich, un nombre suffisant de soldats qui, cette fois, eurent à soutenir un combat acharné contre les forces de Mundeford. Dynham fut blessé, mais la ville fut prise et Mundeford, ramené à Calais, fut sur le champ jugé et condamné à mort pour avoir manqué à son serment de fidélité à Warwick. Le 26 Juin, il fut décapité hors des murs de Calais (2). Le duc de Somerset, désespérant d'être secouru, aurait songé à remettre la ville de Guînes entre les mains du comte de Charolais, mais le duc de Bourgogne s'y serait refusé (3).

Warwick avait lancé de Calais une sorte de manifeste, ou plutôt de réquisitoire contre le gouvernement de Henry VI. Au mois de Juin était aussi entré à Calais, de retour d'Angleterre, un légat du pape, Francesco Coppini, évêque de Terano, qui avait essayé, vainement, d'intéresser Henry VI à un projet de croisade contre les Turcs. Warwick lui persuada

---

(1) Wavrin, édit. cit II, pp. 214-215.

(2) Oman, op. cit pp. 88-90

(3) Wavrin, édit. cit. II, p. 215.

de demeurer avec lui et de servir d'intermédiaire entre les Yorkistes et le Roi (1). Le légat y consentit et, le 27 Juin, il accompagna les comtes de March et de Salisbury qui, avec Warwick, Fauconbridge et Wenlock débarquèrent à Sandwich, à la tête de deux mille soldats. Warwick n'avait laissé à Calais qu'une petite garnison pour défendre la place contre Somerset et assurer la sécurité de sa mère et de sa femme, confiées par lui au loyalisme des Calaisiens (2).

Nous n'avons pas à étudier ici les épisodes de la guerre civile qui commença alors en Angleterre, mais seulement à en noter la répercussion sur les événements dont Calais fut le théâtre. Le 10 Juillet 1460, la victoire de Northampton ayant assuré momentanément le triomphe des Yorkistes, Warwick revint à Calais. Il remercia les bourgeois, marchands et soldats du dévouement qu'ils lui avaient témoigné et eut une entrevue avec Somerset à Saint-Pierre-lez-Calais. « Si s'entrefirent grant chiere et honneurs à l'aborder, puis se diviserent ensamble de plusieurs choses, bien l'espace d'une bonne heure, sans plus eulx deux, et telement que le duc de Sombresset promist au conte que jamais ne se armeroit contre luy ne les siens .. » Warwick annonça aux Calaisiens que l'accord était conclu entre Somerset et lui « dont tous ceulz de Callaix furent moult joyeulz ». Il repartit ensuite pour Londres (3). Quant à Somerset, il quitta Guînes aussitôt et, avec l'aide du roi de France, favorable aux Lancastriens (4), il rentra en Angleterre où la reine Marguerite tentait un retour offensif contre ses ennemis.

Le 30 Décembre 1460, à Wakefield, les Yorkistes étaient mis en déroute. Richard et son second fils, le comte de Rutland, y périrent, ainsi que le comte de Salisbury, père de Warwick. Celui-ci fut à son tour battu à Saint-Alban (17 Février 1461), et s'enfuit dans le pays de Galles. Le succès momentané de Marguerite d'Anjou semble avoir fait concevoir, à Charles VII, l'espérance de reprendre Calais et avoir inspiré

---

(1) Ellis' Letters, 3e série, I, pp. 82-91. — Paston Letters, Introduction, I, p. CXXXVIII.

(2) Oman, op. cit. p. 90.

(3) Wavrin, édit. cit. II, pp. 233-236.

(4) De Beaucourt, op. cit. VI, p. 297, note 1.

en revanche les craintes les plus vives à Philippe le Bon (1). Quelques jours plus tard, la fortune souriait aux Yorkistes ; Edouard, comte de March, celui-là même qui avait séjourné à Calais l'année précédente avec Warwick, se faisait proclamer roi à Westminster, le 4 Mars, sous le nom d'Edouard IV, et, le 29 Mars, à Towton, il remportait sur les Lancastriens une victoire décisive. Ce revirement ruinait le secret espoir de Charles VII qui, au printemps de 1461, n'avait pas encore renoncé à ses projets sur Calais (2). Il mourut, le 22 Juillet suivant, sans avoir eu la joie d'enlever à l'Angleterre cette ville dont on lui a reproché, bien à tort, nous l'avons vu, de s'être désintéressé.

En revanche, Philippe le Bon était au mieux avec les Yorkistes victorieux. Il avait accueilli à Bruges, après Saint-Alban, les deux jeunes frères d'Edouard. Après le couronnement de celui-ci, il les fit reconduire à Calais par Morelet de Renty, le capitaine de ses archers (3), avec 50 hommes d'armes, des chevaliers et des écuyers de son hôtel. C'est là que le nouveau roi les envoya « querir à belle compaignie ».

Quant à Warwick, il était tout puissant. « Il obtint la capitainerie de Calais sa vie durant, alors que cette charge n'avait été donnée jusqu'à ce moment que pour une période déterminée » (4). Il ne fit plus, d'ailleurs, que de brefs séjours dans cette ville où il plaça comme officiers des hommes sûrs (5). Les soldats qui l'avaient aidé furent aussi gratifiés de pensions et de menues charges en Angleterre (6).

Marguerite d'Anjou, qui continuait à revendiquer les droits de son mari et de son fils, était venue en France solliciter des

---

(1) « Tout porte à croire qu'il espère avoir Calais, à la faveur de la reine d'Angleterre. Et, en raison de ces desseins sur Calais, le duc de Bourgogne va se rendre dans une ville que l'on nomme Saint-Omer, sous prétexte d'y célébrer la fête de la Toison, et il a ordonné que tous ceux qui l'accompagnent soient en armes. Il sera là aussi plus à portée des choses de l'Angleterre. » Lettre de Camulio, ambassadeur du duc de Milan à la cour de Bourgogne, traduite dans De Beaucourt, op. cit. VI, p. 327.

(2) Sur ces derniers projets de Charles VII, voir l'ouvrage de De Beaucourt, VI, p. 333, note 1, p. 334, note 1 et p. 335.

(3) Wavrin, édit. cit. II, p. 306.

(4) Daumet, op. cit. p. 64.

(5) Patent Rolls, Edw IV, vol. I, pp. 25, 44, 71, 79, 130, 143

(6) Ibidem, passim.

secours du nouveau roi, Louis XI, et celui-ci, qui s'était montré partisan de la maison d'York tant qu'il était dauphin, n'hésita pas à conclure, en 1462, un traité avec la maison de Lancastre. Calais devait être le prix de cette alliance. Le 23 Juin 1462, la reine Marguerite signait à Louis XI une reconnaissance de vingt mille livres tournois dont la ville de Calais était le gage. Elle promettait que Henry VI, rendu à la liberté, nommerait gouverneur de Calais Jasper, comte de Pembroke, ou John, comte de Kendale, qui serait tenu par serment de remettre, dans le délai d'un an, aux commissaires de Louis XI, la ville de Calais ou la somme prêtée. Faute de remboursement, Calais resterait définitivement à Louis XI qui verserait aux Anglais quarante mille écus (1).

Il est même probable que Louis XI essaya, pendant l'été de 1462, de préparer une attaque contre Calais. Il aurait essayé de s'entendre, à ce sujet, avec le duc de Bourgogne en lui offrant de donner le commandement de l'armée d'opérations au comte de Charolais, si Philippe consentait à fournir une flotte de navires de Hollande et de Zélande et à lui permettre de passer par ses Etats. Mais Philippe le Bon qui entretenait avec Edouard IV les rapports les plus étroits « pour le bien de ses pays », repoussa ces propositions (2).

La présence de la reine Marguerite à Boulogne inquiétait vivement le gouvernement d'Edouard IV, d'autant plus que deux cents hommes de la garnison de Calais étaient mécontents du défaut de paiement de leurs gages, car, depuis que Warwick avait quitté Calais, on était retombé dans les anciens errements. De Boulogne, Marguerite intriguait et tentait de gagner les soudoyers de Calais. Beaucoup de marchands de Londres étaient effrayés de cette situation et le trésorier d'Angleterre avait fort à faire pour trouver l'argent nécessaire. Des renforts furent expédiés à Calais et Edouard IV songeait à s'y rendre lui-même, car les soldats étaient si furieux qu'ils

---

(1) « Quod si dicta summa viginti milium librarum non fuerit predicto cognato nostro Francie intra annum, ut premittitur, soluta, obligamus nos per presentes, et in vim prefate nostre commissionis facere tradi et deliberari predicto cognato nostro villam et castrum Calesie antedicta . » Arch. Nat J, 648, n° 2. pièce publiée par Mlle Dupont, dans son édition des Anchiennes Chronicques d'Engleterre, T. III, pp. 176-177.

(2) G. Chastellain, édit cit. IV, p 226 Le moment était favorable pour cette expédition, dit ce chroniqueur « il sembloit que c'estoit droitement l'heure et le point des Francois pour envahyr ceste ville et pour la tirer hors des mains des Anglois... »

ne voulaient admettre personne autre que le Roi ou le comte de Warwick (1).

Les marchands de l'étaple intervinrent sans doute et avancèrent les sommes réclamées par la garnison, car, le 16 Septembre 1462 (2), Edouard IV concédait à l'étaple diverses franchises sur les laines en récompense d'un prêt de 10.917 lb. 19 s. Quelques mois plus tard, le 29 Janvier 1463, il reconnaissait encore avoir reçu d'eux 1.322 lb. 7 s. pour le paiement du capitaine et des soldats de Calais et les exemptait du droit de 10 s. par sac de laine perçu dans les ports anglais, jusqu'au remboursement de ce prêt (3).

Les tentatives de Marguerite d'Anjou avaient échoué et Louis XI essayait de se rapprocher d'Edouard IV. Aucun danger ne menaçait plus Calais où la prospérité matérielle paraît avoir été fort grande. Edouard IV favorisa le commerce des laines et, en 1466, confia complètement aux marchands de l'étaple l'administration financière des marches de Calais (1). En même temps, il conférait au maire de la ville le privilège de faire porter devant lui une épée dans les limites de sa juridiction. Il en résulta un curieux conflit de préséance entre John Hall, maire de la ville, et John Thryske, maire de l'étaple, devant lequel on ne portait qu'une simple baguette. L'ordre fut troublé à Calais par les amis des deux maires et il ne fallut rien moins qu'une intervention de Warwick (5), alors de passage à Calais, pour apaiser cette querelle dont nous aurons à parler plus longuement ailleurs.

En 1466, une conférence réunit à Calais des ambassadeurs de Louis XI et d'Edouard IV qui conclurent une trêve de vingt-deux mois (6). L'année suivante, Warwick, dont l'influence à

---

(1) « The soudyors are so wyld there that they wyll not lette in ony man but the kynge or my Lord Warwyck.. » Lettre de John Russe à John Paston, 1462, qui nous fournit les renseignements utilisés ici. Paston Letters, II, p. 118.

(2) Patent Rolls, Edw. IV, vol. I, p. 222.

(3) Patent Rolls, Edw. IV, vol. I, p. 220.

(4) P. R. O., Early chancery, Roll 110, m. 22, cité par Daumet, p. 111.

(5) Ibidem, Roll 111, m. 15. Ce document qui contient outre la sentence arbitrale de Warwick, la confirmation donnée, le 24 Juillet 1467, par Edouard IV, a été copié par Bréquigny Moreau, 682, f° 117.

(6) Journal de Jean de Roye, édit. de Mandrot, Soc. Hist. de France, I, p. 156.

la cour de Londres avait diminué depuis le mariage d'Edouard IV avec Elisabeth Woodville, et qui cherchait à lui opposer son jeune frère, le duc de Clarence, vint à Calais avec ce dernier. Il avait reçu la mission de continuer à négocier avec Louis XI qu'il alla voir à Rouen (1). En prévision d'une rupture avec Edouard IV, Warwick n'était pas fâché de se ménager un appui auprès du roi de France. Pendant qu'il était en France, des ambassadeurs bourguignons recevaient en Angleterre un chaleureux accueil et obtenaient d'Edouard IV de formelles promesses d'alliance.

Le mariage de Charles le Téméraire, devenu duc de Bourgogne, par la mort de Philippe le Bon, le 15 Juin 1467, avec la sœur du roi d'Angleterre, Marguerite d'York, fut célébré en 1468 et prépara la rupture définitive entre Warwick et Edouard IV. En 1469, Warwick fit un long séjour à Calais. Le 22 Avril, il rendit visite à Charles le Téméraire à Saint-Omer. Afin de s'attacher définitivement le duc de Clarence, à qui il promettait la couronne d'Angleterre, il lui fit épouser à Calais, le Mardi 11 Juillet, sa propre fille Isabelle. Les noces furent célébrées, sans éclat, au château de Calais et le Dimanche suivant, Warwick et Clarence partirent pour l'Angleterre où ils s'efforcèrent de provoquer une révolte contre Edouard IV (2).

Après un succès éphémère et une réconciliation apparente avec le roi d'Angleterre, Warwick fut décrété de prise de corps et, à la fin de Mars 1470, il s'enfuit avec le duc de Clarence, espérant faire à nouveau de Calais, comme il l'avait fait dix ans plus tôt, le point d'appui solide où il organiserait la lutte contre Edouard IV. Mais celui-ci, prévoyant ce dessein, se hâta d'expédier un messager aux Calaisiens « pour leur faire savoir que, sus encoire en son indignation, ne fussent telz ne sy ozés de mettre ne recepvoir en sa bonne ville de Calaix le duc de Clarence ne le conte de Warwicq, lesquels il tenoit pour ses anemis » (3). Le messager royal arriva à Calais avant que les navires de Warwick ne fussent en vue. Il remit ses lettres à sir John Wenlock, le lieutenant de Warwick, qui, depuis de longues années, commandait à Calais

---

(1) Wavrin, édit cit II, p. 350.

(2) Ibidem, pp 101-103. L'auteur de cette chronique se trouvait à Calais la semaine qui précéda ce mariage — Cf Oman, op. cit.

(3) Ibidem, III, p 29.

au nom de celui-ci. Gaillard de Durfort, seigneur de Duras (1), alors maréchal de Calais, le maire de l'étaple et tous les soudoyers de Calais entendirent la lecture des ordres du Roi qui excitèrent de violents murmures, « car tant amoient le conte de Warwicq que, s'il fust advanchié de plus tost estre venus, luy et sa compaignie fussent entrees dedens la ville de Calais ». Wenlock n'osa pas cependant se mettre en état de rebellion ouverte, d'autant qu'il y avait, semble-t-il, une partie des soldats favorables au Roi. Il fit occuper fortement le château et les principaux points de la ville, afin d'empêcher toute sédition (2).

Quand les vaisseaux de Warwick parurent devant le port, on leur refusa donc l'accès de la ville et même on tira le canon contre eux. Pendant que ces vaisseaux étaient en rade, la duchesse de Clarence, fille de Warwick, étant accouchée d'un fils, Wenlock consentit à grand peine à ce qu'on lui portât deux flacons de vin. Il s'excusait d'ailleurs auprès de son capitaine et lui conseillait de se retirer en France, lui promettant au surplus de lui garder fidèlement la ville de Calais dont il lui rendrait compte quand il serait temps (3). Warwick essaya, à ce qu'il semble, de pénétrer de force dans Calais « et, de fait, tirèrent canons et veuglaires les ungs contre les aultres » Il essaya de parlementer et d'obtenir au moins qu'on laissât entrer dans la ville sa femme et ses deux filles. Les pourparlers durèrent quelques jours et, n'ayant rien obtenu, Warwick fit voile vers la Normandie, capturant, au passage, plusieurs navires bourguignons. On sait comment Louis XI réussit alors à le réconcilier avec son ancienne ennemie, Marguerite d'Anjou, et leur fournit les moyens de rentrer en Angleterre où Warwick restaura, pour quelque

---

(1) Gaillard de Durfort, seigneur gascon, avait livré Bordeaux aux Anglais, le 22 Octobre 1452, et quand Charles VII eut reconquis la Guyenne, il émigra en Angleterre. Il était déjà à Calais en 1459 et il commanda la flotte qui conduisit Warwick en Irlande, au printemps de 1460

(2) « Le seigneur de Wenneloc, le seigneur de Duras et aultres sages et prudens hommes firent tant, et par sy bonne maniere, qu'ilz furent maistre et seigneur du chastel et de la grosse tour, où au par dehors avoit une saillye, laquelle fu derompue et le pont et place quy y estoit fu rompu et abatu, adfin que nulz de ceulx de dedens y peuissent avoir bouté ne faire yssir de dehors personne oultre leur voulenté » Wavrin, III, p 29.

(3) Mémoires de Philippe de Commynes, édit B de Mandrot, 1901, T. I, pp. 198, 200.

temps, le trône de Henry VI et contraignit Edouard IV à chercher, à son tour, un asile auprès de son beau-frère, Charles le Téméraire, contre lequel Louis XI prenait, de son côté, l'offensive, au début de l'année 1471.

Le succès de Warwick fut appris avec enthousiasme à Calais. Wenlock, que le roi Edouard avait nommé capitaine de Calais, pour le récompenser d'en avoir fermé les portes à Warwick fugitif, et qui avait reçu, de Charles le Téméraire, mille écus de pension pour le même fait, se hâta de se rallier à son ancien maître. Celui-ci voulait se venger du duc de Bourgogne. A peine était-il maître de Londres qu'il envoyait à Calais trois ou quatre cents hommes qui ravagèrent le Boulonnais (1). Un plan de campagne était dressé pour abattre, de concert avec Louis XI, la puissance de Charles le Téméraire. Les ambassadeurs français avaient reçu des instructions à ce sujet (2). Louis XI s'engageait formellement à ravitailler Calais où Warwick amènerait une armée qui attaquerait Charles au Nord, tandis que les troupes de Louis XI entreraient en Picardie (3).

Le duc de Bourgogne chargea Philippe de Commynes de se rendre à Calais et de négocier, avec Wenlock, au sujet des déprédations commises sur ses terres par les soldats de la garnison de Calais. Commynes qui, à diverses reprises, avait été en relations avec Wenlock, s'arrêta sur les confins du territoire anglais, n'osant pas s'aventurer sans un sauf-conduit dans les marches de Calais où l'exaspération était au comble contre les Bourguignons. A son arrivée à Calais, personne ne vint à sa rencontre. « Tout homme portoit la livrée de monsr de Warvic... » A la porte du logis de Commynes, les Calaisiens firent plus de cent croix blanches et des rouges, contenants que le roy de France et le conte de Warvic estoit tout ung ».

En représailles des pillages des Anglais, le duc avait ordonné de saisir les marchandises de l'étaple entreposées à Gravelines. Wenlock fit néanmoins bon accueil à l'envoyé

---

(1) Commynes, édit. cit. p. 210.

(2) Ces instructions ont été publiées dans l'édition de Wavrin par Mlle Dupont, pièces justificatives, T. III, p 196 et suiv.

(3) « Le roy a fait commandement à tous marchans et autres du pais de Normandie, de incontinent charger blez et autres vivres et iceulx envoyer à Calais, afin qu'il n'y en ait faulte. Et tellement y a le roy pourveu qu'il croit que ja l'on en a mené à Calais une bonne quantité... » Ibidem, p. 197

du duc qu'il invita à sa table. « Et avoit le revastre d'or sur son bonnet (qui estoit la livrée dudit conte), qui est ung baston noir, et tous les aultres semblablement : et qui ne le pouvoit avoir d'or, l'avoit de drap... » Wenlock raconta à Commynes comment, un quart d'heure après l'arrivée du messager annonçant la victoire de Warwick, la ville s'était prononcée en sa faveur. Quant à lui, il s'excusait de son revirement en rappelant les bienfaits qu'il avait reçus de Warwick. Les marchands, dont Commynes avait fait saisir les biens à Gravelines, réclamaient son arrestation, mais les intérêts commerciaux étaient tels entre les staplers de Calais et les Flamands, sujets du duc de Bourgogne, que l'accord, primitivement conclu avec le roi Edouard, fut confirmé au nom du roi Henry (1). Les Calaisiens payèrent la valeur du bétail qui avait été enlevé sur les terres du duc.

Peu importait en effet aux marchands de laines de Calais le nom du Roi, pourvu que leurs transactions ne fussent pas entravées. Ils s'opposèrent au projet que Warwick avait conçu d'embarquer quatre mille hommes pour Calais afin de coopérer à la guerre contre Charles le Téméraire (2). Ainsi, pour ne pas s'aliéner les staplers, dont le concours financier lui avait déjà été si précieux et dont il avait encore besoin, Warwick retarda l'exécution du plan combiné avec Louis XI, et c'est ainsi que, pour sauvegarder l'avenir, il prépara sa perte et que les intérêts commerciaux de l'étaple eurent une répercussion sur l'échec des projets de Louis XI.

Un nouveau coup de théâtre se produisit en effet en Angleterre. Avec l'aide de Charles le Téméraire, Edouard IV reprit le pouvoir. Le duc de Clarence abandonna Warwick, qui trouva la mort à la bataille de Barnet (14 Avril 1471).

Nous ignorons quelle fut l'attitude des Calaisiens dans cette circonstance et si Edouard IV rencontra quelque résistance

---

(1) « Fut accordé entre nous que les aliances demourroient entières que nous avyons avec le royaulme d'Angleterre, sauf que nous nommyons Henry au lieu de Edouard ». Commynes, édit. cit I, p. 211.

(2) Les chroniqueurs flamands traduisent exactement le sentiment de crainte très vive qu'inspirait l'alliance projetée de Warwick et de Louis XI. « Riquardus, dux de Warwyc, veluti promiserat regi Francorum, ad votum cuncta deducere nequiens, Flandriam armis, non petiit, quamquam Calisiensis villa tam per mare quam per terram plurimum infesta fuit... » Chronique du Religieux des Dunes, Adrien De Budt, édit cit p. 303

dans la ville. Le 17 Juillet 1471, William, lord Hastings fut nommé Lieutenant de Calais (1) et alla s'embarquer à Sandwich avec une suite de quinze cents personnes pour prendre possession de Calais et du Risban (2). Le chiffre imposant de cette escorte prouve qu'il s'agissait bien d'imposer, au besoin par la force, le nouveau gouverneur ou tout au moins de remplacer complètement la garnison de Calais par des troupes dévouées à Edouard IV. Très habilement aussi, le roi accorda une amnistie générale, dès le 6 Août, à un certain nombre de chevaliers, écuyers, bourgeois et marchands de Calais, du château, de Guînes et des marches. Ils conservèrent tous leurs biens, mais on leur enleva les offices qu'ils y possédaient (3). Ces mesures assurèrent la pacification qui était complète au mois de septembre, au dire d'un témoin (4), John Paston. Le 18 Janvier 1472, une nouvelle amnistie, où furent compris les plus notables habitants de Calais, puisque nous y relevons le nom de John Thryske, ancien maire de l'étaple en 1467, effaça les dernières traces des discordes politiques (5).

William lord Hastings conserva la charge du gouvernement de Calais pendant toute la durée du règne d'Edouard IV. Elle lui fut renouvelée pour dix ans le 11 Février 1479, avec le titre de garde général, surveillant, gouverneur et lieutenant du roi à Calais, au château et à la tour,(6). Il était en même temps grand chambellan d'Angleterre et il ne résida à Calais que de temps à autre, s'en remettant le plus souvent à un député ou lieutenant du soin de le suppléer (7).

---

(1) P. R. O. Early chancery, roll 115.

(2) Lettre du 16 Juillet ordonnant au garde du sceau privé de faire payer à lord Hastings les sommes nécessaires pour l'armement des navires qui le transporteront à Calais. — Copie dans Moreau, 682, fo 153.

(3) C'est le 6 Août 1471 que cette amnistie fut accordée, mais c'est le 9 Août que la liste nominative fut dressée. Elle est fort longue et comprend l'ancien maréchal de Calais, Geoffrey Gate, l'ancien contrôleur, Adrien Whetehill, des aldermen et des bourgeois. Patent Rolls, Edw IV, vol. 2, pp 271, 290 et suiv.

(4) « The Lordes Hastyngs and Howerd be in Caleys, and have it pesebely. » Lettre de sir John Paston à son frère, 15 Septembre 1471. Paston Letters, vol. III, p. 16.

(5) Patent Rolls, Edw. IV, vol 2 à la date du 18 Janvier 1472.

(6) P. R. O., Early Chancery, roll 122, cité par Daumet, op. cit p 99.

(7) Voir à ce sujet Paston Letters, vol III, pp. 89 et 97.

L'alliance d'Edouard IV avec son beau-frère, Charles le Téméraire, le 25 Juillet 1474, prévoyait une nouvelle invasion du royaume de France. Edouard IV s'était engagé à débarquer en France avant le 1er Juin 1475. Louis XI ne fut pas très ému de cette menace, car son habile politique avait suscité à Charles le Téméraire de nombreux ennemis. Tandis que celui-ci usait son temps et ses forces au siège de Neuss, Edouard se disposait à passer à Calais. Son allié eût préféré qu'il choisit un autre point de débarquement sur les côtes de Normandie, mais le roi d'Angleterre tenait à utiliser le seul point demeuré anglais sur le sol français, et ce n'était pas chose facile que de procéder au passage de cette armée, l'une des plus fortes que l'Angleterre ait rassemblées. Charles le Téméraire avait fourni cinq cents bateaux à fond plat, tirés de Hollande et de Zélande ; mais, malgré ce grand nombre d'embarcations, il fallut plus de trois semaines pour amener sous les murs de Calais les quinze cents hommes d'armes et les quinze mille archers dont Commynes a décrit le brillant équipage. Louis XI ne tenta aucune attaque pour gêner ce passage. Si le roi, dit Commynes, « eust entendu le faict de la mer aussi bien qu'il entendoit le faict de la terre, jamais le roy Edouard ne fust passé » (1).

Le roi d'Angleterre arriva lui-même à Calais, le 6 Juillet 1475. Louis XI, alors en Normandie, ignorait encore le 15 Juillet si Edouard était débarqué (2). Dès le mois de Juin, il avait cependant convoqué des renforts pour repousser l'invasion. Vers la Saint-Jean, il avait envoyé à Paris des lettres patentes pour faire publier que les Anglais étaient descendus à Calais (3).

Charles le Téméraire rejoignit Edouard le 14 Juillet, mais il n'amenait pas avec lui l'armée qu'il avait promise, car il avait perdu beaucoup de monde au siège de Neuss. Tous deux

---

(1) Commynes, édit. cit. I, pp 286, 288.

(2) Le 30 Juin, Louis XI écrivait: « A Calays y a IIII ou Vm Anglois, mais ilz ne bougent, et n'en est pas venu ung pour se monstrer devant nos gens... » Lettre datée de Croisy-sur-Andelle publiée dans les Lettres de Louis XI, roi de France, par Joseph Vaesen et Etienne Charavay, Soc. Hist. de France, t. V, p. 366. — Le 15 Juillet, Louis XI écrit encore: « Ne sçavons point au vray que le roy d'Angleterre soit descendu, et s'il est descendu, c'est à si petite compaignie qu'il n'en est point de bruit... » Lettre au chancelier, datée de Gaillardbois (canton de Fleury-sur-Andelle, Eure) Ibid. p 370.

(3) Journal de Jean de Roye, édit. cit. I, p. 339.

séjournèrent à Calais jusqu'au 18 Juillet (1). Edouard, découragé et ne trouvant pas de vivres pour son armée, prêta l'oreille aux suggestions de Louis XI et, le 29 Août, traita avec lui à Picquigny, moyennant 75.000 écus comptant et la promesse d'une pension annuelle de 50.000 écus. Il regagna aussitôt Calais où il fut accompagné par un conseiller de Louis XI, l'évêque d'Evreux (2). Il y était rentré le 1 Septembre et le jour même une grande partie des troupes s'était réembarquée pour l'Angleterre (3). Edouard IV, ayant appris à Calais que le duc Charles négociait de son côté une trêve avec Louis XI, il offrit à celui-ci de contracter une alliance offensive contre Charles, proposition que Louis XI déclina très prudemment (4).

La mort de Charles le Téméraire, le 5 Janvier 1477, ne pouvait laisser indifférent le roi d'Angleterre, car elle allait entraîner de graves événements. A la suite d'un grand conseil tenu à Londres, on décida d'envoyer à Calais des renforts importants que lord Hastings, gouverneur de la ville, fut chargé d'y conduire en personne (5). Louis XI s'efforça de faire croire, en Flandre, que les forces anglaises se proposaient d'enlever la fille du Téméraire, Marie de Bourgogne, à l'instigation de Marguerite d'York (6). Louis XI essayait alors de gagner les bonnes grâces des communes flamandes et faisait mine de solliciter, pour le dauphin, la main de Marie de Bourgogne. Il avait du reste mis une armée en campagne pour

---

(1) Commynes, édit. cit. I, p 292. — Cf. Basin, III, p 356.

(2) Journal de Jean de Roye, édit. cit I, p. 345 — Cf. Basin, III, p. 359.

(3) Lettre de sir John Paston à Margaret Paston, datée de Calais, le 11 Septembre 1475 Paston Letters, III. p. 139.

(4) Commynes, édit cit. I, pp. 329-330. Edouard IV demandait à Louis XI, pour prix de son alliance, de le dédommager des pertes que lui causerait, en cas de guerre avec Charles le Téméraire, la diminution des revenus qu'il tirait du commerce des laines, à l'étaple de Calais, avec les Flamands.

(5) Paston Letters, III, p. 173. Lettre datée de Londres, 11 Février 1477.

(6) Lettre de Louis XI, datée d'Arras, le 6 Mars 1477, au bailli de Vitry, à Jean Bourré et Guillaume de Cerisay: « Je vous envoye Guillaume Olivier, qui vient tout droit d'Angleterre. » Il dit que Monseigneur de Hastingues est venu à Calais et bien mil ou XIIe Angloys. Vous leur povez dire (aux Flamands) que c'est pour embler Madamoyselle de Bourgongne, et que Madame de Bourgongne mayne ceste entreprinse , » Lettres de Louis XI, édit. Vaesen et Charavay, T. VI, p. 138

s'emparer de l'Artois et du Boulonnais. Pendant le siège de Boulogne par ses troupes, lord Hastings essaya de nouer des intelligences avec le capitaine bourguignon qui y commandait et lui offrit le secours de la garnison de Calais (1).

Quand Marie de Bourgogne eut épousé Maximilien d'Autriche et que la lutte se fut engagée entre Maximilien et Louis XI, celui-ci réussit à obtenir au moins la neutralité d'Edouard IV que sa sœur, Marguerite, tentait d'entraîner dans le parti bourguignon. Au cours de l'année 1180, Calais fut le théâtre de négociations se rapportant à ces événements. Philippe de Crèvecœur, l'ancien capitaine bourguignon de l'Artois, passé au service de Louis XI, s'y rendit à cet effet et s'efforça vainement de s'opposer au passage de Marguerite en Angleterre. Le bruit courut même à Calais que la guerre allait éclater entre le roi d'Angleterre et le roi de France (2). Mais Edouard IV tenait trop à conserver les revenus que Louis XI lui versait, depuis le traité de Picquigny, pour rompre avec lui. De son côté, Louis XI ne ménageait pas les flatteries et les protestations d'amitié. Au printemps de 1181, on avait dit en Angleterre qu'il était à Boulogne et se disposait à attaquer Calais. Il se hâta d'écrire à lord Hastings : « Mon bon cousin, j'ay esté adverti par aucuns marchans de Normandye venans d'Angleterre, comme il a couru ung bruit par delà que j'estoys à Boullongne, et que je alloys mettre le siege à Callaix. Mon bon cousin, pour ce que la chose me touche et à mon honneur, je vous prie que vueilliez dire à Monsr mon cousin que je n'y pensé oncques, ne le vouldroys faire, ne souffrir toucher au moindre villaige de la terre de Callaix, et quant aucuns y vouldroit entreprendre, je le voul-

---

(1) Ce fait est attesté dans une enquête faite le 3 Mai 1177 à Boulogne dont Louis XI s'était emparé le Dimanche 20 Avril. — Cf. Mém. de la Soc. Acad. de Boulogne, T. XVII, 1895-1896, pp. 121-128.

(2) « Mox dominus Philippus de Cordes, alias Crievecuer, ingressus Calesiam, cum consilio regis Angliæ contraxit secrete novam ligam. » Religieux des Dunes, édit. cit. p. 512 — « Capitanei scilicet Arthesiæ Philippus de Cordes et dominus Sancti Andreæ Calisiam petierunt ut transitum impedirent antiquæ ducissæ Burgundiæ... » Ibidem, p. 519. — « Apud Calisiam inter duos reges Franciæ et Angliæ guerra proclamatur, sed non publice. » Ibidem, p 557. Marguerite avait quitté Bruges, le 21 Juin, se rendant à Calais. — Cf. Inventaire des archives de Bruges, T. VI, pp. 202 et 203.

droys deffendre à mon povoir... (1). L'intérêt de Louis XI est ici le garant de sa sincérité ! S'il renonçait à revendiquer le dernier coin de terre française restée aux mains des Anglais, c'est que, dans la lutte entreprise contre la maison de Bourgogne, devenue la maison d'Autriche, il avait un absolu besoin de la neutralité anglaise (2).

C'est à ce même sentiment qu'il obéissait quand, à son lit de mort, il recommandait encore aux serviteurs qu'il chargeait de veiller sur son fils de le détourner de toute tentative pour reprendre Calais (3). Ainsi s'explique l'apparente indifférence du successeur de Charles VII à l'égard de Calais. Trop positif pour sacrifier au plaisir de reprendre à l'Angleterre une place, devenue pour elle une charge (4), le succès de sa politique anti-bourguignonne, il laissait à l'avenir le soin d'achever son œuvre.

La mort d'Edouard IV (9 Avril 1483) fut le signal de nouveaux troubles. Son frère, Richard de Glocester, s'empara du pouvoir au détriment de ses neveux. Dès le 18 Juin, il fit périr lord Hastings qu'il savait fidèle à leur cause. Le 26 Juin, il s'emparait de la couronne et devenait roi sous le titre de Richard III. Immédiatement, le 28 Juin, il envoya trois commissaires John Blount, lord Mountjoy, maître John Cooke, archidiacre de Lincoln, et Thomas Thwaytes prendre, en son nom, possession de la ville et du château de Calais, ainsi que des forteresses voisines, avec pleins pouvoirs pour révoquer tous les officiers suspects et pourvoir à leur remplacement (5). Le 16 Juillet, il confiait le gouvernement de la ville et des marches à John de Dynham (6) qu'il remplaça, le

---

(1) Lettres de Louis XI, édit. cit. T. IX, p. 52. Les éditeurs datent cette lettre du 10 au 20 Juin 1481.

(2) Cf. Pirenne, Histoire de Belgique, T. III, p. 28.

(3) « Dist entre aultres qu'on le priast de ne mener nulles praticques sur Calays ne ailleurs... mais qu'elles estoient dangereuses, et par especial celles de Calays, de paour d'esmouvoir les Angloys ». Commynes, II, p. 75.

(4) Ibidem, II, p. 15.

(5) P. R. O., Early chancery, roll 128, m. 29. — Copie dans Moreau, 682, f° 163.

(6) John de Dynham eut le titre de « custodem sive generalem gubernatorem nostrum tam ville Calesii, castri nostri Calesii quam marchiarum nostrarum ibidem.. » Copie dans Moreau, 682, f° 165.

4 Mars 1484, par Raoul Hastings (1).

Il avait aussi donné l'ordre d'ouvrir une enquête sur la situation matérielle du pays, de s'informer de l'état des domaines du Roi dans le Calaisis dont il voulait faire dresser un terrier. Il voulait également procéder à une délimitation précise des frontières entre le territoire anglais et les territoires français. Mais il se produisit dans les marches un mouvement de révolte contre lui. Déjà se formait en Angleterre un parti favorable à Henry, comte de Richemont, dernier représentant des Lancastre qui, réfugié auprès de Charles VIII, lui demandait son appui. En 1484, un seigneur anglais, le comte d'Oxford, que l'on détenait prisonnier dans le château de Hames, gagna à sa cause le capitaine de cette forteresse, John Blount, l'un des commissaires que Richard III avait désignés pour procéder à l'enquête territoriale dans le Calaisis. A cette nouvelle, Richard III ordonna au gouverneur de Calais d'assiéger la forteresse rebelle qui succomba très vite. Sa garnison réussit à rejoindre le comte d'Oxford qui la conduisit à Henry de Richemont (2). Nous ignorons si c'est à cette circonstance qu'il faut attribuer le nouveau changement qui se produisit alors dans le gouvernement de Calais. Le 11 Mars 1485, Richard confia ce poste, d'une importance extrême à un moment où le prétendant s'apprêtait à passer en Angleterre, à son fils bâtard, John de Glocester « dont la vivacité d'esprit et l'agilité corporelle étaient garantes des services qu'il serait capable de rendre ». Ce prince avait alors moins de vingt ans et le roi se réservait, tant qu'il serait mineur, la nomination des officiers (3).

Bientôt, la bataille de Bosworth (22 Août 1485) où Richard fut tué assurait le pouvoir à Henry. La ville de Calais ne le reconnut pas immédiatement, ce qui s'explique facilement par la personnalité de son gouverneur. Un chroniqueur flamand prétend même que les Calaisiens offrirent à l'archiduc d'Autriche, Maximilien, de lui remettre leur ville. John de

---

(1) P. R. O., Early chancery, roll 128, m. 15. Cité par Daumet, p 99.

(2) Cf. Rapin Thoyras, Histoire d'Angleterre, édit. de La Haye, 1727, T. IV, p. 314.

(3) P R. O., Early chancery, roll 128, m 5 « Ingenii vivacitas membrorumque agilitas, magnam et indubiam nobis de futuro ejus servicio bono spem, gratia divina promittant. » Cité par Daumet, p. 100 note 1, et par Sandeman, Calais under English rule, p 13.

Glocester aurait fait alliance avec lui (1). Malgré les réserves qu'il convient d'opposer à ce témoignage, nous devons admettre d'autant mieux qu'il contient une part de vérité que, le 5 Décembre suivant, le nouveau roi déléguait auprès des Calaisiens John Arundell, doyen de la cathédrale d'Exeter, Richard Edgecombe et John Goldiswell, docteur ès-lois, pour exposer aux officiers, soldats et habitants de la ville la légitimité de ses droits à la couronne et recevoir leur serment de fidélité (2).

On peut considérer que l'avènement de Henry VII mettait enfin un terme à la longue guerre dynastique qui avait désolé l'Angleterre pendant trente ans. Nous avons essayé de montrer quelle répercussion eut à Calais cette guerre civile et quel puissant appui la possession de cette place fournit longtemps aux Yorkistes. Le récent historien de Warwick a bien mis en lumière l'importance de ce rôle (3). qu'a reconnu également M. Sandeman (4). Nous avons aussi tenté d'expliquer comment les rois de France, s'ils n'ont pas eu à l'égard de Calais la complète indifférence dont on leur a fait un grief, furent contraints de renoncer à une entreprise que semblait favoriser la division de l'Angleterre, mais à laquelle les vicissitudes de la politique générale opposèrent d'infranchissables obstacles. Il nous reste à voir ce que fut Calais sous les Tudor jusqu'à l'heure qui marqua enfin la reprise de la ville par les Français.

---

(1) « Interim Londoniæ comes de Richemont intronisatur, in quo non contenti Calisienses scripserunt archiduci potius sese sibi dedituros quam admissurum ea conditione comitem ut dicebatur. » Religieux des Dunes, Adrien de Budt, édit. cit. p. 618 — « Capitaneus villæ Calisiensis obedientiæ novi regis contradicere querens ad archiducem Austriæ venit, cum quo contracta liga praeclarum seditionis obstaculum posuit ne Franci vel Angli pertransirent ad vagandum... » Ibidem, p. 619.

(2) P. R. O., Early chancery, roll 130, m 13. Cité par Daumet, p 65.

(3) Oman, op. cit. pp. 61-62

(4) Sandeman, op. cit. p. 12, note 2. « Warwick's career as a sort of despot of Calais is interesting as representing the possibilities open to a clever and unscrupulous man in possession of the town, with all the advantage of a disciplined force at his back and the command of the sea. »

CHAPITRE VIII

Calais sous les Tudor

ENRY VII donna, le 7 Mars 1486, le gouvernement de Calais et des marches à l'un des seigneurs anglais qui s'étaient montrés le plus dévoués à sa cause, Gilles Daubeney. Sa nomination, pour un terme de sept ans, était conçue dans les termes les plus flatteurs et les pouvoirs les plus étendus lui furent conférés. Le 12 du même mois, il était créé baron Daubeney (1). Il prit aussitôt une part très active aux opérations militaires, d'ailleurs assez confuses, qui eurent pour théâtres l'Artois et la Flandre, pendant la guerre que l'archiduc Maximilien commença contre Charles VIII, vers la même époque. Les rares mentions que l'on rencontre de ces faits dans les historiens ne nous permettent pas de nous en faire une idée bien claire.

La garnison de Calais détacha six cents hommes pour aider Salasar, l'un des capitaines de Maximilien, à surprendre Thérouanne (2). Quand le maréchal d'Esquerdes eut repris cette ville, après s'être emparé de Saint-Omer, en 1487, c'est encore un renfort anglais, venu de Calais et de Guînes, qui permit à Denis de Morbecque, chef d'un parti allemand au service de Maximilien, de reconquérir Saint-Omer. Un complot

---

(1) Materials for a history of the Reign of Henry VII, by William Campbell. Londres, 1873, T. I, p. 361.

(2) C'est le 9 Juin 1486 que Salasar surprit Thérouanne. Jehan Molinet conte comment Salasar usa de ruse pour préparer cette expédition, et comment, ne pensant pas avoir de forces suffisantes, il obtint du gouverneur de Calais un renfort de six cents hommes Chronique de Jehan Molinet, ms 900 de la Bibliothèque d'Arras, fº 28 vº. Nous citerons Molinet d'après ce manuscrit, écrit au XVIe siècle par le propre fils de l'auteur, Augustin Molinet, chanoine de Condé.

avait été ourdi dans la ville pour y faire entrer les troupes Bourguignonnes, le 10 Février 1489. Le maréchal d'Esquerdes accourut aussitôt pour secourir la garnison française réfugiée dans le château. Le Dimanche 15 Février, il se disposait à assaillir la ville elle-même ; mais, pendant qu'il discutait avec ses lieutenants « arrivèrent en la ville de 5 à 600 Anglois, en très bon équipage, chacun la salade en teste, estans partiz de Calais à la requeste de ceulx d'icelle ville de Saint-Aumer... » (1). Leur arrivée détermina le maréchal à abandonner son projet.

Bientôt après, lord Daubeney conduisit en personne une expédition plus importante. Maximilien qui venait d'échapper à grand peine aux Brugeois révoltés, en signant un traité humiliant (12 Mai 1488), avait commencé aussitôt à guerroyer contre les Flamands que soutint le maréchal d'Esquerdes. Cette lutte se continua quand le roi des Romains eut quitté les Pays-Bas. Au mois de Juin 1489, sans attendre l'arrivée des Français, les gens de Bruges et d'Ypres se remirent en campagne. Henry VII, allié de Maximilien, fit passer à Calais un millier d'hommes. Lord Daubeney leur en adjoignit un nombre égal pris dans les garnisons de Calais et des forteresses anglaises des marches. Il partit avec lord Morley, sir James Tirrel, capitaine de Guines, et sir Gilbert Talbot. Il laissa le maréchal de Calais, Humphrey Talbot, à Gravelines, pour garder le passage de l'Aa avec un certain nombre d'archers. Il rejoignit un corps allemand commandé par Denis de Morbecque, et tous deux battirent les Flamands, le Samedi 13 Juin, près de Dixmude, après une lutte acharnée où lord Morley fut tué. On ramena son corps à Calais où il fut inhumé. « Lorsqu'on annonça au sire de Crèvecœur la défaite des Brugeois, sa colère fut extrême et on l'entendit s'écrier que si jamais il pouvait venger cet échec en chassant lord Daubeney de Calais, il passerait volontiers sept ans dans les

---

(1) Chroniques de Flandre et d'Artois par Louis Brésin, Analyse et extraits pour servir à l'histoire de ces provinces de 1182 à 1560 par E. Mannier, Paris, J.-B. Dumoulin, 1880, in-8°, p 59 — Le rôle des Anglais de Calais est confirmé dans une lettre de Persio Malvezzi, envoyé du pape en Angleterre, à Innocent VIII, le 15 Mars 1489, dans les Calendars of State Papers and Manuscripts, relating to English Affairs, preserved in the Archives of Venice.. vol. I (1202-1509), p. 179. Nous désignerons ce recueil par le mot Venetian.

flammes de l'enfer » (1). Il essaya du reste en vain de réparer
cet échec par une attaque contre Nieuport qui échoua (2).

Peut-être pourrait-on expliquer par quelque intrigue du
maréchal d'Esquerdes ou par une relation quelconque avec
les événements qui se déroulaient alors dans les régions
voisines de Calais, un complot qui aurait été tramé dans cette
ville pour y faire entrer les Français ? Un collecteur du denier
de Saint-Pierre, en Angleterre, informait le pape Innocent VIII,
en Octobre 1188, de la découverte de ce complot dont le bruit
aurait provoqué une vive émotion et amené Henry VII à
renforcer la garnison de Calais (3). Nous n'avons pas trouvé
d'autres documents concernant cette affaire (4).

Henry VII, qui s'était allié avec Maximilien mais qui,
absorbé par les préoccupations de sa politique intérieure,
n'avait pris qu'une part bien mince aux opérations militaires
dans l'Artois et la Flandre, fut sollicité, en 1190, de conclure
la paix avec Charles VIII. Pendant l'été des conférences furent
tenues à Calais entre ses ambassadeurs, le premier président
du Parlement de Paris et le nonce du pape en France, Lionel
Chieregato, évêque de Concordia (5). Aucun accord définitif
n'en résulta.

L'expédition que le roi d'Angleterre conduisit à Calais,
en 1192, ne fut pas bien dangereuse pour la France. Elle

---

(1) Histoire de Flandre par M. Kervyn de Lettenhove, T. IV, Bruges, 1874, p. 217.

(2) Sur l'expédition de lord Daubeney à Dixmude voir The Chronicle of Calais in the reigns of Henry VII and Henry VIII, to the year 1510, edited from mss. in the British Museum, by John Gough Nichols, F. S. A., London, printed for the Camden Society, MDCCXLVI, p 2. — Voir aussi Ponti Heuteri, opera Historica, édition de Louvain, 1651, p 97.

(3) « At Calais, an English city in France a French plot has been discovered, about which a great stir was made at first, but now it does not seem so perilous an affair. The King has reinforced the garrison with 1.500 soldiers, artillery and stores. » Lettre de Giovanni de Giglis à Innocent VIII, 5 octobre 1188. Venetian, I, p. 172.

(4) Dans la chronique d'Adrien de Budt, une phrase semble bien se rapporter à un complot de ce genre « capitaneus enim Calesiæ captivitati mancipatus tandem Francis opidum clam paraverat, sed defecit... » édit. cit. p 679 Mais cette mention se réfère à l'année 1187, après le récit de la prise de Saint-Omer par d'Esquerdes. Il est donc impossible de dégager de ces données trop vagues une affirmation quelconque.

(5) Calendar, Venetian, I, pp 189 et 197.

était prévue dès le mois de Mai (1), et l'on a pu prétendre, avec quelque apparence de raison, qu'elle ne fut qu'une opération commerciale, destinée à obtenir de Charles VIII la plus forte somme possible, en donnant un semblant de satisfaction aux alliés de Henry VII. Comme on faisait observer à ce prince que la saison était bien tardive pour se mettre en campagne, il répondit qu'il avait Calais, au delà de la mer, pour y faire hiverner son armée (2). C'est en effet le 2 Octobre seulement que le roi d'Angleterre débarqua à Calais avec une suite nombreuse de grands seigneurs (3). Son armée se composait de 25.000 hommes de pied et de 1.600 chevaux. Maximilien ne lui envoya aucun renfort.

Le 19 Octobre, l'armée quitta Calais. La ville d'Ardres, prise entre les Anglais de Calais et de Guînes d'une part, les Flamands et les Allemands de Saint-Omer de l'autre, se rendit à Charles de Saveuse, seigneur bourguignon, qui commandait à Saint-Omer, mais celui-ci la remit aux Anglais qui la saccagèrent (4). Les Anglais se dirigèrent alors vers Boulogne qui se défendit vaillamment. Charles VIII fit proposer à Henry VII, par l'intermédiaire du maréchal d'Esquerdes, une conférence pour la paix. Elle s'ouvrit à Étaples. Le gouverneur de Calais y représentait le roi d'Angleterre. On connaît les conditions de ce marché où Charles VIII acheta la retraite de Henry VII, moyennant la promesse de sept cent quarante-cinq mille couronnes d'or, payables par fractions de vingt-cinq mille francs, le 1er Mai et le 1er Novembre de chaque année. En général, ce furent les officiers royaux de Calais qui reçurent dans leur ville le montant de cette pension semestrielle (5). Ardres fut restituée au roi de France.

Satisfait de ces conditions pécuniaires, Henry VII rentra à Calais le 12 Novembre. Il écrivit de là au pape Alexandre VI

---

(1) Lettre de Charles VIII aux habitants de Reims, le 9 Mai 1172. — Autre lettre du 30 Septembre, dans les Lettres de Charles VIII, roi de France, publiées par P. Pélicier, Soc. Hist. de France, T. III, pp. 266 et 300.

(2) Rapin Thoyras, édit. cit. T IV, p 388

(3) Chronicle of Calais, édit. cit p 2 — Le roi avait requis pour le passage les galères vénitiennes employées au transport des laines. — Cf. Venetian, I, pp 212, 213

(4) Chronicle of Calais, ibidem. — Brésin, édit. cit. p. 67.

(5) Cf. Rymer, T. V, pars IV, p. 101.

une lettre lui annonçant la paix (1), et il se réembarqua le 17 du même mois (2).

Huit années s'écoulèrent avant que Henry VII ne revînt à Calais. Au mois de Mai de l'an 1500, la peste sévissant en Angleterre, le roi se réfugia à Calais où il arriva le Vendredi 8, à la nuit, avec la reine et une suite nombreuse. A en juger par l'énumération que le chroniqueur de Calais nous a laissée des grands personnages qui, pendant ce mois de Mai, passèrent dans cette ville, on peut affirmer que presque tous les membres de la haute noblesse anglaise se donnèrent alors rendez-vous à Calais (3).

Le 9 Juin, le roi eut une entrevue avec l'archiduc Philippe le Beau, alors à Gravelines. Philippe avait demandé que la rencontre ne se produisît pas dans une ville fermée, non par défiance, mais parce qu'il avait refusé autrefois de voir le roi de France dans une ville de ce genre (4). D'un commun accord, le rendez-vous fut fixé à l'ancienne église de Saint-Pierre, non loin des murs de Calais (5). On l'avait ornée avec le plus grand luxe (6). Des tapisseries d'Arras la divisaient en plusieurs appartements. La chapelle de la Vierge était tendue de tapisseries représentant l'histoire d'Esther et d'Assuerus, et, derrière l'autel, un emplacement spécial, orné de tentures écarlates brodées aux armes du roi, était réservé à l'archiduc. Le sol en était recouvert d'un tapis semé de roses, de lavande et d'herbes d'une odeur suave. La chambre voisine, destinée aussi à Philippe, offrait aux regards l'histoire du

---

(1) Venetian, I, p 244 — La date du 12 Décembre indiquée pour cette lettre est la date d'entrée sur les registres.

(2) Chronicle of Calais, p. 3.

(3) Ibidem.

(4) Rapin Thoyras, édit. cit. IV, p. 428.

(5) « Et choisirent l'église de Saint-Pierre, seant à une petite lieue de Calais fort préparée de tapisserie pour recepvoir selon sapetitesse telz tres illustres et puissans personnages » Molinet, ms. 900, Bibl. d'Arras, fo 360 vo.

(6) Nous empruntons tous ces détails concernant la décoration de l'église et le repas qui y fut servi à un curieux document publié à la suite de la chronique de Calais, édit. Nichols, et tiré du British Museum, Ms. Arundel 26, f. XXXIIII b — Des fragments de traduction en ont été donnés dans les Annales de Calais, par Demotier, 1856, p. 105, — Calton l'a aussi utilisé dans Annals and Legends of Calais, London, 1852, pp. 67-68. — Cf. aussi Daumet, op. cit. p 66.

siège de Troie ; les murs du chœur disparaissaient sous des draperies bleues parsemées de fleurs de lis, avec, en lettres d'or, la devise : *Jamais*. Le reste de l'édifice n'était pas moins richement décoré. C'est dans la sacristie, transformée en chambre du conseil, que les deux princes devaient s'entretenir ; le côté sud était réservé à l'appartement de la reine. Quant au clocher, on s'en servit pour la panneterie, la cuisine, le dépôt des vins et autres offices, en y ajoutant une petite maison très voisine (1).

On avait préparé d'abondantes victuailles. Il y avait une grande quantité de cerises (la charge de sept chevaux ! dit le chroniqueur), des fraises, de la crème, du sucre, de la venaison, des gâteaux d'épices et des gaufres. Le vin et la bière étaient en profusion, avec deux sortes d'hypocras. En outre, on servit des pommes reinettes, des pains de gingembre et d'autres sucreries. La partie plus solide du menu consistait en un bœuf gras d'Angleterre, saupoudré et lardé, avec des chevreaux en très grand nombre et des pâtés froids. L'abondance des mets fut telle que l'on ne put tout consommer et que le roi ordonna de distribuer les reliefs du festin aux paysans d'alentour.

Le roi avait fait défense à quiconque, homme ou femme, de sortir ce jour-là de Calais. Sir Richart Nanfant et sir Sampson Norton, avec les autres membres du conseil de Calais, se tenaient aux portes de la ville avec deux listes, l'une contenant les noms des personnes de la suite du roi et l'autre ceux des personnes de la suite de la reine, invitées à participer à l'entrevue. Six sergents d'armes gardaient le pont devant la porte. Henry VII était accompagné du duc de Buckingham, vêtu de drap d'or, monté sur un coursier richement caparaçonné d'une housse avec des grelots d'argent et de vermeil ; du comte de Northumberland dont l'équipage n'était pas moins somptueux, du comte de Suffolk dont le chapeau de soie à la chaîne d'or se rehaussait de splendides plumes d'autruches blanches.

Parmi les dames de la reine, au nombre de cinquante, on se montrait la cousine du roi d'Ecosse, naguère mariée à

---

(1) M. Daumet dit « dans une petite maison voisine de l'Etaple », ce qui n'offre aucun sens. Le texte anglais est « the littelle house besidis the stepulle ». C'est ce dernier mot, forme ancienne de « steeple » (clocher), qui a induit M. Daumet en erreur.

Perkin Warbeck (1), le pseudo York dont l'étonnante supercherie avait été suscitée et soutenue par Marguerite d'York et avait un moment menacé le trône de Henry VII.

L'archiduc avait quitté Gravelines vers 10 heures, suivi des seigneurs de l'ordre de la Toison d'Or. A l'entrée du territoire anglais, il fut salué par l'évêque de Durham, le grand prieur de Saint-Jean et Charles de Somerset, que le roi d'Angleterre avait envoyés à sa rencontre. Henry VII, lui-même, « vestu d'une robe de cramoysy, monté sur un hobin, vint embracher monseigneur l'archiduc monté à cheval sans souffrir le descendre. Aucuns dient que le roy deffula son chapeau et monseigneur l'archiduc deffula son chapeau et bonnet et entrerent en l'église où monseigneur l'archiduc baisa la royne et les dames qui vindrent au devant sans widier d'illec. »

La conversation entre les deux princes se prolongea plus d'une heure. Quel en fut l'objet ? On peut croire que Philippe, désireux d'attirer Henry VII dans l'alliance de Maximilien, alors en lutte avec Louis XII, en Italie, s'efforça de lui faire oublier les motifs de mécontentement qu'il avait pu concevoir de l'appui donné, un moment, à Perkin Warbeck. Peut-être esquissa-t-on des projets de mariage entre les enfants de Philippe et de Henry ? On ne voit point en tout cas que cette entrevue ait eu immédiatement de conséquences politiques. Elle fut cependant regardée par les contemporains comme un gage de paix. « En la vision de ces deulz princes resplendissans qui jamais ne s'estoient entrevus ; en la communication faite par iceulz et les gracieux dons qu'ilz firent lung à lautre espere chescun que grant amitié se nourrira entre eulz par quoy le povre peuple en sera mieulz consolé » (2).

Après le banquet, il y eut des danses. L'archiduc y prit part avec les dames anglaises. On échangea des cadeaux de grande valeur, puis l'archiduc prit congé du roi et de la reine, non sans leur avoir fait admirer ses talents de cavalier, car il donna de l'éperon au coursier qu'il montait « et le fit

---

(1) « La Royne se trouva pareillement en la dite église, accompaignie de L femmes fort bien aornées desquelles la Vᵉ estoit la femme de Pierrequin Wezebecq, niepce comme lon disoit du roy d'Escoche. » Molinet, ms. cité, fᵒ 360 vᵒ. — En fait, c'était une cousine de Jacques IV et elle s'appelait Catherine Gordon.

(2) Molinet, ms cité, fᵒ 361. — Cf. Brésin (qui suit le récit de Molinet), édit. cit. p. 75.

tellement soudre et appenader par pluseurs saulx comme il estoit ad ce duit » que le roi et la reine le félicitèrent de son habileté.

Henry VII regagna Douvres le 16 Juin et ne revint plus à Calais Deux ans avant sa mort, il avait envoyé dans cette ville des ambassadeurs pour s'entendre avec les ambassadeurs de Marguerite d'Autriche, qui gouvernait alors les Pays-Bas, en qualité de régente, et qui voulait obtenir pour son neveu, le futur Charles Quint, la main de Marie d'Angleterre. Sir Richard Carewe, lieutenant du château de Calais et les autres officiers firent prendre les armes à toute la garnison afin d'aller chercher à la frontière les Flamands qui craignaient une attaque des Français. Les négociations, entamées le 2 Novembre 1507, se prolongèrent jusqu'à la fin de l'année. Le jour de la Saint Thomas (21 Décembre) de grandes fêtes furent célébrées à Calais à l'occasion de ce traité dont les clauses ne furent pas d'ailleurs respectées (1).

Le nom de Calais est aussi mêlé aux actes de cruelle répression par lesquels Henry VII affermit, en Angleterre, son autorité menacée. Le château de Calais servit de prison d'Etat. En 1493, lord Fitz Walter, accusé d'avoir participé à une rebellion contre Henry VII, fut enfermé dans ce château dont il essaya de s'évader. On le décapita à Calais (2).

C'est aussi à Calais que fut ramené, le 16 Mars 1506, Edmund de la Pole, duc de Suffolk, neveu du roi Edouard IV par sa mère, soupçonné d'intrigues contre Henry VII, quand Philippe le Beau consentit à le livrer. Le 24 Mars (3), le prisonnier, escorté par soixante hommes d'armes de la garnison de Calais, que commandait sir John Wiltshire, contrôleur de Calais, fut transporté à Douvres et, de là, à la tour de Londres où il demeura prisonnier pendant sept ans avant d'être enfin décapité en Avril 1513.

---

(1) Chronicle of Calais, pp 6-7 . — Voir, ibidem, pp 52-66, les documents sur les préparatifs de ce mariage qui ne fut pas célébré. On avait prévu la venue de l'empereur Maximilien qui aurait été logé dans l'hôtel de l'ancien député de Calais (lord Daubeney, mort cette même année 1508) Charles aurait été logé à la maison de l'Etaple, Marguerite, dans l'hôtel du trésorier et le roi d'Angleterre au château La chronique dit par erreur 1508. — Cf. Rymer, V, pars IV, p 239

(2) Rapin Thoyras, édit cit p 401.

(3) Chronicle of Calais, pp 5-6, et 51-52 — Cf Lettre de Vincenzo Quirini, ambassadeur de Venise, 30 Mars 1506. Venetian, I, p. 317.

Citons encore le marquis de Dorset, Thomas Grey, et William, lord Courtenay, comte de Devonshire, que la défiance de Henry VII contre les derniers descendants de la maison d'York fit reléguer au château de Calais où ils furent conduits par sir Richard Carewe, lieutenant du château, le 18 Octobre 1508. La mort de Henry VII, quelques mois plus tard, mit fin à leur captivité.

Bien que nous réservions une étude spéciale au commerce de Calais, il nous faut, dès à présent, signaler quelques-uns des faits importants qui marquèrent le règne de Henry VII. La compagnie de l'étaple vit ses privilèges confirmés par ce prince, le 28 Janvier 1487 (1). En même temps, pour éteindre les dettes considérables que son prédécesseur avait contractées et qui montaient à 23.700 lb., Henry VII s'engagea à laisser subsister, au profit de l'étaple, la taxe établie sur les laines d'exportation pour une durée de seize années (2). Lui-même emprunta aux marchands quelques petites sommes, 130, 877 et 166 lb. qu'il s'engagea à leur rembourser en quatre termes (3). Le roi d'Angleterre chercha désormais ailleurs des sources de revenus, mais il n'en continua pas moins à protéger de son mieux le commerce anglais de Calais. On le vit bien par les traités conclus sous son règne avec les souverains des Pays-Bas.

Après le traité d'Etaples, Henry VII avait eu à souffrir de l'hostilité de Maximilien. Il s'en vengea en interdisant à ses sujets le commerce des Pays-Bas et en déplaçant d'Anvers à Calais l'étaple des draps anglais (1). Philippe le Beau, sans tenir compte des désirs de son père, négocia aussitôt avec Henry VII. Des conférences s'ouvrirent à Calais, dans l'église Notre-Dame, et aboutirent, le 24 Février 1496, à la signature d'un célèbre traité d'entrecours entre les deux Etats. Les marchands des deux pays furent tenus de se soumettre à certaines conditions garantissant la ville où ils se trouvaient contre toute surprise. C'est ainsi que les marchands flamands ne pourraient jamais être à Calais au nombre de plus de quarante en même temps, et que les Calaisiens se rendant dans les villes de Flandre étaient obligés de déposer leurs

---

(1) P. R. O. Early chancery, roll 131, mm. 5-10, cité par Daumet, p 111

(2) Copie dans Moreau, 682, f° 173.

(3) William Campbell, op. cit. pp. 232, 233, 266.

(1) Cf. Pirenne, Hist. de Belgique, III, p. 60.

armes dans les hôtelleries et de ne les reprendre qu'à leur départ. Des réunions auraient lieu périodiquement, en Angleterre, afin de régler les différends qui s'élèveraient au sujet des affaires commerciales.

Un second accord, conclu le 18 Mai 1199 entre Henry VII et Philippe le Beau, spécifia que les négociants des Pays-Bas paieraient, pendant douze ans, un droit d'un demi-marc à Calais, sur chaque sac de laine ; mais, si une épidémie venait à se déclarer parmi les troupeaux anglais, ce droit serait plus élevé. En revanche, des mesures sévères étaient prises contre les négociants peu scrupuleux qui, profitant d'une ancienne ordonnance de 1173, aux termes de laquelle les marchandises ne seraient pas déballées à Calais, mais seulement pesées, ne se gênaient nullement pour introduire dans leurs ballots des pierres et du sable, afin d'en augmenter le poids. Désormais, le nom de chacun des « paccatores » serait inscrit sur les paquets, avec la désignation de la qualité des marchandises, et un délai de trois mois était imparti aux acheteurs pour faire valoir leurs réclamations (1). L'ambassadeur de Venise, écrivant à son gouvernement quelques mois plus tard (18 Octobre 1199), signalait, parmi les causes de rapprochement entre le roi d'Angleterre et Philippe le Beau, les avantages commerciaux que Henry VII tirait de la possession de Calais (2).

En 1505, de nouveaux pourparlers s'engagèrent entre Henry VII et Philippe le Beau. Il était question d'une entrevue à Calais (3). Quirini faisait observer que le roi d'Angleterre a besoin des droits que lui procure la vente des laines à Calais. Henry VII demandait au roi de Castille (c'était le nouveau titre de Philippe depuis la mort d'Isabelle, 26 Novembre 1504) d'abolir les droits levés en Flandre sur les marchandises provenant d'Angleterre. Il le pressait en outre de renoncer aux anciennes prétentions des ducs de Bourgogne sur la ville de Calais (4). Philippe, alors plus préoccupé de ses intérêts en Espagne que des intérêts flamands, consentit à Henry VII des avantages commerciaux énormes qui formèrent l'objet du nouveau traité d'entrecours, flétri par les Flamands du nom de

---

(1) Rymer, édit cit. T. V, pars IV, p 136

(2) Venetian, I, p 286.

(3) Lettre de Quirini, 26 Juillet 1505 Venetian, I, p. 301

(4) Lettre du même. 29 Novembre 1505. Ibidem. p. 308.

« Intercursus malus », signé en 1506 (1).

Signalons, en passant, la concession faite par Henry VII, le 7 Décembre 1499, aux « staplers », de l'emplacement où fut établi le principal entrepôt des laines et autres marchandises et qui est devenu, après la reprise de la ville par les Français, l'Hôtel de Guise (2).

Et cependant, le commerce de Calais commençait à décroître En face des « staplers » s'était constituée une nouvelle société, celle des « merchants adventurers » qui, plus souple, mieux adaptée aux nécessités commerciales imposées par les transformations économiques, détournait à son profit une partie des affaires jadis traitées exclusivement à l'étaple. Nous verrons ailleurs les démêlés qui mirent aux prises ces deux compagnies et comment les « merch'ants adventurers » se réunissaient eux aussi à Calais pour élire leurs chefs (3). Il nous suffit d'avoir brièvement indiqué ici les principales circonstances où la politique commerciale de Henry VII se manifesta par des actes touchant à l'histoire de la ville de Calais. Il nous faut maintenant poursuivre cette histoire pendant le règne long et mouvementé de Henry VIII.

Le 21 Avril 1509, Henry VII était mort, laissant à son fils un pouvoir indiscuté et des ressources assez considérables pour lui permettre de jouer un rôle important dans les événements confus dont l'Europe allait être le théâtre. Intelligent et avisé, dépourvu de scrupules, « ambitieux de gloriole plutôt encore que de gloire » (4), le nouveau souverain ne tarda pas à se mêler aux conflits qui mettaient aux prises les princes du continent et Calais redevint, sous son règne, ce qu'elle avait été pendant la guerre de Cent Ans. Il prit du reste de cette ville un soin tout particulier et ne cessa d'accroître et de remanier ses fortifications, d'assurer ses approvisionnements et de veiller à son administration, en même temps qu'il s'efforçait d'arrêter la déchéance de son commerce.

Il confirma, dès le début de son règne, les privilèges des habitants dont il fit rassembler les anciennes chartes

---

(1) Cf. Pirenne, Hist. de Belgique, III, pp. 67-68.

(2) P. R. O. Early chancery, roll 141, m 5, publié par Daumet, pp. 194-196.

(3) Cf. Daumet, op. cit pp. 116-117.

(4) Lavisse, Histoire de France, T. V, I, p. 95.

pour établir nettement leur situation (1). Dès le 25 Septembre 1509, il confia le commandement de la ville à sir Gilbert Talbot, avec le titre de député que paraît avoir porté le premier Richard Nanfan (2) qui avait remplacé lord Daubeney. Tous les officiers royaux de Calais reçurent, pendant l'été de 1509, de nouvelles lettres les confirmant ou les nommant dans leurs charges (3).

Le 22 Juillet 1509, Louis XII, que les affaires italiennes préoccupaient exclusivement, renouvela à Henry VIII la promesse de payer les sommes encore dues sur les anciennes obligations contractées par Charles VIII et s'engagea à verser tous les six mois vingt-cinq mille francs, à dater du 1er Novembre suivant (4). L'argent devait être remis à Calais aux personnes spécialement désignées par le Roi.

Bientôt cependant, Henry VIII, en adhérant à la Sainte Ligue, le 13 Novembre 1511, reprit les anciennes prétentions de ses prédécesseurs. Il avait envoyé, en Juillet de cette même année, quinze cents hommes d'armes commandés par lord Ponynges secourir la régente des Pays-Bas et le jeune Charles de Castille en lutte avec le comte d'Egmont dans la Gueldre. C'est par Calais que cette troupe effectua, le 25 Novembre, son retour en Angleterre (5).

Dans les premiers mois de l'année 1512, Louis XII était averti des préparatifs de guerre du roi d'Angleterre, « et que desjà le dit roy avoit fait toutes ses préparacions et avoit assemblé bien 25.000 hommes prestz à monter en mer, et qu'il les vouloit faire descendre à Calais, où desja estoit

---

(1) Il existe à ce sujet un très curieux document au Record Office, Miscellanea of the Duchy of Lancaster, Bundle 10, n° 26. C'est un petit cahier en papier de 31 pages, écrit en anglais. Nous l'étudierons dans le volume III de cette histoire.

(2) Letters and Papers foreign and domestic, Henry VIII, vol. I, n° 528.

(3) Ibidem, passim et notamment n°s 39, 123, 239, 313, 110, 507, 557, 609, etc.

(4) Letters and Papers... Henry VIII, vol. I, n° 318 — Le 23 Mars 1510, un traité de paix entre Henry VIII et Louis XII spécifiait que les garnisons de Calais et de Guines, d'une part, de Boulogne et d'Ardres, de l'autre, cesseraient de s'inquiéter mutuellement. Rymer, T. VI, pars I, p. 9.

(5) Chronicle of Calais, p. 8.

descendu ung certain nombre... » (1). Il est vrai que, de son côté, Henry VIII se croyait ou feignait de se croire menacé d'une attaque des Français contre ses possessions de Calais et de Guînes. Le 22 Juillet 1512, il ordonnait de rassembler le plus grand nombre possible d'hommes et il nommait, le 24, Georges, comte de Shrewsbury, chef de cette armée, dont l'effectif atteignit dix mille soldats (2). Mais, c'est seulement en 1513 que les hostilités éclatèrent dans le Nord de la France et que Calais fut, comme au temps d'Edouard III, le point de concentration des troupes anglaises auxquelles vinrent encore se joindre des mercenaires allemands.

Calais avait reçu une garnison permanente de 980 hommes et les officiers royaux, comme les Maires de la ville et de l'étaple, avaient dépensé de grosses sommes pour réparer les murailles et munir la place de vivres et d'armes (3).

Henry VIII pria la régente des Pays-Bas de lui envoyer des hommes, des chevaux et des munitions de guerre et commanda à Malines les douze grosses pièces d'artillerie que l'on nomma les douze apôtres (4). Ponynges, que son expédition de 1511 dans la Gueldre désignait à cet effet, fut chargé du recrutement des Allemands. Le 6 Mai, Henry VIII le pressait d'amener leur contingent à Calais (5). Pendant le mois de Juin, ce fut à Calais une suite ininterrompue de débarquements de nobles anglais avec leurs hommes d'armes (6). Tous les navires anglais et flamands, sous les ordres de John Hopton (7), furent employés à ces transports de troupes.

---

(1) Lettre de Jean le Veau, ambassadeur flamand en France, à Marguerite de Savoie, datée de Blois le 10 Février 1512 (n. s). Letters and Papers relating to the War with France, 1512-1513, by Alfred Spont. Printed for the Navy Record Society, 1897. P 1

(2) Letters and Papers. . Henry VIII, vol. I, n°s 3.332, 3.336, 3.377.

(3) Ibidem, n° 3.832, 30 Mars 1513, Sommes payées par le député de Calais, le trésorier, le lieutenant du château. — N° 1 309, Dépenses faites pour la garnison pendant six mois, pour 980 hommes, 1.620 lb.

(4) Brésin, édit. cit. pp. 80-81.

(5) Lettre de Henry VIII à Ponynges, le 6 Mai 1513, Letters and Papers, n° 1008 — Le 11 Mai, Richard Wingfield, ambassadeur anglais à Bruxelles, expédiait d'Anvers à Calais des chevaux et des chariots, ibidem, n° 1.068. — Cf. aussi, n°s 1 163, 1 164.

(6) La Chronique de Calais indique le nom de tous les seigneurs anglais avec la date de leur arrivée à Calais. P. 10-12.

(7) Il fut nommé, le 13 Mai, capitaine des navires « qui conduiront l'armée à Calais ». Letters and Papers..., Henry VIII, vol. I, n° 4.063.

Le premier but de cette expédition fut la ville de Thérouanne, devant laquelle Georges Talbot, comte de Shrewsbury, et lord Herbert vinrent mettre le siège. De Calais partaient chaque jour, pour le camp devant Thérouanne, des convois de vivres et de bière que les Français s'efforçaient de capturer (1). Le 26 Juin fut apporté à Calais le corps de lord Edmund Carewe, tué par un boulet, à Thérouanne. Il fut inhumé dans la chapelle de la Résurrection de l'église Saint-Nicolas.

Le 30 Juin, Henry VIII en personne arrivait à Calais. Sa flotte « telle que Neptune n'en avoit jamais vu auparavant », dit un témoin oculaire, fut saluée par les salves des canons des navires en rade et des tours de la ville, « avec un tel fracas que l'on eût pensé que c'étoit la fin du monde ». Le roi fut conduit en procession par tout le clergé à Saint-Nicolas et de là, au château, par les seigneurs qui lui faisaient cortège. Le même jour entrèrent à Calais les ambassadeurs de l'empereur Maximilien. Le 1er Juillet, Henry VIII entendit la messe à Saint-Nicolas et passa l'après-midi avec ses conseillers. Deux jours plus tard, il ratifiait, en présence des ambassadeurs impériaux, quelques articles de son traité d'alliance avec Maximilien, au grand autel de Notre-Dame de Calais. Le 8, des ambassadeurs de Marguerite de Savoie vinrent le rejoindre et le roi se livra à son divertissement favori, le tir à l'arc, avec une adresse extrême (2).

Henry VIII quitta Calais le 21 Juillet pour rejoindre, avec son armée, les corps anglais de Talbot et de lord Herbert. Dans une escarmouche, près de Tournehem, il perdit un de ses gros canons (3) et, parmi les Anglais tués dans cette affaire,

---

(1) Chronicle of Calais, p. 12 — L'arrivée des troupes anglaises à Calais est signalée à Venise par Andréa Badoer, ambassadeur de Venise en Angleterre, dans une lettre datée du 6 Juin, et par une autre lettre d'Antonio Bavarin, facteur de la firme Pesaro à Londres, qui estime à 60.000 hommes (chiffre sans doute exagéré) le total de l'armée anglaise. Venetian, II, pp. 104-105.

(2) Outre la Chronique de Calais, il faut consulter le Journal de John Taylor, clerc du Parlement, qui se trouvait alors à Calais. — Cf. Letters and Papers..., Henry VIII, no 1.281 Voir aussi ibidem, no 1.320, et Venetian, II, pp. 108-109.

(3) Chronicle of Calais, p. 13. — Sur cette escarmouche, voir Chronique de Bayart, par le Loyal Serviteur, édit. Buchon, p. 103, et Mémoires de du Bellay, ibid. p. 317.

se trouvait le chef charpentier de Calais, Grégory Buckmer (1). Pendant que le roi d'Angleterre allait cueillir à Guinegatte de faciles lauriers et s'emparer de Thérouanne et de Tournai, des partis français se hasardèrent jusqu'aux portes de Calais, enlevant du butin et faisant des prisonniers (2).

Le 17 Octobre, Henry VIII, qui venait de resserrer son alliance avec Maximilien et Ferdinand d'Aragon, notifiait à ses ambassadeurs le projet d'une entrevue à Calais, au mois de Mai suivant, avec la régente Marguerite et Charles de Castille, qui viendrait y épouser la princesse Marie d'Angleterre, suivant les conventions arrêtées en 1508 (3).

Deux jours plus tard, Henry VIII rentrait à Calais où il laissa quatre mille hommes (4). Il avait promis de revenir au printemps. Une flotte française guettait son retour pour l'assaillir dans le détroit, mais une tempête la dispersa et, le 21 Octobre, Henry rentrait à Douvres sans encombre (5).

Louis XII, profitant de la retraite des armées et de la cessation des hostilités, songea à rompre la ligue de ses ennemis et, tout d'abord, à en détacher le roi d'Angleterre. La présence à Londres du duc de Longueville, fait prisonnier à Guinegatte, facilita les négociations. Henry VIII n'était pas satisfait de la conduite ambiguë de son beau-père, Ferdinand d'Aragon, qui, en Mars 1514, signa une trêve avec la France. D'autre part, les Français se disposaient à mener plus vigoureusement la guerre avec l'Angleterre, si elle reprenait en 1514. Les plus grands préparatifs étaient faits à Dieppe et les espions au service du gouverneur de Calais ne manquaient

---

(1) Buckmer avait été nommé « chief carpenter of the works in Calais » le 12 Décembre 1509. Letters and Papers..., Henry VIII, n° 770, I, p. 108.

(2) Chronicle of Calais, p. 11.

(3) Letters and Papers..., Henry VIII, n° 1.512, vol I, p. 686.

(4) Lettre de Dandolo, ambassadeur de Venise en France, datée d'Amiens, 8-13 Octobre 1513. Venetian, II, p. 119

(5) « Pendant qu'il embarquoit ses gendarmes et artilleries audit Calais en atendant tranquillité de mer, le navigage françois, quy n'avoit rien fait de mémorable durant tout l'esté, se trouva sur la coste marine de Calais, soubz délibération d'assaillir le navigage d'Angleterre... » Brésin, édit cit pp. 91-92.

pas de les faire connaître (1). Aussi, le 28 Mars, se hâte-t-on de compléter le stock de munitions de Calais (2). Sir Richard Wiltshire annonçait à Wolsey que les Français songeaient à attaquer Guînes avec 800 cavaliers et 1.000 hommes de pied, et que Prégent de Bidoux menaçait de quitter Dieppe pour venir, avec ses galères, brûler les navires anglais dans le port de Calais (3). D'autres nouvelles, non moins alarmantes, parvenaient à Wiltshire, le 1 Mai (4). Henry VIII écrivait, le 5 Mai (5), au comte de Faucomberg, seigneur bourguignon à son service, qu'il vienne à Gravelines avec les autres capitaines à sa solde, car 8.000 Français, avec de l'artillerie, se préparent à assiéger Guînes. Vingt mille Anglais vont être embarqués pour faire lever ce siège. Une autre armée ne tardera pas à venir rejoindre la première. Une seconde lettre du roi, adressée le même jour à Marguerite de Savoie, lui confirme ces nouvelles, en même temps qu'elle lui fait part du refus du roi d'adhérer à la trêve conclue avec la France par Ferdinand et Maximilien (6).

Effectivement, du 13 au 22 Mai, cinq mille hommes abordèrent à Calais et furent placés sous les ordres de lord Burgevenny (7). Les hostilités ne paraissent pas avoir été poussées bien activement et, au début de Juin, Henry VIII ordonna à tous ses capitaines de rester tranquilles et de ne tenter aucune incursion hors du territoire de Calais (8). Par un brusque revirement, le roi d'Angleterre, las des retards apportés à la célébration du mariage de sa sœur avec Charles

---

(1) Le 3 Mars 1513 (v. s.) un certain Puchier, natif de Béthune, tonnelier à Dieppe, révéla au député de Calais l'état des armements faits dans ce port. Letters and Papers.. Henry VIII, vol I, n° 4.813, p 755.

(2) Ibid. n° 4 977, p. 785

(3) Ibid n° 5 021, p 794 — Cf. Spont, op. cit Préface, p. XLV, et p. 104.

(4) Ibid n° 5.032, p. 796 Lettre de Jean Faucquet au contrôleur de Calais, lui annonçant que les Français vont renforcer les troupes du seigneur de Fiennes en Artois et à Boulogne et qu'ils lèvent beaucoup d'hommes pour détruire sur mer les convois anglais et raser Guînes et Hammes.

(5) Ibid. n° 5 035, p. 797. Lettre de Henry VIII au comte de Faucomberg « baron de Ligne ».

(6) Letters and Papers... Henry VIII, vol. I, n° 5 011, pp. 797-798

(7) Chronicle of Calais, p. 15.

(8) Spont, op. cit. Préface, p. XLVI.

de Castille (1), accéda à la demande que Louis XII, devenu veuf, lui avait faite de la main de cette princesse et signa, le 10 Août, un traité de paix avec le roi de France. La paix fut proclamée à Calais (2). Il était question de célébrer la cérémonie du mariage à Calais où Louis XII se rendrait et aurait une entrevue avec Henry VIII (3), mais il en fut décidé autrement. C'est à Greenwich que, le 13 Août, le duc de Longueville épousa, par procuration, la jeune princesse qui fut conduite à Boulogne, le 2 Octobre, et de là à Abbeville où Louis XII vint à sa rencontre. Quelques semaines après, plusieurs seigneurs anglais passèrent par Calais, se rendant aux joutes données à Paris à l'occasion du couronnement de la nouvelle reine (4).

Louis XII, on le sait, ne vécut pas longtemps après ce mariage et le 1er Janvier 1515, François Ier montait sur le trône de France. Pendant les premières années du nouveau règne, il y eut entre les deux cours un perpétuel échange d'ambassades et Calais vit passer ou séjourner dans ses murs les diplomates les plus fameux de cette époque. Le député de Calais, Richard Wingfield, fut l'un des envoyés anglais chargés d'aller complimenter François Ier et traiter avec lui les questions concernant le douaire de la princesse Marie, veuve de Louis XII (5). Celle-ci quitta Paris le 16 Avril 1515, en compagnie de Charles Brandon, duc de Suffolk, à qui elle s'était unie par un mariage secret. Le roi de France la fit accompagner jusqu'à Calais par le duc d'Alençon et la comtesse de Nevers (6). Arrivée à Calais, le 25 Avril (7), elle écrivit à son frère pour le prier de consentir à son mariage

---

(1) Letters and Papers..., Henry VIII, vol. I, nos 5.139, 5.118, 5.203.

(2) Ibidem, no 5.315, p. 855. — Cf. Chronicle of Calais, p. 16, à la date du 13 Août.

(3) Venetian. II, pp. 184-185.

(4) Lettre d'un attaché à l'ambassade de Venise à Londres. 21 Septembre 1514. Ibid., no 505, p. 199. — Cf Chronicle of Calais, p. 16 C'est donc à tort que quelques historiens ont dit que la reine avait débarqué à Calais, d'après les mémoires de Fleurange, édit. Buchon, p. 251

(5) Letters and Papers..., Henry VIII, vol 2, pars I, Préface, p XIII

(6) Journal de Jean Barrillon, secrétaire du chancelier Duprat, 1515-1521, publié, pour la Soc. Hist. de France, par Pierre de Vaissière. Paris, 1897-1899, T. I, p. 56.

(7) Chronicle of Calais, p. 17.

avec Suffolk (1). Il semble que l'opinion calaisienne ait été alors très défavorable au duc, car, pendant le séjour du couple princier à Calais, le duc n'osa pas sortir de sa résidence, par crainte de la populace (2). Le roi d'Angleterre accepta cependant cette mésalliance et Marie quitta Calais, le 2 Mai, avec le duc de Suffolk qui l'épousa officiellement à Greenwich quelques jours plus tard (3).

François Ier avait songé, dès ce moment, à avoir une entrevue avec Henry VIII à Calais. Plusieurs années devaient pourtant s'écouler avant que ce projet ne reçût son exécution (4). François Ier continua de verser à Henry VIII les sommes promises par ses prédécesseurs. Il se reconnut débiteur envers lui d'un million d'écus, mais les négociations pour la paix définitive se prolongèrent jusqu'en 1518. En Août 1516, il avait conclu avec Charles, devenu roi d'Espagne, un traité à Noyon et des conférences furent projetées à Cambrai pour 1517. A cette date, François Ier ne songeait à rien moins qu'à une alliance offensive contre le roi d'Angleterre, afin de lui reprendre Tournai qui serait donné à Charles et Calais qui reviendrait à la France. Dans ses instructions à Artus Gouffier, seigneur de Boisy, qui le représentait à Cambrai, on lit en effet cette phrase caractéristique : « Le Roi donnera Tournai au roi catholique et celui-ci l'aidera à reprendre Calais et autres terres que le roi d'Angleterre a en France ». C'est une honte pour les deux princes de souffrir que Henry VIII possède des villes sur le continent « et d'aultre part, en luy ostant Calays, on luy ostera le passage de ne faire jamais mal aux païs des dessusdietz seigneurs... » (5).

Les Anglais étaient informés de ces intentions du roi de France. L'ambassadeur Sebastien Giustinian annonçait à son gouvernement, le 10 Février 1517, que les Anglais craignaient une attaque contre Calais. Le 9 Mars, il signalait de fréquentes réunions du conseil privé et des préparatifs de guerre, non pour prendre l'offensive, mais pour repousser les tentatives

---

(1) Letters and Papers,., Henry VIII, vol 2, pars I, n° 227, p 75.

(2) « At Calais they were afraid to leave the house, as the duke would have been killed by the angry mob. » Ibid., Préface, p. XXXI.

(3) Chronicle of Calais, p. 17.

(4) Ces projets sont signalés par les ambassadeurs de Venise, à la fin de Février 1515. — Cf. Venetian, II, pp. 231-232.

(5) Barrillon, édit. cit. I, p. 268.

éventuelles de François Ier contre Tournai et Calais (1).

A Calais même, on se tenait sur ses gardes. Le service d'espionnage y fonctionnait plus intensément que jamais. Le député, Richard Wingfield, mettait Wolsey au courant des moindres faits (2). Il n'y avait pourtant rien de bien sérieux dans toute cette agitation et les négociations continuaient à Londres pour racheter Tournai à Henry VIII. L'évêque de Paris, Etienne Poncher, et le sieur de Guiche y étaient, auprès de Wolsey, les représentants de François Ier. Leur mission aboutit d'abord, le 26 Juillet 1517, à la nomination d'une sorte de commission mixte chargée de régler les différends provoqués par les actes de piraterie, entre Français et Anglais, pendant les dernières années. Comme les parties lésées ne sauraient obtenir justice devant les tribunaux ordinaires, sans des frais excessifs, les rois de France et d'Angleterre s'engageaient à nommer chacun trois commissaires. Les commissaires anglais siègeraient à Calais, à partir du 1er Septembre, pour y recevoir les plaintes des sujets français. Justice sera faite sans formes et sans procès. Une commission analogue siègera à Boulogne pour recevoir les plaintes des sujets anglais. Les commissaires devaient faire proclamer dans les deux pays l'annonce de leur mission. Les gens qui n'auront pas déposé leur plainte dans le délai de trois mois n'auront plus de recours. Des mesures seront prises pour empêcher de nouvelles déprédations, à l'avenir

C'était donc une sorte de tribunal d'arbitrage qui allait fonctionner à Calais et à Boulogne. Les commissaires anglais furent Richard Wingfield, William Knight et le célèbre écrivain, Thomas More, qui venait de faire paraître sa *Description de la République d'Utopie* (1). Les commissaires

---

(1) Venetian, II, n° 839, p. 317 et n° 855, p 371.

(2) Lettre de Wingfield à Wolsey, 20 Janvier 1517, Letters and Papers..., Henry VIII, vol. 2, pars II, n° 2.801, p 903 — Le même au même, 5 Février, Ibid. n° 2.872 ; 11 Mars 1517, n° 3 001, 31 Mars, n° 3 081 ; les 27 et 28 Avril, 1er et 1 Mai, il signale des mouvements de troupes en Artois dans la direction de Guines. Ibid. n°s 3.177, 3.181, 3 193, 3.201.

(3) Letters and Papers..., Henry VIII, vol. 2, pars II, n° 3 520, p. 1118. — Dès le 30 Juin, Sébastien Giustinian annonçait de Londres la formation de cette commission, à Calais. Le 11 Juillet, Giovanni Badoer, ambassadeur de Venise à Paris, signalait le même fait. Venitian, II, pp. 396, 416

(1) Letters and Papers..., Ibid, n° 3 634, p. 1.118.

français furent Antoine de la Fayette, sénéchal du Ponthieu et capitaine de Boulogne ; Jesse Godet, conseiller au parlement de Rouen ; Nicolas de Marle, avocat à Boulogne, et Jean le Noir, avocat à Montreuil (1).

Les commissaires, après avoir reçu les plaintes des parties, se réunirent à diverses reprises, tantôt à Boulogne et tantôt à Calais. Wingfield et More rendirent hommage à l'esprit de conciliation qui animait leurs collègues français. Ils échangèrent leurs vues sur le meilleur moyen de prévenir le retour des actes de piraterie dont ils avaient à connaître, en décidant que les deux royaumes se livreraient désormais ceux qui s'en rendraient coupables (2). Les conférences furent longues, car, le 5 Novembre, More écrivait à Erasme qu'il craignait de séjourner à Calais plusieurs semaines encore (3). Il est probable qu'elles ne prirent fin qu'au commencement de Décembre (4).

Des négociations plus délicates se poursuivaient entre Londres et Paris. En quittant l'Angleterre, en Juillet 1517, l'évêque de Paris y laissait un homme de confiance auprès de Wolsey (5). Il était question de sceller la paix entre les deux royaumes par un mariage projeté entre la jeune fille de Henry VIII et le dauphin de France qui venait de naître. Au mois de Juillet 1518, on était d'accord sur le principe (6) et François Ier envoya une ambassade officielle régler les derniers détails. A sa tête était Guillaume Gouffier, seigneur de Bonnivet et amiral de France, avec Etienne Poncher, évêque de Paris, François de Rochechouart, seigneur de Champdenier, et Nicolas de Neufville, seigneur de Villeroy. Vingt-quatre gentilshommes et vingt-quatre archers de la garde royale leur servaient d'escorte et leur suite ne comprenait pas moins de 800 chevaux (7). L'évêque de Paris

---

(1) Letters and Papers , Ibid, nº 3 762 p. 1 181.

(2) Letters and Papers , Henry VIII, vol 2, pars II, nº 3 766, p. 1 182

(3) Ibidem, nº 3.773, p 1 184.

(4) Ibidem, nos 3.803, 3.805, pp 1 191-92 More était rentré à Londres, le 15 Décembre.

(5) Ibidem, nos 1.063, 1 064, 1 166, pp. 1 258, 1.259, 1 290

(6) Lettre d'Antoine Giustinian 18 Juillet 1518, datée d'Angers. Venetian, II, p. 419.

(7) Journal d'un Bourgeois de Paris sous le règne de François Ier, 1515-1536, publié, pour la Soc. de l'Hist de France, par Ludovic Lalanne, p. 71. — Cf Barrillon, édit cit II, p. 108

passa par Boulogne, mais c'est à Calais que, sur l'ordre de Wolsey, des navires furent préparés par le trésorier William Sandys, remplaçant le député de Calais, pour transporter en Angleterre Bonnivet et sa suite. Ils faillirent sombrer durant la traversée. Les traités signés à Londres, du 2 au 8 Octobre, réglèrent les conditions de la paix : restitution de Tournai à François Ier, moyennant 600.000 écus, mariage franco-anglais, entrevue décidée pour le mois de Juillet 1519 entre Calais et Boulogne. De son côté, Henry VIII renvoya en France une grande ambassade conduite par Charles Somerset, comte de Worcester, grand chambellan du roi d'Angleterre, Nicolas West, évêque d'Ely, Nicolas Vaux, capitaine de Guînes et Thomas Docwra, grand prieur de l'ordre de Saint-Jean de Jérusalem. Ces personnages quittèrent Douvres le 13 Novembre et arrivèrent à Calais le lendemain dimanche, mais ils furent retenus dans cette ville jusqu'au 27, par suite d'une violente tempête qui détruisit la moitié des navires servant au transport de leurs équipages (1).

Jamais, sans doute, Calais n'avait vu de plus somptueuses fêtes que celles qui animèrent son existence monotone sous les Tudor. En cette année 1518, le cardinal Campeggio, légat du pape, avec mission de déterminer Henry VIII à prendre part à une croisade, avait passé à Calais plusieurs semaines, en Juin et Juillet. Des difficultés avaient surgi à cette occasion et Campeggio dut attendre, dans cette ville, que le roi d'Angleterre autorisât son passage en Angleterre. L'accueil empressé que lui firent le député et les officiers de Calais n'étaient qu'une insuffisante compensation pour la rigueur du procédé. Il ne partit de Calais que le 22 Juillet (2).

Est-ce à propos des fêtes et des réceptions données alors que les deux maires de Calais, celui de la ville et celui de l'Etaple, recommencèrent à se quereller, comme l'avaient fait leurs prédécesseurs, un demi-siècle auparavant, au sujet de la prééminence ? On pourrait le supposer, car le conseil de Calais avertit Wolsey, en Décembre 1518, de la tournure aiguë

---

(1) Voir, sur le passage de cette ambassade à Calais, Chronicle of Calais, pp. 17-18, et Letters and Papers, vol 2, pars II, n°s 1.582, 4.593, 4.594, 1 613.

(2) Venetian, II, pp. 146-150. — Cf. Letters and Papers., Henry VIII, vol. 2, Préface, p. CCLIX. Voir aussi « Travels of Cardinal Luigi of Aragon, 1518 » by Antonio de Beatis, Ludwig Pastor, Fribourg-en-Brisgau, 1905, pp. 122-123

que prenait le conflit entre les deux juridictions. Comme l'un des deux maires, sir William Fitzewilliam, était attaché à la maison de Wolsey, en qualité de trésorier, les officiers royaux prièrent le cardinal de s'interposer, car il en résultait des troubles graves dans la ville. Nous ignorons, du reste quelle fut la décision de Wolsey (1).

En 1519, sir John Peeche, qui avait exercé jusqu'alors la charge de Lieutenant de la tour du Risban, fut nommé député de Calais (2). Ces hautes fonctions l'inquiétaient un peu et, dans ses premières lettres à Wolsey, il sollicitait des instructions précises et faisait l'éloge de Richard Wingfield dont le départ, dit-il, provoquait à Calais les plus vifs regrets (3). Sa correspondance ne nous donne aucun détail curieux sur ce qui se passa à Calais et ne contient guère que des rapports à lui adressés par les espions au service de l'Angleterre.

Le cardinal Campeggio repassa par Calais le 21 Août 1519 et n'y resta cette fois que deux jours. Il y reçut l'accueil le plus flatteur des bourgeois et fut l'hôte du trésorier, sir William Sandys (4).

Cependant, François Iᵉʳ et Henry VIII continuaient à échanger leurs vues touchant la réunion qu'ils avaient décidé d'avoir. Le roi d'Angleterre désirait qu'elle ait lieu à Calais (5), mais François Iᵉʳ n'y voulait pas consentir. On finit par décider que l'entrevue serait fixée entre Guines et Ardres et les préparatifs en furent poussés activement. Le port de Calais se remplit de navires transportant d'Angleterre le bois et les matériaux nécessaires à l'édification des luxueux bâtiments que l'on allait édifier dans la plaine de Guines, les riches tapisseries qui orneraient les salles du palais, construit sur le modèle de la maison de l'étaple de Calais, les étoffes de velours et de soie, les joyaux précieux et la vaisselle d'or et d'argent qui figureraient dans les banquets royaux. Il s'agissait aussi d'approvisionner la ville, car le 18 Avril 1520, sir John Peeche déclarait qu'il n'y avait dans les boucheries de Calais que

---

(1) Letters and Papers. Henry VIII vol 2, pars II, nᵒ 1.637, p 1 116

(2) Ibidem, vol. 3, pars I, nᵒ 229, p 77.

(3) Ibidem, nᵒˢ 259, 265, pp. 87-88

(4) Ibidem, nᵒ 139, p. 155

(5) Venetian II, nᵒ 1.235, p. 531.

Entrevue du Camp du Drap d'Or

Tableau du XVIe Siècle — Château de Hampton-Court

pour trois semaines de vivres et que le fourrage manquait pour les chevaux (1). De véritables monceaux de victuailles s'entassèrent bientôt dans les offices du château (2).

C'est, en effet, toute une armée qu'il fallait nourrir et loger, car Henry VIII et la reine amenaient avec eux une suite de plusieurs milliers de personnes. Sir John Pecche, le maréchal de Calais, et d'autres membres du conseil, désignèrent les logements dans la ville. Dans un projet primitif, on avait prévu une visite de François Ier dans la ville et les habitants des plus belles maisons étaient invités à les abandonner aux seigneurs français et à se réfugier dans des tentes au pied des remparts : L'abandon de ce projet empêcha beaucoup de Calaisiens d'être ainsi momentanément expulsés de chez eux (3). Quelques-uns cédèrent cependant la place à de grands personnages.

Il ne nous appartient pas de décrire ici, après tant d'autres, les magnificences du Camp du Drap d'Or. Henry VIII, qui venait de rencontrer Charles Quint à Cantorbery, arriva à Calais le 31 Mai, le jour même où François Ier arrivait à Ardres. Le lendemain, Wolsey alla dans cet endroit saluer le roi de France, tandis que plusieurs gentilshommes français venaient à Calais. Henry VIII ne se rendit à Guînes que le 5 Juin. Les fêtes et les joutes se succédèrent jusqu'au Lundi 25 Juin.

A peine avait-il quitté le roi de France qu'il eut avec l'empereur une entrevue dont la portée politique fut beaucoup plus grande. Le 10 Juillet, Henry VIII partit pour Gravelines avec Wolsey, l'archevêque de Cantorbery, les ducs de Buckingham et de Suffolk et une imposante escorte de grands seigneurs et d'hommes d'armes (1). Le lendemain, Charles Quint revint avec lui à Calais. Marguerite de Savoie l'accompagnait Charles fut logé à l'étaple et, trois jours durant, les

---

(1) Letters and Papers... Henry VIII, vol 3, pars I, no 717, p 265.

(2) Ibidem, nos 701, 725, 869 et surtout 919.

(3) Ibidem, no 701. Le roi de France devait loger à l'étaple et le roi d'Angleterre à l'Echiquier de Calais. — Sur les personnages qui vinrent effectivement à Calais, voir Chronicle of Calais, pp 19-27

(1) Voir sur les préparatifs faits pour cette entrevue Letters and Papers, Henry VIII, vol. 3, pars I, no 804, pp 280-282 et no 907, pp 327-328 La liste des personnages de la suite du roi est donnée no 906, p 326

banquets et les réjouissances se succédèrent (1). On avait dressé une tente somptueuse, recouverte de toile à voile et soutenue par une énorme pièce de bois faite de huit grands mâts qu'attachaient de grosses cordes et des cercles de fer. A l'intérieur, on avait peint les éléments, le soleil, la lune et les étoiles et l'on avait figuré des nuages. Il y avait aussi des moulins et des navires. Partout des devises et des armoiries étaient répandues à profusion. Des estrades devaient recevoir les musiciens et les chanteurs qui se feraient entendre pendant le repas. A la porte était inscrite la devise : « Moy Artus roy, chef de la table ronde ». (2). Malheureusement, le matin même du jour où le banquet devait être donné, une tempête renversa la tente et détruisit tous les objets qui s'y trouvaient (3).

Il est probable que les souverains mêlèrent aux divertissements des conversations politiques (4) et que Charles réussit à détourner Henry VIII de l'alliance française. Wolsey fut l'objet de particulières attentions et peut-être l'empereur élu fit-il miroiter à ses yeux l'éclat possible de la tiare. Ce qui est certain, c'est que, dès ce moment, Henry VIII, tout en conservant encore la neutralité, fut favorable à Charles Quint. Ils se séparèrent le 14 Juillet et Henry VIII s'embarqua le 18 pour l'Angleterre (5).

On peut admettre que les célèbres conférences, tenues à Calais l'année suivante, furent une des conséquences de l'entrevue de 1520. La guerre avait éclaté entre Charles et François Ier au mois de Mars 1521 et les premiers échecs de nos armes décidèrent le roi de France à accepter les propositions de médiation de Henry VIII qui, de son côté, était déjà décidé à s'allier à Charles Quint.

---

(1) « Et mena le roy anglois le roy d'Espaigne en la ville de Calais où fut par la royne d'Angleterre, sa tante, receu à joie et honneur incomparable, et par trois jours y séjourna, tenant le roy Henry court ouverte en merveilleuse pompe et sumptueulx estat. » Brésin, édit. cit. p 98.

(2) Letters and Papers. , Henry VIII. vol 3, pars I, n° 869, p. 313.

(3) Chronicle of Calais. pp. 29-30

(4) Au dire d'un chroniqueur, ces conversations auraient parfois été orageuses « Et feurent une fois audict Calais d'accord et mal d'accord, et prest le roy catholique à monter à cheval pour s'en retourner ; toutesfois, ils s'accordèrent ensemble, et partirent bien contens l'un de l'aultre . Mémoires de Fleurange, édit. Buchon. p 285.

(5) Chronicle of Calais, p 30.

Wolsey, investi du titre officiel de médiateur, débarqua à Calais, le 2 Août 1521, avec cinquante gentilshommes et quinze cents chevaux. Il fut reçu par le nouveau député, sir John Bourgchier, lord Berners, qui avait remplacé John Pecche (1). Il était accompagné de Thomas Ruthale, évêque de Durham, de Nicolas West, évêque d'Ely, Lancelot Docwra, grand prieur de l'ordre de Saint-Jean de Jérusalem, Charles Somerset, comte de Worcester, grand chambellan et Cuthbert Tunstall, maître des rôles.

Charles Quint s'était fait représenter par son chancelier, Mercurin de Gattinara, Jean, seigneur de Berghes, Antoine de Berghes, abbé de Saint-Bertin, Jacques de Luxembourg, seigneur de Fiennes, Philippe Hanneton, secrétaire et audiencier.

L'ambassade française avait à sa tête le chancelier de France, Antoine Duprat, Jacques de Chabannes, sieur de la Palice, maréchal de France, Jean de Selve, premier président du parlement de Paris, et Robert Gedoyn, sieur de la Tour, secrétaire des finances. Arrivés à Calais le 4 Août, les ambassadeurs furent honorablement reçus et le lendemain rendirent visite à Wolsey. Celui-ci quitta Calais le 12 Août pour aller conférer à Bruges avec Charles Quint. Dès ce moment, il était bien résolu à conclure une alliance avec lui et il débattait les conditions d'un accord militaire contre François Ier. Dans une lettre à Henry VIII, qui avait manifesté la crainte de voir une armée française attaquer Calais, au cas où il se rangerait du côté de l'empereur, Wolsey s'efforçait de lui démontrer l'inanité de sa frayeur. L'armée impériale allait entrer en France et, si les Français s'avisaient de dégarnir leurs places fortes, pour tenter un coup de main contre Calais, l'occasion serait bonne pour les Impériaux de leur livrer bataille. Il fallait cependant rassembler un corps de six mille archers en prévision de cet événement (2).

Telles étaient les préoccupations du « médiateur », à l'heure même où Duprat attendait avec confiance, à Calais, son retour de Bruges. Le député et le trésorier de Calais s'efforçaient d'abréger, par des réceptions et des fêtes (3), la longueur

---

(1) John Bourgchier avait été nommé député de Calais, le 28 Novembre 1520. Letters and Papers... Henry VIII, vol. 3, pars I, n° 1.071

(2) Letters and Papers, Henry VIII, vol. 3, pars II, n° 1.188, p. 611.

(3) « Et cependant furent festoyez par les principaulx officiers du Roy d'Angleterre, le debitis de Calais et le trésorier » Barrillon, édit. cit. II, p 250.

d'une attente qui se prolongea près de trois semaines. Wolsey ne rentra à Calais que le 29 Août, avec l'Ambassade de Charles dont la composition avait été un peu modifiée. François Ier avait, lui aussi, rappelé le maréchal de la Palice, qui fut remplacé par Olivier de la Vernade, sieur de la Bastie, maître des requêtes ordinaire de l'Hôtel, conseiller et chambellan du roi.

Les hostilités continuaient pendant que les ambassadeurs se livraient, à Calais, à des joutes oratoires pour démontrer chacun la justice de leur cause. François Ier ne se faisait plus guère d'illusion à ce sujet et, le 12 Septembre, il mandait au chancelier de quitter Calais, à moins que Wolsey n'exprimât le désir formel de le retenir. Les conférences se continuèrent encore deux mois, sans autre résultat que la conclusion d'un accord spécial pour assurer aux pêcheurs français et flamands la permission de fréquenter librement, pendant le temps de la harengaison, les ports de la Manche et de la mer du Nord (1).

Le 22 Novembre, les ambassadeurs français furent reconduits à la limite du territoire anglais par la garnison de Calais. Seuls, restèrent dans cette ville Thomas Duprat, frère du chancelier, évêque de Clermont, et Denis Poillot, conseiller du grand conseil, que Wolsey retint jusqu'à son propre départ, le 26 Novembre (2). Jetant le masque, le roi d'Angleterre venait de signer avec Charles Quint un traité dont les clauses avaient été débattues pendant la visite de Wolsey à Bruges (3).

Les Anglais n'avaient pas attendu la fin des conférences pour molester les marchands français, qui s'aventuraient sur le territoire de Calais, et le gouverneur de Boulogne, Antoine de la Fayette, s'en plaignait au député de Calais (4).

Une curieuse lettre de Richard Wingfield nous renseigne sur l'état de Calais au moment où les conférences prenaient

---

(1) Voir ce traité, signé à Calais, le 2 Octobre 1521, dans Du Mont, Corps diplomatique, t. IV, pars I, p 352.

(2) Nous avons suivi ici les indications de Barrillon, secrétaire de Duprat. Elles concordent avec celles de Gattinara. Les conférences de Calais ont fait l'objet d'un travail de M. A. Spont, Bibliothèque de l'Ecole des Chartes, XLIX, p. 138.

(3) Letters and Papers, Henry VIII, vol. 3, pars II, n° 1.508, p. 620.

(4) Lettre d'Antoine de la Fayette, 16 Octobre 1521, Letters and Papers, Henry VIII, vol. 3, pars II, n° 1.684, p 702.

Charles Quint et Henry VIII
Estampes. British Museum

fin. La place était fort mal pourvue et, si François Ier avait eu la pensée de faire envahir le pays voisin, il pouvait affamer les Calaisiens. « Si la ville était assiégée par terre et par mer, elle serait vite réduite à la dernière extrémité, car l'empereur ne pourrait pas la secourir à temps. » Wingfield craignait que, pendant les quatre mois passés à Calais, les envoyés du roi de France n'aient eu tout le temps de se renseigner sur les points faibles de la ville. « Or, pour risquer une brusque et furieuse attaque, quand ils y voient quelque chance de succès, les Français agissent aussi bien et avec autant de diligence que n'importe quel peuple » (1). Mais cette appréciation, dont le duc de Guise devait justifier plus tard l'exactitude, était prématurée et François Ier, s'il commençait à soupçonner la volte-face de Henry VIII, ne songeait guère à reprendre Calais.

Les premiers mois de 1522 n'amenèrent d'autres événements, à Calais, que des actes réciproques de piraterie entre navires anglais et français, car la guerre n'était pas officiellement déclarée entre les deux rois. Le député de Calais et le gouverneur de Boulogne mettaient même une sorte de coquetterie à poursuivre les infractions aux traités (2). Il arriva à lord Berners une plaisante histoire ! Il avait envoyé à Boulogne deux Anglais, Bluemantle, officier d'armes, et William Church, soldat, pour monter à bord de deux navires français frétés pour transporter du vin à Calais ; or, malgré la présence de ses envoyés, les navires furent saisis pendant la traversée par des pirates anglais qui débarquèrent Bluemantle et Church et conduisirent leur prise en Angleterre. Berners et le conseil de Calais protestèrent auprès de Wolsey contre les auteurs de cette agression (3).

Charles Quint désirait avoir une nouvelle entrevue avec le roi d'Angleterre et il lui avait exprimé le désir de venir s'embarquer à Calais le 10 Avril. Henry VIII le pria de retarder son voyage, parce que les principaux officiers de Calais étaient alors en Angleterre et que l'on n'aurait pas le temps de fournir la ville des vivres et des objets nécessaires à sa réception (4). Le maréchal de Calais, sir Edward

---

(1) Lettre de Richard Wingfield à Wolsey, datée d'Oudenarde, 18 Novembre 1521. Ibidem, nº 1.777, p. 752.

(2) Voir notamment nos 1.935, 2.027, 2.048, ibidem, pp. 830, 871, 879.

(3) Letters and Papers..., Henry VIII, vol. 3, pars II, Lettre du 17 Mars 1522, p. 902.

(4) Lettre de Henry VIII à Charles V, Mars 1522. Ibid. nº 2.128, p. 908.

Guldeford, se préoccupa de faire visiter les logis et les maisons convenables pour héberger la suite de l'empereur (1). Celui-ci consentit à retarder son voyage jusqu'au mois de Mai (2).

On craignait que les Français, informés du voyage de l'empereur, ne tentassent de prendre Gravelines et d'empêcher son voyage à Calais (3). De grands mouvements de troupes étaient signalés, en effet, au début de Mai, à Boulogne, Montreuil et Thérouanne, par le député de Calais qui concentrait tous les rapports des espions et les transmettait à Wolsey.

Tout se passa cependant pour le mieux. Charles Quint, qui avait quitté Bruxelles le 23 Mai, arriva à Calais le 26. Suivant les instructions données par Henry VIII, il fut accueilli, à son entrée sur le territoire anglais, par le comte de Surrey, Thomas Howard, lord trésorier et amiral d'Angleterre, l'évêque de Chichester et lord Delaware, avec le trésorier, le maréchal, le lieutenant du château et les autres officiers de Calais, à l'exception du député et du portier. L'évêque lui lut une harangue et les officiers lui remirent les clefs de la ville et du château de Calais. Devant la « Milkgate », attendaient les maires de la ville et de l'étape qui offrirent les dons accoutumés de vins et de vivres. Tout le clergé des paroisses du territoire anglais, revêtu de ses ornements sacerdotaux, était rangé à droite de la porte, avec les croix et les reliques (4). Une flotte anglaise protégea le passage à Douvres.

C'est pendant le séjour de Charles Quint en Angleterre que Henry VIII fit porter à François Ier une déclaration officielle de guerre, par son héraut Clarencieux. Calais était le lieu fixé pour la concentration des troupes anglaises et l'on s'était préoccupé d'y envoyer des commissaires pour

---

(1) Lettre de Guldeford à Wolsey, 30 Mars. Ibid. n⁰ 2 112, p. 911

(2) Lettres de Charles V à Henry VIII. Ibid n⁰ˢ 2.113, p. 911 et 2 170, p. 925.

(3) Lettre de Robert Wingfield à Wolsey, datée de Bruxelles, 18 Avril 1522. Ibid. n⁰ 2.187, p. 931.

(4) Letters and Papers.... Henry VIII, vol. 3, pars II, n⁰ 2 288, p. 966 — Cf. Lefebvre, Hist. de Calais, II, p. 231. Cet auteur dit à tort que Wolsey vint à Calais recevoir l'empereur. Toute cette partie de son travail est remplie d'erreurs.

réparer les fortifications (1), mais les approvisionnements n'étaient pas suffisants. Lord Berners et le conseil de Calais se plaignaient, le 20 Juin, du manque de combustible dont il restait pour quinze jours à peine dans la ville (2). En Juillet, ils redoutaient une incursion des troupes françaises sur le territoire anglais et annonçaient que le duc de Vendôme, qui commandait en Picardie, venait d'y dévaster le pays et d'y détruire les récoltes (3). Le bruit courait que 2.000 cavaliers et 10.000 lansquenets, suisses et autres soldats allaient venir camper entre Ardres et Guînes, à la place même où avait eu lieu l'entrevue de François Ier et de Henry VIII (4).

Le manque de vivres et surtout de bière à Calais retardait l'embarquement des soldats anglais. Le comte de Surrey, lord amiral, qui devait commander les forces anglaises, était à Calais d'où il préparait, avec les chefs impériaux de Gravelines, le plan d'invasion en France (5). Le 20 Août, Richard Wingfield et Jerningham informent Wolsey qu'il serait bon de retenir à Douvres les derniers contingents anglais jusqu'à ce que l'on ait, à Calais, des provisions suffisantes. Faute de vent, les moulins ne peuvent moudre assez de grain et le bois manque pour alimenter les boulangeries et les brasseries (6).

A la fin d'Août, cependant, quinze mille hommes quittaient Calais sous les ordres du comte de Surrey, rejoignaient près d'Ardres un corps d'Impériaux et commençaient, dans le Boulonnais, l'Artois et la Picardie, une brève campagne marquée surtout par des incendies et d'effroyables ravages (7). Comme au temps d'Edouard III ou de Henry V, le voisinage de Calais était funeste à ces malheureuses régions. Le 21

---

(1) Lettre de Fox à Wolsey, 30 Avril 1522. Ibid., n° 2 207, p 938.

(2) Ibid., n° 2.334, p. 991.

(3) Ibid., n° 2.376, p 1.005 Lettre de Berners à Wolsey, datée de Calais, 9 Juillet.

(4) Ibid., n° 2.378, p 1 007. Lettre du trésorier de Calais, William Sandys à Wolsey, datée du Pont du Nieulay (Newnham Bridge), 10 Juillet.

(5) Letters and Papers..., Henry VIII, vol. 3, pars II, n° 2 451, p. 1 035. Lettre de Surrey à Wolsey, datée de Calais, 19 Août 1522.

(6) Ibid., n°s 2.451, 2.453, p. 1 036.

(7) Cf. Histoire du Boulonnais par J. Hector de Rosny, Amiens, 1871, T. III, p. 72.

Octobre, Surrey regagnait l'Angleterre, après avoir consacré dix jours à réexpédier de Calais ses soldats que l'on ne pouvait plus payer (1).

De fortes garnisons furent laissées à Calais, à Guines et sur le territoire anglais. Dix-sept cents hommes y furent entretenus pendant tout l'hiver (2). On redoutait en Angleterre que François Ier ne concentrât ses forces dans le Nord pour attaquer les Pays-Bas et Calais. Wolsey croyait qu'il en serait ainsi (3).

Le 29 Janvier 1523, un navire français, le *Bonne Aventure*, de Dieppe, fut capturé devant Calais et lord Berners interrogea les officiers qui le montaient pour tâcher de connaître les mouvements du duc de Vendôme et du comte de Saint-Pol. Leurs réponses furent envoyées à Wolsey (4).

Comme l'année précédente, les préparatifs d'une expédition anglaise se poursuivaient lentement. Au mois de Mai François Ier envoya un vaisseau de 3 à 400 tonneaux, chargé de grosses pierres, qui fut coulé dans la rade de Calais. Il espérait gêner ainsi l'entrée des grands navires qui transportaient les troupes (5), mais cet unique essai était insuffisant pour atteindre son but.

Pour ravitailler l'armée, Henry VIII lança le 21 Août une proclamation ordonnant à tous ceux de ses sujets, qui jouissaient d'une protection spéciale, de transporter à Calais la plus grande quantité possible de provisions (6). A ce moment, presque tous les soldats étaient arrivés de l'autre côté du détroit et ils campaient dans la terre d'Oye, autour de Marck. Le 24 Août, le duc de Suffolk vint en prendre le commandement. Leur total s'élevait à quinze mille hommes, comme en 1522. On attendait l'arrivée des contingents

---

(1) Chronicle of Calais, p. 32 — Le 15 Octobre, le comte de Surrey écrit, de Calais, à Wolsey, qu'il est arrivé la veille et va renvoyer les soldats aussi vite que possible. Si des vents contraires retardent leur passage, l'argent fera défaut. Letters and Papers.... vol. cité. n° 2 614. p. 1 108

(2) Ibid., n° 3.381. p. 1.111.

(3) Ibid., n° 2.764. p. 1.161.

(4) Letters and Papers.., Henry VIII, vol. 3. pars II, n°s 2 803, 2.804. p. 1.179.

(5) Journal d'un Bourgeois de Paris, édit. cit. p. 167. — Cf. De la Roncière, op. cit. T. III.

(6) Voir le texte de cette proclamation, Chronicle of Calais, p 101.

flamands et hennuyers que le comte de Buren, lieutenant de Charles Quint, devait conduire. Wolsey désirait que Suffolk ne quittât point le territoire anglais avant leur arrivée, mais la peste éclata à Calais avec tant de violence que l'armée anglaise précipita son mouvement (1). Henry VIII était d'avis de diriger les forces alliées contre Boulogne et ce plan fut discuté dans une conférence entre Buren et Suffolk, à Gravelines. Buren, considérant Boulogne comme imprenable, rejeta la proposition anglaise (2). Après des opérations heureuses en Picardie, notamment la prise de Roye et de Montdidier, les alliés rebroussèrent chemin. Les troupes de Suffolk étaient de retour à Calais le 11 Décembre et le duc quitta la ville le 30 de ce mois pour rentrer en Angleterre.

En 1524, aucune expédition ne fut faite contre la France, mais des escarmouches continuelles mirent aux prises, dans le Boulonnais, les garnisons françaises et les garnisons anglaises, que renforcèrent, de temps à autre, des contingents fraîchement débarqués. Il semble bien que le gouverneur de Guînes, Fitzwilliam, ait eu la direction des troupes. En Juillet, il fit plusieurs incursions en territoire français. A ce moment, un renfort de trois cents hommes était arrivé à Calais, mais la moitié d'entre eux refusaient d'aller à Guînes, déclarant qu'ils avaient été levés seulement pour venir à Calais. Au mois d'Août, les Français reprirent l'avantage et vinrent ravager le pays entre Guînes et le fort du Nieulay, gênant les communications entre Guînes et Calais. Fitzwilliam voulut marcher contre eux, le 4 Août, mais il apprit qu'ils avaient 100 chevaux et n'osa pas risquer sa cavalerie, inférieure en nombre. Les Français n'attaquèrent cependant pas la ville de Guînes (3).

En fait, tout l'intérêt se portait alors vers l'Italie où le roi de France tentait un grand effort. Sa déroute à Pavie fut connue à Calais au début de Mars 1525. Lord Berners annonçait à Wolsey, le 8 de ce mois, que les Flamands célébraient la victoire impériale en allumant des feux de

---

(1) Lettre de Thomas More à Wolsey, 5 Septembre 1523. Letters and Papers., n° 3.302, p. 1376

(2) De Buren à Wolsey, 10 Septembre. Ibid., n° 3 315, p. 1 380.

(3) Voir à ce sujet la correspondance de Fitzwilliam avec Wolsey, pendant les huit premiers mois de 1524. Letters and Papers, Henry VIII, vol. 4, pars 1, notamment les n°s 179, 180, 181, 193, 509, 564, 592.

joie et en tirant des salves. Il demandait s'il convenait de se livrer aux mêmes démonstrations à Calais (1).

Le triomphe de Charles Quint ne fut pas sans inquiéter Henry VIII et la régente de France exploita habilement ses craintes. Le 20 Juillet, un ambassadeur français était à Calais, et le trésorier, William Sandys, s'empressait de lui procurer un navire pour son passage (2). Le 22 Août, on proclama à Calais la cessation des hostilités avec la France (3).

Rien ne vint rompre la monotonie de l'existence des habitants de Calais au cours de ces deux années (1525-1526). Une nouvelle forteresse fut élevée au passage du Niculay et confiée à la garde de sir Robert Jerningham, avec vingt hommes sous ses ordres (4). William Sandys, devenu lord Chambellan, tout en gardant le gouvernement nominal de Guines, reçut mandat, en Septembre 1526, de procéder au remplacement de lord Berners par Robert Wingfield, en qualité de député de Calais, tandis que Fitzwilliam commanderait au château de Calais (5).

Sandys vint à Calais le 21 Octobre et le lendemain réunit le conseil pour l'installation de Robert Wingfield et de Fitzwilliam. Les premiers actes du nouveau député firent bien augurer de son administration (6).

La ville était alors dans un état de ruine et de délabrement que Sandys signalait au cours de sa mission (7). De nouveau, la garnison était réduite à la misère par suite du manque de solde. Wingfield pressait Wolsey d'envoyer de l'argent (8). Le cardinal put se convaincre par lui-même du bien fondé

---

(1) Lettre de Berners à Wolsey, datée de Calais, 8 Mars 1525. Ibid. nº 1.167.

(2) Letters and Papers.., Henry VIII, vol. 1, pars I, nº 1 508, p. 675.

(3) Lettre de Sandys à Wolsey, 23 Août 1525. Ibid., nº 1.580, p. 712

(4) Lettre de Henry VIII à Lord Berners, 12 Avril 1526. Ibid., nº 2 088, p. 935.

(5) Lettre de Sandys à Robert Wingfield, 27 Septembre 1526. Ibid., nº 2.518. p. 1.122.

(6) Lettre de Sandys à Wolsey, 6 Novembre 1526. Ibid., nº 2 611, p. 1.159.

(7) Lettre du même au même, 28 Décembre 1526 Ibid., nº 2.730, p. 1.217.

(8) Lettre de Wingfield à Wolsey, 22 Janvier 1527. Ibid., nº 2 816, p. 1.257.

de ces plaintes quand, quelques mois plus tard, il passa par Calais, lors de sa grande ambassade auprès de François Ier. Il s'embarqua à Douvres, le 11 Juillet 1527, entre 3 et 4 heures du matin et arriva à Calais vers 9 heures (1). Il était attendu sur le port par le député, le trésorier et les autres membres du conseil, le maire de l'étaple et tout le clergé, vêtu de ses plus riches ornements et portant un grand nombre de croix d'or et d'argent. Toutes ces personnes formaient un imposant cortège. Sous la « Lanterngate » (porte du havre), un siège avait été disposé avec des coussins et des tapis précieux. Wolsey se mit à genoux pour y faire ses prières. Pendant ce temps, le clergé lui présenta l'eau bénite et balança devant lui des encensoirs d'argent. On le conduisit ensuite en procession jusqu'à l'église Notre-Dame où il monta au grand autel pour donner sa bénédiction à l'assistance (2).

Il fut logé à l'échiquier et, le jour même, il eut un entretien avec les officiers du roi, à Calais, sur l'état de la ville. Le soir, il écrivait à Henry VIII qu'il était urgent d'y remédier et qu'il en prendrait souci au retour de son ambassade (3). Wolsey demeura à Calais plus longtemps qu'il n'avait prévu, car le mauvais temps retardait le passage de ses chevaux et de ses équipages et ce n'était pas une mince besogne que de débarquer les neuf cents ou mille chevaux de son escorte (4). Parmi les personnages de sa suite, citons le comte de Derby, Thomas More, les évêques de Londres et de Dublin (5). C'est sans doute à son instigation que fut préparée, le 13 Juillet, une proclamation qui devait être lancée, par le maire de Calais, aux marchands anglais et étrangers les invitant à se rendre à Calais pour y commercer, sans payer d'autres droits que ceux que l'on exigeait aux marchés d'Anvers et des autres villes des Pays-Bas (6). Cette ordonnance que nous

---

(1) Lettre de Wolsey à Henry VIII, datée de Calais, 11 Juillet 1527. Letters and Papers..., Henry VIII, vol. 4, pars II, n° 3 254, p. 1.178.

(2) Relation de Cavendish, écuyer de Wolsey. Note manuscrite de De Rheims, sur un exemplaire de l'histoire de Lefebvre, appartenant à M. Lunings d'Or.

(3) Letters and Papers..., vol. cité, n° 3 254.

(4) Ibid., n° 3.268, p. 1182.

(5) Voir les noms de tous les personnages de sa suite, Chronicle of Calais, pp. 38-40.

(6) Le texte est publié dans la Chronicle of Calais, pp. 102-109.

étudierons plus tard, montre bien comment la prospérité du commerce de Calais, alors fort menacée, était intimement liée à la force militaire de la ville.

Wolsey donna des ordres immédiats pour effectuer les réparations les plus urgentes. Il reçut, à Calais, la visite des capitaines français de Boulogne et de Montreuil. Il partit le 22 Juillet, négocia avec François I⁰ le traité d'Amiens et repassa par Calais le 23 Septembre. Il ne devait plus y revenir.

L'une des causes de la décadence de Calais était l'abandon où un certain nombre de grands seigneurs anglais, propriétaires d'immeubles dans la ville, laissaient ces biens dont ils avaient hérité. A la suite de la visite de Wolsey, ordre fut donné, le 12 Octobre 1527, à tous propriétaires de maisons ou habitations délaissées de les réparer ou de les reconstruire, sous peine de forfaiture de ces biens. Les officiers du roi, à Calais, furent chargés de tenir la main à la stricte exécution de l'ordonnance royale (1).

Mais, en attendant l'effet de ces mesures, la situation restait très difficile. Les soldats se plaignaient et disaient tout haut « que les choses allaient mal » et que les membres du conseil ne prêtaient pas à leurs doléances une suffisante attention (2). En novembre, la pénurie était extrême. Le blé et l'orge faisaient presque entièrement défaut. Le passage de Wolsey avait contribué à épuiser les réserves. On était à l'époque de la harengaison et le port était fréquenté par beaucoup de pêcheurs français qui, eux aussi, se ravitaillaient à Calais. Les navires anglais, chargés de vivres pour la ville, étaient retenus sur les côtes d'Angleterre par des mesures prohibitives. Dans ces circonstances critiques, un conflit assez grave s'éleva entre le député de Calais et les officiers du gouverneur de Guînes. Ceux-ci avaient défendu aux cultivateurs du territoire de Guînes et d'Oye de porter à Calais les grains, constituant leurs redevances en nature, tant qu'ils n'auraient pas acquitté, à Guînes, leur droit dû à la Saint-Michel. On ne pouvait pas non plus, sans une licence spéciale,

---

(1) Letters and Papers..., Henry VIII, vol. I, pars II, p. 1.578. — Le texte de cette proclamation est imprimée, Chronicle of Calais, p. 112

(2) Voir à ce sujet une curieuse lettre de Robert Wingfield à Henry VIII, datée de Calais, le 30 Octobre 1527, au sujet de l'arrestation d'un soldat pour propos séditieux. Ce soldat avait dit qu'il rapporterait au roi et à Wolsey les abus dont la garnison souffrait. Letters and Papers..., vol. 4, pars II, p. 1590.

importer des blés de France ni de Flandre et le change des monnaies aurait rendu cette opération très onéreuse. Après avoir examiné la question avec le maire de la ville et le connétable de l'étaple, le conseil de Calais pria Wolsey d'obtenir le libre passage des navires anglais et d'ordonner que le comté de Guînes pût envoyer ses grains à Calais (1). Wingfield insistait, quelques jours après, pour donner satisfaction aux soldats « qui ont servi maintenant trois quarts de l'année sans toucher leurs gages et qui n'ont pas de crédit » (2).

William Sandys, informé par Wolsey des plaintes portées contre ses officiers de Guînes, écrivit à Wingfield qu'il allait faire rechercher quelles quantités de grains étaient disponibles et que, s'il y en avait assez, on permettrait de porter à Calais l'excédent possible. Le ton de sa lettre est aigre-doux et il prie Wingfield de ne pas se mêler de ce qui se passe dans le comté de Guînes (3). On voit que, à cette date, le député de Calais n'a plus, comme jadis les anciens capitaines, de juridiction sur tout le territoire anglais en France. La réponse de Wingfield est des plus dignes et revendique les droits qu'ont toujours eus les gouverneurs de Calais, « car il ferait tort au roi s'il en laissait périmer quelques-uns ». Il ne pense pas que l'autorité du gouverneur de Guînes s'étende ailleurs que sur le château (4). Nous ignorons comment se termina ce conflit d'attributions, mais Wolsey donna des ordres à Southampton et dans le Kent pour transporter des vivres à Calais. Le conseil de cette ville enquêta chez les brasseurs et les boulangers pour connaître leur stock. Il demanda à Wolsey de l'autoriser à acheter du blé en France, par permission spéciale du roi de France, car le blé coûtait très cher en Angleterre. Toutefois, la nécessité de payer les achats au comptant compliquait la situation, car d'ordinaire les fournisseurs anglais consentaient d'assez longs crédits et l'on retenait, sur la paie des soldats, la valeur des vivres qui leur étaient alloués (5).

---

(1) Letters and Papers..., Henry VIII, vol. 4, pars II, 11 Novembre 1527, pp. 1.607-1.608.

(2) Lettre de Wingfield à Gardiner, 27 Novembre. Ibid., p. 1.625.

(3) Lettre de Sandys à Wingfield, 9 Décembre. Ibid., p. 1.610.

(4) Lettre de Wingfield à Sandys, 11 Décembre. Ibid., p. 1.612.

(5) Lettre de Wingfield à Wolsey, 12 Décembre 1527. Ibid. p. 1.611.

En Janvier 1528, une misère extrême régnait dans la ville. Une révolte des soldats était à craindre, « car la faim fait sortir le loup hors du bois », et l'indigence est telle que les rares provisions apportées au marché ne trouvent pas d'acheteurs. Wingfield avait réussi à faire patienter les chefs, mais beaucoup en sont arrivés à vendre leur lit et couchent sur la paille (1).

Le cas était d'autant plus dangereux que le bruit courait d'une guerre prochaine entre Henry VIII et Charles Quint. Aussi, quand Wolsey eut enfin expédié l'argent de la solde due à la garnison, Wingfield et le conseil le remercièrent chaleureusement. « Le conseil lui en était aussi reconnaissant que s'il les avait tirés d'une dure prison ! » (2)..

Nous trouvons, au cours de cette même année 1528, la première trace à Calais des événements suscités par la Réforme, mais les quelques allusions qui y sont faites, dans les lettres du député, sont assez obscures. Wingfield annonce, le 5 Juin 1528, à Wolsey, qu'un prêtre de Calais, nommé Philip Smith, ayant été soupçonné d'être hérétique, il a fait une perquisition à son domicile. Comme ce prêtre est chapelain de l'étaple et a sa chambre dans le « Staple Hall », le trésorier et le lieutenant de l'étaple ont assisté à la perquisition. On a trouvé beaucoup de livres dont une douzaine de Luther et de ses disciples. Le tout a été mis sous scellés et le prêtre emprisonné (3). Le 22 Juin, Smith fut interrogé en présence de William Peterson et John Butler, commissaires chargés de poursuivre l'hérésie dans la ville de Calais. Il déclara qu'il possédait, depuis deux ans et demi, les ouvrages de Luther, Melanchton et d'autres, contre lesquels il n'avait jamais appris qu'il existât de condamnation, qu'il les avait lus pour se former une opinion, mais sans les défendre et sans avoir jamais discuté en public les sujets qui y sont traités. L'inculpé était l'ami de Francis Denham qui venait d'être arrêté à Paris, à la demande de l'évêque de Bath, et ramené à Calais. Il assura qu'il n'avait pas de complices à Calais et que, au surplus, il n'acceptait les opinions de Luther que dans la mesure où l'Eglise les acceptait. Ce premier

---

(1) Lettre de Wingfield à Tuke, Janvier 1528. Ibid. p. 1.721.

(2) Lettre de Wingfield à Wolsey, 24 Février 1528. Ibid. p. 1.759.

(3) Lettre de Wingfield à Wolsey, 5 Juin 1528. Recueil cit., vol. I, pars II, p. 1.902.

luthérien de Calais n'était pas, à ce qu'il semble, très ferme dans sa foi ! (1).

Francis Denham était, au contraire, très convaincu et très instruit. Il mourut subitement de la peste, au mois de Juillet, dans la prison de Calais où il était enfermé (2). A la fin de Septembre, Smith et un autre accusé, nommé Corbett, furent transférés en Angleterre. Nous ne savons quel fut leur sort (3).

Il fallut exécuter de grands travaux à Calais, à l'automne de 1528, par suite des dégâts causés par les tempêtes et la grande marée du 31 Août, qui avaient détérioré les jetées et rompu des digues protégeant le plat pays contre la mer, notamment entre le château de Calais et le pont du Nieulay (4). Une soigneuse enquête fut faite, en Septembre, par des commissaires spécialement délégués. Une autre commission fut désignée en Décembre pour inspecter tous les canaux, digues et ponts des marches de Calais. Le procès-verbal de ces enquêtes nous a été conservé et fournit de précieuses indications sur l'état des canaux, écluses, ponts et autres ouvrages dans le Calaisis (5).

En 1529, quelques ambassades passèrent encore par Calais. Le 21 Mai, le duc de Suffolk et sir William Fitzwilliam, lieutenant du château de Calais, débarquèrent dans cette ville, se rendant auprès du roi de France, et ils y rentrèrent le 29 Juin. Le 4 Juillet, l'évêque de Londres et Thomas More arrivaient à leur tour et partaient pour Cambrai où les négociations s'étaient ouvertes entre Louise de Savoie et Marguerite d'Autriche. Le 30 Août, la paix entre Charles Quint, le roi de France et le roi d'Angleterre, qui avait été conclue à Cambrai fut solennellement proclamée dans la ville de Calais (6).

Une nouvelle entrevue fut projetée entre Henry VIII et François Ier, qu'une étroite alliance unissait alors. C'était le

---

(1) Lettre de Wingfield à Wolsey. 3 Juin 1528. Recueil cit., vol. 4. Pars II, p. 1930.

(2) Ibid., p. 1.964.

(3) Wingfield à Tuke, 20 Septembre Ibid., p. 2 061.

(4) Wingfield et Husey à Wolsey, 1er Septembre. Ibid, p. 2 036.

(5) Letters and Papers..., Henry VIII, vol. 4, pars II, pp. 2.228 et suiv.

(6) Chronicle of Calais, p. 41.

moment où le roi d'Angleterre s'efforçait d'obtenir l'appui de François Ier dans l'affaire de son divorce avec Catherine d'Aragon. Henry, descendu à Calais le 11 Octobre, avec une suite extrêmement nombreuse, rejoignit, le 21, François Ier à Boulogne et, le 25, revint avec lui à Calais où il lui fit fête. Henry VIII logea sans doute à l'échiquier et François Ier à la maison de l'étaple (1). « Les dits deux rois, celuy jour arrivés audit Calais, fut loger le roy en une maison de marchand, qui est toute quarrée, quatre corps de maisons, la cour au milieu ; et le roy d'Angleterre assez loin de ladite maison » (2). Anne de Boleyn accompagnait le roi anglais et François Ier lui envoya, par le prévôt de Paris, un diamant de très grand prix. Les souverains rivalisèrent d'ailleurs de luxe dans leurs vêtements. « Le dit roi d'Angleterre vient veoir souvent le roy, et se met en grand peine de faire bonne chère à toute la compagnie, et y a merveilleusement bonne grace à ce faire. Hier, après disner, il donna passe-temps au roy, d'un combat d'ours avec des dogues, et d'un taureau, dedans la cour de la maison du roy... » (3). Le 29 Octobre, François Ier partit de Calais, reconduit par Henry VIII jusqu'à la limite du territoire anglais (4). Le roi d'Angleterre demeura dans la ville jusqu'au 13 Novembre.

Il est probable que, pendant son séjour à Calais, le roi se rendit compte par lui-même de la nécessité des réformes à faire dans l'administration de la ville et des travaux urgents à exécuter, tant pour l'amélioration du port que pour la défense de Calais. Les fortifications laissaient beaucoup à désirer et ne répondaient plus aux besoins et aux conditions nouvelles de la guerre. Les devis que nous possédons pour les travaux à exécuter à Calais, à dater de 1532, en sont la preuve. Des enquêtes approfondies furent aussi faites par les soins de William Fitzwilliam et aboutirent à des réformes

---

(1) La liste des logements semblait indiquer l'échiquier pour François Ier, mais la description que donne Du Bellay est celle de la maison de l'étaple. — Cf. ibid p 117

(2) Mémoires de Du Bellay, édit. Buchon, p 505. — Voir, pour les détails de cette entrevue et des fêtes à Calais, Entrevue de François Ier avec Henry VIII à Boulogne-sur-Mer, en 1532... par le P. A Hamy, Paris, 1898, pp. 74-82.

(3) Mémoires de Du Bellay, édit. cit p. 506

(4) Cf. dépenses faites par Henry VIII à Calais, Chronicle of Calais, pp. 118 et suivantes.

— 229 —

importantes dont le Parlement d'Angleterre eut à connaître en 1535; nous aurons à les étudier en détail dans notre prochain volume (1). Il suffit de les mentionner ici afin de montrer avec quelle sollicitude le gouvernement anglais veillait sur Calais et quel soin jaloux on prenait d'assurer sa défense et sa conservation.

Le gouvernement de Calais était alors entre les mains de lord Lisle (John Arthur Plantagenet) qui avait prêté serment, en qualité de député de Calais, le 3 Juin 1533. Il y remplaçait lord Berners, mort le 19 Mars 1532, et qui avait demandé à être inhumé dans le chœur de l'église Notre-Dame. Lord Lisle occupa cette situation jusqu'en 1540 où il fut arrêté comme suspect d'attachement à la religion catholique. C'est, en effet, pendant les années où il fut député de Calais que la question religieuse prit, en Angleterre, une particulière acuité et que les querelles théologiques s'enchevêtrèrent aux intérêts politiques d'une manière inextricable. On n'a que peu de renseignements sur la répercussion à Calais des mesures par lesquelles Henry VIII prépara, avec l'aide de Thomas Cromwell et de l'archevêque Cranmer, la rupture avec Rome et la soumission absolue de l'église d'Angleterre au Roi. Quelques faits sont cependant connus.

Au mois de Janvier 1538, John Butler, un des commissaires chargés de veiller sur les opinions religieuses, et que nous avons déjà vu interroger un chapelain de l'étaple suspect de luthéranisme, dénonça à Cranmer le chapelain du maréchal de Calais comme coupable de séduire les soldats en leur prêchant la réalité du purgatoire et l'utilité de prier pour le pape (2). Il lui demandait d'envoyer, pour le carême, des prédicateurs capables et se plaignait des calomnies répandues contre lui par les papistes. Il fit emprisonner deux habitants de Calais et le prêtre desservant l'église de Marck (3).

Les opinions touchant le sacrement de l'Eucharistie provoquèrent des troubles assez violents. Le 6 Mai, Cromwell reprochait à lord Lisle de ne pas l'avoir informé qu'il existait

---

(1) L'état de Calais en 1531, le devis pour les fortifications en 1532, l'enquête de 1535 et d'autres documents importants ont été publiés par l'éditeur de la « Chronicle of Calais », pp. 123-163.

(2) Letters and Papers..., Henry VIII, vol 13, pars I, n° 108, p 37.

(3) Ibid., n° 934, p. 344.

à Calais des « sacramentaires » niant la présence du Christ dans l'hostie (1). Des discussions s'étaient, en effet, élevées au sujet de la transsubstantiation entre un jeune prêtre anglais, Adam Damlip, et le prieur des Carmes de Calais. Le 19 Juin, le conseil de Calais manda John Butler qui, en qualité de commissaire de l'archevêque de Cantorbéry, avait permis à Damlip de prêcher et lui déclara qu'il le rendait responsable des paroles que celui-ci prononcerait le jour de la Fête-Dieu (2).

Lord Lisle mit Cromwell au courant de ces incidents, en déclarant qu'il n'était pas compétent pour savoir lequel, du prieur ou de Damlip, avait raison, mais que, ayant charge de la tranquillité et de la sûreté de Calais, il priait le Roi de faire connaître sa volonté et de dire si, oui ou non, il fallait permettre à Damlip de continuer ses prédications. Il protestait d'ailleurs contre l'affirmation, faussement répandue, qu'il y avait des papistes à Calais (3). Il avait demandé à Damlip et au prieur de consigner, par écrit, leurs opinions et il envoya sous scellés les mémoires des deux adversaires (4). Le conseil de Calais, priait en même temps Cromwell de lui dire ce qu'on devait croire et « comment le Roi ordonne d'honorer le sacrement de l'autel ». Tous ne demandent qu'à obéir (5). Cette lettre est, à notre avis, une curieuse preuve de l'état d'esprit des sujets de Henry VIII et explique comment, en quelques années, les croyances les plus diverses furent acceptées par la grande masse des Anglais.

À cette même date, Juillet 1538, les édits de Cranmer, contre le culte des Images et des Reliques, furent appliqués à Calais et le commissaire, John Butler, reçut l'ordre de faire disparaître du couvent des Carmes une statue vénérée, auprès de laquelle on venait en pèlerinage (6). Dans cette rude ville de garnison, une telle mesure ne souleva aucune protestation.

Les dissensions religieuses ne tardèrent pas, cependant, à y faire des victimes. On sait comment, à partir de 1539,

---

(1) Letters and Papers..., Henry VIII, vol. 13, pars I, Lettre de Cromwell, 6 Mai 1538, n° 945.

(2) Ibidem, n° 1.219, p. 451.

(3) Ibidem, n° 1.291, p. 474.

(4) Ibidem, n° 1.387, p. 513.

(5) Ibidem, n° 1.388.

(6) Cranmer à Cromwell, 21 Juillet 1538. Ibidem, n° 1.446, p. 532.

la tyrannie de Henry VIII multiplia les exécutions. Le commissaire Butler fut arrêté au mois d'Août avec Thomas Broke (1), collecteur des droits de douane au port de Calais. Peterson, autre commissaire, et William Richardson, ancien chapelain du maire, furent condamnés à mort pour hérésie. Après les avoir promenés ignominieusement tout le long de la rue du château (castle street, rue de la Cloche actuelle), on les conduisit sur la place du marché (place d'Armes) où deux potences avaient été dressées. Après un horrible supplice, dont le chroniqueur Turpyn nous a conservé les affreux détails, ils furent décapités et leurs corps coupés en quartiers que l'on exposa sur les tours de la ville (2).

D'autres prêtres de Calais, dont Damlip, Ralph Hares et William Smith, furent accusés de professer des doctrines contraires à celles que le roi déclarait orthodoxes. Leur influence avait été assez grande pour détourner les habitants de Calais d'assister aux offices célébrés suivant le rite officiel. Sur 1.700 paroissiens de Notre-Dame, une douzaine au plus fréquentaient l'église. Des commissaires furent spécialement envoyés à Calais, en mars 1540, pour instruire cette affaire. Lord Lisle y fut impliqué, ainsi que sa femme. Au mois de Juin 1540, il fut enfermé à la tour de Londres. Les commissaires, le comte de Sussex et sir John Gage lui reprochaient d'avoir manqué de vigilance dans la garde de Calais, dont la garnison comptait deux cents jeunes garçons au lieu d'hommes faits, d'avoir laissé des étrangers pénétrer librement dans Calais et se promener sur les remparts pour examiner les fortifications. On l'accusait surtout d'avoir eu des relations avec le pape et le cardinal Pole, et d'avoir donné de l'argent à Damlip. Lord Lisle resta près de deux ans prisonnier et, au moment où son innocence était proclamée, il mourut subitement (3).

On peut supposer que, à la suite de ces événements tragiques, la population de Calais se rangea à l'avis du maître en matière religieuse, et que, jusqu'au règne de Mary Tudor, il n'y eut pas de nouveaux troubles.

---

(1) Chronicle of Calais, p. 17.

(2) Chronicle of Calais, pp. 17-18.

(3) Nous empruntons ces détails aux documents publiés ou analysés dans la « Chronicle of Calais » sur le rappel de lord Lisle et son procès, Ibidem, pp. 181-188.

L'un des derniers actes officiels de lord Lisle, en qualité de député de Calais, avait été la réception, dans cette ville, d'Anne de Clèves, fiancée à Henry VIII. Lord Lisle attendait la future reine à l'entrée du territoire anglais, près de Gravelines, avec les cavaliers et les hommes d'armes de la garnison de Calais, dans la matinée du 11 Décembre 1539. Ainsi escortée, Anne de Clèves arriva à Saint-Pierre-lez-Calais où le comte de Southampton, grand amiral d'Angleterre, lui souhaita la bienvenue au nom du roi. Il portait un riche pourpoint de velours pourpre, avec des crevés de drap d'or. Il était accompagné de trente gentilshommes de la maison du roi, et, en outre, d'un grand nombre de seigneurs vêtus de velours bleu et de satin cramoisi. Ses gardes avaient des habits de damas de même couleur, et les marins de son navire des pourpoints et des haut-de-chausse en velours de Bruges.

L'entrée à Calais se fit par la *Lanterngate*, d'où l'on pouvait admirer le magnifique spectacle des navires ancrés dans le port et tout pavoisés de bannières, pennons et étendards. Deux superbes vaisseaux, le « Lion » et le « Sweepstakes », arboraient des drapeaux de soie et d'or au nombre d'une centaine. Les trompettes sonnaient et l'on tira des salves d'artillerie dont le bruit émerveilla tous les assistants, et dont la fumée empêchait les personnes du cortège de s'apercevoir l'une l'autre.

Les soldats de la garnison, portant la livrée royale, faisaient la haie. Le maire de Calais, avec les aldermen, offrit à Anne de Clèves une bourse contenant cinquante souverains en or. Devant le « Staple Hall », le maire de l'étaple et les marchands la saluèrent et lui présentèrent soixante souverains. Elle se rendit ensuite à l'Echiquier où son logement était disposé et où elle séjourna deux semaines entières, dans l'attente d'une accalmie propice à la traversée. Pendant tout ce temps, les joutes, les banquets et autres divertissements, d'une magnificence royale, se succédèrent pour la récréer et lui faire supporter les ennuis de l'attente (1).

Après l'arrestation de lord Lisle, le gouvernement de Calais fut confié à Henry, lord Maltravers, qui eut à apaiser les troubles religieux et à remédier aux négligences constatées par les commissaires royaux. Il s'acquitta au mieux de ce devoir, dépensant même une partie de son patrimoine pour

---

(1) Chronicle of Calais, pp. 167 et suivantes.

fournir aux hommes d'armes de la garnison des chevaux et des équipements convenables. Il leur donnait l'exemple de la vigilance et de la bravoure, les obligeait à des exercices continuels fort pénibles, mais il les récompensait par des banquets et des fêtes (1).

Il eut à régler quelques contestations territoriales avec le gouverneur français d'Ardres. Le roi de France avait fait rebâtir et augmenter les fortifications de la ville d'Ardres et jeter un pont sur la rivière qui marquait, au nord d'Ardres, la limite des possessions anglaises. Ce pont, désigné dans les documents sous le nom de Cowbridge, ouvrait un accès direct sur le territoire anglais. Le 28 Août 1540, lord Maltravers, lord Sandys, gouverneur de Guînes, et les membres du conseil de Calais décidèrent de faire rompre ce pont, considérant « que si l'on permettait l'usage usurpé de ce pont, non seulement les pauvres sujets du roi habitant le bas pays seraient, en temps de guerre avec la France, en grand danger de se voir enlever leur bétail et tout leur bien, mais encore que les Français pourraient très facilement faire passer par là de l'artillerie et des convois pour menacer directement Calais ». On décida de convoquer un grand nombre d'ouvriers qui, sous la conduite des officiers de Calais et la protection des troupes, détruiraient ce pont sur la rive anglaise et creuseraient un fossé nouveau pour intercepter la route (2). Les gens d'Ardres rétablirent cet ouvrage que les Anglais détruisirent de nouveau. Une correspondance assez aigre fut échangée à ce sujet entre le député de Calais et le capitaine d'Ardres (3). Le 18 Octobre, le conseil privé du roi d'Angleterre approuva la conduite de lord Maltravers, lui ordonna de détruire ce que les Français feraient pour le passage à Cowbridge et de veiller à ce qu'aucune entreprise ne pût mettre en péril Calais ou l'une des forteresses du territoire anglais (4). L'affaire se poursuivit et paraît s'être terminée par un arbitrage. Le 7 Novembre, le conseil d'Angleterre autorise le député de Calais à recevoir Etienne l'Allemand

---

(1) Cf. Chronicle of Calais, pp 190-191.

(2) British Museum, Ms. Cotton, Faustina, E, VII p 109.

(3) Proceedings, VII, p. 66. Lord Maltravers met le conseil au courant de sa correspondance « sumwhat poygnant and pickyng upon both sydes ».

(4) Proceedings, VII, p. 67.

qui, d'accord avec le « surveiour » (l'inspecteur des travaux), dressera une carte du pays et spécialement du passage de Cowbridge et des cours d'eau voisins. Toutefois, on ne lui permettra pas de visiter la ville de Calais et d'en pénétrer le secret (1). On voit combien jalousement les Anglais se gardaient de l'espionnage qu'ils pratiquaient chez autrui ! Le 28 Décembre, des lettres de John Wallop, qui commandait à Guines, comme lieutenant de Sandys, annoncèrent que le roi de France avait désigné le capitaine de Boulogne, Oudart du Biez, et un maître des requêtes d'Amiens pour discuter, le 2 Février suivant, la question du Cowbridge avec les commissaires que Henry VIII nommerait de son côté. (2).

Plus que jamais d'ailleurs, on se préoccupait de mettre Calais et Guines en bon état de défense. Les travaux étaient poussés activement. En Novembre 1540, le conseil privé commandait à lord Maltravers de pourvoir la ville de vivres pour six mois. Le roi se réservait de choisir les personnes chargées de les fournir. Le conseil de Calais aurait à préparer les magasins pour déposer ces provisions et à désigner deux ou trois hommes de confiance pour en prendre livraison (3). Le 5 Janvier 1541, avis était donné au contrôleur de Calais de s'informer des nouvelles de Picardie et d'en avertir le roi de temps à autre (4). Quelques semaines plus tard, le roi, désirant connaître l'état exact de toutes les munitions existant dans la ville, délégua un certain Christophe Morris pour procéder, sous la surveillance du comte de Hertford, son haut commissaire, et de lord Maltravers, le recensement de ce qui s'y trouvait d'armes, de poudre et autres objets (5). Le comte de Hertford avait aussi mission d'inspecter les fortifications et de rapporter au roi les plans des ouvrages en cours d'exécution (6). A Calais, c'est surtout le front est

---

(1) Proceedings, VII, pp. 79-80. « That in no wise they shuld suffre hym to view the towne of Calais or to se the secret of the same. » — Peut-être est-ce à cette circonstance qu'il faut attribuer l'un des plans des Marches de Calais conservés au British Museum ? — Cf. mon Calais par l'Image, fascicule I, pp. 115 et suivantes.

(2) Chronicle of Calais, note, p. 197.

(3) Proceedings, VII, pp. 82 et 87, 11 et 22 Novembre 1540.

(4) Ibidem, p. 108, 5 Janvier 1541.

(5) Ibidem, p. 137, 23 Février 1541.

(6) Ibidem, p. 151, 10 Mars 1541.

de la place qui fut modifié, depuis la tour Beauchamp (angle nord-est, emplacement actuel du phare) jusqu'à la tour Dublin (angle sud-est). Des boulevards, travaux avancés reliés aux tours par des arches sur le fossé, furent élevés pour y placer de l'artillerie. Les fortifications de Guînes furent aussi remaniées profondément (1).

On pouvait prévoir, dès ce moment, une nouvelle période d'hostilités entre la France et l'Angleterre. L'appui prêté par François Ier aux Ecossais, toujours en lutte avec Henry VIII, indisposait celui-ci contre le roi de France. En 1542, les relations étaient très tendues. Sur des nouvelles inquiétantes de rassemblements de troupes en Picardie, le conseil d'Angleterre ordonna à John Wallop, capitaine de Guînes, de se tenir sur ses gardes et manda au lord député de Calais, au maréchal et au lieutenant du Risban, sir Georges Carrew, de se rendre à leur poste en toute hâte (2). La guerre éclata, en Juillet 1542, entre François Ier et Charles Quint et, au mois de Février 1543, Henry VIII s'alliait avec l'empereur. Sa coopération se borna, au cours de l'été de 1543, à former à Calais une petite armée dont John Wallop, capitaine de Guînes, eut le commandement et qui, partie de Calais le Dimanche 22 Juillet, commença à ravager les pays voisins, suivant l'invariable méthode observée depuis deux siècles ! Le 25 Juillet, l'abbaye de Licques qui « tenoit garnison de François et estoit bastie comme une forteresse de guerre » fut livrée aux flammes par les Anglais (3). Un autre corps anglais alla participer au siège de Landrecies (4). Au mois de Novembre, les garnisons de Calais, Guînes et Hames allèrent assiéger l'église du village d'Audinghen, aux environs de Marquise, où s'étaient réfugiés une centaine d'hommes, de femmes et d'enfants. En vain demandèrent-ils la vie sauve ; les Anglais incendièrent l'église et presque tous périrent dans les flammes (5). A diverses

---

(1) Proceedings, VIII, pp. 195, 196-197, 213, 232-233, 235. — Voir à ce sujet le fragment du Ms. Cotton, Titus, B. I, p. 208, intitulé : Works in progress at Calais and Guisnes, 1541, et publié, Chronicle of Calais, pp. 197 et suivantes.

(2) Ibidem, p. 313, 26 Février 1542.

(3) Brésin, édit. cit. p. 173. — Le récit détaillé de cette expédition de John Wallop, extrait du Ms. Harl. 283, f° 3, a été publié, Chronicle of Calais, pp. 211-213.

(4) Ibidem, édit. cit p. 175.

(5) Ibidem, p. 179.

reprises, au cours de l'hiver, les garnisons anglaises renouvelèrent leurs courses désastreuses.

En 1544, au mois de Juin, une armée anglaise, sous les ordres du duc de Norfolk, débarqua à Calais. Elle comptait de 14 à 15.000 hommes de pied et de 12 à 1.500 chevaux. Elle alla camper près de l'abbaye de Beaulieu, dans le Boulonnais, en attendant l'arrivée du roi d'Angleterre. Celui-ci arriva bientôt après, sur un navire luxueusement aménagé (1). Il fut reçu par lord Cobham qui avait succédé à lord Maltravers. Nous n'avons pas à raconter ici les événements de cette campagne qui aboutit à la prise de Boulogne (2). La paix de Crépy (Septembre 1544) conclue avec l'empereur permit à François Ier de tourner ses forces contre les Anglais. Ils abandonnèrent le siège de Montreuil et, à la fin de Septembre, se renfermèrent dans Boulogne et dans Calais.

En 1545, les efforts de François Ier pour reprendre Boulogne restèrent stériles, mais il y eut une attaque contre Guînes, une incursion heureuse des Français dans la terre d'Oye et de nombreux engagements entre les troupes anglaises de Calais et des autres forteresses d'une part, et les armées du maréchal du Biez et des chefs français d'autre part. Il serait aussi fastidieux qu'inutile de nous arrêter à l'étude détaillée de ces menus faits qui ne touchent que de loin à l'histoire même de Calais (3). Le traité d'Ardres, le 8 Juin 1546, mit fin à la guerre en donnant à François Ier le droit de racheter Boulogne, moyennant deux millions d'écus d'or payables en huit ans. Henry VIII comprenait que le temps était passé où les souverains anglais pouvaient espérer conserver des villes et des domaines sur le sol français et le temps était proche où Calais même allait faire retour à la France

---

(1) Lefebvre, Hist. de Calais, II, p. 212. Demotier, qui le copie, rapporte le fait à l'année 1540, ce qui est une erreur manifeste.

(2) Cf De Rosny, op. cit. III, pp. 108-179 — Il existe une gravure représentant le départ de Henry VIII de Calais pour le siège de Boulogne. — Cf. mon Calais par l'Image, pl. 60, fascicule I, p. 117.

(3) Voir ces faits dans les mémoires de Du Bellay, édit. Buchon, pp 792, 793, 794, 795. — Mémoires de Montluc, pp. 81-85. — Brésin, édit. cit. pp. 190, 192-193. — Cf. Lefebvre, Hist. de Calais, II, pp. 256-262, De Rosny, op. cit. pp. 198, 208, 210, 212-216.

Vue de la Ville et du Port de Calais sous Henry VIII, vers 1544

British Museum

CHAPITRE IX

La fin de la Domination anglaise à Calais

N apprit à Calais, au début de Février 1547, la mort du roi Henry VIII et cette nouvelle provoqua dans la ville une profonde émotion dont le député, lord Cobham, se fit l'écho dans une lettre au conseil d'Angleterre. Certains officiers semblaient craindre qu'un changement de règne n'entrainât des modifications dans le haut commandement de Calais. La situation y était assez troublée. Les vivres menaçaient de manquer par suite de la conduite de quelques pourvoyeurs qui avaient détourné les provisions faites dans les comtés de Suffolk et de Kent. D'autre part, l'effectif de la garnison était insuffisant, car la reprise des hostilités entre François Ier et Charles Quint paraissait alors imminente (1). Le roi de France négociait avec Henry VIII, au moment même où celui-ci mourut (27 Janvier 1547).

Edouard VI était mineur. Son oncle maternel, le comte d'Hertford, s'empara de la régence, sous le titre de duc de Somerset et se déclara Protecteur du Royaume. Il prit, avec le conseil d'Angleterre, dès le 7 Février, les mesures nécessaires pour remédier à la pénurie de Calais. On décréta l'ouverture de tous les ports anglais et la liberté d'exportation des grains à Calais (2). Des arquebusiers et d'autres soldats furent expédiés à diverses reprises à Calais pour être répartis entre les forteresses du territoire anglais. Ils furent amenés

---

(1) Calendar of State Papers, Foreign, Edw. VI, pp. 296 et suivantes.

(2) Ibidem, Lettres du 7 Février 1547, pp. 297-298.

par Hugh Smith et on en forma à Calais trois compagnies nouvelles, chacune avec un capitaine, un lieutenant et un porte-drapeau (1). Le 15 Février, lord Cobham soumit au lord Protecteur et au conseil d'Angleterre une demande que lui adressait M. de Blérencourt, capitaine d'Ardres. Celui-ci sollicitait la permission de faire venir, par le port de Calais, cinq ou six cents setiers d'orge et d'avoine pour les besoins de sa garnison. Le gouverneur de Calais qui, peu auparavant, avait bénéficié d'une tolérance analogue pour le ravitaillement de Calais, n'osait pas prendre sur lui cette responsabilité pourtant bien minime. Il fit attendre le messager de Blérencourt, prétextant les préparatifs des joutes et fêtes diverses en l'honneur de l'avènement du nouveau roi (2).

Ces fêtes eurent lieu, avec un grand éclat, et durèrent trois jours. Le Dimanche, trente hommes d'armes, tous anglais, à l'exception d'un Bourguignon, nommé Gomer, combattirent à armes courtoises, sous les ordres du maréchal et du contrôleur de Calais. Le Lundi, il y eut un tournoi auquel participèrent deux chevaliers bourguignons très bien équipés. Le Mardi, nouvelles joutes à la lance et combat à l'épée. Jamais, dit John Wallop dans sa lettre au lord Protecteur, on ne vit meilleure troupe ni faisant aussi bien ! Les étrangers étaient venus nombreux admirer ce spectacle. Il y avait beaucoup de gentilshommes bourguignons, mais seulement quatre ou cinq Français, dont trois de Thérouanne. On réserva le plus cordial accueil aux hôtes de distinction que le lord Député et les autres membres du Conseil de Calais reçurent à leur table. Il y eut banquets et bals masqués à leur intention. Suivant l'usage, des feux de joie furent allumés sur la place où des fontaines versaient le vin et la bière au peuple en liesse. C'est le Bourguignon Gomer qui remporta le prix du tournoi (3).

Les réjouissances n'empêchaient pas de songer aux affaires sérieuses. Le conseil d'Angleterre donna, en Février,

---

(1) Calendar of State Papers, Foreign, Edw. VI, Le conseil d'Angleterre au conseil de Calais, 7 Février, p. 298.

(2) Ibidem, 15 Février 1547, p. 303

(3) Le programme des fêtes est donné dans une lettre de lord Cobham à sir W. Paget, 15 Février, et le compte-rendu en est fait dans une lettre de John Wallop de Calais au Protecteur, 23 Février. — Ibid., p. 303, et pp. 306-307.

à deux envoyés spéciaux, Hugh Poulet et John Harington, l'ordre de visiter les possessions anglaises, en France, et de dresser un état des garnisons de Calais, Boulogne, Guines et des autres forteresses, et d'indiquer avec soin le nombre des soldats, la quantité de provisions et de munitions, ainsi que la situation financière (1). Le 28 Mars, le conseil de Calais rendait compte au lord Protecteur de l'exécution des ordres donnés par le conseil d'Angleterre à cette occasion. Les commissaires Poulet et Harington s'étaient rendu un compte exact des besoins de la ville. Le conseil leur avait remis des registres où étaient mentionnées les réparations à faire. L'inspecteur des travaux (surveyor of works) partit en Angleterre conférer avec le conseil au sujet des moyens d'exécution (2). Quelques semaines plus tard, le conseil de Calais avisait le Protecteur qu'on venait de découvrir, près de Wissant, une espèce de pierre très convenable pour les jetées et les constructions en cours et le priait de faire envoyer de Douvres un bateau plat pour le transport des matériaux (3). Les finances de la ville étaient d'ailleurs peu prospères, car, dans la même lettre, le trésorier, sir Edward Wotton, prévoyait que le produit du droit sur les laines ne dépasserait pas 2.200 lb. et qu'il manquerait 3.300 lb. pour le paiement des gages de la garnison. Ces chiffres montrent assez quelle était la décadence du commerce de Calais à cette date. Le trésorier demandait d'urgence l'envoi de cette somme que lord Cobham pourrait rapporter à son retour d'Angleterre.

Le député de Calais avait en effet sollicité la permission d'aller présenter ses devoirs au nouveau roi, ou plutôt au Protecteur (4). Il partit sans doute à la fin de Février, car c'est le trésorier qui, en son absence, reçut à leur passage à Calais, le 4 Mars, les ambassadeurs de Charles Quint se rendant à Londres. Lord Cobham abrégea son séjour en Angleterre, très probablement à cause de la mort du roi François Ier. Dans une lettre datée de Londres, 14 Avril,

---

(1) Instructions données à sir Hugh Poulet et à Harington, Calendar of State Papers, Foreign, Edw. VI, p. 302.

(2) Lettre du conseil de Calais au lord Protecteur, ibidem, p. 322.

(3) Lettre du conseil de Calais au conseil d'Angleterre, 16 Avril 1547. — Ibidem, p. 330.

(4) Lettre de lord Cobham au lord Protecteur, 7 Février 1547. Ibid. p. 297.

il déclare en effet qu'il aurait bien voulu revoir le secrétaire d'Etat, sir William Paget, membre du conseil de régence d'Angleterre, mais qu'il vient de recevoir l'ordre de regagner son poste en toute hâte en considération d'importantes circonstances (1).

Henri II venait de monter sur le trône le 1er Avril 1547, et son avènement suscitait des craintes. Dès le lendemain de sa rentrée à Calais (17 Avril), lord Cobham se hâte d'annoncer au lord Protecteur que d'inquiétants mouvements de troupes lui sont signalés et que les Flamands, se méfiant comme lui-même des projets des Français, garnissent leurs frontières. Il manifestait l'intention d'envoyer son fils à Paris, au couronnement du Roi, pour tâcher d'apprendre quelques nouvelles. Dans la précipitation de son retour, il avait omis de rapporter l'argent destiné à la solde de la garnison de Calais et en réclamait l'expédition (2).

Les craintes de lord Cobham étaient au moins prématurées, et il ne tarda pas à le reconnaître. Un trompette envoyé par lui à Montreuil sous prétexte d'y rechercher un déserteur lui rapporta qu'il n'avait rien vu de suspect, ni dans cette ville, dont la garnison n'avait pas été renforcée, ni à Etaples, dont le port n'abritait aucun navire de guerre. Un autre trompette avait constaté que la garnison d'Ardres n'avait pas été augmentée et le capitaine français avait poussé la complaisance jusqu'à affirmer sur l'honneur qu'il n'avait reçu aucune troupe nouvelle. Il y avait sans doute quelque naïveté à puiser des renseignements à cette source! Les relations du capitaine d'Ardres avec le député de Calais étaient du reste des plus courtoises et Blérencourt invitait lord Cobham à des parties de chasse que celui-ci n'acceptait qu'après en avoir référé à Londres (3). Mais, malgré ces politesses officielles, de nombreux incidents continuaient de se produire à la frontière anglo-française. Tantôt des soldats de la garnison de Calais se livraient au pillage dans les villages voisins, Fiennes, Hardinghen, Boursin, et M. de Blérencourt envoyait au conseil de Calais un mémoire des dommages

---

(1) «certain weighty matters» Calendar of State Papers, Foreign, Edw. VI, p. 329.

(2) Lord Cobham au lord Protecteur, 18 Avril 1547. Ibid. p. 331.

(3) Foreign, Edw. VI, Lettres de lord Cobham, pp. 333, 335, 338.

dont il exigeait réparation (1) ; tantôt les paysans travaillant dans les champs, près des forts avancés qui défendaient le territoire anglais, étaient troublés dans leurs travaux agricoles par des capitaines trop zélés qui menaçaient de faire tirer sur eux pendant qu'ils fauchaient leur pré (2). Le 13 Juillet 1517, M. de Blerencourt se plaint à lord Cobham que des marchands français, ayant licence de commercer avec les Anglais, ont été battus et molestés au moment où ils amenaient en France des chevaux achetés par eux à Marck. Ces chevaux leur ont été enlevés. Le gouverneur d'Ardres proteste contre ces mauvais procédés « voyant la bonne amytié qui de présent est entre noz maistres » (3). Un mois plus tard, nouveau conflit au sujet d'un étang tenu à ferme par des Français. Le capitaine anglais du « petit boullevert » veut empêcher le fermier d'y pêcher. Lord Cobham et Blerencourt envoient chacun un arbitre pour régler ce litige (4). Le 31 Décembre 1547, c'est lord Cobham à son tour qui récrimine contre des actes d'hostilités commis par la garnison d'Ardres (5).

Nous n'insisterons pas sur ces menus détails de la continuelle rivalité qui, même en temps de paix, rendait la vie difficile aux Français de l'Ardrésis, mais il nous a paru utile de montrer, une fois de plus, quels sentiments devaient provoquer, parmi ces populations, les vexations incessantes que leur valait l'occupation anglaise et de faire ainsi mieux comprendre la véritable nécessité qui s'imposait à la France de mettre fin à une situation intolérable.

Henri II le comprenait bien et les efforts qu'il allait tenter pour résoudre à son profit la question très équivoque posée par le dernier traité concernant Boulogne, en attirant son attention sur cette région qu'il visita dès les premiers mois de son règne (6), eurent, à n'en pas douter, pour consé-

---

(1) British Museum, Harleian mss. 288, f° 82.

(2) Lettre du Sr de Blerencourt à lord Cobham, 20 Juin 1517. Copie Bibl. Nat. Moreau, 682, f° 269.

(3) Lettre du même au même, 13 Juillet 1517. Ibid. f° 275.

(4) Sur les « boulevards » défendant le territoire anglais, voir carte de ce territoire, Calais par l'Image, pl. 69 — Lettre de Blerencourt, 13 Août 1517, réponse de lord Cobham, 17 Août, Copies dans Moreau, 682, f° 277.

(5) Lettre de lord Cobham à Blerencourt, 31 Décembre 1547, Moreau, 682, f° 291.

(6) Cf. H. de Rosny, Hist. du Boulonnais, III, p. 211.

quence de le convaincre qu'il fallait à tout prix en finir avec ces derniers vestiges de l'occupation anglaise.

Les Anglais, intelligents et soupçonneux, qui vivaient sur le territoire français, sentaient bien eux-mêmes que la situation était de plus en plus difficile, mais en Angleterre même on semblait persuadé que l'on n'avait rien à redouter, ou plutôt on s'était habitué à considérer Calais comme inexpugnable. Tant de fois déjà, on avait semé des bruits alarmants ! et tant de fois l'événement les avait démentis ! En Juin 1547, à l'heure où des ambassades échangeaient à Paris et à Londres des propositions d'entente, lord Cobham déclarait à Somerset, lord Protecteur, que les provisions étaient insuffisantes et que, si une attaque des Français se produisait, il faudrait envoyer les femmes et les enfants en Flandre et il démontrait l'urgence de fournir Calais de nouveaux approvisionnements pour 1.000 hommes pendant six mois (1).

L'année 1547 s'écoula cependant sans autre incident que quelques escarmouches dans le Boulonnais. Les Anglais élevaient dans cette ville de nouvelles fortifications, malgré les clauses du traité d'Ardres, et s'efforçaient d'étendre leur domination jusqu'aux sources de la Liane, en interprétant d'une façon arbitraire certains termes du traité. De leur côté, les Français ne restaient pas inactifs et opposaient à leurs adversaires une résistance souvent victorieuse (2). Ils construisaient des forts autour de Boulogne et reprenaient les territoires indûment occupés. Toutefois, c'est en Ecosse et sur mer que se poursuivait en 1548 et 1549 la véritable lutte entre France et Angleterre, tandis que l'empereur Charles Quint restait neutre. Dans les derniers mois de 1549, Henri II entreprit une véritable campagne dans le Boulonnais. On prétend que, le 17 Août 1549, au moment où le roi de France arrivait à son camp de Montreuil, un héraut impérial vint lui interdire de toucher à Calais, possession anglaise d'ancienne date, sous peine d'être traité comme un « jeune homme » ; et moi, j'accomoderai votre maître « en vieux resveur », aurait riposté Henri II (3). Une flotte française,

---

(1) Etat des demandes formées par le député de Calais, avec les réponses du lord Protecteur, 26 Juin 1547. Moreau, 682, f° 271.

(2) De Rosny, op. cit. III, pp. 236-240 ; Lefebvre, Hist. de Calais, II, pp. 265-268.

(3) Vieilleville, p. 98, cité par De La Roncière, op. cit. III, p. 418.

commandée par Leone Strozzi, enleva, en vue de Calais, plusieurs bâtiments anglais chargés de soldats flamands, de vivres et de munitions (1).

Les Impériaux paraissaient disposés à secourir l'Angleterre par crainte d'une attaque contre Calais. Déjà, au mois d'Avril, ils envoyèrent quelques renforts à la garnison de cette ville et deux cents cavaliers espagnols y arrivèrent à la fin de Juin (2). Là se borna d'ailleurs l'intervention discrète de l'empereur, car il ne voulait pas déclarer la guerre à la France. Les relations entre Saint-Omer et Calais, un moment assez tendues par suite des procédés vexatoires de quelques officiers anglais, s'améliorèrent. Une lettre d'Adrien de Croy au député de Calais, le 11 Novembre 1519, l'avisait qu'il donnait ordre aux bourgeois de Saint-Omer de relâcher un marchand de Calais qu'ils avaient arrêté et demandait la mise en liberté d'un bourgeois de Saint-Omer dont on avait saisi, par représailles, à Calais, les chevaux, les chariots et les marchandises. Il était entendu que les marchands des deux pays pourraient commercer librement (3).

Durant les opérations militaires de Henri II contre Boulogne, le premier soin du connétable Anne de Montmorency et du duc François de Guise avait été d'isoler Boulogne de Calais, afin d'empêcher la garnison de cette ville de se porter au secours des Anglais de Boulogne. Les forts de Slack et d'Ambleteuse furent enlevés et les Anglais qui les occupaient prirent, désarmés, le chemin de Calais (4). Boulogne se défendait énergiquement, sous les ordres du vice-amiral Clinton et une expédition contre Guînes échoua (5).

L'hiver contraignit Henri II à transformer le siège en blocus, mais l'investissement de Boulogne était imminent quand des pourparlers s'engagèrent. Les Anglais consentirent à la paix. A Londres, le Protecteur Somerset venait d'être

---

(1) De La Roncière, op. cit. III, p 418

(2) Lettre du conseil à William Dansell, 29 Avril 1549, l'informant que Charles de Guevara, Espagnol, s'est engagé à amener 200 cavaliers à Calais. — Lettre de William Dansell, 27 Juin 1519, même sujet. — Calendar of State Papers, Foreign, Edw. VI, pp. 32 et 39.

(3) Lettre d'Adrien de Croy au député de Calais, 11 Novembre 1519. Moreau, 682, f° 302.

(4) De La Roncière, op. cit. III, pp. 118-119. — De Rosny, op. cit. III, p. 258.

(5) Lefebvre, op. cit. II, p. 270

renversé par Dudley, comte de Warwick, et le conseil d'Angleterre, après avoir fait grief à Somerset de ses propositions de rapprochement avec la France, après avoir vainement tenté d'intéresser Charles Quint à la défense de Boulogne, en offrant de lui remettre cette place (1), se résigna à envoyer William Paget, John Mason et Petre traiter à Outreau avec les représentants de Henri II. Ce traité, très désavantageux pour l'Angleterre, stipulait la reddition de Boulogne à la France contre le paiement de quatre cent mille écus, dont moitié au jour de la restitution et l'autre moitié au 15 Août suivant. Cette somme, de beaucoup inférieure à celle qu'avait fixée le précédent traité, ne pouvait être considérée que comme une indemnité et perdait le caractère un peu humiliant de tribut qu'avaient présenté sous les derniers règnes les concessions pécuniaires aux souverains anglais. L'Ecosse était comprise dans le traité. Les Français s'engageaient à ne point troubler la possession des Anglais à Calais et à Guînes. Cet acte est du 24 Mars 1550. Un mois après, le 25 Avril, lord Clinton remettait Boulogne entre les mains de François de Montmorency, seigneur de La Rochepot, frère du connétable, et « par la porte Flamengue, la garnison anglaise prenait la route de Calais » (2).

Les Français profitèrent sans doute des circonstances pour empiéter quelque peu, du côté de l'ouest, sur les territoires anglais du Calaisis, car des plaintes en furent portées auprès de Henri II par l'ambassadeur John Mason, et des commissaires furent désignés en Novembre pour délimiter ce territoire (3).

---

(1) Histoire de la maison de Tudor.. par David Hume, trad. Amsterdam, 1766, T. III, p. 219. — Hist. d'Angleterre. par John Lingard, trad. de Roujoux, in-8º, Paris, 1826, T. 7, p. 88.

(2) De Rosny, op. cit. III, p. 269.

(3) Le 2 Juin 1550, le conseil d'Angleterre écrivait à John Mason, pour lui raconter la réception faite à Londres à M. de Châtillon, ambassadeur extraordinaire de France pour la ratification du traité de Boulogne. Il le prie de s'occuper des « encroachments made by the French at Calais ». — Le 11 Juin, John Mason répond par le récit de son entrevue avec Henri II « in reference to the encroachments at Calais ». — Mêmes termes dans des lettres du conseil, 30 Juin, et de Mason, 11 Juillet. — Le 29 Novembre, sir John Wallop, Richard Blount, Richard Rade, William Coke et Francis Hall, officiers anglais de Calais et de Guînes ont ordre de se rencontrer avec les commissaires français pour fixer les limites du territoire de Calais. Calendar, Foreign Edw. VI, pp 18 62 — Sur cette question, Cf Calais and the Pale... by the Honourable Harold Arthur Dillon, 1892, p. 6.

La perte de Boulogne faisait au gouvernement anglais un devoir de veiller, avec plus de soin que jamais, à la défense de la ville et du territoire de Calais. Les fortifications du front de mer, surtout le Risban, furent améliorées. Le 26 Août 1550, le lord Willoughby, nommé gouverneur de Calais et du territoire, vint s'établir dans le pays pour veiller à l'exécution des travaux (1). La garnison fut renforcée. Le 11 Novembre, l'ordre était donné d'assurer pour six mois les approvisionnements de Calais et des autres places (2). On pouvait craindre en effet que Charles Quint, mécontent tout à la fois de la conclusion de la paix avec la France et des agissements anti-catholiques des gouvernants anglais, qui essayaient d'imposer même à la princesse Marie la pratique du culte réformé, malgré l'intervention de l'empereur (3), ne tentât lui-même de s'emparer de Calais.

L'ancien historien de Calais, Lefebvre, prétend que « n'écoutant que son ressentiment, il donna ordre aux troupes qui campaient à Gravelines d'attaquer de ce côté-là les Anglais ». Voyant que les forts anglais étaient en état de défense, Charles Quint « fit lever, dans le moment de la pleine mer les écluses de Gravelines et des environs pour couvrir d'eau ce pays et l'y ensevelir, s'il avait été possible ; mais cette cruelle opération ne produisit point les malheurs dont il s'était flatté ». Les garnisons anglaises réussirent en effet à pratiquer des canaux pour l'écoulement des eaux. En prévision d'une seconde tentative, on éleva en hâte de nouvelles fortifications (4).

Une autre assertion de Lefebvre, touchant les inquiétudes causées en Angleterre par une tentative de surprise de Calais par les Français, se trouve justifiée. « Un nommé Stukely, Anglais nouvellement de retour à Londres, déclara que le le Roi de France avait voulu l'engager dans un dessein formé sur cette ville. Il parut que cet avis était sans fondement, du moins l'ambassadeur d'Angleterre à la cour de France en

---

(1) Lefebvre, op. cit. II, p. 271.

(2) Calendar of State Papers, Domestic, Edw. VI, p. 30.

(3) Sur ces tentatives de contrainte contre la conscience de Marie Tudor, voir David Hume, op. cit. III, pp 227-228, Lingard, édit. cit. VII, pp. 103-105; Marie la Sanglante.. par Ernest Hamel, 1862, I, pp 89-90.

(4) Lefebvre, op. cit. II, p 271 — Il indique comme source de son récit le Journal d'Edouard VI. — Je n'ai pas trouvé ailleurs mention de ce fait.

écrivit-il sur ce ton, et Stukely fut renfermé à la Tour de Londres pour n'avoir pu prouver sa dénonciation » (1). Que le roi de France ait essayé de gagner un Anglais à un projet de ce genre, cela paraît étrange, mais il est certain qu'un personnage, nommé Thomas Stukeley, prétendit avoir eu une conversation particulière avec Henri II qui lui fit part de son intention d'envahir l'Angleterre, son plan étant d'attaquer Calais et de débarquer près de Falmouth, tandis que le duc de Guise aborderait à Dartmouth et que les Ecossais pénétreraient dans le Northumberland (2). Ces racontars sont d'ailleurs moins importants par eux-mêmes que par l'état d'esprit qu'ils révèlent, aussi bien en Angleterre qu'en France, au sujet de Calais.

La guerre avait recommencé entre l'empereur Charles Quint et la France. Le conseil d'Angleterre suivit de près les événements. Il avait désigné comme nouveau député de Calais lord Howard, et lord Grey commandait à Guînes. Le 14 Mai 1552, on avait désigné des commissaires pour inspecter les possessions anglaises en France (3). Malheureusement, on ne pouvait munir Calais d'une façon suffisante, comme l'avouait le « master of ordnance », Philippe Hoby, le 28 Juillet 1552 (4).

Pendant la campagne de 1552, l'effort de l'armée française s'était porté vers l'est. Metz, Toul et Verdun avaient été conquis. Dans le Nord, il n'y eut que de petites opérations dont les succès se balancèrent. Le Calaisis subit le contrecoup des hostilités. Edouard VI permettait à Henri II de ravitailler Boulogne et Ardres par des convois débarquant à Calais ; mais, en même temps, on laissait les Impériaux de Gravelines traverser le territoire anglais pour aller attaquer Ambleteuse. Le commerce anglais souffrait beaucoup des croisières de nos navires dans le détroit, bien que la France fût en paix avec l'Angleterre. En 1553, les troupes de Charles

---

(1) Lefebvre, op. cit. II, p. 273. Il indique comme référence Larrey, Hist. d'Angleterre, T. 3 — J'ai trouvé en effet mention de ce fait dans l'Histoire d'Angleterre, d'Ecosse et d'Irlande., par M. de Larrey, édit. de Rotterdam, 1697, in-fol. T. II, p. 736. Larrey indique comme source le Journal d'Edouard VI.

(2) Voir cette information de Stukeley, 19 Septembre 1552. Calendar, Foreign, Edw. VI, p. 221.

(3) Mandement du 14 Mai 1552. Copie dans Moreau, 682, f° 301.

(4) Calendar of State Papers, Domestic, Edw. VI, p. 42.

Quint venaient de s'emparer de Thérouanne (20 Juin), quand la mort du jeune roi Edouard VI, le 6 Juillet, changea soudain la face des choses en plaçant sur le trône d'Angleterre une princesse catholique qui trouva en Charles Quint un protecteur intéressé et dont la politique devait avoir de si fâcheuses conséquences.

Henri II prévoyait que l'avènement de Marie Tudor romprait, au profit de l'empereur, la neutralité bienveillante de l'Angleterre. Son ambassadeur, de Noailles, tenta, au mépris même du droit des gens, d'intervenir dans les affaires intérieures de l'Angleterre. La mort d'Edouard VI, escomptée par Warwick, duc de Northumberland, avait permis à celui-ci de préparer une sorte de révolution dans l'ordre de succession au trône. Spéculant sur la peur d'une réaction catholique, que laissait prévoir l'attachement de Marie à cette religion, il avait fait épouser à l'un de ses fils, Guildford Dudley, la fille du nouveau duc de Suffolk, Jeanne Grey, petite-fille du roi Henry VII par Mary, la veuve de Louis XII de France, remariée à Charles Brandon, duc de Suffolk. Il obtint d'Edouard VI que l'ordre de succession établi par le testament de Henry VIII et qui prévoyait, en cas de décès d'Edouard, l'accession de Marie, fille de Catherine d'Aragon, puis d'Elisabeth, fille d'Anne de Boleyn, fût modifié au profit de Jeanne Grey. Il pensait tenir secrète la mort du roi Edouard VI pendant quelques jours, attirer à Londres, sous prétexte d'y voir leur frère, les princesses Marie et Elisabeth qu'on aurait sans doute enfermées à la Tour. Mais Marie, prévenue à temps par le comte d'Arundel, rebroussa chemin. Northumberland n'en essaya pas moins de proclamer Jeanne Grey reine d'Angleterre. Noailles avait prévenu Henri II. A peine la nouvelle de la mort d'Edouard VI était-elle officiellement connue que le connétable de Montmorency écrivait à lord Howard, député de Calais, une lettre offrant à l'Angleterre le secours des troupes françaises qu'il était prêt à conduire en personne « afin d'empêcher un Prince voisin et ambitieux de prendre pied dans ce royaume ».

Ces offres de service furent d'autant plus mal accueillies par le gouverneur de Calais que la tentative de Northumberland avait très vite avorté. Marie, soutenue par des seigneurs fidèles, était entrée à Londres et Northumberland, vaincu sans pouvoir même combattre, allait payer de sa tête sa sédition. Lord Howard répondit donc au connétable qu'il n'y avait pas de divisions en Angleterre, « que l'abominable, détestable et traîtreuse intention du duc de Northumberland lui avait mal réussi, et qu'il voyait bien que le connétable n'avait en vue que de se rendre maître de Calais, mais qu'il devait savoir que la Reine ne lui avait pas confié cette Place pour la rendre au Roi son maître, ni à aucun des siens, mais au contraire pour la défendre contre lui, et qu'il y pourvoirait si bien que ceux qui formeraient quelque entreprise sur le territoire d'Angleterre auraient lieu de s'en repentir.» (1).

On affecta, à la cour de France, de s'indigner du ton de cette lettre, comme insinuant un soupçon outrageant pour la bonne foi royale et l'ambassadeur de Noailles eut ordre de s'en plaindre à la nouvelle souveraine. Lord Howard fut officiellement désavoué, mais cette comédie diplomatique ne trompa personne. Le 1er Août 1553, Charles Quint écrivait à son ambassadeur à Londres : « Nous tenons pour certain qu'il eust désiré que l'on se fût servi de sa dicte assistance, puisque mettant le pied dedans Calais... ils eussent exclu pour toujours les Anglais de ce qu'ils tiennent en terre ferme ». L'empereur ajoutait que les Français ne pourraient du reste tenter rien de sérieux de ce côté, car les forces impériales les en empêcheraient. Il enverrait au besoin des secours à Calais « n'estoit la jalousie que les mêmes Anglois pourroient avoir des estrangiers » (2).

Le duc Philibert Emmanuel de Savoie adressait le même jour, « du camp les Hesdin », aux ambassadeurs impériaux, la lettre suivante : « Quant à la crainete que ma cousine, royne d'Angleterre, a que l'armée des ennemys pourroit tirer contre Calais, je croy qu'ilz ont assez à faire de ce costel, ayant ceste armée si proche de leurs frontières. Toutes fois, s'ilz approchoient le dict Calais, je me mectray avec ceste armée sur le pays de l'empereur emprez du pale d'Engleterre, que je les garderay bien d'y entrer.... » (3). On voit que Calais ne manquait pas de... défenseurs ! Les ambassadeurs de Charles s'efforçaient de tirer le meilleur parti de la circonstance. Ils s'ingéniaient à mettre en lumière l'entente entre Henri II et le duc de Northumberland, l'appui qu'il avait

---

(1) Lefebvre, op. cit. II, p. 280 Cette lettre est donnée d'après les Ambassades de MM. de Noailles en Angleterre, édit. de Vertot, Paris, 1763, in-12.

(2) Papiers d'Etat du cardinal de Granvelle, coll. des documents inédits, T. IV, pp. 62-63

(3) Ibidem, p. 64.

promis à Jeanne Grey, la convoitise trop visible de Montmorency et ne se gênaient pas pour affirmer que les plaintes de Noailles contre le député de Calais n'étaient que « pour desguiser les lettres du connestable » (1).

Au début du règne de Marie Tudor, la situation de Calais était assez précaire. On devait à la garnison et aux officiers 38.877 lb. 13 s. 9 d. d'arrérages (2) que l'on ne savait pas comment payer, car le commerce des laines était presque complètement ruiné, et l'ambassadeur anglais auprès de Henri II se plaignait des entraves apportées aux relations avec les Flamands par les croisières françaises dans le pas de Calais (3). Le 1 Novembre 1553, le roi de France se déclarait prêt à consentir à la neutralité du détroit si l'empereur voulait y donner sa propre adhésion (4).

Vers la même époque, lord William Howard fut désigné comme grand amiral d'Angleterre et reçut l'ordre de transmettre le gouvernement de Calais à lord Thomas Wentworth. Il y eut même à ce sujet quelques difficultés. L'amiral Clinton ne voulait pas quitter son poste et Wentworth avait déjà envoyé son intendant à Calais. Lord Howard refusa de partir tant qu'il ne serait pas mis en possession de sa nouvelle charge. L'affaire s'arrangea pourtant et Wentworth vint à Calais (5).

Charles Quint avait confié à son ambassadeur ordinaire, Simon Renard, la mission de préparer les voies au mariage de la reine avec Philippe, son fils. Le 23 Décembre arrivèrent à Calais Lamoral d'Egmont, le comte de Lalaing, J. de Montmorency et Philippe Nigry, chargés spécialement par l'empereur de demander la main de Marie pour le prince d'Espagne et de régler les conditions du mariage. Ils durent attendre dans cette ville l'arrivée de navires anglais pour les escorter (6), car les vaisseaux français interceptaient le passage. Les ambassadeurs réussirent à gagner l'Angleterre,

---

(1) Papers d'Etat du cardinal de Granvelle, coll. des documents inédits, T. IV, p. 66.

(2) Calendar of State Papers, Foreign, Mary, p. 16. 6 Octobre 1553.

(3) Sur ces croisières, voir De la Roncière, op. cit. III, p. 181 et suivantes.

(4) Lettre du docteur Wotton au conseil, Calendar, Foreign, Mary, p. 23.

(5) Lettre de lord Howard à la Reine, 11 Novembre 1553. Ibid., p. 27.

(6) Papiers d'Etat de Granvelle, IV, p. 175. Lettre datée de Calais, 25 Décembre 1553.

à bord du *Lévrier* (1).

Le 12 Janvier 1554, la reine signait son contrat de mariage avec le fils de Charles Quint. Notre ambassadeur, de Noailles, exploitait de son mieux le mécontentement causé en Angleterre par ce mariage. On sait qu'une tentative de révolte se produisit où la sœur de Marie, la future reine Élisabeth, se trouva impliquée et qui eut pour chef Thomas Wyat. Charles Quint en fut informé par une lettre venant de Calais. Il n'y attacha pas d'abord beaucoup d'importance, car « à Calais l'on a accoustumé de y forger nouvelles » (2), mais le danger parut un moment assez sérieux pour que l'on conseillât à Marie de se réfugier à Calais (3). Le 5 Février, l'empereur faisait proposer, par l'entremise de l'ambassadeur anglais à Bruxelles, d'envoyer à Calais, ou tout au moins à Gravelines, quatre mille Allemands et trois enseignes de cavalerie. Quatorze grands navires étaient prêts à prendre la mer (4).

La sédition avait été vite apaisée cependant et la reine d'Angleterre n'eut pas à recourir aux bons offices intéressés de son futur beau-père. C'est l'ancien député de Calais, lord Howard, qui arrêta lui-même, à Westminster, Wyat, le chef des révoltés.

Le mariage de la reine n'entraîna pas immédiatement l'Angleterre dans la guerre que les Impériaux soutenaient contre la France. On continuait pourtant à s'y méfier des intentions de Henri II contre le Calaisis. Le 10 Mars 1554, lord Grey, gouverneur de Guînes, avertissait le conseil que le maréchal de Saint-André prenait des informations dans le voisinage sur les forces, approvisionnements et moyens de défense de Guînes, ce qui lui paraissait suspect (5). Il est vrai que le maréchal, dès son entrée à Ardres, s'était hâté d'expédier à lord Wentworth un de ses principaux officiers pour l'assurer des intentions les plus amicales du roi de France (6).

---

(1) De la Roncière, op. cit. III, p. 189.
(2) Lettre de Charles Quint à ses ambassadeurs à Londres, 31 Janvier 1554. Papiers d'État de Granvelle, IV, p. 200.
(3) Lettre de Simon Renard à Charles Quint, 8 Février 1554. Ibid., p. 208.
(4) Lettre de l'évêque de Norwich à sir William Petre, Calendar of State Papers, Foreign, Mary, p. 55.
(5) Lettre de lord Grey au conseil. Ibid., p. 65.
(6) Lettre de lord Wentworth au conseil. Ibid. même page. 11 Mars 1554.

Le député de Calais se plaignait de la négligence de plusieurs des hauts fonctionnaires de la ville qui s'absentaient sans permission régulière. Beaucoup d'officiers ne sont pas à leur poste. Le trésorier, le contrôleur et le chef portier (the Knight Porter) devraient recevoir l'ordre de demeurer à leur poste, car leur absence peut amener des dangers (1). Il y a là un indice indéniable de la négligence qui allait compromettre la sécurité de Calais. Le député qui la signalait, peu de temps après son arrivée, manqua-t-il d'énergie pour la réprimer ? Ne fut-il pas écouté comme il aurait dû l'être ? L'événement ne justifia que trop ses doléances !

Chose curieuse, les Impériaux témoignaient alors d'une sollicitude plus grande à l'égard de Calais que les Anglais eux-mêmes. De Bruxelles, sir John Mason, entretenant la Reine des préparatifs de guerre entre Charles Quint et les Français pour la campagne de 1554, l'avertit que ceux-ci pourraient bien, au mépris des traités, attaquer Guînes et Calais. « On pense, dit-il (et, en cela il était évidemment l'écho de la cour impériale) qu'il n'y a pas, dans toute la Chrétienté, deux places plus vivement désirées par le roi de France que Calais et Guînes. Il est absolument nécessaire de pourvoir à leur défense. » (2). Et, quelques semaines plus tard, le duc Philibert Emmanuel de Savoie informait l'empereur que le connétable de France méditait une brusque attaque contre Calais. Il en avait prévenu le député de cette ville (3).

Cela n'empêchait pas d'ailleurs les chefs français de solliciter de lord Grey et de lord Wentworth la permission de traverser le territoire anglais pour attaquer les terres de l'empereur (4), permission qui leur était refusée. Quant au passage du détroit entre Douvres et Calais, il devenait de plus en plus périlleux. Marie Tudor se plaignait que les navires français donnassent la chasse aux vaisseaux flamands qui amenaient les ambassadeurs de l'empereur. Au mois de Mai 1554, ceux-ci avaient failli être pris. Leurs chevaux et une

---

(1) Lord Wentworth à la Reine, 5 Avril 1554. Calendar of State Papers, Foreign, Mary, p. 70.

(2) John Mason à la Reine, 12 Mai 1554. Ibid., p. 82

(3) Papiers d'Etat de Granvelle, IV, p. 289

(4) Les ambassadeurs de l'empereur à Charles Quint, mi-Juin 1554. Ibid., p. 257.

partie de leurs bagages furent capturés à bord d'un navire anglais dont l'équipage fut transporté en France. L'ambassadeur eut ordre de réclamer une **réparation** (1). En Octobre, la Reine menaça Henri II d'une déclaration de guerre si les Français continuaient à opérer des prises dans le détroit. Une flotte anglaise y fut mise en observation (2).

Le bruit courait, à la fin de cette année, d'une entente entre le roi de France et les principaux habitants de Calais, mais le docteur Wotton, en signalant le fait, le 12 Décembre 1554, ne semble guère y attacher d'importance. « Il y a tant de faux rapports qu'il n'accorde guère de crédit à toutes ces rumeurs » (3).

Le 20 Décembre, le duc de Savoie vint s'embarquer à Calais. Il y arriva à 3 heures de l'après-midi, accompagné de cinquante gentilshommes de grande noblesse et une suite de deux cents cavaliers. Lord Wentworth avait reçu des instructions spéciales pour lui ménager une hospitalité princière. Mais il était pressé de traverser et n'attendit qu'un temps favorable (4). Son voyage s'était trouvé différé de plusieurs mois par suite de la guerre avec la France.

Cette guerre, la reine d'Angleterre projetait d'y mettre un terme et de reprendre les traditions de médiation qui avaient été celles de son père Henry VIII, quitte à s'allier, comme il l'avait fait lui-même, avec celui des deux adversaires qui auraient le plus de chances de succès. Mais, les conditions n'étaient plus les mêmes qu'à l'époque où Wolsey venait à Calais dans tout l'éclat de sa puissance. Des conférences s'ouvrirent au printemps de 1555, dans cette plaine de Marck, où tant de fois déjà la diplomatie européenne avait tenu ses assises.

Après d'assez longs pourparlers, commencés en Mars

---

(1) Lettre de la Reine au docteur Wotton, 29 Mai 1554. Foreign, Mary, p. 88.

(2) Simon Renard à l'empereur, 13 Octobre 1554. Papiers d'Etat de Granvelle, IV, p. 321.

(3) Wotton au Conseil d'Angleterre, 12 Décembre 1554. Foreign, Mary, p. 141.

(4) Lord Wentworth à la Reine, 11 Mai 1554, ibidem, p. 84, et relation de ce passage, 20 Décembre 1554. Ibid., p. 116.

1555 (1), l'empereur envoya, à Gravelines, Jean de la Cerda, duc de Medina Celi, Charles, comte de Lalaing, Antoine Perrenot, évêque d'Arras, le futur cardinal de Granvelle. Henri II avait désigné le connétable de Montmorency, Charles, Cardinal de Lorraine et Claude de l'Aubespine, secrétaire d'Etat, qui se rassemblèrent à Ardres. La mission anglaise comprenait, outre le célèbre cardinal Pole, médiateur officiel, le comte d'Arundel, Gardiner, évêque de Winchester et sir William Paget. Par les soins des officiers de Calais, on délimita à Marck un espace de cent pas de côté environné de fossés. A chaque angle on éleva des pavillons de bois garnis de tapisseries, où se réunissaient pendant le jour les plénipotentiaires. Au centre se dressait une tente plus richement ornée reliée aux pavillons d'angle par des galeries couvertes (2). Les pourparlers commencèrent le 23 Mai et durèrent trois semaines sans aboutir à aucun résultat.

La restauration du catholicisme en Angleterre, par Marie Tudor, eut son contrecoup à Calais et ce n'est sans doute pas sans raison que les Français escomptaient les divisions religieuses de cette ville pour y nouer des intelligences avec les mécontents. Au commencement de l'année 1555, on soupçonna quelque complot. Le 6 Mars, sir Thomas Cornwallis écrit à William Petre qu'il est arrivé le mardi précédent à 1 heure du matin et que, sitôt l'ouverture des portes, il a transmis au député et au conseil de Calais les lettres de la Reine ordonnant d'arrêter toutes les personnes suspectes à l'intérieur de la ville et dans le voisinage. Les premiers interrogatoires n'ont fourni aucun renseignement utile et il est vraisemblable qu'on ne tirera des prisonniers aucune preuve de desseins coupables ou de mauvaises pratiques. Mais les bourgeois de la ville et les habitants des marches y auront tout au moins gagné d'être débarrassés d'une foule de vagabonds et de domestiques sans place dont cet incident a permis de constater la présence en plus grand nombre qu'on ne le pensait. Ces arrestations avaient-elles quelque rapport avec les rumeurs dont l'ambassadeur anglais à Paris avait fait part, peu auparavant, à son gouvernement ? Ces faits étaient-ils la conséquence des prédications catho-

---

(1) Papiers d'Etat de Granvelle, IV, p. 107. Lettre de l'évêque d'Arras à Renard.

(2) Histoire universelle de Jacques Auguste de Thou... Trad. Londres, 1734, vol. II, p. 572.

liques à Calais ? Sir Cornwallis trace un curieux portrait d'un certain docteur Serles, expédié à Calais par le docteur Harpsfeld, archidiacre de Cantorbéry. « C'est un homme si rude, si ignorant et si grossier qu'on n'a jamais entendu pareil prédicateur ! Pour l'intérêt de la gloire de Dieu, le succès des projets de la Reine, la valeur de l'enseignement et la conversion du peuple, il eût mieux valu que Sa Majesté dépensât 300 lb. plutôt qu'un homme si maladroit vienne ici. » Du reste, sir William Petre en jugera, car on lui envoie un de ses sermons. Il faut que Harpsfeld lui-même arrive à Calais ou y délègue un orateur capable de réparer les maladresses de cet homme (1).

Paroles caractéristiques, pensons-nous, et qui, faute d'autres documents sur l'agitation religieuse, nous permettent d'entrevoir une des causes de la crise qui allait faciliter les projets du roi de France. Il est incontestable que des troubles se produisaient à Calais. Le 10 Juillet suivant, le conseil d'Angleterre était appelé à délibérer sur la réponse à faire au député de Calais qui avait emprisonné un particulier « coupable d'avoir dit qu'il se faisait plusieurs pratiques au dit Calais et que la religion y est mal observée » (2).

La misère était grande aussi parmi les ouvriers employés aux travaux et les soldats de la garnison dont les gages étaient payés très irrégulièrement. Le député prévoyait un déficit dans la récolte normale sur le territoire anglais et, d'accord avec le maire et la communauté de l'étaple, prenait des mesures pour se procurer en Angleterre les provisions indispensables (3). De tout cela se dégage l'impression très nette que la situation de Calais allait empirant chaque jour, au double point de vue de l'état des esprits et des difficultés matérielles.

L'année 1556, qui s'ouvrit par les trêves de Vaucelles entre le roi de France et l'empereur, qui vit le grand événement de l'abdication de Charles Quint, fut marquée à Calais par de nouvelles contestations entre Français et Anglais au sujet des limites du Boulonnais et du Calaisis. L'agitation

---

(1) Sir Thomas Cornwallis à sir William Petre, 6 Mars 1555. Foreign, Mary, p. 157.

(2) Simon Renard à l'Empereur, 10 Juillet 1555. Papiers d'État de Granvelle, IV, p. 417.

(3) Lord Wentworth à la Reine, 28 Octobre 1555. Foreign, Mary, p. 194.

religieuse et les intrigues des mécontents et de la France y prirent aussi un caractère plus sérieux. On retrouve, dans ces deux affaires, la main de Senarpont, gouverneur de Boulogne. Il revendiquait pour la France le village de Saint-Inglevert avec l'hôpital qui y était construit. Les Anglais avaient depuis longtemps la jouissance de ce territoire. Une enquête ouverte à Calais, au mois de Juin 1556, ne laisse guère de doute sur ce point (1). Le conseil d'Angleterre avait chargé l'ambassadeur Wotton de protester auprès de Henri II contre des prétentions injustifiées « dûes aux menées de Senarpont et des Français de la frontière ». La contestation, soumise à un arbitrage entre commissaires des deux pays,(2), n'avait pas pris fin quand la guerre en décida.

Senarpont concentra des troupes à Boulogne à l'automne de cette année. Le docteur Wotton informa la Reine que Henri II avait de mauvais desseins contre Calais (3). Il semble, disait-il, que le roi de France agirait en conséquence des dissensions nées à Calais pour cause de religion (for religion's sake) et auxquelles la rigueur des commissaires a donné lieu. Wotton signalait un Français, nommé Devisat, ancien précepteur des enfants du duc de Somerset, qui avait quitté l'Angleterre, après y avoir commis des faux, comme devant machiner quelque trahison. Cet homme s'était fait engager en qualité de précepteur des enfants du contrôleur de Calais où il devait se rendre incessamment. Or, Wotton avait appris que le roi de France l'avait reçu et lui avait donné de l'argent (4). Le 12 Novembre, dans une dépêche chiffrée, Wotton renouvelle son avis. « Henri II croit que Calais n'a que pour vingt jours de vivres et les rebelles ont promis de lui livrer la ville. On lève des hommes en Normandie pour une expédition » (5).

---

(1) Déposition de sir Henry Palmer, que la maison et les terres appelées « Sandingfield Abbey », en français « la maison de St-Engelvert » sont à l'intérieur du territoire anglais. (21 Juin 1556) — Déposition de sir John Peterson, prêtre, notaire public, âgé de 70 ans, faite devant lord Wentworth et le conseil de Calais, dans l'église St-Nicolas, après la grand' messe, sur les privilèges de l'hôpital de St-Englevert et sa situation dans les limites du territoire anglais... (21 Juin 1556). Foreign, Mary, p. 230.

(2) L'ambassadeur Wotton à la Reine. 15 Novembre 1556. Ibid., p. 275.

(3) Lettre du même, 20 Octobre, Ibid., p. 267.

(4) Wotton à sir William Petre, 19 Octobre 1556, Foreign, Mary, p. 267.

(5) Wotton à la Reine, 12 Novembre 1556, Ibid., p. 275.

Les soupçons de l'ambassadeur n'étaient peut-être pas tout à fait sans fondement. On sait que, à la suite d'une conspiration contre Marie Tudor, sir Robert Dudley, fils de l'ancien duc de Northumberland, s'était réfugié en France, auprès de Henri II qui lui servit une pension (1). Les relations de Dudley avec les chefs des évangélistes et les mécontents des comtés du sud permettaient au roi de France de voir en lui un utile instrument. Quand la reine d'Angleterre lui fit demander l'extradition de Dudley, Henri répondit qu'on ignorait le lieu de sa retraite.

Le 17 Novembre 1556, Wotton annonce que Dudley continue ses pratiques sur Calais et qu'il s'est concerté avec les marchands de cette ville hostiles à la religion catholique. Il va équiper des vaisseaux et garder le passage pendant que les Français exécuteront leur entreprise contre Guînes et Calais. La Reine doit se hâter de vérifier ces informations et agir en conséquence (2). Cette fois, on s'émut en Angleterre et, le 22 Novembre, le conseil faisait part à Philippe II, alors à Bruxelles, des mesures prises pour la sécurité de Calais dont le commandement supérieur était confié au comte de Pembroke (3).

Philippe approuva la nomination de Pembroke (4). Des renforts furent vite expédiés à Guînes et à Calais. Le conseil de cette ville persistait d'ailleurs à prendre la défense de Devisat et à se porter garant de son innocence (5). Dans la dernière lettre que nous possédons sur cette affaire, Wotton déclare que le danger est écarté, car les Français ne pourraient plus surprendre Guînes. Dudley a d'ailleurs indiqué au roi Henri II un moyen de réduire Calais, en construisant un fort en face de Newnam Bridge (le Nieulay). Quant à Devisat, il a réussi à s'échapper de Calais. Il est resté trois jours caché, dans une maison de la campagne, par une jeune fille qui, à l'insu de son père, a prévenu le gouverneur d'Ardres de sa présence. Celui-ci l'a envoyé chercher par une troupe

---

(1) John Lingard, Hist. d'Angleterre, édit. cit. VII, p. 337.

(2) Wotton à la Reine, 17 Novembre 1556 Foreign, Mary, p. 276.

(3) Le conseil au Roi, 22 Novembre 1556. Domestic, Mary, p. 88.

(4) Le Roi au conseil d'Angleterre, 1er Décembre 1556. Domestic, Mary, p. 88.

(5) Wotton à la Reine, 13 Janvier 1557. Foreign, Mary, p. 281.

d'hommes d'armes (1).

L'élément romanesque de cette information nous mettrait en défiance, mais le fait d'une tentative de complot contre les possessions anglaises en France, pendant l'hiver de 1556-1557, nous semble au moins très probable (2). Les historiens anglais en ont fait un grief à Henri II et l'ont accusé de perfidie (3). Il faut avouer que ce reproche serait fondé.

La guerre avait recommencé contre Philippe II. Marie Tudor se joignit à lui. Il était revenu en Angleterre au mois de Mars 1557 et l'avait décidée sans peine à lui prêter son appui. Le conseil avait vainement tenté de s'opposer à cette résolution. Dans la proclamation du 7 Juin 1557, parmi les motifs de cette guerre, figure la tentative projetée contre Calais. L'heure allait sonner de la perte définitive de cette ville pour l'Angleterre.

---

(1) Lettre du même, 21 Janvier 1557. Ibid., p. 281.
(2) Cf. Brésin, édit. cit. p. 211.
(3) John Lingard, Hist. d'Angleterre, édit. cit VII, p. 351.

François de Lorraine, duc de Guise
Collection Clairambault. Bibliothèque Nationale

CHAPITRE X

La reprise de Calais par les Français

U moment où la guerre allait commencer, la situation de Calais et des marches était assez précaire, si nous en croyons les avertissements que lord Wentworth faisait parvenir au conseil d'Angleterre. Les munitions étaient insuffisantes et le maître de l'artillerie, Highfield, se hâta de se rendre en Angleterre pour obtenir les approvisionnements les plus urgents (1). Dès la fin de Mai, des soldats arrivèrent à Calais, envoyés par les comtés de Suffolk, Norfolk et Essex et ils furent organisés sur le champ (2), mais ils étaient, pour la plupart, destinés à l'armée qui devait se joindre aux forces espagnoles dans leur campagne contre la France. Le 12 Juin, le capitaine de Gravelines transmit à Wentworth une lettre du duc de Savoie assurant la reine d'Angleterre qu'il serait heureux de servir au besoin dans les marches, si les Français les menaçaient. Wentworth répondit qu'il serait le bienvenu. La guerre avait été proclamée à Ardres et déjà, dans le détroit, des navires français interceptaient les convois de vivres, sans que le capitaine des vaisseaux anglais osât leur livrer bataille. Le port de Calais était bloqué (3). Le gouverneur de Guînes réclamait des renforts, car il n'avait que trois cents hommes de garnison (4).

---

(1) Wentworth et le conseil de Calais à la Reine, 18 et 23 Mai 1557, Foreign, Mary, pp. 309-310.

(2) Les mêmes à la Reine, 29 Mai, Ibid., p. 312.

(3) Wentworth à la Reine, 12 Juin, Ibid., p. 315.

(4) Lord Grey à la Reine, 11 Juin, Ibid., p. 316.

Le 27 Juin, le protonotaire de Noailles, qui avait remplacé son frère comme ambassadeur à Londres, quitta Calais où il avait été retenu jusqu'à l'arrivée à Boulogne du docteur Wotton, ambassadeur anglais à Paris (1).

Le roi Philippe II quitta l'Angleterre le Mardi 6 Juillet et vint à Calais d'où il gagna les Pays-Bas (2). On avait aussi débarqué dans cette ville de grosses sommes d'argent destinées aux frais de la guerre et apportées d'Espagne en Angleterre. C'est l'amiral Howard qui les convoya à Calais (3). De là, le trésorier de Calais, sir Thomas Cornwallys les escorta, avec la garnison, jusqu'à Gravelines (4).

On avait songé un moment à tenter un coup de main contre la ville d'Ardres, mais on y renonça par suite de l'insuffisance des effectifs. Le comte de Pembroke, désigné comme chef de l'armée anglaise, ayant demandé à la reine de renforcer les garnisons des marches de Calais, celle-ci lui déclara qu'elle avait toute confiance en son mari pour occuper les Français de telle façon que ceux-ci n'auraient pas le loisir de molester ses sujets des marches. Elle avait demandé cependant à Wentworth un état exact de ces garnisons (5).

Le gouverneur de Guînes ayant sollicité l'honneur d'accompagner le comte de Pembroke dans son expédition en France, la permission lui en fut accordée sans difficulté. Le 22 Juillet, le comte de Pembroke, Wentworth et le conseil de Calais signalaient les mesures prises pour la protection du territoire anglais : cinq cents hommes occuperaient Guînes, trois cents soldats seraient répartis dans le plat pays (6) (à l'est de Calais). Sir Edward Braye commanda à Guînes pendant l'absence du gouverneur (7).

La petite armée de Pembroke quitta Calais le 30 Juillet (8)

---

(1) Wentworth à la Reine, 27 Juin, Ibid., p 319.

(2) Brésin, édit. cit. p. 246. — Cf Calendar, Domestic, Mary, p. 93

(3) Lord amiral Howard au conseil d'Angleterre, 27 Juin, Domestic, Mary, p. 92.

(4) Sir Thomas Cornwallys à la Reine, Calais, 2 Juillet. Foreign, Mary, p. 321.

(5) La Reine au comte de Pembroke, 11 Juillet, Ibid., p. 325

(6) Le comte de Pembroke à la Reine, 22 Juillet, Ibid., p. 325

(7) La Reine à lord Grey, 27 Juillet, Ibid.. p. 326.

(8) Wentworth à la Reine, 31 Juillet, Ibid., p. 326.

pour aller rejoindre les troupes espagnoles que le duc Philibert Emmanuel de Savoie avait conduites à Saint-Quentin. Elle arriva d'ailleurs après la bataille (1)! Le 10 Août, en effet, le connétable de Montmorency était mis en déroute sous les murs de la ville que l'amiral de Coligny put défendre encore jusqu'au 27 Août. Les Anglais de Pembroke ne jouèrent donc, dans cette campagne, qu'un rôle très effacé. Bientôt des querelles éclatèrent entre Anglais et Espagnols et, prenant prétexte des mouvements des Ecossais, on rappela le corps expéditionnaire de Pembroke. Dans les derniers jours de Novembre, la garnison de Guînes et celle de Calais, sous les ordres du maréchal de cette ville, Aucher, et de Alexander, capitaine du Newnam Bridge, livrèrent quelques petits combats aux Français à Réty et Hardinghen (2).

Déjà, à cette date, se préparait le grand événement qui allait être pour la France la glorieuse revanche de Saint-Quentin. Le roi Henri II avait, en effet, résolu de tenter le siège de Calais. On s'est demandé quel fut le promoteur de cette entreprise. Quand le succès eut couronné les efforts des Français, tous se disputèrent l'honneur d'avoir formé le premier projet d'attaque. Brantôme a prétendu que c'est à l'amiral de Coligny que revient le mérite de l'initiative. « J'ai ouy dire que feu M. l'admiral fut le premier invanteur de ceste entreprinse et que durant la trefve, il avoit envoyé recognoistre ceste ville par M. de Briquemaut... Luy donques, ayant très bien recogneu la place (desguisé ce disoient aucuns) en fit rapport à M. l'admiral, et la rendit si facile à prendre que M l'admiral en fit la dessus des mémoires très beaux et en projetta le dessein, et en tira le plant ; et de tout en discourut

---

(1) Certains historiens anglais ont vanté les exploits des soldats de Pembroke à la bataille de Saint-Quentin (cf. John Lingard, trad., édit. cit. VII. p 358). Ernest Hamel, dans son ouvrage Marie la Sanglante, II. p. 204, dit que, le 2 Août, « les soldats du comte de Pembroke opérèrent leur jonction avec les troupes de Philibert Emmanuel... » Or, l'armée de Pembroke quitta Calais seulement le 30 Juillet. Le 6 Août, elle était encore à Blendecques (cf. Brésin, édit. cit. p. 217). Dans un article très documenté paru dans la « North British Review », traduit en Octobre 1867 dans la Revue Britannique et reproduit dans Le Jeune, Histoire de Calais, I, pp 70-92, un historien anglais dont le nom nous est inconnu (il signait P. C.) a prouvé que les Anglais « n'ayant pas même l'habitude de porter leurs armes pliaient sous leur poids et, faute de pouvoir supporter les marches ordinaires, n'arrivèrent à Saint-Quentin que deux jours après la bataille ».

(2) Lord Grey à la Reine, 1er Décembre 1557, Foreign, Mary, p. 318.

au roi qui y prend goust et en reserve l'exécution pour la première bonne occasion... » Quand le duc de Guise vint prendre le commandement de l'armée française, le 6 Octobre 1557, le roi en ayant parlé, celui-ci aurait envoyé Fouquières voir dans les coffres et papiers de l'amiral alors captif si l'on n'y trouverait pas ces mémoires, ce qu'il fit, « et les ayant rapportés au roy, il les confia à M. de Guyse... » L'amiral conseillait, paraît-il, d'assiéger Calais en hiver parce que les Anglais, confiant dans les défenses naturelles d'un sol marécageux et couvert par les eaux, y entretenaient alors une garnison moins nombreuse. Le duc de Guise aurait fait des objections, soit que sincèrement il considérât l'exécution de ce projet comme presque impossible, soit que, prévoyant le succès, il voulût exagérer les difficultés pour recueillir une plus grande gloire d'en avoir triomphé (1).

D'autres attribuent au roi lui-même tout le mérite de cette résolution (2), et j'incline à penser que telle est la vérité, mais en ajoutant que le gouverneur de Boulogne, Senarpont, avait contribué pour une grande part à le fortifier dans ce dessein, comme il contribua à en préparer la réalisation (3). Nous avons vu, en effet, que depuis son avènement, Henri II avait les yeux fixés sur cette partie de la France jadis enlevée à ses aïeux; que, après avoir repris Boulogne, il noua des relations avec les mécontents d'Angleterre et profita de tous

---

(1) Brantôme, Grands Capitaines français, édit. Buchon, I, p. 123.

(2) Bibl Nat ms. latin 11 367 — On y trouve (pp 129-358) plusieurs cahiers intitulés· Particularités des sièges de Calais, Guynes et Thionville. — M. Daumet qui en a fait usage dans son récit du siège de 1558 (op. cit pp 31-47) serait porté à attribuer cette partie du manuscrit à Florimond Robertet, un des secrétaires du roi. — Ce manuscrit est cité parmi les références de l'auteur de l'article anglais sur le siège de 1558, paru dans la North British Review, traduit dans la Revue Britannique d'Octobre 1867, sous la cote Saint-Victor, 1.062 — Nous devons aussi utiliser cette source. — De la Place, Commentaires de l'estat de la religion, édit. Buchon, p. 9, dit aussi. Le roy se résolut de faire exécuter l'entreprise de Calais dès longtemps auparavant projectée et préparée, principalement par le seigneur de Senarpont!.. »

(3) Gaspard de Saulx-Tavannes, édit. Buchon, p. 229, attribue à Senarpont l'idée du projet d'attaque. Il faut se défier de son récit où il exagère beaucoup son propre rôle dans l'expédition. Mais, d'après les documents cités dans notre précédent chapitre et qui montrent l'activité de Senarpont contre les Anglais, son initiative nous semble ici très probable. — Le rôle de Senarpont est aussi mis en valeur dans les Commentaires de François de Rabutin, édit. Petitot, T. II, p. 138.

les troubles dans ce pays pour essayer de reprendre, par ruse ou par force, une ville dont il comprenait toute la valeur. Et, à vrai dire, quand on qualifie de surprise l'attaque de Calais de 1558, le terme n'est juste que si l'on considère la promptitude de son exécution et la béate quiétude du gouverneur anglais, pris à l'improviste par une agression que tout alors aurait dû lui faire prévoir ! Il faut aussi reconnaître que le secret de cette expédition fut bien gardé pendant le temps assez long que durèrent ses préparatifs.

Les circonstances étaient d'ailleurs des plus favorables. Après la prise de Saint-Quentin et de Noyon, Philippe II avait licencié son armée que, faute d'argent, il ne pouvait entretenir. Une partie de ses auxiliaires allemands étaient passés au service de la France. On avait laissé seulement des garnisons assez fortes pour défendre les places récemment conquises. Les ennemis étaient persuadés que les Français, démoralisés par leurs défaites, n'oseraient tenter aucune entreprise. En Angleterre, l'agitation écossaise absorbait l'attention des gouvernants que les questions religieuses préoccupaient aussi. Au contraire, une puissante armée avait été réunie par Henri II et les chefs brûlaient du désir de venger la honte de leurs derniers échecs. Le duc de Guise, revenu d'Italie en toute hâte apparaissait avec une autorité que ne contrebalançait plus l'influence de Montmorency, prisonnier. Il apporta, dans la préparation de sa campagne, un soin minutieux et une activité méthodique qui furent pour beaucoup dans le succès final.

Il fut secondé par d'habiles lieutenants. La question d'argent fut résolue grâce au cardinal de Lorraine qui obtint des Parisiens une somme de trois cent mille livres, sur sa promesse de les rembourser à la Noël (1). On s'approvisionna de poudre et de boulets pour dix mille coups de canon. Les difficultés spéciales que présentaient la nature du sol marécageux entourant Calais de trois côtés et le sable des dunes vers le rivage avaient été prévues. Outre les outils et instruments d'un emploi courant pour les travaux de siège, l'ingéniosité de Senarpont avait fait préparer des claies

---

(1) « Il trouva la somme de 300.000 livres dont partye fut receue avant son partement et le reste ung jour après, de façon que ce secours si à propoz donna moyen d'acheminer toutes choses, et pour recongnoistre la bonne volunté de ceulx qui luy avoient si liberallement presté ce qu'ilz avoient peu, il leur promit à tous de les faire paier dans Noel sans aucune faulte... » Bibl. Nat. ms. latin 14 367, p. 172.

enduites de poix pour soutenir les pionniers sur les terrains
fangeux. Les arquebusiers furent munis d'un nouvel engin
de protection, bouclier de bois sec et léger, garni d'un treillage
d'osier recouvert de doubles cartons et percé d'une petite
ouverture qui permettait de tirer à l'aise. Ces boucliers étaient
en effet fixés au moyen de pieux effilés qui s'enfonçaient
facilement. Ils avaient la hauteur d'un homme et constituaient
un excellent abri (1). C'est en Normandie, dans la forêt d'Eu,
que l'on prit les matériaux nécessaires. Les approvisionnements furent concentrés à Dieppe et à Abbeville d'où les
navires les transportèrent à Boulogne. Dès les premiers jours
du mois de Décembre, des troupes arrivaient dans la vallée
de la Somme et une fiévreuse activité se manifestait surtout
à Abbeville. Pour mieux égarer les soupçons on avait
cependant partagé les troupes en plusieurs corps et c'est par
fragments échelonnés qu'on les dirigeait vers le lieu de
concentration. Le duc de Nevers, avec vingt compagnies
suisses, autant de compagnies allemandes, quinze compagnies
françaises et quelques canons fit mine de marcher sur
Luxembourg et sur Arlon, afin d'attirer de ce côté les forces
espagnoles. Le duc de Guise lui-même visita la frontière,
aux environs de Saint-Quentin, Ham et Le Catelet, comme
s'il voulait intercepter les communications de l'ennemi avec
ces villes (2).

Néanmoins les continuels mouvements de troupes dans
la vallée de la Somme et surtout l'importance des munitions
d'artillerie et des objets nécessaires à une entreprise
considérable n'avaient pas échappé à la vigilance des espions
à la solde de l'Espagne. Dès le 12 Décembre 1557, un rapport
transmis au duc de Savoie par Noyelle, gouverneur du Nouvel-

---

(1) « Pour passer les hommes et autres munitions sur les glaces et lieux
marescageux, l'on avoit fait porter par mer grande quantité de clayes
poissées, afin que l'eaue ne pust mordre et les transpercer et corrompre... » Rabutin, édit. cit p. 114 Ces détails sont confirmés par les
lettres des espions espagnols que nous utiliserons plus loin.

(2) De Thou, édit. cit. III, p. 203. — « El rey Enrique resolvió el hacer
la empresa de Cales, y para desmentir al enemigo envió al Duque de
Nevers con diez mil infantes y mil y quinientos caballos y alguna
artilleria á Luzeltburg y 'Arlon', y al de Guisa á Picardia, mostrando ir
sobre Han ó San Quintin, ó a impedir el avituallar estas plazas... »
Historia de Felipe segundo, rey de Espana por Luis Cabrera de
Cordoba, Edicion publicada de Real orden, Madrid, 1876, T. I, p. 211.

Hesdin (1), annonce que 2.000 Suisses, 1.000 lansquenets, 30 enseignes françaises, 5 à 600 pistoliers et quelques compagnies d'ordonnance sont « au Pontdormy les Abbeville » (2). Ils ont avec eux « quatre ou cincq mil cloyes, deulx ou trois mil chivières et fort grande quantité de planches de trois ou quatre doigtz despes (d'épaisseur), lesquelles et lesdictes cloyes ont faict faire de la forest d'Eus (3) en Normandie et font courre le bruict que c'est pour aller à Ardre, aultres disent que c'est pour faire ung fort à Santinglevert les Ardre (4), combien que l'opinion du raporteur ne soit telle, mais plustost de surprendre quelque place... » Et le « rapporteur », à l'appui de son opinion, déclare savoir de source certaine que le maréchal Pierre Strozzi « a esté quatre ou chincq jours à Boullogne et luy et le sieur de Senarpont ont esté recognoistre quelque place et depuis retournez en dilligence à la court, quy est à presuposer ce que dessus... » Il annonce que le duc de Guise va venir prendre le commandement de cette armée, que les soldats qu'il avait en Italie le suivent, que, à Montreuil, on prépare l'artillerie.

Ces renseignements étaient d'une rigoureuse exactitude. Strozzi s'était rendu en effet à Boulogne et de là, sous un déguisement, avait réussi à s'approcher de Calais pour en examiner avec soin les défenses (5).

Les Impériaux suivirent dès lors de très près les mouvements de l'armée française. Chaque jour, des avis parviennent à Bruxelles, envoyés surtout par Noyelle, car celui-ci craignait que l'attaque fût dirigée contre Hesdin ou Renty, ou bien encore, étant donné le grand nombre de navires qui se rassemblaient à l'embouchure de la Somme, qu'un coup

---

(1) Archives du Royaume, Bruxelles, Papiers d'État et de l'Audience, n° 115, Lettres des Seigneurs, vol. 18, f° 375.

(2) Pont-Remy.

(3) Eu, chef-lieu de canton, Seine-Inférieure.

(4) Saint-Inglevert, canton de Marquise.

(5) « La proposition de ce siège ayant été faite dans un conseil secret qui se tint à Compiègne, où était le Roi, Pierre Strozzi, homme d'exécution se chargea d'aller reconnoitre la place. Il se déguisa sous un mauvais habit, et partit le 2 de Novembre avec Maxime Delbène et peu de suite. Dès qu'il eut exactement observé les dehors de la place, la forme et la solidité des bastions et des ouvrages qui les accompagnoient, il revint trouver le Roi et l'assura que la conquête en seroit facile... » De Thou, édit. cit. III, p. 203.

de main ne fût tenté contre les villes de la côte flamande. Le gouverneur de l'Artois, Bugnicourt, est mis au courant de la situation et en informe le duc de Savoie (1).

Le 18 Décembre, le rapport expédié par Noyelle est d'une précision parfaite et l'homme qui renseignait ainsi l'ennemi devait occuper un certain rang dans l'armée française. Il déduit très logiquement les raisons qui lui permettent de croire que Calais doit être la ville que l'on se dispose à assaillir. On est frappé, en lisant ce document, de la justesse des observations qu'il énonce et de la netteté du plan qu'il expose et qui fut effectivement exécuté par le duc de Guise (2). Une mention sur le verso du document original établit que Noyelle en adressa une copie au député de Calais, lord Wentworth, qui paraît n'y avoir prêté aucune attention.

Au capitaine de Gravelines qui, sur les indications reçues de Bugnicourt, l'avait également prévenu du danger dont il était menacé, Wentworth fit répondre par un message oral, dont celui-ci nous a conservé les termes, que les Français ne songeaient nullement à surprendre Calais, mais Hesdin ou Renty ; qu'il avait de meilleurs espions que les Espagnols, mais que, au surplus, les Anglais ne craignaient aucunement les Français « et que, s'ilz s'adressent vers Calaix ou en leur territoire, ilz les battront bien et ne ont nulle peur » (3).

Lord Grey, à qui Wentworth avait négligé de faire parvenir cet avis, mais qui l'avait reçu de Bugnicourt, était à la fois moins rassuré et moins présomptueux. Le

---

(1) Bruxelles, Arch. du Roy. Lettres des Seigneurs, 18, f°s 385-391 Lettres des 16, 17 Décembre 1557.

(2) « Dict avoyr ouy dire à personnes de qualité debatans entre eux du lieu où ilz se polroyent adrescher que l'apparence estoyt que ce seroyt pour Calais à raison de ce qu'ilz embarquent leur esquipage et aussi que le St Pierre Stros a esté passé quelques jours à Boullogne avec le Sr de Senarpont et recongnu quelque place que l'on presuppose estre le dict Calais, et que, faisant nos ennemis leur compte d'avoyr force voylles en mer de quoy font grant aprestes sur la colle de Normendie et avoyr force artillerie et se essayer de battre le Richeban qui garde le port, et du costé de devers la mer au dict Calais, et, après avoyr jecté cela par terre qui n'est sinon de bricques, battre la muraille de la ville laquelle en cest endroict n'est flancquée et emplyr les fossés avoecq ces balles de laine, ces tonneaulx de liège et force cloyes et planches qu'ilz mainent.. » Ibidem, 18. f° 105. Rapport transmis par le gouverneur de Nouvel-Hesdin.

(3) « Ce que le debitis de Calaix a mandé dire de bouche au seigneur de Vendeville... » Ibid., 18, f° 460

22 Décembre, il écrivit à la reine d'Angleterre qu'il venait d'être avisé par les Flamands des préparatifs français que ses propres espions ne lui avaient pas dénoncés. Cet avis, venant d'un homme comme Bugnicourt, lui semblait mériter considération. Il déclarait que les places anglaises n'étaient pas suffisamment pourvues de vivres ni d'hommes pour résister, si cette éventualité se produisait, mais qu'il ferait de son mieux pour défendre Guines (1). Le 24 Décembre, la Reine donnait à Wentworth l'ordre de conserver quelques troupes qu'il avait été question de licencier !

C'est seulement le 26 Décembre que lord Wentworth commença à éprouver quelques inquiétudes. Un de ses espions, arrivant d'Abbeville, lui avait fourni des détails sur l'armée française et la flotte. En les expédiant à la Reine il ajoute que, d'après la commune rumeur, les Français se proposent seulement de ravitailler Ardres. On a frêté, sur la Somme, des vaisseaux qui viendront apporter à Boulogne des vivres qui seront ensuite convoyées vers Ardres. Cinq grands navires sont dans la rade de Saint-Jean, près de Boulogne. En conséquence, et pour le cas où l'expédition française serait dirigée contre le territoire anglais, toutes les places vont se tenir sur leurs gardes et la Reine est priée d'envoyer une flotte dans le détroit (2).

Le lendemain 27 se tint à Calais une sorte de conseil de guerre auquel assista lord Grey. On y envisagea l'éventualité d'une attaque des Français contre les possessions anglaises et on constata que, si l'ennemi se présentait devant Guines, il faudrait abandonner la ville pour défendre le château. Hâmes était, pensait-on, suffisamment pourvue d'hommes, mais il n'y avait pas d'autres vivres que la provision particulière du capitaine. La forteresse du Nieulay était tout aussi dépourvue, mais, en y concentrant les hommes qui gardaient la chaussée (conduisant vers Sangatte) on espérait y tenir, à moins que les Français ne réussissent à isoler cette forteresse, en se plaçant entre le pont du Nieulay et Calais. On décida de renforcer la garnison du Risban en y appelant quelques soldats du plat pays. Quant à la ville même de Calais, elle n'était pas ravitaillée et il semblait impossible de résister

---

(1) Lord Grey à la Reine, 22 Décembre 1557. Calendar of State Papers, Foreign, Mary, p. 350.

(2) Lord Wentworth à la Reine, 26 Décembre, Ibid., p. 351.

à une attaque. On résolut de ramener dans les enceintes fortifiées tout ce qu'il y avait de troupes éparses sur le territoire et de se défendre à outrance, malgré l'insuffisance des moyens dont on disposait. La Reine était priée d'y aviser d'urgence et d'expédier des officiers expérimentés, des soldats, des munitions et des vivres (1). Il était un peu tard pour s'apercevoir du danger et surtout pour y parer ! La Reine s'était pourtant émue des premières nouvelles reçues de lord Grey. Elle avait ordonné au comte de Rutland de se rendre immédiatement à Calais et décrété la levée de nouveaux soldats, leur envoi sur la côte et l'armement de vaisseaux pour les transporter sur le continent. Le 29 Décembre, elle informait Wentworth de ces mesures et lui donnait l'ordre de défendre Guînes (2).

Ce même jour, Wentworth, rassuré par de fausses nouvelles d'un espion, croyait le danger écarté. On lui avait dit que les Français étaient arrivés au Nouvel Hesdin. Il avait appris cependant que la garnison d'Ardres était fort occupée à moudre une grande quantité de grain et à fabriquer du pain (3). Il concluait de ce fait que tout ce pain était destiné à l'armée qu'il croyait à Hesdin, témoignant par là d'un singulier manque de jugement, car si telle avait été vraiment l'intention de l'armée française, ce n'est pas à Ardres que les Français se seraient approvisionnés de pain. Déjà, en temps de paix, le ravitaillement d'Ardres était difficile et l'on n'eût jamais songé à la dégarnir en temps de guerre au profit d'une armée qui avait ses communications assurées avec la Picardie. Bien plutôt, Wentworth aurait dû logiquement en déduire la certitude d'une attaque !

. Les gouverneurs de Saint-Omer et de Gravelines l'avertissaient pourtant de l'approche des Français. Dans une lettre écrite à Bugnicourt, le 29 Décembre, le comte de Sainte Aldegonde l'informe qu'il a transmis au député de Calais et à Vandeville les nouvelles qu'il a de la marche des Français (1). Le 30, Wentworth accuse réception de cette

---

(1) Wentworth, Grey, et le conseil de Calais à la Reine, 27 Décembre, Ibid., p. 351.

(2) La Reine au lord Député, 29 Décembre, Ibid., p. 352.

(3) Wentworth à la Reine, 29 Décembre, Ibidem, même page.

(1) Bruxelles, Arch. du Roy. Pap. d'Etat, Lettres des Seigneurs, vol. 18, fos 137, 140. Rapport du 28 Décembre, Lettre du gouverneur de Saint-Omer, 29 Décembre.

lettre à Vandeville, le remercie et lui déclare, sur le ton le plus présomptueux, qu'il est prêt à repousser l'ennemi s'il vient, ce dont il doute encore, car il ne peut penser que les Français risqueront, en cette saison, d'envoyer des navires dans le détroit où une tempête aurait vite fait de les détruire (1).

De son côté, la Reine, après avoir reçu la lettre si optimiste de Wentworth lui signalant Hesdin comme objectif de l'armée française, avait annulé les premiers ordres donnés pour secourir Calais. Elle différa l'envoi du comte de Rutland « jusqu'à ce que l'occasion se présentât de requérir ses services » et se borna à faire transporter à Calais quarante à cinquante soldats qui se trouvaient à Douvres (2). N'y a-t-il pas, dans cette lettre, une preuve que l'incurie de la souveraine ne le cédait en rien à celle du gouverneur ? Car, même dans l'hypothèse où les nouvelles données par Wentworth eussent été exactes, la présence d'une armée française à trente milles de Calais n'était-elle pas une menace suffisant à justifier d'importantes précautions auxquelles on renonçait bien facilement !

A l'heure même où Marie Tudor révoquait ses ordres concernant Calais, l'armée du duc de Guise arrivait sur les limites du territoire anglais. Les forces du duc de Nevers, revenant à grandes journées, avaient rejoint à Amiens le gros de l'armée. Après quelque retard dû aux compagnies suisses qui exigeaient leur solde, le duc de Guise, qui avait détaché le corps d'armée du maréchal de Strozzi pour le précéder (3), marcha droit sur le Boulonnais, pendant qu'une flotte, combinant ses mouvements avec ceux de l'armée, assurait le

---

(1) « J'ay receu de vous deux lettres dont vous remercie mille fois ». Mes espies disent que les ennemys ont en teste Renty ou Newhesdyng de vostre costé ou la Risebanque de la nostre, à quoy nous pourvoyons le mieulx que pouvons faire pour leur donner la bienvenue. Je vous prie continuer me faire part des vostres comme ne failliray des miennes... » Il ajoutait, sous forme de Post-scriptum « s'ilz le font (si les Français paraissent en mer devant Calais) et que par fortune adviendroit quelque tempeste comme fort souvent advient en ce temps icy, ilz seront en très grand dangier d'estre tous perdus et par ainsi failliroit son entreprise, qui me fait penser qu'il ne fera rien par mer... » Lettre de Wentworth à Vandeville, 30 Décembre. Ibid., vol. 18, f° 152.

(2) Lettre de la Reine, datée de Greenwich, 31 Décembre Foreign, Mary, p. 352.

(3) Calendar of State Papers, Venetian. T VI, 3e partie, p 1107. — Lettre de l'ambassadeur de Venise, datée de Paris, 1er Janvier 1558.

ravitaillement sous la direction du capitaine Jean Ribaut. En même temps, l'escadre de Ponsard de Fors donnait la chasse aux quelques navires anglais qui se trouvaient dans le détroit (1).

Le 31 Décembre, dix mille Suisses, six mille lansquenets, huit cents pistoliers, cinq cents hommes d'armes, quatre cents chevaux-légers, un certain nombre d'enseignes françaises, avec une puissante artillerie, se tenaient entre Ambleteuse et Marquise, prêts à pénétrer sur le territoire anglais. Le total de ces forces comprenait au moins vingt mille hommes. S'il faut en croire les contemporains, le duc de Guise, par une sorte de superstition, ne voulut pas commencer son entreprise avant la fin de l'année 1557 qui avait été malheureuse pour la France. Il attendit que minuit sonnât, le 31 Décembre, avant d'ordonner à ses troupes de franchir la frontière (2).

Lord Wentworth ne pouvait plus douter du voisinage immédiat des troupes françaises. Il écrivit, le 31 Décembre, à dix heures du soir, au capitaine de Gravelines qu'il venait d'apprendre que les ennemis étaient campés près du Blanc-Nez et que, sans doute, ils envahiraient le territoire anglais dans la nuit, mais il pensait encore qu'ils traverseraient seulement ce territoire et marcheraient contre Gravelines ! Il avait cependant fait une lettre pour le roi d'Espagne et priait Vandeville de la lui transmettre (3). Il se bornait, dans cette lettre au Roi, à lui signaler que l'ennemi était en vue et ne donnait aucun détail. Il semblait croire qu'il ne s'agissait que d'une incursion, comme il s'en était déjà produit maintes

---

(1) Sur le rôle de la marine dans la reprise de Calais, voir De la Roncière, op. cit. T. III, pp 552-559

(2) « Il (le duc de Guise) n'y voullut jamais arriver que l'année 1557 où il estoit à compter du premier jour de l'an, ne feust passée et révolue, pour ce qu'elle avoit esté si malheureuse au roy et tant deffavorable à ses affaires qu'il ne voulloit durant icelle executer une si belle entreprinse ». Bibl. nat ms latin 11 367, p. 179. — Cf article de la Revue Britannique reproduit dans Le Jeune, Hist. de Calais, I. p 78

(3) Après avoir dit que les Français sont venus loger ce soir près du Blanc-Nez, Wentworth écrivait « A quoy nous pourvoyons à nostre possible. J'estme qu'ilz vueillent desloger environ mynuict pour venir icy De ce je vous advertis affin que puissiez donner ordre sur vostre frontière de peur qu'ilz ne passent par ce païs vers vous Pour la fin, je vous prie faire tenir ceste aultre lettre à la Majesté du Roy avec toute la diligence que scauriez faire. En haste, ce dernier de Décembre 1557 à dix heures du soir — Votre bon voisin et amy — Wentworth » Bruxelles, Arch. du Roy, Pap d'Etat. Lettres des Seigneurs, vol 18, n° 454.

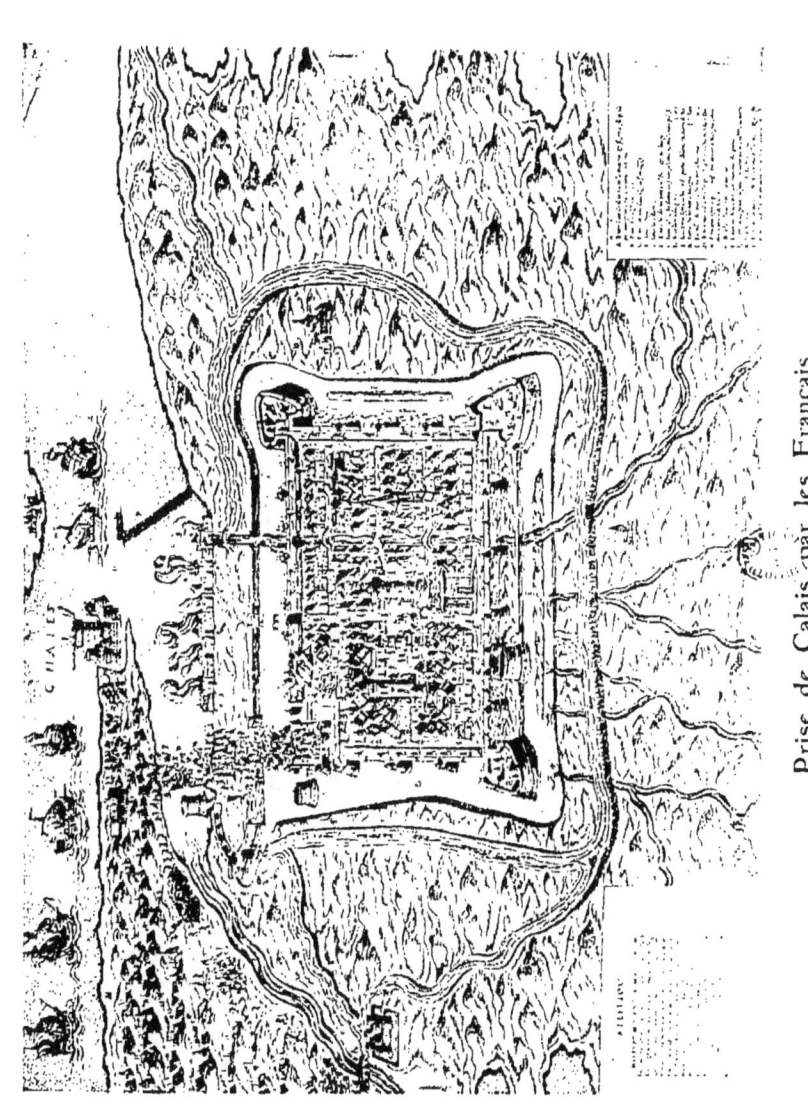

Prise de Calais par les Français
Bibliothèque Nationale

fois au cours des guerres. Il ne réclamait aucun renfort et ne proposait aucun plan pour secourir Calais (1).

Vandeville avait déjà reçu dans la soirée un message de Lord Grey avec une demande urgente de secours à adresser au gouverneur et capitaine général d'Artois (2), et il était occupé à rédiger pour ce personnage un rapport sur la situation que lui exposait lord Grey, non sans y joindre d'assez sévères réflexions sur l'attitude de Wentworth, quand il eut le billet de celui-ci. La nuit était déjà avancée et, au même instant, le tocsin annonçait l'arrivée des Français dans les villages du Calaisis (3).

Lord Grey avait prévenu la Reine de l'arrivée des Français. Par un prisonnier que lui avaient conduit ses cavaliers il connaissait leur présence à Ambleteuse et celle d'un grand nombre de vaisseaux chargés de munitions. La présence d'un corps nombreux d'infanterie et d'une troupe de cavalerie lui était signalée dans la vallée de Licques (4). Ce sont ces nouvelles qu'il avait expédiées à Bugnicourt par l'entremise de Vandeville et il en rendit compte à Marie Tudor. Une première escarmouche s'était aussi produite près de Guînes (5). C'est seulement le Samedi 1er Janvier 1558, à neuf heures du soir que lord Wentworth envoya à la Reine un premier récit des faits qui avaient marqué cette journée (6).

Pour se représenter plus facilement la série des opérations qui aboutirent à la prise de Calais, il convient de rappeler brièvement quelles étaient les fortifications de cette ville, d'après les gravures qui nous en ont été conservées (7).

La ville proprement dite formait un rectangle allongé de l'Est à l'Ouest (depuis l'emplacement actuel de la rue Berthois

---

(1) Cette lettre, que je n'ai pu voir, est analysée par l'auteur de l'article déjà cité, qui donne comme cote : Arch. de Simancas. Estado. 810 (°)

(2) Lettre de lord Grey à Vandeville, 31 Décembre. Bruxelles, Ibid., 18, f° 461.

(3) Lettre de Vandeville à Bugnicourt, 31 Décembre Ibid., 18. f° 158

(4) Licques, canton de Guînes.

(5) Lord Grey à la Reine, 31 Décembre 1557. Foreign, Mary, p. 353.

(6) Wentworth à la Reine, 1er Janvier 1558, Ibid., p. 354

(7) Cf. Calais par l'Image, pl. 72, 73, 75, 89 à 93 Nous aurons à étudier, dans le volume III de cette Histoire, les travaux faits par les Anglais aux fortifications de cette ville, pendant qu'ils en étaient les maîtres.

jusqu'à la muraille ouest de la citadelle, construite depuis la reconquête). Elle s'étendait du Nord au Sud, sur une largeur moitié moindre, et était entourée d'une forte muraille garnie de tours très rapprochées les unes des autres. Quatre portes y donnaient accès : Watergate (la porte d'eau) et Lanterngate (la porte de la Lanterne, au bout de la rue du Havre actuelle) sur le front nord, vers la mer ; Milkgate (la porte au lait), sur le front est, à l'extrémité de la rue Notre-Dame actuelle ; Bullengate (porte de Boulogne) sur le front sud, à l'endroit où est aujourd'hui la porte de secours de la citadelle.

Les fortifications avaient été modifiées sous le règne de Henry VIII et sous Édouard VI, notamment les anciennes tours d'angle (tour Beauchamp, au Nord-Est ; tour Develyn ou Dublyn, au Sud-Est ; tour d'angle (Corner Tower) au Sud-Ouest. Ces trois tours avaient été remplacées par des bastions triangulaires débordant les fossés de la place. A l'angle nord-ouest s'érigeait le vieux château de Philippe Hurepel, masse carrée avec six tours sur les côtés et un donjon à l'Ouest. Il était séparé de la ville par un large fossé que franchissait un pont. Mais on avait négligé de protéger les murailles de ce château par un rempart gazonné capable de résister à l'artillerie (1).

De larges fossés entouraient la ville. La contrescarpe de ces fossés enfermait le château et était dominée, de ce côté, par une grosse tour ronde reliée par une courtine à l'extrémité ouest du quai. Ces deux tours et leur courtine forment la face du bastion nord-oust de la citadelle actuelle et sont les seuls restes des anciens ouvrages de Calais.

D'ailleurs, la nature elle-même fournissait à Calais des moyens de défense. La rivière de Hannes qui constituait le port, en s'élargissant au-delà du passage du Nieulay, barrait la route à l'Ouest. Les dunes du rivage aboutissaient à la forteresse du Risban qui gardait ainsi l'entrée du port. Entre Calais et Sangatte, le terrain était marécageux autant qu'au Sud et à l'Est. La seule voie d'accès était une chaussée partant

---

(1) « Artificiellement ils luy ont donné une forme plus quarrée qu'autrement, revestue par le dehors de rempars fort larges et massifs et bien corroyés, ayant aux trois coings devers les marets trois gros boulcverts en pointe et triangulaires, bien flanquez et armez, pour couvrir et defendre les courtines, et à l'autre quarré, devers les dunes, est le chasteau, par lequel, pour n'en avoir esté cogneue, ou pour n'avoir remédié à l'imperfection, est advenue ceste dernière prise.. » Rabutin, édit. cit p. 149

de Sangatte et conduisant au pont du Nieulay que défendait une forteresse importante. Des écluses permettaient, en empêchant l'écoulement des eaux de l'intérieur, d'y provoquer une inondation dans le pays. Les Anglais avaient donc quelque raison de se croire en sûreté.

Mais il existait des points faibles que connaissait bien l'assaillant, et surtout il manquait à la ville des défenseurs en quantité suffisante et un chef énergique. L'incurie, dont Wentworth avait donné des preuves trop évidentes depuis le début de Décembre 1557, ne fut pas rachetée par l'esprit de décision et la vaillance personnelle qui eussent été indispensables.

Le Samedi 1er Janvier, l'avant-garde du duc de Guise était à Sangatte où elle enleva le fortin situé à l'entrée de la chaussée qui menait au pont du Nieulay. C'était un simple boulevard de terre formé de quatre petits flancs et protégé par un fossé. Il fut attaqué par deux ou trois mille arquebusiers et un certain nombre de nobles qui combattirent à pied. Les Anglais résistèrent quelque temps, puis se retirèrent vers le Nieulay, disputant pied à pied les abords de la chaussée, sous les ordres d'Aucher, maréchal de Calais. D'autres corps français investirent les châteaux de Fréthun et de Nielles-lès-Calais, qui firent bonne contenance. Le soir Wentworth écrivait à la Reine que les soldats s'étaient bien comportés et que les Français n'avaient pu se rendre maîtres de la chaussée. Il vantait la bravoure des garnisons de Fréthun et de Nielles, tout en laissant entendre que ces petites places seraient probablement prises dans la nuit. C'est lui, disait-il, qui avait donné l'ordre d'évacuer le fort vers Sangatte, pour renforcer la garnison du Nieulay à laquelle il avait envoyé, au cours de l'après-midi, quelques hommes, des boulets et de la poudre (1).

Le matin de ce jour, John Highfield, maître de l'artillerie, était arrivé d'Angleterre et avait conféré avec le député, lui déclarant que les munitions étaient suffisantes pour attendre les secours qui ne tarderaient pas à être expédiés à Calais (2).

---

(1) Wentworth à la Reine, 1er Janvier, 9 h. du soir. Calendar of State Papers, Foreign, Mary, p 351 Cette lettre est placée dans les « Hardwick's Miscellaneous State Papers, from 1501 to 1726 », 2 vol. London, 1778. Vol. I, p. 107.

(2) Highfield a laissé une relation assez brève du siège, publiée dans ce même volume des Hardwick's Papers, pp. 111-120.

Le Dimanche 2 Janvier, les Français s'avancèrent, dès 9 heures du matin, sur la chaussée du Nieulay dont les défenseurs firent une sortie pour les repousser, tandis que les canons de cette forteresse tiraient contre les assaillants. C'est alors que le capitaine Gourdan (le futur gouverneur français de Calais) eut une jambe emportée par un boulet. Le duc de Guise s'approcha lui-même de la forteresse et chargea son frère d'Aumale et le grand maître de l'artillerie française, d'Estrées, de dresser des batteries pour préparer l'assaut du Nieulay.

Dans la soirée, il effectua une autre reconnaissance, tout aussi périlleuse, vers le Risban. Là encore, d'Estrées l'accompagnait avec Strozzi, de Thermes et Senarpont. Avec quelques troupes, ils s'avancèrent le long des dunes entre le marais et le rivage de la mer jusqu'à une très courte distance du Risban, examinant l'endroit où il convenait de placer l'artillerie. Il fallait se hâter d'enlever ces deux forts qui couvraient l'accès de Calais et le duc de Guise avait résolu de tenter cette double attaque simultanément (1).

Les Français avaient aussi emporté, ce jour-là, les boulevards avancés de Calais dans le haut pays (à l'Ouest de la ville). Nielles et Fréthun étaient entre leurs mains. Highfield et d'autres membres du conseil invitèrent alors Wentworth à recourir au grand moyen de l'inondation, par les écluses du Nieulay, afin d'empêcher l'ennemi de prendre pied au Sud de Calais et à l'Est. Wentworth s'y refusa, estimant qu'il n'était pas encore démontré que le siège serait poussé plus loin et que, si l'on permettait aux eaux de la mer de se répandre à travers les pâturages, l'on ne pourrait plus y envoyer le bétail. De plus, ce serait un obstacle à la fabrication de la bière dont on ne possédait qu'une

---

(1) « Il estoit nécessaire, pour obtenir après la ville de Calais, se saisir tout à un coup de ces deux extremitez et forts (l'un desquels, qui est celuy de Nieullay, garde et defend toutes les chaussées et advenues par terre, estans celles parties marescageuses) afin de retrencher ce passage aux Flamens de la pouvoir secourir ; et de l'autre, qui est Risban, pour aussi ne laisser prendre terre et port au secours qui leur pouvoit estre envoyé d'Angleterre. » Rabutin, édit. cit. p. 111. Le récit de Rabutin, bien que postérieur au siège, est d'une grande précision et, sur presque tous les points, d'accord avec les documents.

insuffisante provision (1).

On voit que Wentworth fermait les yeux à l'évidence. Dans sa lettre à la Reine, il racontait en termes équivoques les opérations de la journée autour de Nieulay, annonçait que l'on avait fait trois prisonniers dont l'interrogatoire lui avait fourni d'utiles renseignements. « J'ai maintenant découvert pleinement leur entreprise et je suis certain, autant qu'on peut l'être, qu'ils tenteront leur première attaque contre le Risban ». Il annonçait aussi qu'il avait écrit au Roi pour le prier de donner ordre aux gouverneurs de ses villes frontières d'envoyer, si cela devient nécessaire, trois ou quatre cents arquebusiers espagnols, alors près de Saint-Omer. Il attendrait toutefois la réponse de la Reine pour savoir s'il faut ou non les demander. Il terminait sa lettre par un éloge de l'excellent esprit de la population de la ville où étaient venus se réfugier les paysans des campagnes voisines et exprimait la crainte de ne plus pouvoir communiquer avec la Reine, car les Français intercepteraient le passage (2).

Il faut remarquer avec quelle réserve Wentworth parle de sa demande d'auxiliaires espagnols, avec quelle précaution il subordonne à la volonté expresse de la Reine cet appel à un secours qui fût arrivé plus vite que des renforts anglais. Il était, sur ce point, en parfaite communion d'idées avec ses compatriotes qui professaient une instinctive défiance contre l'ingérence des Espagnols dans les affaires de l'Angleterre et redoutaient surtout de les voir pénétrer à Calais. Les historiens anglais ont affirmé que, plusieurs jours avant l'arrivée des Français devant Calais, Philippe II aurait offert d'y expédier des troupes espagnoles mais que l'on craignit que ce ne fût une ruse pour prendre pied à Calais et y demeurer (3). L'historien espagnol

---

(1) « The same day (Dimanche 2 Janvier), the enemy forced our men to forsake the bulwarks of the high country, and then it was moved to my lord Deputy that the sea might be let in, as well to drown the causeway beyond Newhaven bridge as also other places about the town: wherein was answered not to be necessary without more appearance of besieging; and because that the sea being entered should hinder the pastures of the cattle, and also the brewing of the beer… » Récit de John Highfield, loc. cit. p. 115.

(2) Lettre de Wentworth à la Reine, 2 Janvier 1558, publiée dans les Hardwick's Papers, I, p. 109.

(3) Rapin Thoyras, édit. cit. T. VI, pp 117-118 — John Lingard, édit. cit. T. VII, p. 369 — Cette version a été adoptée par Ernest Hamel, dans son ouvrage: Marie la Sanglante, T. II, p. 219, mais il ne cite aucune référence.

Cabrera rapporte le même fait (1) dont nous n'avons pas trouvé confirmation, mais que rendent vraisemblable l'état d'esprit de beaucoup d'Anglais à l'égard de Philippe II (2), les avis que ce prince avait reçus en décembre des gouverneurs de ses villes frontières, et aussi l'attitude de Wentworth dont les lettres optimistes ont pu cacher au gouvernement anglais l'imminence du péril qui menaçait Calais.

Cet optimisme, Wenworth l'affectait encore vis à vis de Vandeville, le soir du 2 Janvier, au moment même où le duc de Guise présidait à la mise en batterie des canons qui allaient tirer contre le Risban et le Nieulay. Il avait, il est vrai, envoyé à Gravelines sa femme et quelques autres dames de la ville, en faisant part au gouverneur de la prochaine attaque contre le Nieulay, mais il déclarait qu'il y avait dans ce fort trois cents hommes prêts à repousser l'assaut. Vandeville en doutait et croyait davantage la femme du maire de Calais quand elle reconnaissait que, si elle n'était secourue, la ville était en danger d'être prise (3).

Dans la nuit du Dimanche 2 au Lundi 3 Janvier, l'artillerie française fut disposée en face du Nieulay et du Risban. L'abord en était difficile et si les Anglais avaient fait bonne garde, ils eussent retardé le mouvement offensif des Français. Il en

---

(1) Historia de Felipe segundo. par Luis Cabrera de Cordoba édit cit. T. I, p. 212.

(2) Cet état d'esprit était entretenu par les libelles des protestants exilés. Dans un de ces libelles daté « From exile, the 12 of April 1557 », et intitulé « An Admonition to the towne of Callays » l'auteur, qui était probablement d'origine calaisienne (Il dit en parlant de cette ville: « O Callays, thow towne of myne education) prophétise la perte de Calais, en punition de son retour au papisme (Calais is gone back from the gospell unto papistry.) Philippe II convoite cette place qui est le joyau de l'Angleterre (the nexte jewel, and lyinge so much for his commodyte), et qui permettrait au roi d'Espagne de régenter la France et l'Angleterre « If their kinge had the, he would both brydel France and rule England at his pleasure... » — J'extrais ces citations de cette plaquette rarissime composée de 16 pages, en caractères gothiques, conservée au British Museum, sous la cote C. 38. c, 32.

(3) « Le debitis luy a dit que la nuict prochaine le pouront bien faire (que les Français attaqueront le fort Nieulay) et que audit fort de Nyculay y a dedans trois cens hommes, ce que toutesfois le rapporteur ne sçauroit bonnement croire parce qu'il a veu le dict Calais mal peuplée.. » Vandeville ajoute « Il semble que les choses ne soient bien asseurées: mesmes la femme du maieur a dit que sy la ville n'est secourue est en danger d'estre perdue.. » Lettre de Vandeville au duc de Savoie, datée de Gravelines. 2 Janvier. Bruxelles, Pap. d'Etat.. vol. 116, Lettres des Seigneurs, vol. 19, f° 17.

coûta un certain nombre d'hommes à d'Aumale et à d'Estrées pour établir leurs batteries contre le Nieulay ; les canonniers, s'abritant derrière des sacs à terre y réussirent cependant. La besogne n'était pas plus aisée sur le sol mouvant des dunes, du côté du Risban, car le sable ne permettait pas d'y creuser des tranchées. L'infatigable activité de Strozzi y pourvut néanmoins et, trois heures avant le jour, tout était prêt pour l'attaque (1).

Le Nieulay avait pour chef le capitaine Nicholas Alexander. Il réclama d'urgence des secours à Wentworth, mais celui-ci, soit qu'il ne se rendît pas encore un compte exact de la situation, soit qu'il ne disposât réellement d'aucun renfort, se borna à autoriser Alexander à se replier sur la ville s'il jugeait la défense du fort impossible (2). Or, les soldats, déshabitués de la guerre, avaient été effrayés en voyant tomber auprès d'eux quelques-uns de leurs camarades atteints par les premiers boulets français. Alexander se hâta de profiter de la permission que lui avait accordée le député et, après avoir encloué ses canons, il évacua le fort. Il était dix heures du matin et la garnison n'avait pas tenu deux heures dans un fort considéré comme imprenable et où aucune brèche n'était encore ouverte ! Les assiégeants furent surpris de leur facile succès et craignirent même quelque ruse. Ils prirent possession du fort où ils trouvèrent encore de la poudre et des munitions (3).

Le Risban succomba tout aussi vite. L'artillerie française, plus forte qu'au pont du Nieulay, réduisit rapidement au silence les canons du fort qui furent démontés. Il ne paraît pas non plus que, des remparts de la ville et du château, les Anglais aient secondé la défense du Risban. La garnison, prise de panique, refusa d'attendre l'assaut (4). Comme la

---

(1) « Son artillerie (de d'Estrées) se trouva trois heures devant le jour preste et braquée en tous ces deux endroits, et, dès que le jour apparut en mesme temps commença à tonner et fouldroyer d'une part et d'autre, ce qui espouventa tellement les assiegez que ceux du pont de Nieullay, à la première vollée, quittèrent la place » Rabutin. édit. cit. p. 112.

(2) Récit de Highfield, loc. cit. p 115.

(3) Bibl. Nat. Ms latin 14 367, p 183

(4) Le capitaine du Risban s'est rendu, dit Highfield, « because (as he told me since) his pieces were all dismounted, and the soldiers very loth to tarry at the breach, wherein I know no more. » Récit de Highfield, loc. cit p 115.

marée était haute et que les eaux du port séparaient le fort de la ville, le capitaine John Harleston ne pouvait ni se retirer dans la place, ni solliciter de Wenworth la permission de capituler. Il se rendit donc à discrétion avec les cent cinquante hommes qu'il avait sous ses ordres (1). Quand les Français furent entrés dans le Risban, Highfield fit tirer quelques coups de canon contre cette forteresse, mais Wentworth voyant le peu d'effet produit par cette démonstration lui ordonna de cesser le feu (2).

La prise du Risban était, pour le duc de Guise, plus importante encore que celle du Nieulay. Si la possession de celui-ci lui permettait l'investissement complet de Calais par terre et empêchait les Espagnols et les Flamands d'introduire des renforts dans la ville, il pouvait désormais, par le Risban, s'opposer au ravitaillement de Calais par mer. Elevée par les Anglais pour garantir l'entrée du port, la vieille forteresse du duc de Lancastre allait se retourner contre ses anciens maîtres. La reine d'Angleterre, avertie le 2 Janvier des premiers combats autour de Calais, avait aussitôt mandé aux nobles du comté de Kent et d'autres comtés de lever et d'armer en hâte chacun cinquante de leurs tenanciers et serviteurs et de les expédier à Douvres (3). En même temps, elle prévenait Wentworth des dispositions prises pour l'aider à conserver une ville si précieuse pour l'Angleterre et le remerciait des efforts qu'il tenterait pour résister à l'ennemi (4). Enfin, le comte de Rutland retenu à Douvres, comme on l'a vu, recevait l'ordre de s'embarquer sur le champ. Cet ordre fut exécuté le Lundi 3 Janvier, à 1 heure de l'après-midi. Le comte était à mi-chemin de Calais quand il rencontra un vaisseau de guerre anglais, *Le Sacre*, dont l'équipage annonça à celui du navire de Rutland la reddition du Risban et les hommes refusèrent d'aller plus loin. Force fut au comte de Rutland de regagner Douvres (5). Ces faits

---

(1) « Une heure ou deux après la prise du fort de Nieullay, ceux qui estoient dans celuy de Risban se rendirent à la discrétion de M. de Guise, duquel ils furent traitez humainement.. » Rabutin, édit. cit. p. 143

(2) Récit de Highfield, loc. cit. p. 116

(3) Calendar of State Papers, Domestic, Mary, p. 69. — 2 Janvier 1558.

(4) Calendar of State Papers, Foreign, Mary, p. 355, même date.

(5) Article de La Revue Britannique reproduit dans Le Jeune, op. cit. I, pp. 80-81.

ne prouvent que trop combien la discipline était alors relâchée dans la flotte anglaise et contribuent à expliquer la relative facilité avec laquelle le duc de Guise exécuta son dessein.

Pour empêcher les Espagnols de secourir la ville, le duc avait détaché de forts contingents depuis le pont du Nieulay, jusqu'à la côte Est vers Gravelines. Le prince de la Roche-sur-Yon occupait le territoire actuel de Saint-Pierre avec vingt enseignes de l'infanterie française, huit cents reîtres et deux ou trois cents hommes d'armes (1). En même temps, M. de Thermes, avec d'autres compagnies de cavaliers et de gendarmerie et les Suisses, occupait le chemin allant de Guines vers le rivage. Toutefois, le 3 Janvier après-midi, avant que cet investissement ne fût complet, Wentworth fit passer une lettre à M. de Vandeville. C'est un court billet griffonné en hâte où il le remercie d'avoir accueilli honorablement sa femme, lui annonce la prise du Risban et du Nieulay et sollicite enfin formellement des secours : « s'il estoit possible me faire avoir quelque ayde, ce viendroit tout à temps » (2). Vandeville avait déjà fait partir pour Calais un capitaine espagnol pour conférer avec Wentworth à ce sujet. Ce capitaine arriva au moment même où le député écrivait à Vandeville. Il y demeura et c'est la dernière personne qui entra dans Calais (3). Le soir du 3 Janvier, le passage était intercepté. Le lendemain 4 Janvier, lord Grey avertissait la Reine que toute communication était désormais coupée avec Calais dont les Français avaient commencé à battre les murailles. Il constatait qu'il n'avait plus à attendre le moindre secours et se déclarait néanmoins résolu à défendre Guînes jusqu'à la dernière extrémité (4).

Dès le matin du 3 Janvier, le conseil de Calais avait fait évacuer le territoire anglais par les femmes qui se réfugièrent en Flandre, sous la conduite du bailli de Marck. Quelques-unes

---

(1) Rabutin, édit. cit. p. 112.

(2) Bruxelles, Arch. du Roy. Pap. d'Etat, Lettres des Seigneurs, vol., 19, f° 20.

(3) Récit de Highfield, Hardwick's Papers,.. I. p. 116.

(1) « This last night past, they have placed their ordnance of battery against Calais, and encamped upon St-Peter's heath before it.. so that now I am clean cut off from all relief and aid, which I looked to have both out of England and from Calais, and know not how to have help by any means, either of men, or victuals.. » Lettre de lord Grey, 4 Janvier, publiée dans les Hardwick's Papers, p. 113.

pourtant s'étaient décidées à accompagner leurs maris à Calais et elles se montrèrent, au dire de Highfield, plus énergiques et plus braves que les hommes. Aussitôt maîtres du Risban, les Français avaient dressé une batterie sur la dune et commencé à battre le mur Nord de Calais et Highfield avait alors prié Wentworth d'enrôler les paysans entrés dans Calais, car on manquait de pionniers, pour aider les canonniers dont le nombre n'atteignait pas quarante. Highfield ne savait comment mettre en place et protéger ses grosses pièces, faute de servants que Wentworth refusa d'abord. Le lundi soir cependant, on réquisitionna les paysans, mais la plupart s'étaient cachés et ce sont les femmes qui travaillèrent le plus énergiquement aux remparts (1).

Entre le port et la muraille nord de la ville et du château, il existait une sorte de faubourg maritime, protégé vers l'ouest par une courtine. C'est l'emplacement actuel du Courgain, du boulevard International et des terrains en face de la citadelle. Le duc de Guise, pour se rapprocher de la ville, devait s'en emparer et, pour cela, franchir le bras de la rivière de Hâmes formant une partie du port. Il avait fait reconnaître à cet effet un passage guéable à marée basse (2). Le Mardi 4, l'artillerie française des dunes commença à battre le mur nord de la ville. Highfield avait disposé quatorze pièces de canon pour lui répondre, mais le feu des Français les démonta très vite, tuant plusieurs des canonniers anglais, faute d'abris suffisants (3). Dans son récit du siège, Highfield insiste sur le mauvais état des fortifications, demeurées inachevées, qui ne permirent pas d'établir une contre-batterie capable de repousser les Français et sur le manque de canonniers et de pionniers. Dans la nuit du 4 au 5 Janvier, d'Andelot, frère de

---

(1) « I desired to have some pioneers appointed to help the cannoneers (who were not forty in number) for the placing and entrenching of our great ordnance, which pioneers I could never get » Récit de Highfield, loc. cit p 111 — « Howbeith the women did more labour about the rampart that the said countrymen, which for lack of order in time, did absent themselves in houses and other secret places » Ibid . p 116

(2) « Et tout à l'instant, la mer estant basse, fit conduire le jeune Alègre et un autre gentilhomme, par le sieur de Rendan, en un endroit du port où il avoit sceu y avoir un passage, pour le sonder, comme il fut fait et trouvé. » Rabutin, édit. cit p 112 — De Thou, édit cit. vol III, p 205

(3) « for lack of mounds and good fortification. » Récit de Highfield, loc. cit. p. 116,

l'amiral de Coligny, passa le gué du port avec quinze cents hommes et s'établit dans la partie ouest du faubourg maritime et une autre batterie française fut dressée contre le mur nord du château. Tel était en effet le véritable objectif du duc de Guise. Il savait que ce mur n'était pas renforcé extérieurement par un talus de terre pour amortir le choc des boulets et c'est sur ce point qu'il avait résolu de faire brèche. Le Mercredi 5, les Français continuèrent leur feu contre la muraille de la ville, mais sans grand effet, parce qu'ils ne pouvaient atteindre le pied du rempart doublé d'une fortification en terre assez élevée et que, pendant la nuit, les assiégés avaient aveuglé la brèche déjà ouverte au moyen de laines, de peaux de mouton et d'autres matières. Les soldats étaient à leur poste et prêts à repousser l'assaut auquel on s'attendait pour la soirée. Lord Wentworth les harangua ; il fit part à diverses reprises à Highfield de sa résolution de ne pas rendre la ville (1).

Pendant ce temps, les préparatifs d'attaque contre le château étaient poursuivis par d'Andelot, à l'extrémité du faubourg. On y utilisait les claies et les boucliers apportés sur les conseils de Senarpont, pour pousser des tranchées vers la courtine du faubourg et essayer de dériver par un canal les eaux du fossé du château (2).

Le Jeudi 6 Janvier, dès l'aube, les deux batteries françaises des dunes, comptant trente canons et trois grandes couleuvrines, ouvrirent un feu ininterrompu à la fois contre la muraille de la ville et celle du château. Celle-ci fut rapidement renversée sur un espace assez considérable pour y donner l'assaut. Wentworth, malgré les avis de Highfield, résolut alors de sacrifier le château pour concentrer dans la ville tous les moyens de défense. Il donna l'ordre de l'évacuer, aussitôt que les Français y arriveraient, mais de faire sauter les tours.

Après une violente canonnade qui avait duré tout le jour, le maréchal Strozzi proposa au duc de Guise de traverser le port, comme l'avait fait d'Andelot, et de rejoindre celui-ci qui

---

(1) « My Lord told me divers times that although there came no succour, yet he would never yield, nor stand to answer the loss of such a town » Récit de Highfield, loc cit p 116

(2) « Il fist besongner chacun à creuser une trenchée et traverse avec des outils qu'il fit lors bailler à tous les soldats, qui traversast et allast responder à la douve et muraille du fossé en cest endroit, que l'on leroit rompre en après, par où s'escouleroit l'eau des fossez dans le port, et par où aussi l'on pourroit aller à couvert depuis le dit port jusques esdits fossez » Rabutin, édit. cit p 111.

avait presque achevé ses tranchées. Vers 11 heures, Strozzi commença ce mouvement, mais il fut aperçu par les assiégés qui dirigèrent contre ses soldats une violente arquebusade. A ce même instant d'Andelot se précipitait avec ses hommes munis d'échelles pour tenter l'escalade de la muraille du côté de la ville. Strozzi avait dû reculer, perdant une trentaine des siens, mais les Anglais s'étaient tous rendus sur le point menacé et il ne restait dans le château qu'une poignée d'hommes.

C'est ce qu'escomptait le duc de Guise. Il avait chargé le capitaine Grammont de suivre les troupes de Strozzi avec deux cents arquebusiers et des corcelets et de se rendre compte de l'état de la brèche faite au château, l'autorisant à battre en retraite si l'accès en était impraticable ou si l'ennemi y était encore en force. Grammont traversa le gué, franchit l'extrémité du faubourg, fit descendre ses hommes dans le fossé du château, au moyen d'échelles arriva sur la brèche et la trouva dégarnie de défenseurs. Une vingtaine de soldats qui y étaient restés furent vite mis hors de combat (1). Il était deux heures du matin et les Calaisiens ne s'étaient même pas aperçus de ce fait d'armes ! L'ordre de faire sauter le donjon donné par Wenworth n'avait pas été exécuté. La prise du château n'avait coûté aux Français que peu de peine, et c'est à tort que la plupart des historiens ont dramatisé cet épisode de l'histoire de Calais (2). Quand le duc de Guise vit le château aux mains

---

(1) « Et sy a dit que dedans ledit chasteau y avoit ung homme d'arme dudit Calaix nommé Medeltun (Middleton) avec environ XX hommes lesquelz se misrent dedans ladite ville. Le VIIe de ce mois à II heures après mynuict les Françays entrèrent dedans le chasteau par la bresse qu'ilz avoient faict, dict que les Francays éloient dedans ledit chasteau par avant que ceulx de la ville le savoient » Déposition de Jehan Perdrix, bourgeois de Calais. Archives Nationales, K 1 491 (Cité par M. Daumet, p. 41).

(2) En comparant notre récit du siège de Calais par le duc de Guise avec celui de Le Febvre, Hist. de Calais, II, pp. 284-311, composé d'après les ouvrages de de Thou presque exclusivement, on verra de combien d'erreurs et d'invraisemblances l'ancien historien de Calais s'est fait l'éditeur responsable. Les dates et les faits y sont souvent faussés. — Rabutin, exact pour les débuts du siège, ne l'est plus quand il montre le duc de Guise se mettant lui-même à la tête de ses troupes pour prendre d'assaut le château (édit. cit. p. 146). M. Daumet donne une relation beaucoup plus fidèle, en ce qui concerne les faits, d'après Highfield et le ms. latin 14 367, mais il n'a pas fait usage des sources d'origine flamande et il a, nous semble-t-il, mal vu le rôle de Wentworth, surtout avant le siège.

de Grammont, il se hâta de franchir lui-même le gué avec une forte réserve et de la placer sous le commandement du duc d'Aumale et du marquis d'Elbeuf, avec d'Estrées et Tavannes. Il y mit en tout huit cents hommes car il prévoyait, avec raison, un retour offensif de l'ennemi. Puis, il regagna les dunes avant que la marée montante ne l'empêchât de rejoindre le gros de l'armée.

Les Anglais comprirent que c'en était fait de la ville s'ils ne réussissaient pas à déloger les Français de la forteresse qu'une inconcevable incurie leur avait permis de saisir, et il était nécessaire pour eux d'agir dans l'intervalle de deux marées car, quelques heures plus tard, le duc de Guise jetterait des troupes fraîches dans le château. John Highfield dressa, du mur ouest de la ville, une batterie contre le château (1). Du haut de la tour située à l'angle de ce mur (West Watch house) les Anglais lancèrent des grenades et firent un feu plongeant très vif sur la cour, tandis qu'ils se ruaient sur le pont et le guichet accédant au château. Ils n'étaient pas inférieurs en nombre aux Français et, cette fois, ils se comportèrent très bravement. Sous la conduite du maréchal de Calais, Aucher, ils refoulèrent d'abord les Français dans la cour où une terrible mêlée s'engagea (2). Repoussés une première fois, ils revinrent à la charge, mais le duc de Guise n'était pas resté non plus inactif. Il avait fait pointer quelques pièces vers l'espace séparant la ville du château pour prendre en flanc les Anglais à leur passage sur le pont. Aucher vit tomber près de lui son fils et fut lui-même grièvement blessé. Le jour était venu et la mer baissait ; des renforts allaient être envoyés par le duc de Guise. Tout espoir était perdu pour Wentworth de conserver Calais et, le Vendredi 7 Janvier, vers dix heures du matin, il demanda à parlementer. C'est John Highfield qui porta cette décision aux Français. Le duc d'Aumale le mit

---

(1) Récit de Highfield, loc. cit. p 117.

(2) Les commentaires de Rabutin donnent de ces attaques une relation très colorée et qui, sauf sur deux ou trois points de détail, sont conformes au récit du ms. latin 11 367. — Il faut en revanche se défier des affirmations de Gaspard de Saulx-Tavannes (édit. Buchon, p. 229), qui s'y attribue un rôle de premier plan : « le chasteau est emporté d'assaut M. d'Aumale et le sieur de Tavannes y demeurent pour le garder la nuict et en vain furent assaillis diverses fois des Anglois pensant regagner leur perte ; de quoy désespérés ils capitulent avec le sieur de Tavannes, mareschal de camp, qui fut ordonné de M. de Guise pour entrer dans la ville… ». Tavannes exagère ici singulièrement son importance !

aussitôt en rapport avec le duc de Guise. Le sieur de Rendan servit d'otage aux Anglais pendant les négociations qui furent fort brèves, car Wentworth était contraint d'accepter les conditions du vainqueur.

Il fut donc décidé que les Anglais remettraient immédiatement la ville entre les mains des Français, avec tout ce qu'elle renfermait d'armes, de munitions et d'approvisionnements, ainsi que les enseignes, sans rien cacher, brûler ou endommager. Les soldats seraient tenus de repasser en Angleterre, ils partiraient en simple pourpoint, sans autre chose que ce qu'ils auraient sur eux. Le député et cinquante des principaux officiers, au choix du duc de Guise, seraient prisonniers jusqu'à ce qu'ils aient payé une rançon. Tous auraient la vie sauve, mais les habitants devaient quitter le pays et se retirer en Angleterre ou en Flandre, à leur choix, en toute sécurité et sans qu'il fût fait violence ou déplaisir à personne, homme, femme, fille ou enfant. Quant à l'or monnayé ou non et aux autres biens, ils seraient à la discrétion du duc de Guise pour en disposer comme bon lui semblerait. Telles étaient les conditions, rigoureuses, mais n'excédant pas ce que le droit de la guerre autorisait alors.

Aucun effort n'avait-il donc été tenté du dehors par les Anglais ou les Flamands et les Espagnols pour éviter la reddition de Calais ? Un corps d'arquebusiers espagnols avait bien essayé, le 1 Janvier, d'entrer dans Calais, mais, comme on l'a vu, depuis la veille, la ville était entièrement investie et, après une escarmouche avec la cavalerie française, les arquebusiers avaient rebroussé chemin sur Gravelines (1). De son côté, le comte de Rutland, qui avait regagné Douvres après avoir appris la perte du Nieulay et du Risban, avait trouvé dans cette ville sir Thomas Gresham et sir Henry Jerningham à qui la Reine avait donné mission d'y rassembler des troupes. Ayant appris de ces gentilshommes qu'ils avaient déjà rassemblé quelques recrues, le comte envoya un héraut à Gravelines pour savoir de Vandeville sur quel point il faudrait les diriger et comment on les ferait entrer dans Calais. Le héraut arriva à Gravelines le 6 de grand matin ; mais au lieu de s'acquitter simplement de sa mission,

---

(1) Bruxelles, Arch du Roy. Pap. d'Etat. Lettres des Seigneurs, vol 19, fo 34.

il raconta au gouverneur que le comte de Rutland avait déjà embarqué dix mille hommes à Douvres sur quarante vaisseaux et qu'il désirait savoir où l'on pourrait les débarquer. En apprenant ces excellentes nouvelles, Vandeville fut aussi joyeux qu'étonné. Il se hâta de répondre : « N'importe où, devant Gravelines si l'on veut, et que ce soit le plus tôt possible. » Le fier et brave Flamand avait pris les gasconnades de l'Anglais pour des vérités. Le héraut retourna à Douvres où il arriva dans la nuit » (1). Même si les forces dont parlait l'envoyé de Rutland avaient mis à la voile dans cette nuit du 6 au 7 Janvier, elles fussent arrivées trop tard puisque les Français s'étaient déjà emparés du château et que Calais capitulait dans la matinée du 7. Mais il s'en fallait de beaucoup que l'armée anglaise de secours se fût déjà concentrée à Douvres. Les ordres de la Reine, le 7 Janvier, alors que la ville s'était déjà rendue, prouvent que les levées d'hommes dans les comtés avaient à peine commencé (2).

Une flotte anglaise avait cependant rallié le détroit sous les ordres des amiraux Ralph Chamberlain et William Woodhouse. Le Samedi 8 Janvier, elle était en vue de Calais et l'on a prétendu que, dans l'espoir de tromper ceux qui montaient ces navires et de les attirer dans le port afin de les capturer, le duc de Guise aurait fait tirer le canon des batteries encore en position autour de la place. Il espérait ainsi faire croire que la lutte n'était pas finie. Mais, flairant un piège, les capitaines de deux vaisseaux envoyés en reconnaissance auraient remarqué que deux bâtiments gardant l'entrée du havre portaient le pavillon à croix blanche et que les drapeaux anglais à croix rouge avaient disparu du Risban. Il est possible qu'il y ait une part de vérité dans cet incident, mais il me paraît bon de faire quelques réserves quant à l'importance de cette force navale et à la vraisemblance des

---

(1) Article de la Revue Britannique reproduit dans Le Jeune, Histoire de Calais, I. p. 83.

(2) Le 6 Janvier, la Reine donnait des instructions à Valentin Brown pour verser 3 000 lb. aux capitaines et soldats assemblés à Douvres pour secourir Calais. Il y avait donc déjà quelques troupes dans cette ville. Mais, c'est le 7 que la Reine ordonne de grandes levées dans chaque comté. Elle veut que les soldats soient vêtus de blanc avec des croix rouges. Calendar of State Papers, Domestic Series, Mary, p. 97 et suivantes.

détails du récit (1). J'admettrais plus volontiers que le comte de Rutland, après le retour du héraut expédié à Gravelines, avait, dans la nuit du 7 au 8 Janvier, embarqué les premières troupes réunies à Douvres et que c'est cette petite flotte qui parut en vue de Calais au moment même où la capitulation était un fait accompli. Son chef s'en rendit compte très facilement et retourna en hâte en Angleterre. La Reine fut informée de la perte de Calais le 9 Janvier et, dès le lendemain, elle commandait à sir Thomas Cheyne et au comte de Rutland de conduire à Dunkerque toutes les forces qu'ils avaient rassemblées, afin de rejoindre l'armée du duc de Savoie et d'essayer de reprendre Calais. Nous verrons d'ailleurs qu'aucune suite effective ne fut donnée à ce dessein.

C'est donc le 8 Janvier que les Français prirent possession de Calais Tavannes prétend qu'il avait été chargé par le duc de Guise de maintenir l'ordre et d'assurer le respect de la capitulation. « Entrant dans la ville, tous les Anglois avec grands hurlemens quittèrent leurs armes ; le dit sieur de Tavannes avec ses douze gentilshommes, sans confusion, donna si bon ordre que la capitulation fut observée » (2). Cette assertion est contredite par des documents. Le duc de Guise aurait bien voulu empêcher ses soldats d'entrer dans la ville avant que le butin ne fût rassemblé et mis sous bonne garde. On eût procédé à une juste répartition assurant à chaque soldat la valeur de deux payes au moins, « ce qui eust esté, si son intention eust peu estre suivye, la plus belle chose du monde » (3). Mais, il n'en fut pas ainsi et les Français, pénétrant dans les riches demeures et les entrepôts des marchands, pillèrent les biens qu'ils y trouvèrent, saccageant

---

(1) Cf. Daumet, op cit p 12 — De la Roncière, op cit. III, p. 559, raconte le même fait et indique comme référence supplémentaire la déposition de divers marins capturés sur un vaisseau anglais amené à Calais, 27 Janvier 1558. Bibl Nat ms. Français 23 191. fo 201. Mais pourquoi les Anglais auraient-ils été surpris de voir le drapeau français flotter sur le Risban qu'ils savaient aux mains du duc de Guise depuis le 3 Janvier ? Si le duc de Guise avait voulu leur tendre un piège, aurait-il eu la naïveté de laisser en évidence à l'entrée du port des bâtiments français, pavillon déployé ? Comment expliquer aussi que les ordres de la Reine à Woodhouse soient datés du 9 Janvier seulement ? Cf. Calendar of State Papers, Domestic, Mary, p 97.

(2) Tavannes, édit cit p 229.

(3) Bibl Nat. Ms latin, 14 367, p. 192

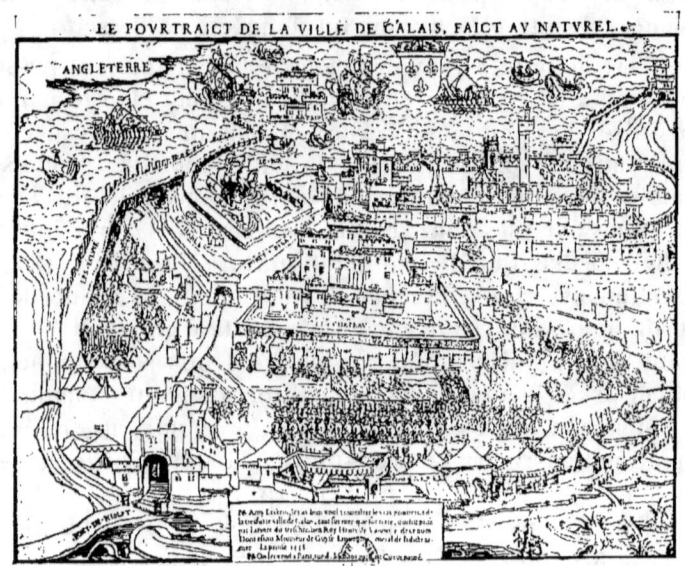

Prise de Calais par les Français
Collection Joire

le mobilier et gâtant pour cent mille livres de marchandises (1).

L'ordre se rétablit vite néanmoins. Défense avait été faite « que homme vivant, sur peyne de la vie, n'eust à retenir femme ne fille quelconque » et le duc de Guise veilla en personne à l'exécution de cet ordre. On raconte que, un soldat ayant voulu retenir une jeune fille fort belle que son capitaine désirait enlever, le duc survint et, en présence des Anglais qui commençaient à évacuer la ville, châtia le soldat et porta plusieurs coups d'épée au capitaine qui s'était rendu coupable de ce rapt (2).

Le jour même, on dirigea sur Gravelines presque toute la population de Calais, sauf quelques habitants qui furent embarqués pour Douvres. Comme on n'avait que peu de navires, les soldats durent attendre deux jours que les vaisseaux anglais vinssent les chercher (3). Ainsi, cet exode en masse de la population d'une ville que les Français avaient dû subir en 1347, les Anglais en étaient victimes à leur tour, après deux siècles. Calais est donc l'une des rares cités où se soit produit ce fait d'une double et complète substitution d'un élément ethnique à un autre élément.

Les vainqueurs tirèrent de leur conquête un énorme profit matériel. Tavannes dit qu'il avait eu, entre autre butin, un lot de livres grecs, latins et hébreux qu'il céda gracieusement à son frère, amateur de belles-lettres ! D'autres, mieux pourvus, reçurent les peaux de moutons conservés à l'étaple. Les laines furent réservées au Roi et l'argent à provenir de leur vente était destiné à remettre en état les fortifications. L'artillerie, les armes et les munitions constituèrent aussi une importante acquisition. Quant aux prisonniers de guerre, le duc de Guise les remit à ses principaux officiers, sans en conserver aucun pour lui-même ou pour ses frères. Il mit une sorte de coquetterie à se montrer très désintéressé et,

---

(1). Bibl. Nat Ms latin, 11 367, pp. 192, 193. — Déposition de Jehan Perdrix, Arch. Nat. K. 1.491. « Dict qu'incontinent ladicte ville fut rendue, estoit pillée par les Françays... » Cité par Daumet, op. cit. p. 42.

(2) Bibl. Nat Ms latin, 11 367, p. 196

(3) Mémoires de Vieilleville, édit. Petitot, T II, p 158. Vieilleville semble faire grief de cette manière d'agir au duc de Guise avec lequel il eut des démêlés au siège de Thionville. Le fait est probablement exact, mais l'interprétation en est tendancieuse. Vieilleville reconnaît d'ailleurs implicitement que le duc ne pouvait conduire les soldats anglais en Flandre où ils auraient pu participer à des hostilités contre l'armée française.

s'il accepta quelque temps après le don que lui fit Henri II des immenses bâtiments de l'étaple, connus depuis à Calais sous le nom d'Hôtel de Guise, il ne voulut du moins rien garder des richesses mobilières dont il fut le distributeur. La gloire d'avoir rendu à la France la ville de Calais était pour lui une suffisante récompense et c'est en effet son plus beau titre de gloire devant la postérité.

Le retentissement de ce fait d'armes fut immense. Dépouillés de Calais, les Anglais furent vite dépossédés de Guînes, malgré la belle résistance de lord Grey. Investie le 13 Janvier, cette place se rendit huit jours plus tard et la garnison du fort de Hâmes, isolée au milieu des troupes françaises, réussit à gagner les terres de Philippe II, sans même attendre d'être attaquée. Les Anglais ne détenaient plus la moindre parcelle du sol français : avec la perte de Calais disparaissait le dernier reste des conquêtes territoriales de la guerre de Cent Ans et le coup était rude pour l'amour-propre national anglais.

Aussi, les Anglais qui séjournaient alors à l'étranger ne pouvaient admettre la vérité de cet événement. Quand la nouvelle en parvint à Rome, l'ambassadeur d'Angleterre refusa d'abord d'y ajouter foi et la démentit comme une vantardise des Français, tant il lui paraissait impossible qu'une ville aussi forte se fût rendue. Puis, quand la concordance et la précision des nouvelles l'eurent contraint d'y croire, il n'hésita pas à l'imputer à la trahison (1). Telle fut aussi l'opinion générale dans toute l'Angleterre. Lord Wentworth, Edward Grymeston, dernier contrôleur de Calais, Ralph Chamberlain, capitaine du château, Nicholas-Alexander, capitaine du Nieulay, John Harleston, capitaine du Risban qui, tous, étaient alors prisonniers en France furent mis en accusation et leurs biens placés sous séquestre (2). Il n'est pas douteux que, s'ils étaient rentrés en Angleterre aussitôt après la reddition de la ville, ils eussent payé de leur vie cette humiliation nationale. Parmi les simples soldats ou les fonctionnaires subalternes qui avaient regagné leur patrie, beaucoup furent jetés en prison et poursuivis devant les tribunaux (3). John Highfield,

---

(1) Lettres de sir Edward Carne, 22 et 28 Janvier 1558. Foreign, Mary, p. 361

(2) Cf ordres de la Reine, 15 Juillet 1558 Domestic, Mary, p. 104.

(3) Guillelmus Paradinus, de motibus Galliæ expugnato receptoque Itio Caletorum. Lugduni, 1558, in-8º.

maître de l'artillerie, dont nous avons utilisé le récit, avait été relâché par les Français avec lesquels il avait débattu les clauses de la capitulation et reconduit à Gravelines. De là, il se rendit à Bruxelles où il fut interrogé par le duc de Savoie. Il laissa clairement entendre que, si la prise de Calais était due à l'insuffisance de la garnison et au mauvais état des fortifications du château, la trahison y était aussi pour beaucoup. Son récit laisse d'ailleurs percer nettement une imputation de ce genre contre Wentworth. Le duc de Savoie, au lieu de lui confier, comme il le demandait, le commandement d'une compagnie d'infanterie, le fit arrêter lui-même comme suspect et le garda à la disposition du roi d'Espagne (1).

Peu à peu cependant on oublia et, quand Wentworth, mis en liberté sans rançon après le traité de Cateau-Cambrésis, revint à Londres au mois d'Avril 1559, il passa en jugement et fut acquitté par ses pairs (2). C'était, il est vrai, le moment où Elisabeth nouvellement montée sur le trône n'osait pas encore recourir à des mesures de rigueur contre les nobles catholiques qui avaient servi Marie Tudor. Il est probable du reste qu'il n'y a pas eu trahison, au sens propre du terme, et la reprise de Calais s'explique suffisamment d'une part par la longue ténacité de Henri II renseigné par Senarpont sur les points faibles de la place, servi par un heureux concours de circonstances, secondé enfin par la valeur et l'énergie du duc de Guise, de l'autre par l'excès de confiance des Anglais dans une forteresse souvent menacée, jamais attaquée ; par l'état général des esprits que divisait la question religieuse, ce qui permit au roi de France d'y nouer certaines intrigues ; enfin et surtout par l'impéritie et l'orgueilleuse présomption de Wentworth qui ne sut rien prévoir et qui montra autant d'incapacité et de mollesse dans la défense que son adversaire y déployait de méthode et d'activité.

Marie Tudor éprouva de la perte de Calais une inconsolable douleur dont ses biographes nous ont transmis l'expression. Elle ne survécut que peu de mois à cet événement qui contribua aussi à aviver le mécontentement de l'Angleterre contre le roi d'Espagne que l'on accusait d'avoir entraîné la

---

(1) Cf Daumet, op. cit. p. 15, note 1.
(2) Dictionary of National Biography, vol. 60, au mot Wentworth.

Reine dans cette guerre aux conséquences fatales (1). La politique religieuse de Marie Tudor en devint plus odieuse à ses sujets non catholiques.

En fait, cependant, et les historiens modernes de l'Angleterre en conviennent aujourd'hui, si la prise de Calais fut une atteinte portée au prestige anglais, ce fut pour le pays l'allègement d'une lourde charge, car, par suite des conditions nouvelles du commerce mondial, le rôle de Calais avait beaucoup perdu de son importance et la décadence de l'étape ne permettait plus d'y percevoir des revenus en rapport avec les dépenses que nécessitait la garde de la ville (2). Il n'était pas possible que l'Angleterre conservât sur le sol français une forteresse qui, dans la France du Moyen-Age, avait donné libre accès à des expéditions dont le caractère dynastique dissimulait mal l'appétit de rapine d'une noblesse féodale avide de butin, autant que de gloire, mais que la monarchie française, plus forte et plus consciente n'aurait pu tolérer longtemps encore dans la formation de la France moderne.

Par là, par le sentiment de délivrance éprouvée non seulement dans le voisinage immédiat du Calaisis, tant de fois ravagé et pillé, mais dans toutes les provinces françaises, s'explique l'enthousiasme que provoqua, à travers la France entière, la nouvelle imprévue de la prise de Calais.

Le roi Henri II fit célébrer à Paris de solennelles actions de grâces dans la cathédrale et ordonna une grande procession à laquelle participèrent les princes, le clergé, le Parlement et l'Université. Une médaille fut frappée spécialement à cette occasion (3). Poètes et prosateurs célébrèrent à l'envie la gloire du duc de Guise dans des odes latines et françaises et par des récits où il ne faut pas tant chercher la vérité des détails historiques que la sincère expression d'une joie d'autant plus vive qu'elle succédait aux tristesses de la défaite.

Il restait, il est vrai, à transformer en droit officiellement reconnu le fait accompli. Nous verrons, dans une autre partie de cette histoire, de quels ménagements usa la diplomatie

---

(1) Calendar of State Papers, Spanish, I, p. 3. Lettre du comte de Feria à Philippe II, 21 Novembre 1558.

(2) Sandeman, Calais under English Rule, p. 137.

(3) Voir sur cette médaille, que nous reproduisons ici, Calais par l'Image, pl. 98 b, et fascicule I, p. 200

Médaille commémorative
de la Reprise de Calais
Bibliothèque Nationale

Le duc de Guise
Musée de Versailles

royale pour parvenir à cette fin, mais il était évident, dès la reprise de Calais, que jamais le roi de France ne consentirait à rendre à l'Angleterre la ville qu'elle avait détenue pendant deux cent dix ans qui furent, pour Calais, la période où son nom nous est apparu le plus intimement lié à toutes les péripéties de l'histoire générale.

APPENDICE

EPITAPHE

DE LA VILLE DE CALAIS

faicte par Anthoine Fauquel prebstre

natif de la ville d'Amiens

VOX, trespiteuse et incomprehensible
VOX, à bon droict, d'estrange nation,
VOX, qui est plus que nulle autre terrible,
VOX, qui pleine est de desolation :
Est ce jourd'huy à juste occasion,
Sans qu'il y ayt virgule ne coma,
Laquelle n'a point consolation,
Combien que soit tout pour vray **IN RAMA**.

AUDITA, Las, mieux vauldroit estre sourd,
Que d'escouter voix si espouantable,
Est-il quelqu'vn oyant le Canon lourd
Qui ne trembla ? ainsi qu'est raisonnable :
Voyant aussi vn Prince insuperable
Venir à soy, auec grand interest
Pour subjuguer Ville estant imprenable,
Et en brief iours l'auoir, comme vray **EST**.

PLORATVS, est si grand en Angleterre,
Qu'impossible est le coucher par escript,
Plusieurs Anglois ont leur cœur tant en serre,
Et si marry, qu'ils creuent de despit,
D'auoir perdu tant fort lieu sans respit.
Auquel plusieurs ont esté deuestus,
Les vns occis, en faisant contredict
Dont auec pleurs ont, **ET VLVLATVS**.

CALAIS, Calais, tu estois par trop folle
D'assembler tant de pouldres et canons,
Tu pensois bien sçauoir iouer ton rolle,
Et deliurer le tout aux Bourguignons :
Mais maintenant tu vois que ne craignons,
(Puis que la treue ont esté destlorans)
De t'assaillir et prendre ou tant gaignons
Que te rendons le iour et nuict **PLORANS.**

FILIOS, grandz et petits d'apparence
Auoit Calais en grande quantité,
Lesquelz n'ont peu luy seruir de deffence
Contre François, qui par hostilité
(Crainte n'aians de leur humanité)
Parquoy l'on dict a la realité
Que Calais est deffaicte avec **SVOS.**

ET NOLVIT, (Soy fiant au pouuoir
De son seigneur lequel l'a delaissée)
Au Roy Henry soy faire recepuoir,
Mais a trop mieulx aimé estre blessée,
Disant aueir que n'a esté changée
Deux cens dix ans, ce qui rend fort marry
Son dit seigneur, veu que son assemblée
N'a peu en rien celle **CONSOLARI.**

QVIA, Reduicte est en la main du Roy
Treschrestien, ceste tant forte place,
Il fault prier Dieu qu'en tresbon arroy
Gardee soit par sa benigne grace :
Et que chascun de nous deuant sa face
Soit mieux sentant de la foy que ne sont
Lesdictz Anglois, qui n'ont par leur audace
Ioye et plaisir, puisqu'en Calais **NON SVNT.**

AVTRE PLAINCTE QVE

faict Calais parlant en son

propre nom

L'An mil cinq cens cinquante sept sans faulte
Monsieur de Guise en Janvier justement
(Combien que fut la mer pres de moy haulte)
M'a canonné si treshabillement,
Qu'il m'a causé faire mon testament,
Lequel faisant (ne pouant resister)
M'a subiugué en neuf iours vaillamment
Pour Boullenois et Picardz conforter.

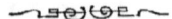

INCITATION AVX FRANCOIS

à fin de rendre action de grace

à Dieu le créateur de tel

grand bien

Voyez Francois quel grand bien vous faict Dieu
De vous auoir donné vn si fort lieu,
Qui vous portoit à tous grand dommage :
Penses comment Boullenois en seruage
Et les Picardz ne seront comme estoient
Et que marchantz qui aller ne pouvoient
Audict Calais, trop mieulx qu'ilz n'ont apris
Vous feront vivre et à plus vil pris.
Si delaissez infecte iniquité :
Penses aussi que Dieu par sa bonté
Qui est tout bon et tout misericors,
(Si de son nom tressainct estes recors)
Vous donnera au Royaume de France
La paix, à fin que de volunté france
Vous le serves, et les sainctz benedictz
Pour paix sans fin avoir en paradis.

FIN

CHANSON

DE LA VILLE DE CALAIS

faicte sur le chant de Peronne la Iolie

Composée par maistre

Jacques Pierres, dit Chasteau Gaillard

Calais ville imprenable
Recongnois ton seigneur
Sans estre variable
Ce sera ton honneur.

On va partout disant
Jusques en Normandie
En riant et chantant
Par toute Picardie
Que Calais la Jolie
Est prinse des Francois
Malgré toute l'ennuie
des Bourguignons Anglois,
    Calais ville etc.

Las tu te fusse bien
Passée de faire guerre,
On ne te disoit rien
N'y a toute Angleterre.
Tu as rué par terre
La ville Sainct Quentin
C'est pourquoy on te serre
Du soir et du matin
    Calais ville etc.

Le roy Henry voyant
La grande tirannie
Que tu allois faisant
Toy et ta compagnie
Dedans la Picardie
Sans l'auoir adverty
Sur, toy a eu ennuie
En toy disant rens-ti.
    Calais ville etc.

Messieurs de Guise et Termes
Sont allez à puissance
Sans fallotz ny lanternes
Te rendre recompense
Car à grand coup de lance
Bombardes et canons
T'ont foulé sur la pance
Aussi aux Bourguignons.
    Calais ville etc.

Deux cens dix ans et plus
As esté Bourguignonne
Mais tu es rué jus
Toy voyla la mignonne
Quoy que l'Empereur grongne
Luy et tous les Anglois
Tu es comme Peronne
Subjecte aux Francois.
    Calais ville etc.

Espaignolz Bourguignons
Ilz meurent de grand rage
Car leurs doubles canons
Sont prins et leur passage
Est rompu au rivage
De la mer ceste fois,
Ilz n'iront plus en cage
Visiter les Anglois.
    Calais ville etc.

Monstreul, Ardre, Boullongne,
Beauuais et Abeuille,
Amiens qui pas n'es longne
et Paris la grand ville,
Baptizez vostre fille
Sentant mal de la foy
Jesuschrist et l'Eglise
Le veult aussi le Roy.
  Calais ville etc.

Qui feist la chansonnette
Ce fut Chasteau Gaillard
Estant en sa chambrette
Soy plaignant de son lard
Qui pris par vn paillard
Luy fut secrettement,
Mais le tirant a part
Luy dict c'est moy vrayement.

FIN

Les deux pièces que nous avons reproduites ici ne sont certainement pas les meilleures qu'ait inspirées la reprise de Calais, mais elles expriment plus fidèlement que les odes latines de Buchanan, de Michel de l'Hospital et que les vers français de Joachim du Bellay le sentiment de délivrance éprouvé par les provinces françaises les plus voisines et qui avaient le plus souffert du voisinage des garnisons anglaises. Elles ont de plus le mérite de la rareté.

Elles ont été imprimées sous le titre: *Epitaphe de la ville de Calais, faicte par Anthoine Fauquel natif de la Ville et Cité d'Amiens. Plus une chanson sur la prinse dudict Calais.* — A Paris, par Jean Caveiller, Rue Frementel, pres le Cloz Bruneau, à l'Enseigne de l'Estoille d'Or. Avec Privilège, 1558 (1).

---

(1) Cette plaquette a été rééditée dans les Archives Historiques et Littéraires du Nord de la France et du Midi de la Belgique, par MM. Aimé Leroy,.. et Arthur Dinaux... Nouvelle série. T. IV, 1842, pp. 223-234.

TABLES

des Noms de Personnes

et

des Noms de Lieux

Table des Noms de Personnes

	Pages
ADAM DAMLIP	230, 231
ADRIEN DE CROY	243
ADRIEN WHETEHILL	184
AIMERI DE PAVIE	68, 69, 70, 72, 73ⁿ, 75ⁿ
ALBRET (Charles, sire d') connétable de France,	120
ALENÇON (duc d') Voy Jean III.	
ALEXANDRE VI (le pape)	194
AMÉDÉE VI, comte de Savoie,	41
ANDELOT (François de Coligny, seigneur d'),	280, 281, 282
ANDRÉ D'ANDRES	52
ANDRÉ DE GULDEFORD	66ⁿ
ANDRÉ TROLOP	170, 171, 172
ANDRESEL (le seigneur d')	83
ANDROUIN DE LA ROCHE, abbé de Cluny, légat du pape,	82
ANGLETERRE (le cardinal d') voy. Henri Beaufort.	
ANJOU (duc d') voy. Louis.	
ANNE BEAUCHAMP, comtesse de Warwick (femme de Richard Neville)	165
ANNE DE BOLEYN, femme de Henry VIII,	228, 247
ANNE DE CLEVES, femme de Henry VIII,	232
ANNE DE LUXEMBOURG, femme de Richard II,	91
ANNIBALE CECCANO (le cardinal)	47, 60ⁿ

	Pages
ANSEL DE THUN	29
ANTOINE DE BERGHES	215
ANTOINE DE LA FAYETTE	210, 216
ANTOINE DUPRAT, chancelier de France,	215
ANTOINE PERRENOT, évêque d'Arras,	253
ANTONY WOODVILLE	173
AQUITAINE (le prieur d')	39
ARMAGNAC (Jean Ier, comte d')	39
ARNOUL D'AUDREHEM	30, 73, 75, 76
ARTEVELDE (Jacques)	28ⁿ, 131, 144
ARUNDEL (Richard d')	37, 51, 81
ARUNDEL (le comte d')	118, 129
ARUNDEL (le comte d')	247
ATHÈNES (Gautier, duc d')	29, 42, 47
AUCHER, maréchal de Calais,	261, 273, 283
AUDLEY (Lord)	172
AUMALE (Claude II de Lorraine, duc d')	274, 277, 283
AYMAR VI DE POITIERS, comte de Valentinois,	11
AYMER DE WALTHAM	62
AYMON, comte de Cambridge, fils d'Édouard III,	85
BARTHELEMY DE BURGHERSH	27, 28, 47, 74
BAUDE DE NOYELLE	116
BAUDE PACOUL	29

	Pages
BAUDE TOUBBE	62
BAUDOUIN DE BELLEBRUNE	30
BEAUCHAMP (Jean de)	54, 61, 68, 70, 73
BEAUCHAMP (Roger de)	81
BEAUCHAMP (Thomas de) comte de Warwick,	38, 55, 59, 81, 88
BEAUCHAMP (Guillaume de) capitaine de Calais,	96, 97, 98
BEAUCHAMP (Richard de) voy. Richard	
BEAUJEU (Edouard Ier, seigneur de)	29, 44, 45, 47, 73
BEDFORD (Jean de Lancastre, duc de) régent de France,	126, 127, 128, 130, 137
BERNERS (John Bourgchier, lord) député de Calais,	217, 219-222, 229
BERRY (duc de) voy. Jean.	
BLÉRENCOURT (le sieur de) gouverneur d'Ardres,	238, 240, 241
BLUEMANTLE, héraut d'armes,	217
BOISY (Arthus Goullier, seigneur de)	208
BON VANDEDALE	68°
BONNIVET (Guillaume Goullier, seigneur de)	210, 211
BOURBON (ducs de) voy. Louis II, Jean Ier, Pierre Ier.	
BOURGOGNE (ducs de) voy. Eudes IV, Charles le Téméraire, Jean sans Peur, Philippe le Bon, Philippe le Hardi	
BOUVELINGHEM (le sire de)	71
BOUCICAUT (le maréchal)	122
BRABANT (Antoine, duc de)	101, 112, 115
BRADESTONE (lord)	39
BRAISNE (le comte de)	83
BRIQUEMAUT (François de) seigneur de Beauvais,	261
BUCKINGHAM (le duc de)	196, 213
BUGNICOURT (Ponthus de Lalaing seigneur de) gouverneur d'Artois,	266, 267, 268, 271
BUREN (le comte de)	221
BURGEVENNY (lord)	206
CAMPEGGIO (le cardinal)	211, 212
CATHERINE DE FRANCE, femme de Henry V,	120, 124

	Pages
CATHERINE D'ARAGON, femme de Henry VIII,	228, 247
CHALONS (le sire de)	114
CHAMPDENIER (François de Rochechouart, seigneur de)	210
CHARLES, cardinal de Lorraine,	253, 263
CHARLES, comte de Lalaing,	219, 253
CHARLES BRANDON, duc de Suffolk,	207, 208, 247
CHARLES DE BLOIS	87
CHARLES D'EGMONT, duc de Gueldre,	202
CHARLES D'ESPAGNE	29
CHARLES DE SAVEUSE	194
CHARLES DE SOMERSET, comte de Worcester,	197, 211, 215
CHARLES V, roi de France,	57, 78, 83, 87, 88, 89, 93, 94, 96, 99-101, 105
CHARLES VI, roi de France,	118, 126
CHARLES VII, roi de France,	125, 126, 131, 149, 151, 155-158, 161, 164, 166, 167, 169, 176, 177, 188
CHARLES VIII, roi de France,	189, 191, 193, 194, 202
CHARLES LE MAUVAIS, roi de Navarre,	77
CHARLES LE TEMERAIRE, duc de Bourgogne,	175, 178, 180, 182, 183, 185, 186
CHARLES DE BOURBON, duc de Vendôme,	219, 220
CHAROLAIS (le comte de) voy. Charles le Téméraire.	
CHARLES QUINT	7, 198, 202, 205, 206, 208, 213-218, 221, 222, 226, 227, 235, 237, 239, 242, 244, 245-251, 254
CHARLES, duc d'Orléans,	122, 130, 131, 151, 152, 153
CHRESTIEN GOIDHHERBUER,	29
CHRISTOPHE MORRIS	231
CLARENCE (Georges, duc de) frère du roi Edouard IV,	180, 183
CLARENCE (Thomas, comte d'Albemarle, duc de)	124, 125
CLARENCIEUX, héraut d'armes,	218
CLAUDE DE L'AUBESPINE	253
CLEMENT VI (le pape)	33, 47

— 307 —

	Pages
CLEMENT VII (le pape)	95
CLIFFORD (Thomas de)	160
CLINTON (l'amiral)	213, 214, 219
COBHAM (William, lord) député de Calais,	236-242
COLIGNY (Gaspard de) amiral de France,	261, 281
COLIN HARDY	32, 34
COPIN BEUDON	30
COPIN VYNCK	61
COUCY (le seigneur de)	83
CRANMER (l'archevêque)	229, 230
CREQUI (le sire de)	69, 71
CRESECQUES (le sire de)	70, 71
CREVECŒUR (Philippe de) seigneur d'Esquerdes,	152, 187, 191-194
CROY (le sire de)	111
CUTHBERT TUNSTALL	215
DAUBENEY (Gilles) lieutenant de Calais,	191, 192, 193n, 198n, 202
DAVID BRUCE, roi d'Ecosse,	32
DELAWARE (lord)	218
DENIS POILLOT	216
DENIS DE MORBECQUE	191, 192
DENIS TIREMANDE	29
DERBY (Henry, comte de, et duc de Lancastre)	35, 36, 38, 41-44, 45, 47, 60, 75, 77, 79, 81
DERBY (le comte de)	223
DEVISAT	255, 256
DEVONSHIRE (le comte de)	91
DUDLEY (John) comte de Warwick et duc de Northumberland,	244, 217, 218
DUDLEY (Robert) comte de Leicester,	256
DUNOIS, bâtard d'Orléans,	151
DURAS (Gaillard de Durfort, seigneur de)	181
EDMOND BEAUFORT, duc de Somerset,	155, 157-162, 165
EDMOND, comte de Langley, fils du roi Edouard III,	83
EDMOND CAREWE	204
EDMUND DE LA POLE, duc de Suffolk,	196, 198

	Pages
EDOUARD III, roi d'Angleterre,	5, 6, 7, 23-33, 35, 37, 38, 40-48, 50-55, 59-65, 67-72, 76-90, 113, 119, 141, 143, 144, 153, 203, 219
EDOUARD IV, roi d'Angleterre,	171, 173n, 174, 175, 177-180, 182-188, 198
EDOUARD VI, roi d'Angleterre,	237, 246, 247, 272
EDOUARD, prince de Galles, dit le Prince Noir,	70, 71, 77, 79-81, 83, 90
EDOUARD DE NORWICH, comte de Rutland,	100
EDOUARD SEYMOUR, duc de Somerset (Le Protecteur)	212, 213, 241, 245
EDWARD BRAY	260
EDWARD GRYMESTON, contrôleur de Calais,	288
EDWARD GULDEFORD, maréchal de Calais,	218
EDWARD WOTTON	239
ELISABETH, reine d'Angleterre,	217, 250, 289
ELISABETH WOODVILLE, femme d'Edouard IV,	180
EMMANUEL-PHILIBERT, duc de Savoie,	218, 251, 252, 259, 261, 264, 266, 286, 289
ENGUERRAN, seigneur de Beaulo,	30
ENGUERRAN HAP,	61
ERASME	210
ESCAILLON (le seigneur d')	125
ESTOUTEVILLE (le seigneur d')	83
ESTREES (Jean d') grand maître de l'artillerie,	274, 277, 283
ETAMPES (le comte d')	139, 168n, 169
ETIENNE AUBERT, cardinal Légat,	47, 60
ETIENNE DE MUSIGNIES	36
ETIENNE L'ALLEMAND	233
ETIENNE PONCHER, évêque de Paris,	209, 210
EU (Charles d'Artois, comte d')	122
EUDES IV, duc de Bourgogne,	17
EUSTACHE DE RIBEMONT,	45, 69, 71, 72
EUSTACHE DE SAINT-PIERRE,	51, 53, 55, 56, 62, 63

	Pages
EUSTACHE DESCHAMPS	99
EUSTACHE STACANE	29
EXETER (Henry Holland, duc d')	171
FAUCOMBERG (le comte de)	206
FERDINAND LE CATHOLIQUE, roi d'Espagne,	205, 206
FIRMIN D'AUST (l'amiral)	36
FITZ-WALTER (lord)	198
FLEUR FLEURIN (le corsaire)	37
FLOTON DE REVEL	31n
FOIX (Gaston III, comte de)	41
FOUQUE LE CUPERE	25
FRANCESCO COPPINI, évêque de Terano, (le légat)	175
FRANÇOIS I*er*, roi de France,	207-220, 223, 227, 228, 235-237, 239
FRANÇOIS ACKERMAN	91
FRANÇOIS DE BOURBON II, comte de Saint-Pol,	220
FRANÇOIS LUSCART	37n
FRANCIS DENHAM	226, 227
FRANCIS HALL	211
GARDINER, évêque de Winchester,	253
GAUTHIER DE MASNY,	47, 50-52, 54, 55, 57, 70, 71, 76, 77, 78, 81
GAUVAIN DE BAILLEUL	71
GEOFFROI CHAUCER	81
GEOFFROI DE CHARNY,	15, 17, 60n, 67, 68, 69, 70, 71, 72, 74, 75, 76
GEOFFROI DE LA MOTTE	30
GEOFFROY DE BUCODON	29
GEOFFREY GATE	181n
GEORGES TALBOT, comte de Shrewsbury,	203, 204
GEORGES CARREW	235
GEORGES DU WEZ	139
GEORGES NEVELINC	135
GILBERT TALBOT, député de Calais,	192, 202
GILLES AYZELIN DE MONTAIGU, évêque de Thérouanne,	82
GILLES DE CLERCQ	117
GILLES ONDEBOLLE	62
GERARD DE GHISTELLES	139
GERARD DE WERIERES	30

	Pages
GLOCESTER ou GLOUCESTER (Hugues d'Audeley, comte de)	31
GLOCESTER (John de) fils bâtard de Richard III, capitaine de Calais,	189, 190
GLOCESTER (Humphrey, duc de)	123, 125, 126, 127, 128, 130-133, 137, 140, 143-147, 149
GLOCESTER (Thomas de Woodstock, duc de)	93, 97, 98-100, 102, 103
GLOCESTER (la duchesse de)	101
GOMMEGNIES (le sire de)	92
GOURDAN (Giraud de Mauléon, seigneur de)	274
GRAMMONT (Antoine, comte de)	282, 283
GRANDPRÉ (le comte de)	83
GREGOIRE XI (le pape)	90
GREGORY BUCKMER	205
GREY (Lord), gouverneur de Guînes,	246, 250, 251, 259, 260, 266, 267, 268, 271, 279, 288
GRIGNY (le sire de)	30
GROSSEWIN LE SAUVAGE (maître)	134
GUICHART DE TINDERONNE, capitaine d'Ardres,	168n
GUICHE (le sieur de)	209
GUILDFORD DUDLEY	217
GUILLAUME BEUDON	29
GUILLAUME DAUVELLE	32
GUILLAUME DE BOISRATIER, archevêque de Bourges,	120
GUILLAUME DE FARINGDOM	91
GUILLAUME DE LA PORTE	31n
GUILLAUME DE SAINT-OMER	29
GUILLAUME DE TROYES	135
GUILLAUME DU BOUILLON	29
GUILLAUME DU BROUILLET	29
GUILLAUME FILASTRE, évêque de Toul,	169
GUILLAUME FLOTTE chancelier de France,	47
GUILLAUME HOUET	63
GUISE (François, duc de)	7, 213, 216, 262-266, 269, 270, 273, 274, 276, 278-287, 289
GUY DE BRYAN	70, 71, 81
GUY V DE CHATILLON, comte de Saint-Pol,	75, 80

GUY VI DE LUXEMBOURG, comte de Saint-Pol,	87
GUY LESPICER	62
HANGEST (Pierre, seigneur de)	56, 83
HARCOURT (le comte d')	83
HARPSFELD (le docteur) archidiacre de Cantorbéry,	251
HENRI II, roi de France,	6, 210-211, 246-250, 252, 253, 255, 256, 257, 261-263, 288-290
HENRI BEAUFORT, évêque de Winchester (le cardinal)	129-131, 145, 151, 152
HENRI DU BOS	69, 71
HENRI LE DEPENSIER, évêque de Norwich,	95
HENRI LE SCROP, gouverneur de Calais,	86
HENRY IV, roi d'Angleterre,	103, 105-107, 116, 118, 119
HENRY V, roi d'Angleterre,	117, 119, 126
HENRY VI, roi d'Angleterre,	127, 129, 131, 133, 136, 145, 151-153, 156-162, 164-166, 168, 170, 175, 178, 182, 183
HENRY VII, roi d'Angleterre (d'abord connu sous le nom de Henry de Lancastre, comte de Richemont).	7, 161, 189-191, 193-201, 217
HENRY VIII, roi d'Angleterre.	7, 201-215, 217-223, 226, 232, 234-237, 252, 272
HENRY, duc de Somerset,	170-176
HENRY, lord Bourchier,	151, 162
HENRY JERNINGHAM	281
HENRY MANNERS, comte de Rutland,	268, 269, 278, 284, 285, 286
HECTOR DE BAILLEUL	71
HEMON RAGUIER	112
HERBERT (lord)	204
HEREFORD (comtes d')	12, 88, 234, 236
HORN (le comte de)	112, 114
HOWARD (John) amiral	38
HOWARD (William) député de Calais, puis amiral,	246-250, 260
HUE DE BEAUCONROY	71
HUMPHREY, duc de Buckingham,	161
HUMPHREY TALBOT, maréchal de Calais,	192
HUNGERFORD (Walter, lord)	151
HUNTINGDON (le comte de)	60, 74
HUNTINGDON (John Holland, comte de) amiral d'Angleterre,	110
HUGH POULET	239
HUGH SMITH	238
HUGUES D'ARCY, évêque de Laon,	56
HUGLES DE CALVERLEY, capitaine de Calais,	91, 92, 93
HUGUES DE LA CAPELLE	61
HUGUES DE VERS, abbé de Corbie,	56
HUGUEVILLE (le sire de)	109, 112
IMPERIAL D'ORIA	39
INNOCENT VIII (le pape)	192ⁿ, 193
ISABELLE, duchesse de Clarence (fille de Richard Neville, comte de Warwick)	180, 181
ISABELLE D'ANGLETERRE, fille d'Edouard III,	35
ISABELLE, reine de Castille,	200
ISABELLE DE FRANCE, fille de Charles VI, mariée à Richard II, roi d'Angleterre,	100, 101, 105, 106
ISABELLE DE PORTUGAL, femme de Philippe-le-Bon, duc de Bourgogne,	117, 119, 150, 152, 156
JACQUELINE DE BAVIERE, duchesse de Hainaut, femme de Humphrey de Gloucester,	125, 127, 128, 136
JACQUES II, roi d'Ecosse,	166, 167
JACQUES DE LUXEMBOURG, seigneur de Fiennes,	215
JACQUES DE WISSANT.	52
JAMES GRESHAM	157ᵃ
JAMES TIRREL, capitaine de Guines,	192
JASPER, comte de Pembroke,	178
JEAN II, roi de Castille,	155
JEAN II, le Bon, roi de France,	6, 57, 74, 77, 80, 81, 82, 84, 87
JEAN SANS PEUR, duc de Bourgogne,	7, 111-117, 120, 123, 124
JEAN, duc de Berry,	83
JEAN III, duc d'Alençon,	207
JEAN Iᵉʳ, duc de Bourbon,	122, 130
JEAN IV, duc de Brabant,	125, 127
JEAN IV, duc de Bretagne,	89, 93, 95
JEAN V, duc de Bretagne,	131
JEAN, frère du comte d'Etampes,	83

	Pages
JEAN ALBERONE, évêque d'Evreux,	186
JEAN BEAUFORT, comte de Somerset, capitaine de Calais, 106, 107, 110n,	113
JEAN, seigneur de Berghes,	215
JEAN CANARD, évêque d'Arras,	100
JEAN D'AIRE	52, 61
JEAN DARCY	60
JEAN DARLAY	39
JEAN DE BLETY, châtelain de Calais,	29
JEAN DE BOULOGNE, comte de Montfort,	74
JEAN DE BRIMEU, bailli d'Amiens,	146
JEAN DE CHEVERESTON,	64, 65
JEAN DE COBHAM,	86
JEAN DE CROY	138, 142, 146, 147
JEAN DE DANCASTER	74
JEAN DE FIENNES	52
JEAN DE FOSSEUX, gouverneur d'Artois,	24, 25
JEAN DE GATESDEN	64
JEAN DE HAINAUT	41, 47
JEAN DE HOLLAND, frère de Richard II,	91
JEAN DE LA CERDA, duc de Medina Celi,	253
JEAN DE LANDAS	69, 71
JEAN DE L'HOPITAL	25, 31n
JEAN DE LUXEMBOURG	128, 134
JEAN DE MONTAIGU	94
JEAN DE RADOMETZ	29
JEAN DE SELVE	215
JEAN DE STENBECQUE	118
JEAN DE SURIE	30
JEAN DE VEER, comte d'Oxford,	42
JEAN DE VIENNE, capitaine de Calais, 30, 33n, 39, 50, 51, 52, 53, 54	
JEAN DE VIENNE (l'amiral)	91
JEAN D'OPPOVE	25
JEAN DU CANGE	24, 25
JEAN LE BOUGRE	29
JEAN LE NOIR	210
JEAN LE VEAU	263n
JEAN LE VOLEUR	113
JEAN MALEBRANCHE	29
JEAN NICAISE	39

	Pages
JEAN RIBAUT	270
JEAN TREVENANT, évêque de Hereford,	106
JEAN URBAN	108
JEANNE D'ARC	129
JEANNE DE BOURGOGNE, femme de Philippe VI, roi de France.	40
JEANNE DE VALOIS, sœur de Philippe VI,	40, 41
JEANNE GREY	247, 249
JEHAN BAALART	37r
JEHAN CACHEMAREE	37n
JEHAN CORDIER	56
JEHAN DE COMMINES	139
JEHAN DE DIEVAL	135n
JEHAN DE LA MOTTE	63
JEHAN DE NEUVILLE	80
JEHAN DE SAINT-VALERY	34v
JEHAN HADOC	34
JEHAN LE BOURSIER	25
JEHAN LUSCARD	62
JEHAN MARANT	32, 37, 39
JEHAN POTTEL	168n
JEHAN SELVAIN	62
JEHAN TRUFFE	37n
JESSE GODFT	210
JOHN ARUNDEL (le chevalier)	110
JOHN ARUNDELL, doyen de la cathédrale d'Exeter	190
JOHN BOCKING	166n
JOHN BOURGCHIER, Voy. Berners.	
JOHN BRET	65n
JOHN BRISINGHAM	110
JOHN BUTLER	226, 229-231
JOHN COOKE, archidiacre de Lincoln,	188
JOHN CRANE	157n
JOHN DARCY	27
JOHN DE BRIDPORT	76
JOHN DE CALAIS	76
JOHN DE DYNHAM	173, 175, 188
JOHN DE PODENHALE	72n
JOHN DE UFFORD, archevêque de Cantorbéry,	46, 47, 48
JOHN DEVEREUX, capitaine de Calais,	94
JOHN GAGE	231

Pages	Pages
JOHN GERARD, capitaine du Risban, 118	KYRIEL (Thomas) lieutenant de Calais, 153, 154
JOHN GOLDISWELL, 190	
JOHN HALL, maire de Calais, 179	LA BASTIE (Olivier de la Vernade, sieur de) 216
JOHN HALLE, soldat de Calais. 130	
JOHN HARINGTON 239	LALAING (le comte de) voy. Charles.
JOHN HARLESTON, capitaine du Risban, 278, 288	LANCASTRE (maison de) 6
	LANCASTRE (Henry, comte de) Voy. Derby.
JOHN HAROWE 145ⁿ	
JOHN HIGHFIELD, maitre de l'artillerie, 259, 273, 274, 280, 281, 283, 288	LANCASTRE (Jean de Gand, duc de) 77, 88, 89, 90, 97, 98, 99, 100
	LANCASTRE (la duchesse de) femme de Jean de Gand, 101
JOHN HOPTON 203	
JOHN JERNYNGHAM 169ⁿ	LANCASTRE (Henry de) voy. Henry VII, roi d'Angleterre.
JOHN KEMPE, archevêque d'York, 151	LANCASTRE (Jean de) voy. Bedford.
JOHN LANGTON, trésorier de Calais, 153, 155ⁿ	LA MARCHE (comte de) 70
JOHN MADLEY 130	LAMORAL D'EGMONT 249
JOHN MASON 244, 251	LA PALICE (Jacques de Chabannes, sieur de) 215, 216
JOHN PASTON, 157ⁿ, 162ⁿ, 166ⁿ, 171ⁿ, 184, 186ⁿ	LA ROCHE-GUYON (le seigneur de) 83
JOHN PETERSON 255ⁿ	LA ROCHEPOT (François de Montmorency, seigneur de) 241
JOHN RADCLYF 147	
JOHN REYNEWELL, maire de l'étape, 129ⁿ	LA ROCHE-SUR-YON (Charles de Bourbon, prince de) 279
JOHN RUSSE 179ⁿ	LICQUES (le seigneur de) 111
JOHN SHIRLEY 130	LIONEL CHIEREGATO, évêque de Concordia, 193
JOHN STYWARD 137	
JOHN SUTTON DE DUDLEY 150, 153, 156	LISLE. Voyez Plantagenet (Arthur).
	LONGUEVILLE (Louis d'Orléans, duc de) 205,207
JOHN STOURTON 157ⁿ	
JOHN TALBOT, comte de Shrewsbury, 122, 160	LONGVILLERS (le seigneur de) 72
	LOUIS XI, roi de France, 178-183, 185-188
JOHN THRYSKE, maire de l'étape, 179, 184	LOUIS XII, roi de France, 197, 202, 205,207
JOHN WALDEBY 62	LOUIS, duc d'Anjou, 83, 86, 87, 90
JOHN WALLOP 234, 235, 238, 241	LOUIS II, duc de Bourbon, 83, 86, 87
JOHN WILLIAMSON 157ⁿ	LOUIS Iᵉʳ, duc d'Orléans, 107-109, 112-116
JOHN WILTESHIRE, contrôleur de Calais, 198	LOUIS DE BOURBON, comte de Vendôme, 122, 151
JOIGNY (le comte de) 29	
JULIERS (Renaud III, marquis de) 42, 47	LOUIS DE MALE, comte de Flandre, 35, 85, 86, 94, 95
	LOUISE DE SAVOIE, mère de François Iᵉʳ, 227
KENDALE (John, comte de) 178	
KENNEBROUCK, héraut d'armes, 143	LOYS DE LA VIÉVILLE, capitaine de Gravelines, 168ⁿ
KENT (le comte de) 34, 119	
KNOLLES (Robert) 89	LUSIGNAN (Pierre de) roi de Chypre et de Jérusalem, 87

	Pages
MAHAUD D'ARTOIS	65
MAHIEU DES PREZ	135, 147n
MALTRAVERS (Henry, lord)	232-234, 236
MAMETZ (le seigneur de)	72
MANSART DU BOS	111
MARANT (le corsaire) Voy. Jehan.	
MARCH (Edouard, comte de). Voy. Edouard IV.	
MARGARET PASTON	169n, 186n
MARGUERITE D'ANJOU, femme de Henry VI, roi d'Angleterre,	167, 168, 170, 176, 177, 178, 179, 181
MARGUERITE D'AUTRICHE, duchesse de Savoie, gouvernante des Pays-Bas,	198, 203n, 204-206, 213, 227
MARGUERITE DE FLANDRE, fille de Louis de Male, duchesse de Bourgogne,	85, 109n
MARGUERITE DE LE LIPE	62
MARGUERITE D'YORK, sœur d'Edouard IV et femme de Charles le Téméraire,	180, 186, 187, 197
MARIE D'ANGLETERRE, fiancée de Charles Quint, puis femme de Louis XII, roi de France,	198, 205, 207, 208
MARIE, duchesse de Bourgogne, fille de Charles le Téméraire,	186, 187
MARIE DE CHATILLON, femme de Louis, duc d'Anjou,	87
MARIE TUDOR, reine d'Angleterre	7, 231, 215, 217, 219-253, 256, 257, 267-269, 271, 278, 285, 286, 289, 290
MARTIAL FORMIER, évêque d'Evreux,	151
MARTIN V (le pape)	129n
MAXIMILIEN D'AUTRICHE, empereur,	187, 189, 191, 192-194, 197, 198n, 199, 201, 205, 206
MERCURIN DE GATTINARA,	215
MERQUENNE (le seigneur de)	139
MESTRIEL	32, 37
MICHAUT DE SAINT-PIERRE	29
MICHEL DE BOULOGNE	34
MICHEL QUADEPLUME	63
MONTGOMERY (John de)	64, 65
MONTMORENCY (le connétable, Anne de)	213, 217, 219, 253, 261, 263
MONTMORENCY (le seigneur de)	83
MOREAU ou MOREL DE FIENNES,	69-71, 80
MORELET DE RENTY	177
MOREUIL (Bernard, sire de)	21
MORLEY	39, 192
MORTAIN (comte de)	138, 140
MOUNTJOY (John Blount, lord)	188
NEVERS (François Ier de Clèves, duc de)	261, 269
NICHOLAS ALEXANDER, capitaine du fort Nieulay,	261, 277, 288
NICOLAS DE COMMYNES, grand bailli de Flandre,	131, 135, 139
NICOLAS DE MARLE	210
NICOLAS RISHETON	108
NICOLAS VAUX, capitaine de Guines,	211
NICOLAS WEST, évêque d'Ely,	211, 215
NOAILLES (Antoine de)	217, 218, 219, 250
NOAILLES (François de)	260
NORFOLK (le duc de)	236
NORMANDIE (Jean, duc de)	29, 41, 42, 56, et voy. Jean II, le Bon, roi de France.
NORTHAMPTON (William de Bohun, comte de)	47, 50n, 51, 77
NOYELLE, gouverneur du Nouvel Hesdin,	264-266
OFFRÉMONT (Gui de Nesles, sire d')	29, 45, 47
OLIVIER DE CLISSON	96
ORLEANS (ducs d') voy. Charles, Louis Ier, Philippe de Valois.	
OSBERT MUNDEFORD	175
OUDART DU BIEZ	234, 236
OUDART DE RENTY	69-71
PECCHE (John) député de Calais,	212, 213, 215
PEMBROKE (comtes de)	35, 256, 260, 261
PERKIN WARBECK	197

— 313 —

PERSIO MOLVEZZI 192n
PHILIBERT DE VAUDREY 143
PHILIP SMITH 226, 227
PHILIPPE VI DE VALOIS, roi de France, 29, 33, 35, 40-50, 56, 57, 60, 72
PHILIPPE II, roi d'Espagne, 7, 219, 256, 257, 260, 263, 270, 275, 276, 288, 289
PHILIPPE LE BEAU, archiduc d'Autriche, 7, 195, 197, 198, 199, 200
PHILIPPE LE BON, duc de Bourgogne, 7, 131, 133-136, 139-143, 145-147, 149, 150, 151, 152, 156, 157, 159, 160, 166, 167-169, 172, 177, 178, 180
PHILIPPE LE HARDI, duc de Bourgogne, 7, 83, 86, 88, 91, 95, 96, 99-102, 106-109, 112
PHILIPPE DE VALOIS, duc d'Orléans, 41, 56, 83, 86, 87
PHILIPPE DE COMMYNES 182, 183, 185
PHILIPPE HANNETON 215
PHILIPPE HOBY 246
PHILIPPE HUREPEL, comte de Boulogne, 272
PHILIPPE NIGRY 219
PHILIPPINE DE HAINAUT, femme d'Edouard III, 52
PIERRE DE LA FORÊT, évêque de Paris, 71
PIERRE Ier, comte de Saint-Pol, 130
PIERRE BOULIQUE 29
PIERRE CAUCHON, évêque de Beauvais, 129
PIERRE Ier, duc de Bourbon, 47
PIERRE DE BREZÉ, grand sénéchal de Normandie, 167
PIERRE DE COURTENAY 105
PIERRE DE HAM, bailli de Calais, 21-26
PIERRE DE WISSANT 52
PIERRE GOLANT 37
PIERROUCHE DE BEAUVOIR 29
PLANTAGENET (John-Arthur) vicomte de Lisle, député de Calais, 229-232

POLE (Réginald) archevêque de Cantorbéry, cardinal, 231, 253
PONSARD DE FORS (l'amiral) 270
PONYNGES (lord) 202, 203
PRÉGENT DE BIDOUX 206

RALPH CHAMBERLAIN 285, 288
RALPH HARES 231
RAMBURES (le seigneur de) 120
RAOUL DE HANYNGTON 61
RAOUL DE SUDDELEY, 157n, 158
REGNAULT DE CHARTRES, archevêque de Reims, chancelier de France, 122, 151
RÉMONT DU SOLIER 24
RENAUD DE COBHAM 47, 50n, 60, 76, 81
RENDAN (Charles de La Rochefoucauld, seigneur de) 284
RICHARD II, roi d'Angleterre, 90, 94, 95, 97-107, 150
RICHARD III, roi d'Angleterre, 188, 189
RICHARD NEVILLE, comte de Warwick, 6, 165-190
RICHARD ASTON 108, 110
RICHARD ATTE REE 70n
RICHARD BLOUNT 241n
RICHARD BOKELAND, trésorier de Calais, 130
RICHARD CAREWE 198, 199
RICHARD DE BEAUCHAMP, comte de Warwick, 119, 120, 122, 127-131
RICHARD EDGECOMBE 190
RICHARD FOX, évêque de Durham, 197
RICHARD MERLAW 119
RICHARD NENFANT, député de Calais, 196, 202
RICHARD RADE 211
RICHARD REUHEDE 157
RICHARD STURY 98
RICHARD WHETEHILL 157n
RICHARD WILTSHIRE 206
RICHARD WODEVYLE 137
RICHMOND (le comte de) 77
RICHEMONT (Arthus de Bretagne, comte de) connétable de France, 122, 131, 139, 142

	Pages
RINGOIS D'ABBEVILLE	36
RIVERS (lord)	173
ROBERT BEAUMONT	153
ROBERT DE BURGHERSH	60
ROBERT DE HERLE, capitaine de Calais,	73, 74, 76
ROBERT DE LIGNY, gouverneur d'Artois,	25
ROBERT DE LORRIS	60[n]
ROBERT DE NAMUR	88
ROBERT DE SAVEUSE	142
ROBERT FRESFICH	66[1]
ROBERT GEDOYN, sieur de la Tour,	215
ROBERT JERNINGHAM	219, 222
ROBERT SALLE	92[n]
ROBERT THORLEY	119
ROBERT WHITE, maire de l'étaple,	166
ROOS (lord)	172
RUPRECHT, roi des Romains.	115
RUTLAND (le comte de) second fils de Richard d'York, tué à Wakefield, en 1460,	171, 176
RUTLAND, Voy. Edouard de Norwich et Henry Mamers.	
SAINT-ANDRE (le maréchal de)	250
SAINT-DENIS (l'abbé de)	56
SAINT-POL (comtes de). Voy Guy V de Châtillon, Guy VI de Luxembourg, François de Bourbon II, Pierre Ier et Waleran de Luxembourg.	
SAINT-VENANT (seigneur de)	44, 83
SAINTE-ALDEGONDE (comte de)	268
SALASAR (le capitaine)	191
SALISBURY (Guillaume de Montaigu, comte de)	91, 93, 94
SALISBURY (Thomas de Montaigu, comte de)	128
SALISBURY (Richard Neville, comte de) père de Warwick,	165, 168, 170, 171, 173[n], 174, 176
SALISBURY (la comtesse de) mère de Warwick,	174
SAMPSON NORTON	196
SAVOIE (Louis de) sire de Vaud,	47
SÉBASTIEN GIUSTINIAN	208

	Pages
SEMPY (seigneur de)	72
SENARPONT (Jean de Monchi, seigneur de) gouverneur de Boulogne,	255, 262, 263, 265, 271, 281, 289
SERLES (le docteur)	254
SIGISMOND, empereur d'Allemagne,	122-124
SIMON BURLEY	94
SIMON LE MAGE, abbé de Marmoutier,	56
SIMON RENARD	249
SOMERSET. Voy. Charles, Edouard, Edmond, Jean, Henry.	
SOUTHAMPTON (le comte de) amiral,	232
STAFFORD (Ralph, comte de)	60, 77, 81
STAFFORD (Edmond, duc de Buckingham, comte de)	129, 151, 152, 154, 155[m]
STROZZI (Leone)	243
STROZZI (Pierre) le maréchal,	265, 266[n], 269, 271, 277, 281, 282
SUFFOLK (comtes et ducs de)	37, 131, 155, 213, 220, 221, 227, 247
SUSSEX (le comte de)	231
SYMON DE LA CAPELLE	37[m]
TALBOT. Voy. Georges, Gilbert, Humphrey, John.	
TAVANNES (Guillaume de Saulx)	283, 286, 287
THERMES (Paul de la Barthe, seigneur de)	271, 279
THERY D'HAZEBROUCK	139
THIERRY DE HEUCHIN	108
THOMAS ARUNDEL, archevêque de Cantorbéry,	102
THOMAS BASIN, évêque de Lisieux,	157
THOMAS BEKYNTON	151[n]
THOMAS BROKE	231
THOMAS BROWN, évêque de Norwich,	151
THOMAS CHEYNE	286
THOMAS CORNWALLYS, trésorier de Calais,	253, 254, 260
THOMAS CROMWELL	229, 230
THOMAS DE HATFIELD, évêque de Durham,	27
THOMAS DE HOGSH	75

	Pages
THOMAS DE HOLLANDE	50¹
THOMAS DE STAPELFORD	66
THOMAS DOCWRA, grand prieur de l'ordre de Saint-Jean de Jérusalem,	211, 215
THOMAS DUPRAT, évêque de Clermont,	216
THOMAS GISORS	62
THOMAS GRESHAM	284
THOMAS GREY, marquis de Dorset,	199
THOMAS HOWARD, comte de Surrey,	218-220
THOMAS KENT	156
THOMAS MEUX	21
THOMAS MORE	209, 210, 223, 227
THOMAS MOWBRAY, comte de Nottingham, capitaine de Calais,	100, 102, 103
THOMAS PYKWORTH	114ª
THOMAS RUTHALE, évêque de Durham,	215
THOMAS SQUILLER	62ª
THOMAS STUKELEY	245, 246
THOMAS THWAYTES	188
THOMAS WYAT	250
ULSTER (Lionel, comte d') fils d'Édouard III, plus tard duc de Clarence,	77, 81, 83
URBAIN V (le pape)	86, 90
URBAIN VI (le pape)	95
VALENTINOIS (comte de) Voyez Aymar VI.	
VANDEVILLE, gouverneur de Gravelines,	268, 269-271, 276, 279, 281, 285
VENDOME (comtes et ducs de). Voy Charles et Louis de Bourbon	
VILLEROY (Nicolas de Neufville, seigneur de)	210
WALERAN DE LUXEMBOURG, comte de Saint-Pol, connétable de France,	90, 106-108, 110, 119
WALTER SKIRLAWE, évêque de Durham,	106

	Pages
WARWICK. Voy (Thomas de) Beauchamp, Richard de Beauchamp, Richard Neville.	
WENLOCK (John) lieutenant de Calais,	173, 176, 180-183
WENTWORTH (Thomas, lord). député Calais,	249-252, 259, 260, 266-271, 273-283, 288, 289
WERE (Pepin de)	30, 69, 71
WILLIAM BARDOLF	124
WILLIAM BATEMAN, évêque de Norwich,	71
WILLIAM BOTONER	162ª
WILLIAM CHURCH	217
WILLIAM COKE	214
WILLIAM DE EDENDON, évêque de Winchester,	81, 82
WILLIAM DE SALOP, trésorier de Calais,	65, 67
WILLIAM FARYNGTON	105, 119
WILLIAM FITZWILLIAM, gouverneur de Guines,	212, 221, 222, 227, 228
WILLIAM, lord Courtenay, comte de Devonshire,	199
WILLIAM, lord Hastings, lieutenant de Calais,	184, 186, 187, 188
WILLIAM KNIGHT	209
WILLIAM NEVILLE, lord Fauconbridge, oncle de Richard Warwick,	170, 171, 174, 176
WILLIAM PAGET	210, 211, 253
WILLIAM PASTON	174ª
WILLIAM PETERSON	226, 231
WILLIAM PETRE	244, 250¹, 253, 254
WILLIAM REDNESSE	89
WILLIAM RICHARDSON	231
WILLIAM RICKHILL	102, 103
WILLIAM ROKE	39
WILLIAM SANDYS, trésorier de Calais,	211, 212, 222, 225, 233, 234
WILLIAM STURY	65
WILLIAM WALESBY, doyen de l'église de Leicester,	153
WILLIAM WOODHOUSE	285, 286ª
WILLOUGBY (lord)	245

Pages	Pages
WINGFIELD (Richard) député de Calais 203», 207, 209, 210, 212, 216, 217, 219	WOTTON (le docteur) 252, 255, 256, 260
WINGFIELD (Robert) député de Calais, 222, 225, 226	YORK (maison d') 6
WOLSEY (Thomas) cardinal, 206, 209-213, 214-226, 252	YORK (Richard, duc d') 129, 159, 161-166, 168-171, 174, 175

Table des Noms de Lieux

Pages

AA (rivière d') 139, 192
ABBEVILLE 32, 34, 36, 38, 76, 87, 207, 264, 267
AGENOIS (l') 99
AIGUILLON (Lot-et-Garonne, arrond. d'Agen, cant. de Port-Sainte-Marie) 29
AIRE SUR LA-LYS (Pas-de-Calais, arrond. de Saint-Omer) 36n, 42, 70
ALLEMAGNE 159
AMBLETEUSE 39, 213, 216, 270, 271
AMIENS 27n, 56, 60, 76, 91, 93, 99, 121, 224, 269
ANVERS 199, 223
ARDRES (Pas-de-Calais, arrond. de Saint-Omer) 91-93, 100, 101, 111, 138, 191, 202n, 212, 213, 219, 233, 236, 240, 241, 242, 246, 250, 253, 256, 259, 260, 265, 267, 268
ARDRESIS (l') 241
ARLON (Luxembourg belge) 264
ARRAS 7, 21, 25, 27n, 35, 36, 40, 41, 131, 133, 135n
ARTOIS (l') 6, 36, 42, 73, 75, 77, 79, 84, 88, 93, 127, 135, 137, 147, 158, 187, 191, 193, 209n, 219, 266
AQUITAINE (l') 112
AUDINGHEN (Pas-de-Calais, arrond. de Boulogne, canton de Marquise) 235
AUDRUICQ (Pas-de-Calais, arrond. de Saint-Omer) 91
AZINCOURT (bataille d') 121, 126

Pages

BAILLEUL (Nord, arrond. d'Hazebrouck) 147
BALINGHEM (Pas-de-Calais, arrond. de Saint-Omer, cant. d'Ardres) 114, 118, 142
BARNET (bataille de) Angleterre, comté de Hertford, 183
BAUGE (bataille de) Maine-et-Loire, 125
BAYONNE 155
BEAUCHAMP (la tour) à Calais, 235
BEAULIEU (abbaye de) 236
BEAULO (forêt de) 112
BERGUES (Nord, arrond. de Dunkerque) 35, 95
BERWICK-SUR-TWEEDE (Angleterre, comté de Northumberland) 78, 166
BLANC-NEZ (le cap) 270
BLENDECQUES (Pas-de-Calais) arrond. et cant. de Saint-Omer) 261n
BIERVLIET 147
BORDEAUX 77, 89, 155, 181n
BOSWORTH (bataille de) Angleterre, comté de Leicester, 189
BOULOGNE 25, 29, 36, 39, 75, 76, 80, 83, 90, 92, 93, 97, 99, 106, 137, 172, 178, 187, 194, 202n, 207, 209, 210, 211, 218, 221, 224, 228, 236, 239, 241, 243-246, 255, 260, 262, 264-267
BOULOGNE (comté de) 81
BOULOGNE (église Notre-Dame de) 86
BOULONNAIS (le) 26, 119, 120, 138, 142, 182, 187, 219, 221, 236, 242, 254, 269

	Pages
BOURBOURG (Nord, arrond. de Dunkerque)	95, 111, 139, 166
BOURGES	126
BOURSIN (Pas-de-Calais, arrond. de Boulogne, canton de Guines)	210
BRABANT (le)	135
BRETIGNY (traité de)	80
BRUGES	28, 90, 113, 115, 135 138, 139, 147, 177, 187ⁿ, 192, 215, 216
BRUXELLES	113, 218, 251, 256, 265, 289
CADZAND (Pays-Bas, province de Zélande)	111
CAEN	61
CAMBRAI	208, 227
CANTORBERY (province ecclésiastique de)	109, 213
CARCASSONNE (sénéchaussée de)	57
CASSEL (Nord, arrond. d'Hazebrouck)	42, 95
CAUX (le pays de)	139
CHERBOURG	151, 157
COMPIEGNE	29, 265ⁿ
CONSTANCE	120
COULOGNE (Pas-de-Calais, arrond. de Boulogne, canton de Calais)	67, 75, 84
COURGAIN (le) faubourg de Calais,	280
COURTRAI	139
COWBRIDGE (pont de)	233, 234
CRECY (bataille de)	23, 24, 29, 31, 141
CREPY-EN-VALOIS (Oise, arrond. de Senlis)	236
DEVONSHIRE (comté de)	171
DIEPPE	31, 36, 153, 205, 206, 220, 264
DIXMUDE (Belgique, province de Flandre occidentale)	192, 193ⁿ
DOULLENS (Somme)	124
DOUVRES	31, 60, 65, 70, 76, 93, 131, 155, 198, 205, 211, 218, 219, 223, 239, 251, 269, 278, 284-287
DUBLIN (la tour) à Calais.	235
DUNKERQUE	111, 286
ESCALLES (Pas-de-Calais, arrond. de Boulogne, canton de Calais)	172
ESPAGNE	159
ESSEX (comté d')	259
ETAPLES (Pas-de-Calais, arrond. de Montreuil)	26, 76, 93, 168, 194, 199, 210
EU (Seine-Inférieure, arrond. de Dieppe)	264, 265
FALMOUTH (Angleterre, comté de Cornwall)	246
FAUQUEMBERGUE (Pas-de-Calais, arrond. de Saint-Omer)	43, 49
FIENNES (Pas-de-Calais, arrond. de Boulogne, canton de Guines)	210
FLANDRE	6, 7, 23, 24, 42ⁿ, 91, 111, 120, 127, 135, 137, 152, 156, 158, 172, 186, 191, 193, 225 242, 279, 284
FOLKESTONE	91
FONTAINE-SUR-SOMME (Somme, arrond. d'Abbeville, cant. d'Hallencourt)	32ⁿ
FRETHUN (Pas-de-Calais, arrond. de Boulogne, cant. de Calais)	72, 75, 273, 274
FURNES (Belgique, province de Flandre occidentale)	111
GALLES (pays de)	176
GAND	28, 131, 136, 139-141, 147
GRAVELINES (Nord, arrond. de Dunkerque)	42, 94, 95, 111, 123, 137, 139, 146, 147, 151, 152, 153, 182, 183, 192, 195, 197, 206, 213, 218, 219, 221, 245, 246, 250, 253, 260, 266, 268, 270, 276, 279, 284-287, 289
GREENWICH (Angleterre, comté de Kent)	207, 208
GRIS-NEZ (le cap)	41
GUELDRE (la)	202, 203
GUERNESEY	171
GUINEGATTE (bataille de) Pas-de-Calais,	205
GUINES (Pas-de-Calais, arrond. de Boulogne)	43, 53, 73-76, 88, 100, 101, 119, 121, 125, 142, 146, 147, 150, 166ⁿ, 172-176, 181, 191, 194, 202ⁿ, 203, 206, 209ⁿ, 212, 213, 219-221, 224, 234-236, 239, 243, 244, 251, 256, 260, 264, 267, 268, 271, 279, 288

	Pages
GUINES (comté de)	34, 81, 225
GUISE (Aisne, arrond. de Vervins)	87
GUYENNE (duché de)	48, 155, 157, 158, 160, 166, 181n
HAINAUT (le)	45, 125, 127, 128, 135, 112
HAM (Somme, arrond. de Péronne)	264
HAMES (Pas-de-Calais, arrond. de Boulogne, cant. de Guines)	73, 81, 189, 235, 267, 288
HAMES (rivière de)	43, 272, 280
HARDINGHEN (Pas-de Calais, arrond. de Boulogne, cant. de Guines)	240, 261
HARFLEUR (Seine-Inférieure, arrond. du Havre, cant. de Montivilliers)	88, 120, 122
HAZEBROUCK	139
HESDIN (Pas-de-Calais, arrond. de Montreuil)	36, 40, 43, 113, 265, 266, 268, 269
HOLLANDE	113, 135, 136, 159, 178, 185
HONFLEUR (Calvados, arrond. de Pont-l'Évêque)	80
IRLANDE	66, 171, 175
KENT (comté de)	66, 107, 151, 167, 169, 172, 225, 237, 278
LA HAYE	136
LA MONTOIRE (château aujourd'hui en ruines, près de Nielles-lès-Ardres)	73
LANCASTRE (tour de) à Calais	106, 118
LANDRECIES (Nord, arrond. d'Avesnes)	235
LE CATELET (Aisne, arrond. de Saint-Quentin)	264
L'ECLUSE	96, 111, 112
LE CROTOY (à l'embouchure de la Somme)	38, 39, 76, 125, 130, 112
LE FRANC DE BRUGES	139
LE QUESNOY (Nord, arrond. d'Avesnes)	127
LEULINGHEM (Pas-de-Calais, arrond. de Boulogne, cant de Marquise)	93, 96, 99, 106
LEURE	32, 33, 36

	Pages
LEWES (Angleterre, comté de Sussex)	91
LIANE (rivière la)	212
LICQUES (Pas-de Calais, arrond. de Boulogne, cant. de Guines)	271
LICQUES (abbaye de)	235
LILLE	69n
LIMOUSIN (le)	99
LONDRES	27, 38, 42, 76, 77, 87, 90, 133, 156, 168, 173, 176, 178, 180, 182, 186, 209, 210, 210, 212, 243, 217, 218, 260, 289
LONDRES (tour de)	119, 161, 198, 234
LOUVAIN	113
LUBECK	169
LUDLOW (bataille de)	170, 171
LUMBRES (Pas-de-Calais, arrond de de Saint-Omer)	43, 19
LUXEMBOURG	261
MALINES	203
MARCK (Pas-de-Calais, arrond de Boulogne, cant. de Calais)	34, 75, 81, 92, 110, 111, 110, 220, 229, 244, 252, 253, 279
MARQUISE (Pas-de-Calais, arrond de Boulogne)	235, 270
METZ	246
MIDDELBOURG (Pays-Bas, province de Zélande)	95
MONS (Belgique, province de Hainaut)	127, 128
MONTAUBAN	155
MONTDIDIER	221
MONTEREAU (Seine-et-Marne, arrond de Fontainebleau)	121
MONTREUIL (Pas-de-Calais)	24, 26, 41, 93, 218, 221, 236, 240, 242, 265
NEUSS (siège de)	185
NEVILL'S CROSS (bataille de)	33
NEWCASTLE-SUR-TYNE (Angleterre, comté de Northumberland)	27
NIELLES LES CALAIS (Pas-de-Calais, arrond. de Boulogne, canton de Calais)	273, 274
NIEULAY (la forteresse du) à l'ouest de Calais	221, 222, 267, 273-279, 284

NIEULAY (le pont du) 27, 43, 44ⁿ, 45, 70, 71, 138, 142, 150, 151, 152, 156, 219ⁿ, 227, 272, 273, 279 (Les Anglais le désignaient sous le nom de Newnham Bridge).
NIEUPORT (Belgique, province de Flandre occidentale) 111. 193
NORDAUSQUES (Pas-de-Calais, arrond. de St-Omer, cant d'Ardres) 43
NORFOLK (comté de) 66, 259
NORMANDIE 88, 157, 160, 166, 181, 182ⁿ, 185, 187, 255, 265, 266ⁿ
NORTHAMPTON (bataille de) 176
NORTHUMBERLAND (comté de) 246
NOTRE-DAME DE CALAIS (église) 63, 199, 201, 223, 229, 231
NOYON (Oise, arrond. de Compiègne) 208. 263

ORLÉANS 128
OYE (Pas-de-Calais, arrond. de Saint-Omer, canton d'Audruicq) 75. 84, 139, 140. 152, 168, 224
OYE (le château d') 152
OYE (la terre d') 220. 236

PARIS 185, 210, 212, 289
PAVIE (bataille de) 224
PAYS-BAS (les) 220, 223, 260
PÉRIGORD (le) 99
PICARDIE 6, 75, 77. 79, 89, 97, 112 121, 127, 137, 142, 117, 158, 182. 219, 221, 231 268
PICQUIGNY (Somme, arrond. d'Amiens) 186, 187
POISSY (Seine-et-Oise, arrond. de Versailles) 23
POITIERS (bataille de) 78
POITOU (le) 126
PONTHIEU (le) 26, 48, 87, 88, 130
PONT-REMY (Somme, arrond. d'Abbeville, cant. d'Ailly-le-Haut-Clocher) 32ⁿ, 265
POPERINGHE (Belgique, province de Flandre occidentale) 117

QUERCY (le) 99

REIMS 36, 194ⁿ

RENTY (Pas-de-Calais, arrond. de Saint-Omer, cant. de Fauquembergue) 265, 266, 269ⁿ
RÉTY (Pas-de-Calais, arrond. de Boulogne, cant. de Marquise) 264
RISBAN (fort) à l'entrée du port de Calais, 106, 118, 184, 235, 245, 266ⁿ, 267, 269, 272, 275-280. 284, 286ⁿ
RISBAN (tour du) 155ⁿ, 162
ROCHESTER (Angleterre, comté de Kent) 66
ROOSEBEKE (bataille de) 94. 95
ROUEN 180
ROUERGUE (le) 99
ROYE (Somme, arrond. de Montdidier) 221
RYE (Angleterre, comté de Sussex) 91

SAINT-ALBAN (bataille de) 165, 176, 177
SAINT-BERTIN (abbaye de) 114. 116
SAINT-INGLEVERT (Pas-de Calais, arrond de Boulogne, cant de Marquise) 99, 255, 265
SAINT-NICOLAS DE CALAIS (église) 61, 62ⁿ, 82 100, 101, 129, 201, 255ⁿ
SAINT-NICOLAS de Calais, (hôpital) 61, 62ⁿ
SAINT-OMER 25, 29, 35. 36, 39, 48, 56, 68. 70. 72-76, 78, 90, 91, 93, 110, 112, 113. 114 116, 125ⁿ. 135ⁿ, 139, 151, 177ⁿ. 180, 191, 192, 194, 243, 268, 275
SAINT-PIERRE-LEZ-CALAIS 176, 232. 279
SAINT-PIERRE (église de) 171, 195
SAINT-POL (Pas-de-Calais) 124
SAINT-POL (comté de) 108
SAINT-QUENTIN 87, 261, 263, 264
SAINT-VAAST-LA-HOUGUE (Manche, arrond. de Valognes, cant de Quettehou) 23
SAINT-VALERY-SUR-SOMME (Somme, arrond. d'Abbeville) 34, 38, 76, 130
SAINT-VENANT (Pas-de-Calais, arrond. de Béthune, cant de Lillers) 41
SAINTE-MARIE DE LA CAPELLE (abbaye de) près de Calais, 35

	Pages		Pages
SANDWICH (Angleterre, comté de Kent)	37. 60. 61. 65. 76. 77. 79. 94, 97, 111, 160, 167, 170, 171, 173, 175, 176, 181	TOURS (Indre-et-Loire)	155
		TOWTON (bataille de)	177
		TROYES (Aube)	121, 126
SANGATTE (Pas-de-Calais, arrond. de Boulogne, cant. de Calais)	43. 44, 48, 49, 67, 75, 81, 112, 150, 267, 272, 273	UTRECHT	113
		VAUCELLES (trêve de) près de Cambrai,	254
SENS (Yonne)	118	VERDUN (Meuse)	246
SHREWSBURY, ville d'Angleterre au N.-O de Londres,	159	WAKEFIELD (bataille de)	176
SLACK (fort, sur la rivière de)	213	WALE (village existant sur la terre de Marck au temps de la domination anglaise)	84
SOMME (rivière de)	109, 166n, 264, 265, 267		
SOUTHAMPTON (Angleterre, comté du même nom)	76, 110, 120, 145n, 225	WERVICQ (Belgique, province de Flandre occidentale)	147
		WEST-FLANDRE	112
SUFFOLK (comté de)	66, 237, 259	WESTLAND	147
		WESTMINSTER	101, 104, 162, 170, 177, 250
THANET (île)	107, 145	WINCHELSEA (Angleterre, comté de Sussex)	37n, 65, 160
THÉROUANNE (Pas-de-Calais, arrond. de Saint-Omer, cant. d'Aire-sur-la-Lys)	76, 97, 121, 191. 201, 205, 218, 238, 217	WISSANT (Pas-de-Calais, arrond. de Boulogne, cant. de Marquise)	26, 30, 239
TOUL (Meurthe-et-Moselle)	246		
TOURAINE (la)	126		
TOURNAI (Belgique, province de Hainaut)	11, 69n, 205, 208, 209, 214	YPRES (Belgique, province de Flandre occidentale)	28, 95, 139, 192
TOURNEHEM (Pas-de-Calais, arrond. de Saint-Omer, cant. d'Ardres)	25, 43, 88, 139, 201	ZÉLANDE	178, 185

Table des Chapitres

INTRODUCTION

	Pages
Le rôle de Calais dans l'histoire générale de 1346 à 1558. — Travaux actuels sur cette période de la Domination anglaise à Calais	5
Les sources.	12

CHAPITRE I

Le siège de Calais par Edouard III

Raisons qui déterminent Edouard III à venir, après sa victoire de Crécy, mettre le siège devant Calais. Le bailli, Pierre de Ham, approvisionne la ville et réclame en vain des renforts. Arrivée d'Edouard III, il établit solidement son armée en vue d'un long siège. Subsides votés par le parlement d'Angleterre. Forces anglaises. — Les Flamands offrent leur aide à Edouard III.   23

Philippe VI ne tente rien pour s'opposer à l'investissement de Calais. — Jean de Vienne et la garnison de Calais. — Renvoi des vieillards, des femmes et des enfants. — La ville est ravitaillée par mer. — Blocus par la flotte anglaise.   29

Edouard III repousse la médiation du pape. — Opérations autour de Calais. — Emotion causée en France par le siège de Calais. — Derniers convois de vivres pénétrant dans la place. — Nouvel effort naval de l'Angleterre. — Lettre de Jean de Vienne au roi de France.   33

Philippe VI réunit une armée pour secourir Calais. — Lenteur de sa marche. — Les Flamands se joignent aux Anglais. — Défi de Philippe VI à Edouard III. — Les légats du pape font accepter une trêve de trois jours. — Retraite de l'armée française. 40

La famine dans Calais. — Jean de Vienne demande à capituler. — Dures exigences d'Edouard III. — Dévouement d'Eustache de Saint-Pierre et de cinq autres bourgeois. — Les Anglais maîtres de Calais. — Exode des anciens habitants. — Mesures prises en leur faveur. 49

CHAPITRE II

De la prise de Calais à sa cession définitive au roi d'Angleterre

Edouard III fait de Calais une colonie anglaise. — Concession de maisons et de terres. — Eustache de Saint-Pierre reste à Calais. Doutes émis sur sa conduite. — Edouard III organise l'administration. — Confirmation de la charte de Mahaud. — Approvisionnement. — Fortifications. — Privilèges concédés aux nouveaux habitants. 59

Escarmouches autour de Calais. — Tentative de Geoffroi de Charny pour reprendre Calais. — Edouard III découvre ce complot. — Echec des Français. 67

Combat en 1351 entre les garnisons de Calais et de Saint-Omer. — Violation continuelle des trêves. — Les Anglais s'emparent de Guînes en 1352. — Edouard concentre une armée à Calais en 1355. — Nouvelle expédition en 1359. Afflux de mercenaires à Calais. Le duc de Lancastre les conduit en Artois et en Picardie. 73

Confirmation à Calais du traité de Brétigny en 1360. — Le roi Jean le Bon à Calais. — Fêtes pour la signature du traité de paix. — Cession définitive et sans réserve de Calais au roi d'Angleterre. 80

CHAPITRE III

Calais de 1360 à la fin du XIVe siècle

Rôle de Calais pendant la guerre entre Charles V et Edouard III. — Expéditions anglaises de 1369 et 1370. — Grande armée anglaise concentrée à Calais en 1373. 85

Pages

Tentative d'une flotte française contre Calais en 1377. — Les Français reprennent Ardres et Audruicq. — Hugues de Calverley, capitaine de Calais, ravage le Boulonnais et l'Artois (1377-1379). — Négociations à Leulinghem.   90

Ambassade flamande à Calais. — Guillaume Beauchamp, capitaine de Calais, capture des navires français de la flotte d'Olivier de Clisson.   91

Cessation des hostilités. — Nouvelles conférences à Leulinghem. — Le duc de Bourgogne, Philippe le Hardi, vient à Calais conclure la paix. — Entrevue de Richard II et de Charles VI entre Ardres et Guînes. — Isabelle de France amenée à Calais où Richard II l'épouse en l'église Saint-Nicolas. — Richard II fait conduire son oncle, le duc de Gloucester, au château de Calais. — Mort mystérieuse du duc.   99

CHAPITRE IV

Calais sous les Lancastre, jusqu'au siège de 1436

Mort de Richard II détrôné par Henry IV. — Isabelle de France ramenée à Calais. — Prospérité commerciale de la ville. — Accroissement des fortifications.   105

Le comte de Saint-Pol provoque le gouverneur de Calais. — Crainte d'une attaque de Philippe le Hardi contre Calais. — Négociations commerciales à Calais entre Anglais et Flamands. — La garnison de Calais ravage le comté de Saint-Pol. — Les Français tentent de reprendre le château de Marck   107

Jean sans Peur projette d'assiéger Calais (1405). — Ses préparatifs (1406) à Saint-Omer. Renforts anglais à Calais. — Echec du projet du duc de Bourgogne. — Troubles à Calais. Mutinerie de la garnison.   111

Entente entre Jean sans Peur et les Anglais. — La garnison de Calais aide les Bourguignons contre les Armagnacs. — Le comte de Saint-Pol essaie de prendre Guînes. — Le prince de Galles gouverneur de Calais.   117

Il devient roi en 1413 sous le nom de Henry V. — Réorganisation de l'administration royale à Calais. — Henry V conduit à Calais ses prisonniers d'Azincourt. Il y fait une entrée triomphale.   119

Entrevue de Calais entre Henry V, l'empereur Sigismond, et Jean sans Peur (1416). — Jacqueline de Bavière se réfugie à Calais (1421). — Grande expédition de Henry V (1421) préparée à Calais. — Mort de Henry V dont le corps est rapporté à Calais.   122

Pages

Difficultés financières pour solder la garnison. — Humphrey de Gloucester organise à Calais une expédition contre le duc de Brabant. — Passage de troupes envoyées en France. — Henry VI à Calais (1430). — Querelles intestines à Calais. — Répression sévère. 126

CHAPITRE V

Le siège de Calais par Philippe le Bon

Mécontentement en Angleterre contre Philippe le Bon, après le traité d'Arras. — Le duc de Bourgogne décide d'assiéger Calais. — Enthousiasme des Gantois. — Préparatifs de résistance des Anglais. 133

Premières escarmouches. — Marche des milices flamandes. — Prise du château d'Oye. — Présomption des Gantois. — Prise et destruction du château de Marck. — Investissement de Calais. — Les assiégés font d'heureuses sorties. 137

Jean de Croy assiège la garnison de Guînes. — Humphrey de Gloucester lève en Angleterre une armée de secours. — La flotte hollandaise ne peut bloquer Calais. — Mécontentement des Flamands. — La garnison de Calais détruit une bastille élevée près de la ville. — Les Flamands abandonnent Philippe le Bon. — Echec définitif du duc. — Expédition de Gloucester en Flandre. 142

CHAPITRE VI

Calais, de 1436 au début de la guerre

des Deux Roses

La possession de Calais est onéreuse pour l'Angleterre. Difficultés pour le paiement des soldats. — Négociations avec la duchesse de Bourgogne. — Conférences de 1439 entre Calais et Gravelines. — Fêtes à Calais. — Le duc Charles d'Orléans y séjourne. — Il est mis en liberté en 1440. 149

Précautions prises contre une attaque des Français. — Commissaires anglais envoyés dans les comtés. — Charles VII médite de reprendre Calais. — Grands efforts des Anglais pour munir et approvisionner cette ville. 153

Pages

Nouvelles séditions militaires. — Les Anglais perdent toutes leurs possessions en France. En 1450, ils s'attendent à être assiégés dans Calais. — Le duc de Somerset chargé de sa défense. — Projet de Charles VII en 1452. — Talbot, en attaquant la Guyenne, oblige Charles VII à y renoncer. — En 1453, Calais reste la seule ville anglaise en France.   156

CHAPITRE VII

Calais pendant la guerre des Deux Roses

Le duc d'York gouverneur de Calais (1454). — Il est remplacé en 1455 par Richard, comte de Warwick. — Celui-ci fait de Calais une base d'opérations militaires dans la guerre civile. — Garnison bien payée et toute dévouée à son chef. — Importance politique et militaire du gouvernement de Calais. — Nouvelles craintes d'une attaque des Français.   161

Warwick conclut un accord avec le duc de Bourgogne. — Sa rébellion contre le roi Henry VI. — Calais, citadelle des Yorkistes. — Warwick s'y réfugie après la bataille de Ludlow, il s'y maintient contre Henry de Somerset nommé pour le remplacer. Celui-ci, maître de Guînes, tente vainement de pénétrer dans Calais. — Warwick quitte Calais et est vainqueur à Northampton. — Triomphe des Yorkistes. — Warwick obtient la capitainerie de Calais, sa vie durant.   169

Négociations de Marguerite d'Anjou. — Elle promet de restituer Calais à Louis XI. — Échec de Marguerite. — Conférence pour la paix à Calais en 1466. — Nouvelles intrigues de Warwick. — Sa fille épouse à Calais le duc de Clarence, frère d'Edouard IV. — Révolte de Warwick. — Il est vaincu et tente en vain de rentrer à Calais. — Il remporte des succès et la garnison de Calais se déclare en sa faveur. — Mort de Warwick (1471).   177

Edouard IV pardonne aux Calaisiens. — Il débarque à Calais en 1475 ; il traite avec Louis XI. — Celui-ci juge prudent de ne rien tenter contre Calais. — Richard III confie à son fils le gouvernement de Calais. — Les Calaisiens refusent d'abord de reconnaître le roi Henry VII.   181

CHAPITRE VIII

Calais sous les Tudor

Pages

La garnison de Calais participe aux opérations en Artois et en Flandre contre Charles VIII. — Expédition de 1492 terminée par le traité d'Etaples. — Entrevue de Calais, en 1500, entre Henry VII et l'archiduc Philippe le Beau. — Le château de Calais, prison d'Etat. — Le commerce de Calais sous Henry VII. — 191

Henry VIII confirme, à son avènement, les anciens privilèges de Calais. — Expédition contre la France (1512). — Passage d'ambassades au début du règne de François Ier. — Entrevue du Camp du Drap d'or. — Entrevue de Henry VIII à Calais avec Charles Quint. — Conférences de Calais en 1521. — Charles Quint revient à Calais en 1522. — Campagne de 1523. — 201

Ambassade de Wolsey en 1527. Sa réception à Calais. — Conflit entre les gouverneurs de Calais et de Guînes. — Premiers troubles religieux à Calais. — Entrevue de François Ier et de Henry VIII à Boulogne et à Calais en 1532. — Réception d'Anne de Clèves (1539). — 222

Contestations territoriales avec la France. — Fortifications de Calais reconstruites et augmentées. — Nouvelle guerre avec François Ier (1543). — Henry VIII débarque à Calais (1544) et s'empare de Boulogne. — 233

CHAPITRE IX

Fin de la Domination anglaise à Calais

Fêtes à Calais pour l'avènement du roi Edouard VI. — Inquiétudes provoquées par la mort de François Ier. — Incidents de frontières. — Campagne de Henri II dans le Boulonnais. — La garnison anglaise de Boulogne revient à Calais. — 237

Empiètement des Français sur le territoire de Calais. — Le commerce de Calais souffre des hostilités entre Français et Espagnols. — Avènement de Marie Tudor. — Intrigues de l'ambassadeur français de Noailles. — Lord Howard, gouverneur de Calais, refuse les secours que lui offre le connétable de Montmorency. — 244

Situation troublée à Calais. — Négligence des officiers. — Charles Quint envoie une ambassade conclure le mariage de son fils Philippe avec la reine Marie. — Bruits de complots français à Calais. — Passage du duc de Savoie par Calais. — Conférences de Marck (1555). — Restauration du catholicisme à Calais. — Mécontentement des habitants. — Craintes pour la sécurité de la ville.   249

CHAPITRE X

La reprise de Calais par les ~~Anglais~~ Français

Marie Tudor déclare la guerre à Henri II (7 Juin 1557). — Situation très précaire de Calais. — Philippe II à Calais. — Une armée anglaise se concentre à Calais et rejoint à Saint-Quentin les troupes du duc de Savoie. — Escarmouches autour de Calais.   259

Henri II décide d'assiéger Calais. — Les promoteurs de cette entreprise. — Circonstances favorables. — Le duc de Guise nommé chef de l'armée française. — Préparatifs et concentration des troupes. — Les Impériaux soupçonnent ce projet et avertissent le gouverneur de Calais, lord Wentworth, qui ne tient aucun compte des avis reçus. — Il rassure la reine d'Angleterre.   261

Invasion du territoire anglais (1er Janvier 1558) — Description des fortifications de Calais. — L'avant-garde française enlève le petit fort de Sangatte. — Wentworth demande des secours. — Prise des forts Nieulay et Risban (3 Janvier). — La ville est complètement investie. — Attaque du château. — Les Anglais essaient de le reprendre. — Reddition de Calais.   270

Conditions de la capitulation. — Les secours anglais arrivent trop tard. — Les Français rentrent dans Calais. — La consternation en Angleterre. — La joie en France. — Immense retentissement provoqué en Europe par cet évènement.   281

APPENDICE

Chansons de l'époque composées à l'occasion de la reprise de Calais par les Français.

Liste des Gravures

CONTENUES DANS CET OUVRAGE

Le Siège de Calais — Miniature tirée du manuscrit 639, 39 de la Bibliothèque Bodléienne à Oxford.

Les Bourgeois de Calais. — Tableau de Edouard Bird, gravure de J. Young. Collection de M. Lunings-d'Or.

Isabelle de France, fiancée à Richard II, entre Guines et Ardres. — Photographie d'une miniature. Manuscrit de Froissart, Bibliothèque Harléienne, British Museum.

Portrait de Philippe le Bon, duc de Bourgogne, par R. Van der Weyden. Photographié sur l'original au musée d'Anvers. Cliché de M. G. Hermans.

Siège de Calais par le duc de Bourgogne. — Photographie d'un dessin du manuscrit Cotton. Julius, E, IV, Art. 6. British Museum.

Conférences pour la paix entre Calais et Gravelines (1439). — Miniature extraite du manuscrit « Les Chroniques d'Angleterre » par J. de Wavrin. Bibliothèque royale de La Haye, n° 133, A. 7. Tome III. f° 254.

Entrevue du camp du Drap d'Or, d'après le tableau du château de Hampton Court, gravé par James Basire (1774).

Charles Quint et Henry VIII. — Dessin de Harding, d'après un ancien tableau dont l'auteur est inconnu. Gravure de J. Brown. British Museum, cabinet des estampes.

Vue de la ville et du port de Calais sous Henry VIII (vers 1544). — Plan colorié, très probablement de Vincent, peintre du Roi. Cottonian Library, Augustus I, vol. II, 70. British Museum.

François de Lorraine, duc de Guise. — Gravure de François Bignon, d'après Zacharie Heince. Collection Clairambault. Bibliothèque Nationale.

Prise de Calais par les Français. — Gravure faite à Rome en 1602 par Jean Orlandi, d'après une gravure plus ancienne de Claude Duchetti. Collection topographique de la Bibliothèque Nationale, arr. de Boulogne, I, 35.

Prise de Calais par les Français. — Collection Joire. Imagerie populaire, 1558.

Portrait du duc de Guise. — Musée de Versailles.

Médaille commémorative de la reprise de Calais. — Bibliothèque Nationale, cabinet des médailles, n° 3053.

Addition au Chapitre V

Pendant que s'achevait l'impression de ce volume, nous avons eu connaissance d'un document très important concernant le siège de Calais par le duc de Bourgogne en 1436 (1). C'est une lettre de Philippe le Bon lui-même, probablement adressée à son beau-frère, Charles Ier, duc de Bourbon, quelques semaines après l'échec de son entreprise contre Calais. Elle ne modifie d'ailleurs en aucune façon le récit des événements tel que nous l'avons fait ici et confirme au contraire les dires des chroniqueurs contemporains, Monstrelet et Duclercq.

Mais, si le duc racontant brièvement les circonstances qui ont fait échouer son plan d'attaque contre Calais est obligé d'avouer son impuissance à retenir près de lui les Flamands dont la retraite le contraignit à partir, sans même livrer bataille au duc de Glocester, il est curieux de noter par quels euphémismes il tente de pallier son échec. Malgré l'importance de ses préparatifs, le nombre de ses soldats et la perfection de l'armement, il n'aurait pas, à l'en croire, mis vraiment le siège devant Calais. « car, combien que nostre ost fust puissant de gens et bien fourni de habillemens de guerre, et eussions grant désir et voulenté de très bien et

---

(1) Lettre inédite du duc de Bourgogne, Philippe le Bon, à son beau-frère le duc de Bourbon, Charles Ier, après la levée du siège de Calais (Août-Septembre 1436). — Archives du Nord, Chambre des Comptes de Lille. Portefeuille des minutes des Lettres missives, non datées, du XVe siècle. — Par M J. Finot.. Bulletin de la Commission Historique du Nord, T. XXVII, 1909, pp. 251-259.

diligemment besongnier à l'expédicion de nostre dicte emprinse, toutevoye, pour ce que après que y fusmes arrivés devant apperceumes aucunez choses qui nous donnèrent occasion de non estre fermement asseurez de la constance et continuacion de nos dictes gens de Flandrez, en espécial de ceulx de Gand, ains nous donnèrent couraige de doubter, ce qui est avenu comme cy aprez est déclairié, nous ne nous y meismes que par manière de logis et non de siège comme dit est, ne y feismes asseoir, ne tirer aucunes bonbardes contre la dicte ville, et aussi ne feismes point sommer ceulx de dedens comme il est acoustume de faire préallablement... »

On conçoit facilement que le duc Philippe ait essayé d'amoindrir l'importance d'une attaque qui avait tourné à sa confusion, mais c'est vraiment jouer sur les mots ! Que la défection des Flamands l'ait empêché de conduire un siège, suivant toutes les règles de l'art militaire, qu'il n'ait pas envoyé de sommation régulière à la garnison de Calais, que ses canons n'aient pas battu en brèche les remparts de Calais, le fait est exact et n'a rien de surprenant. Le temps lui manqua, puisqu'il dut se retirer précipitamment, mais ces explications embarrassées n'infirment en rien le fait de ses immenses préparatifs.

Il nous paraît aussi douteux que la conduite des Flamands ait inspiré au duc des craintes sur leur fidélité au début du siège. S'il en était ainsi pourquoi aurait-il repoussé les offres de secours ou de diversion que lui fit Richemont ? Pourquoi aurait-il dispersé ses meilleures troupes picardes et bourguignonnes au lieu de les concentrer autour de Calais ?

C'est donc avec les réserves nécessaires qu'il convient d'accepter les explications du duc Philippe le Bon sur des faits dont son témoignage confirme pleinement d'ailleurs la réalité.

F. L.

HISTOIRE DE CALAIS

Calais sous la Domination Anglaise

1346-1558

II. - LES INSTITUTIONS

L'Autorité Royale à Calais ~ Organisation Militaire
Travaux Publics ~ Approvisionnement de la Ville

PAR

F. LENNEL
PROFESSEUR AU COLLEGE D'ARRAS
DOCTEUR ÈS-LETTRES

3ᵐᵉ Volume

CALAIS
IMPRIMERIE MODERNE J. PEUMERY
1913

HISTOIRE DE CALAIS

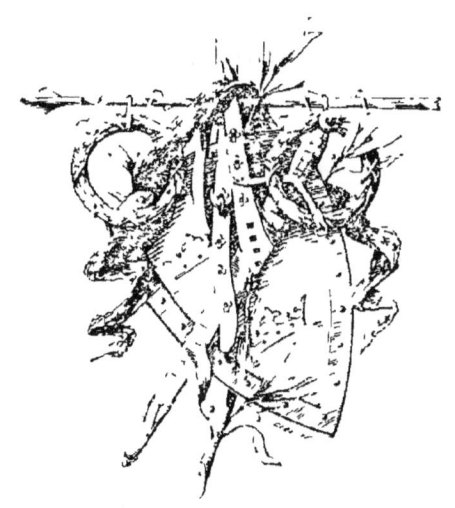

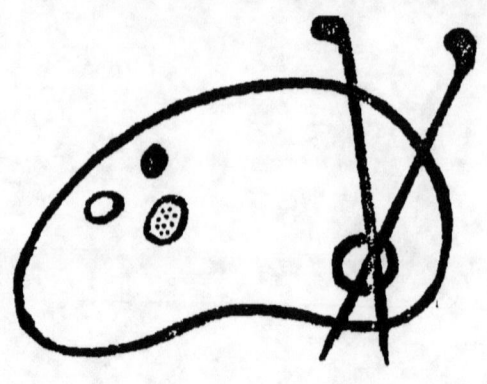

Original en couleur
NF Z 43-120-8

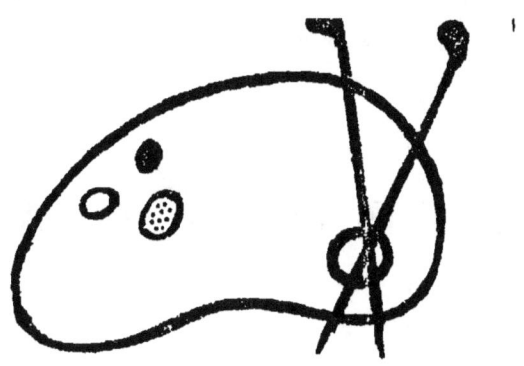

Original en couleur

NF Z 43-120-8

HISTOIRE DE CALAIS

Calais sous la
Domination Anglaise

1346-1558

II. - LES INSTITUTIONS
Administration — Commerce — Vie sociale

PAR

F. LENNEL
PROFESSEUR AU COLLÈGE D'ARRAS
DOCTEUR ÈS-LETTRES

3ᵐᵉ Volume

CALAIS
IMPRIMERIE MODERNE J. PEUMERY
1913

Calais sous la Domination anglaise

CHAPITRE I

L'Autorité royale à Calais

Administration générale — Le Capitaine

E roi d'Angleterre, maître de Calais et des territoires voisins de cette ville, y est directement représenté par un officier, investi de tous ses pouvoirs, aussi bien en qualité de souverain politique que comme propriétaire du sol, qui lui appartient par droit de conquête. Cet officier a successivement porté les noms de capitaine, lieutenant et député de Calais. Le roi a d'ailleurs la faculté, dont il usa souvent, de déléguer de hauts commissaires, soit pour régler certains points litigieux, soit pour enquêter sur la situation générale du gouvernement de Calais et des « marches », mais, en principe et en temps normal, on peut dire que ce gouvernement est entièrement entre les mains du représentant ordinaire du Roi.

Nous avons vu, dans le précédent volume, comment le gouvernement de Calais fut confié, durant les deux siècles de la domination anglaise, à des personnages distingués, par la naissance ou par le talent, et nous n'avons pas à passer en revue la liste chronologique des capitaines, lieutenants et députés de Calais, mais il nous faut essayer de préciser leurs attributions et de dégager les principes qui paraissent avoir déterminé l'évolution de ces fonctions.

Aussitôt après la conquête, Edouard III, avant même de

regagner son royaume, organisa la ville et en donna le commandement à un brave chevalier, Jean de Montgomery (1), remplacé quelques semaines plus tard par Jean de Chevereston (2). Déjà, les termes de la nomination suffisent à indiquer le caractère de la charge dont le capitaine est investi. Défendre la ville contre toute attaque, en assurer la sécurité contre les ennemis de l'extérieur et, pour cela, jouir d'une autorité absolue sur les habitants comme sur les soldats, telle est la consigne qu'il accepte. Point de période fixée d'abord à son commandement. Il est révocable à la volonté du roi (3). Une endenture est établie entre le roi et le capitaine pour énumérer les charges et les conditions de l'engagement (4). Ordre est donné à tous, sous peine de forfaiture, d'obéir au capitaine, ou à son lieutenant, ou à tout autre qu'il peut déléguer en son absence. Le capitaine a, en conséquence, le droit de punir et châtier quiconque lui fera opposition ou rebellion, en ce qui concerne la sauvegarde et défense de la ville (5).

Bientôt la formule de nomination du capitaine se complète et l'on précise l'étendue de son droit répressif. Quand Jean de Beauchamp est établi capitaine de Calais, le 12 Juillet 1349, licence lui est accordée de révoquer quiconque ne fera pas son devoir : sergents d'armes, écuyers, gardes des châteaux de Marck et d'Oye, et tous autres aux gages du roi. Il pourra

---

(1) Rymer, édit. du Record T. III, pars I, p. 138, à la date du 8 Octobre 1347.

(2) Ibidem, p. 140, à la date du 1ᵉʳ Décembre 1347.

(3) « Capitaneum et custodem villæ nostræ Calesiæ quamdiu nostræ placuerit voluntati... » Nomination de Jean de Chevereston, Rymer, édit. cit., T. III, pars I, p. 140.

(4) M Daumet semble croire que cette endenture n'exista que plus tard, quand le capitaine fut nommé pour une période déterminée. – (f. Calais sous la Domination anglaise, par G Daumet, Arras, 1902, p 96: « Un peu plus tard, le souverain nomma le capitaine de Calais pour une période déterminée, un an par exemple. En ce cas, une endenture était rédigée, formulant les obligations du roi et celles de cet officier ». Or, dans l'acte de nomination de Jean de Chevereston, il est dit: « ita quod vos villam prædictam, ad opus nostrum, salvo custodiatis et custodiri etiam faciatis, pro custodia illa percipiendo *juxta formam indenturæ inter vos et nos confectæ..* » Ibid.

(5) « Damus... potestatem puniendi et castigandi vobis contrarios, seu rebelles in his quæ ad salvationem et defensionem dictæ villæ pertinent... » Ibid.

les envoyer en prison à la tour de Londres et les remplacer (1). La nomination de Robert de Herle, en 1350, est conçue exactement dans les mêmes termes (2), mais, le 6 Août, Edouard III étend les pouvoirs judiciaires du capitaine et le commet pour connaître en appel des plaintes, procès et causes, tant civiles que criminelles, à Calais et sur le territoire anglais, qui relèveraient de l'autorité royale (3).

L'endenture rédigée entre le roi et le capitaine indique les devoirs de celui-ci au point de vue militaire. Nous avons celle qui fut faite le 20 Juin 1351, quand les pouvoirs de Robert de Herle lui furent confirmés pour une année, par Edouard III (1). Le capitaine consent à entretenir, à Calais, dix chevaliers, quarante-neuf écuyers, soixante archers à pied dont les gages doivent être payés par quartiers, à raison de cent livres chaque quartier. Le roi a aussi à sa charge les frais de passage du capitaine, de ses hommes et de ses chevaux « allant à Calais ou en retournant ». Il entretiendra dans la ville des soudoyers, des ouvriers et des marins en nombre suffisant, et fournira la place de vivres pour six mois. Au cas où le roi manquerait à ses engagements, le capitaine pourra quitter la ville avec ses gens. Le roi veut « que le conestable du chastel de Calais et les conestables des chastels environ soient remuables par le dit mons. Robert, en cas qu'ils ne font leur devoir ». Le capitaine a donc l'autorité la plus absolue. Nul soudoyer ne pourra quitter Calais sans sa permission. Si la ville est assiégée, le roi est tenu d'y envoyer, dans le délai d'un mois, cent hommes d'armes et cent archers pour la secourir.

---

(1) « Damus potestatem . etiam amovendi omnes et singulos qui, in dicta munitione indebiti se habebunt, tam videlicet servientes nostros ad arma, armigeros, et alios de hospicio nostro, et custodes de Merk et de Oye, quam caeteros ad vadia nostra in illis partibus existentes, et, si opus fuerit, in Angliam mittendi ad turrim nostram London', quotiens et quando defectus debite compertus fuerit in eisdem, et alios, loco eorum, reponendi.. » Rymer, édit. cit. III, pars I, p. 186. Acte daté du 12 Juillet 1349.

(2) Nomination du 9 Mars 1350 (n. s.) Ibid., p. 193.

(3) Ibid., p. 201.

(1) « Ceste endenture tesmoigne que monsieur Robert de Herle est demorré capitain de Calais pur un an entier comenceant le vintisme quart jour de juyn prochein a venir, en le manere qui s'ensuit.. » Ibid p. 222. Cette endenture est du 20 Juin, la nomination est datée du 30 Juin avec effet à partir de la Saint-Jean (24 Juin). Ibid. p. 226.

La convention passée le 10 Février 1356, avec Jean de Beauchamp, ne diffère guère de celle-ci. Seul, le nombre des hommes d'armes, gagés par le capitaine, change un peu. « Il aura avec lui neuf chevaliers, cinquante écuyers et quarante deux archers à cheval ; pour ses gages et ceux de ses hommes, il touchera la somme de 66 livres 13 sous 4 deniers, payable d'avance et par quartiers. La ville et les châteaux qui en dépendent seront garnis d'un banneret, vingt neuf chevaliers, trois cent quarante huit écuyers, cent soixante deux archers à cheval, cent vingt trois « hobelours », cent quatre vingt quinze archers à pied, treize hommes pour la garde de jour, plus deux cent vingt maçons, charpentiers et ouvriers divers, cinq arbalétriers et vingt mariniers »(1). Les autres clauses sur l'autorité du capitaine et les secours que doit lui envoyer le roi, en cas de siège, restent les mêmes. En somme, c'est un véritable contrat. Moyennant une somme fixe, le capitaine est tenu de recruter lui-même et de payer un nombre déterminé d'hommes que l'on juge suffisant pour la défense de la ville, en temps ordinaire, le roi fournissant en surplus les soldats et les ouvriers, dont on a besoin et déléguant son autorité au capitaine pour assurer l'ordre. Chacun des principaux officiers, le trésorier, le maréchal, le sénéchal, a d'ailleurs le commandement d'un groupe de soldats formant sa « retenue » propre, comme le capitaine a la sienne, mais c'est à lui qu'appartient, avec la responsabilité, le pouvoir suprême. Bien que nous n'ayons pas conservé toutes les endentures de ce genre, il est certain que le système resta en vigueur pendant plus d'un siècle (2). Le 16 Mai 1438, le conseil d'Angleterre ordonnait que les nominations de capitaines des châteaux, dans les marches de Calais, fussent rédigées suivant les formes anciennes (3). Nous avons aussi étudié les termes de l'endenture passée

---

(1) Daumet, op. cit p. 96. L'acte est dans Rymer, édit. cit T. III, pars I, p. 324.

(2) Cf. pour le renouvellement des pouvoirs de Jean de Beauchamp, le 10 Février 1357, Rymer, T III, pars I, p. 346; pour la nomination de Henry Le Scrop, 6 Février 1360, P. R O. Early chancery, roll 304, m. 15 et 305, m. 15 (cité par Daumet, p. 97). Même mode de nomination pour Richard, comte de Warwick, 3 Février 1417 (n. s.), voir B. N. Moreau 681, f° 333 — Le même est confirmé pour deux ans suivant endenture, 1er Mars 1424, Ibid., 682, f° 28.

(3) Proceedings, V, p. 101.

entre le roi Henry VI et son cousin Richard, duc d'York, quand celui-ci obtint, pour sept ans, la charge de capitaine de Calais, le 17 Juillet 1454 (1), et nous pouvons en conclure que, jusqu'au règne d'Edouard IV, les conditions de nomination des capitaines de Calais furent à peu près les mêmes.

C'est que, pendant toute la durée de la guerre de Cent Ans, et surtout durant les périodes d'hostilités ouvertes, le capitaine de Calais est, avant tout, un soldat chargé de la défense d'un poste périlleux. Sans doute, il a théoriquement sur l'administration judiciaire et financière un droit de contrôle, mais, en fait, il ne l'exerce pas. Faire de continuelles incursions sur le territoire français, s'informer des mouvements de l'ennemi, tenir la garnison en haleine, veiller au bon état des fortifications, voilà sa tâche essentielle, celle qu'il prend à cœur et qui lui vaut honneur et profit. Qu'on relise ce qui a été dit ailleurs du rôle de Calais sous Edouard III (2) et l'on évoquera, sans peine, la rude image de ces premiers gouverneurs de Calais, que la politique prévoyante d'Edouard III ne laisse que peu de temps au même poste (3). Il suffira de rappeler ici, comme type de ces chevaliers d'aventures, ce Hugues de Calverley, dont le nom seul était un objet d'effroi pour les habitants de l'Artois et du Boulonnais, et dont nous avons conté ailleurs les prouesses et les ruses. Si l'expression n'était un peu forcée, j'appellerais volontiers ces capitaines des « entrepreneurs de pillage ». Ayant sous leurs ordres d'excellents soldats, ils s'en servaient pour amasser du butin et faire des prisonniers, qu'ils rançonnaient au plus haut prix.

Le poste était tellement envié que bientôt il fut réservé aux princes du sang et aux membres des plus illustres familles de l'Angleterre. Déjà, le 6 Novembre 1392, le roi Richard avait nommé le comte-maréchal Thomas de Nottingham capitaine de Calais et son lieutenant dans les marches de Calais et Picardie avec pleins pouvoirs sur tous, sauf sur les

---

(1) Voir le second volume de notre Histoire de Calais, pp. 162-164.

(2) Cf. Ibid., chap. 2 et 3.

(3) Sous Edouard III les capitaines restent rarement plus de deux ans à Calais. Sans avoir la liste complète, on relève de 1347 à 1369 une douzaine de nominations. Il est vrai que les mêmes noms reparaissent quelquefois.

oncles du roi (1). Sous le règne de Henry IV, c'est Jean, comte de Somerset, frère du roi (2), c'est bientôt le prince de Galles lui-même (3), le futur Henry V, qui reçoivent, l'un pour douze ans, l'autre pour une durée égale, la capitainerie de Calais. Et quand Henry V a échangé ce titre pour la couronne d'Angleterre, nous retrouvons à Calais les noms les plus célèbres de l'Angleterre.

L'importance de cette situation s'était singulièrement accrue. Au titre de capitaine était ordinairement joint celui de Lieutenant du roi dans les marches de Calais, en Picardie, Flandre et Artois. Ainsi est qualifié Richard, comte de Warwick (4), et, sous Henry VI, Jean de Lancastre, duc de Bedford, en même temps qu'il est régent de France, est « capitaine des marches de Picardie » et capitaine de Calais (5). Humphrey, duc de Glocester, autre oncle de Henry VI, fut investi des mêmes fonctions par des lettres conçues en termes presque identiques (6).

C'est qu'en effet, à cette époque, le gouvernement de Calais apparaît comme une charge très haute, au point de vue politique, et la faiblesse du pouvoir royal, pendant la minorité de Henry VI, donnait une incomparable valeur à la capitainerie de la ville qui servait comme d'un trait d'union entre l'Angleterre et ses possessions continentales. C'est le gouverneur de Calais qui négocie avec les ducs de Bourgogne, qui reçoit les souverains, qui assure, avec la défense de la ville, la sécurité du passage des troupes venant en France ; il doit être assez riche pour subvenir aux besoins de la garnison, quand le trésor royal est épuisé, quitte à récupérer largement par la suite les avances qu'il a faites pour prévenir la sédition des soldats. Nous avons dit ailleurs comment la capitainerie de Calais avait contribué à compléter l'éducation politique et à renforcer la puissance militaire

---

(1) Bibl. Nat. Moreau, 681, f⁰ 216

(2) Calendar of Patent Rolls, Henry IV, T. 2. p. 10, acte du 1ᵉʳ Février 1402 (n. s.).

(3) Cf Wylie, History of England under Henry the Fourth. III, p. 306.

(4) Bibl. Nat. Moreau, 682, f⁰ 30, acte du 1ᵉʳ Mars 1424

(5) Calendar of Patent Rolls, Henry VI, T. I. p. 194 ; Moreau, 682, f⁰ 10, acte du 5 Décembre 1429.

(6) Rymer, édition de La Haye, V, pars I, p. 23. — 1ᵉʳ novembre 1435.

de Warwick pendant la guerre des Deux Roses, nous n'y reviendrons pas, mais c'est là un exemple frappant de la transformation qui s'était opérée dans la situation du capitaine de Calais. Il est devenu un très puissant personnage, mêlé aux affaires politiques générales, se taillant une sorte de principauté, capable de lutter contre le souverain.

Il semble bien que la monarchie anglaise, redevenue puissante, ait compris le danger. Sous Edouard IV, et surtout sous les Tudor, le gouverneur de Calais joue un rôle moins brillant. Sans doute, les hommes qui occupent cette situation sont encore des seigneurs de haut renom, mais ils sont cantonnés plus étroitement dans leurs attributions militaires et administratives. Je dirais presque qu'ils sont alors de simples « fonctionnaires » haut placés, il est vrai, dans la hiérarchie, mais tenus de remplir fidèlement et strictement leur office. Le titre même de capitaine disparaît. Quand William Hastings y est nommé, le 17 Juillet 1471, il est qualifié de Lieutenant [1]. C'est le même qualificatif que nous rencontrons dans les actes jusqu'en 1479 [2], où il est remplacé par celui de « garde général, surveillant, gouverneur et lieutenant du roi à Calais et à la tour » [3]. Richard III usa à peu près des mêmes expressions à l'égard de John Dynham, le 16 Juillet 1483, en le nommant « garde ou gouverneur général tant de notre ville et château de Calais que de nos marches au même lieu » [4]. C'est Gilles Daubeney qui, sous Henry VII, reçut pour la dernière fois le titre de Lieutenant de Calais [5]. Il est probable que Richard Nanfan fut qualifié le premier de « Député de Calais », quand il remplaça, dans le gouvernement de cette ville, lord Daubeney, après avoir été longtemps trésorier de Calais. Le 25 Septembre 1509,

---

(1) P. R. O. Early Chancery, roll 115 (cité par Daumet, p. 99)

(2) Cf. Calendar of Patent Rolls, Edw. IV-Henry VI, pp. 295 et 397. Actes du 27 Janvier 1472 et du 18 Octobre 1475, et ibid. Edw. IV, p. 2, Acte du 20 Janvier 1477.

(3) Cf Daumet, op. cit, p. 99.

(4) « custodem sive generalem gubernatorem nostrum tam ville nostre Calesii et castri nostri Calesii quam marchiarum nostrarum ibidem . » Moreau, 682, f° 165.

(5) P. R. O. Early Chancery, roll 130, m. 11.

il fut lui-même remplacé par sir Gilbert Talbot (1), et jusqu'à la fin de la domination anglaise, le titre de Député resta attaché à la fonction de gouverneur de Calais. Rappelons seulement ici les noms de quelques-uns de ces députés dont les uns n'occupèrent que peu de temps ce poste, comme Richard et Robert Wingfield ou John Peeche, et dont les autres marquèrent leur administration par des traces plus durables, comme John Bourghier, lord Berners et John-Arthur Plantagenet, vicomte de Lisle, qui y séjournèrent beaucoup plus longtemps (2).

Il est d'ailleurs à noter que l'on ne peut signaler aucune règle précise, soit pour le temps pendant lequel les députés restent en fonctions, soit pour les raisons qui présidaient à leur désignation par le roi. C'est bien le plaisir royal qui les choisit ou les rappelle. Quelques-uns, cependant, ont gravi les différents degrés de la hiérarchie, comme Richard Nanfan, trésorier avant d'être député ; comme les Wingfield que nous voyons maréchaux de Calais (3), puis désignés comme successeurs éventuels du député (4), et qui occupèrent de hautes situations dans la diplomatie de Henry VIII. Sir John Peeche, lieutenant de la tour du Risban, n'accepte pas sans quelque inquiétude la brusque nomination qui lui donnait le gouvernement de Calais. Le poste est donc bien devenu, sous Henry VIII, une fonction essentiellement administrative, dont les titulaires sont soumis à une résidence beaucoup plus stricte qu'autrefois. Ils ne peuvent, en effet, s'absenter qu'avec la permission formelle du roi (5) et, dans ce cas,

---

(1) La nomination de Gilbert Talbot porte qu'il sera député de Calais, aux mêmes gages et aux mêmes charges que Richard Nanfan, dernier député Letters and papers foreign and domestic. Henry VIII, vol I. n° 528 C'est donc à tort que M. Daumet fait de Gilbert Talbot le successeur immédiat de Gilles Daubeney (op cit p 100) et M. Sandeman n'avait pas à douter que Richard Nanfan ait été député de Calais (Calais under english rule, p. 20, note).

(2) Cf. le second volume de notre Histoire, index onomastique

(3) Letters and Papers.. Henry VIII, vol. I, n° 1391, 6 Août 1513.

(4) Ibid. — Richard Wingfield est désigné le 6 Août 1513 pour avoir l'office de député après sir Gilbert Talbot.

(5) Le 20 Juillet 1519, John Peeche demande la permission d'aller en Angleterre Letters and Papers, Henry VIII, vol. III, pars I, n° 390. — Cf. pour lord Lisle, ibid vol. 13, pars I, passim — Voir aussi, pour lord Cobham, Calendar of State Papers, Foreing. Edw. VI. p 297.

c'est au maréchal qu'ils confient les clefs de la ville.

Si les députés de Calais ont encore, théoriquement, les pouvoirs les plus étendus sur la ville et le territoire anglais, il semble bien que le gouvernement de Guînes est devenu presqu'entièrement indépendant en fait, surtout quand le titulaire de cette charge est un personnage plus puissant que le député lui-même, comme il arriva quelquefois. Nous en avons donné un exemple, quand Robert Wingfield, député en 1527, entra en conflit avec William Sandys, gouverneur de Guînes, en même temps que lord chambellan d'Angleterre, sur des questions d'approvisionnement pour la ville de Calais (1). De même, aux derniers mois de la domination anglaise, lord Grey, gouverneur de Guînes, jouit, à l'égard de Wentworth, député de Calais, d'une indépendance presque absolue et correspond directement avec le conseil du roi d'Angleterre. Cependant, même alors, quand siège « le conseil de Calais », dont nous allons parler, le gouverneur de Guînes vient après le député de Calais.

Au reste, de Jean de Montgomery, premier capitaine, à lord Wentworth, dernier député, tous les gouverneurs de Calais ont été vraiment les représentants absolus de l'autorité royale. Ils avaient le droit d'édicter des règlements obligatoires pour les fonctionnaires royaux, placés sous leurs ordres, et pour les soldats. On possède une curieuse ordonnance du comte de Warwick qui fut sanctionnée par le roi Edouard IV, le 27 Juillet 1465. Cette ordonnance rappelle que tous les officiers du roi, depuis le lieutenant du château jusqu'au sous-maréchal et au portier, sont tenus d'obéir strictement au capitaine ou à son délégué et de l'aider à défendre la place. Celui-ci doit, de son côté, les traiter de façon « gentille, aimable et courtoise » et leur donner les conseils et les instructions indispensables. Pour que la paix intérieure ne soit pas troublée, si quelque fonctionnaire a à se plaindre d'un autre, il s'adressera directement au conseil du capitaine qui tentera de régler l'affaire. Défense est faite de se chercher querelle, sous peine de révocation immédiate. Tous doivent aussi donner l'exemple d'une conduite privée irréprochable et, comme les mœurs laissent à désirer et que le capitaine craint que la colère divine ne soit attirée sur la ville, par ces irrégularités et ces désordres, Warwick ordonne

---

(1) Cf. vol. II de cette Histoire, pp. 221-225.

à quiconque entretient, avec une femme de la ville, des rapports adultères, d'y mettre aussitôt un terme et à tout soldat vivant en concubinage de régulariser la situation, avant le 15 Août suivant, sous peine pour le soldat d'être privé de son emploi et pour la femme d'être bannie de Calais (1). Ainsi le capitaine s'arrogeait même un droit de contrôle sur la vie privée de ses subordonnés.

Aux premiers temps de la domination anglaise, le capitaine exerce aussi directement une juridiction sur les habitants quand il y a plainte ou procès entre des soldats et eux. Il doit alors en connaître, conjointement avec le maréchal et le sénéchal, de même qu'il connaît de tous débats entre les soldats (2). Il représente le roi et reçoit en son nom tous appels. Il préside même encore à des duels judiciaires. En 1353, une femme de Calais ayant accusé un certain Jean d'Espagne de trahison envers la ville et le roi, un duel fut ordonné entre le représentant de l'accusatrice et l'accusé. Les capitaines Renaud de Cobham et Robert de Herle reçurent la mission de veiller à ce que tout se passât régulièrement (3). Nous n'avons conservé qu'un très petit nombre de documents sur la juridiction des capitaines et il est impossible d'en dégager des données suffisantes sur la nature des causes qui leur étaient déférées, la procédure suivie, et le rôle personnel du capitaine ou de son représentant (4).

Au point de vue financier, le capitaine a, dès le règne d'Edouard III, un droit de contrôle sur le trésorier. Les premiers capitaines dont on possède les registres de contrôle

---

(1) P. R. O. Early Chancery roll 109, m 11 analysée par Daumet, op cit., p. 101.

(2) Cf Rymer, édit. du Record, T. III, pars I, p 139, ordonnance d'Edouard III, du 8 Octobre 1347 sur l'administration de Calais. — Henri Le Scrop, nommé gouverneur le 3 Février 1361 (n. s.) reçoit « juridiction de toute espèce haute et basse, en toutes causes tant civiles que criminelles, droit de châtier et punir les coupables et de faire pleine justice à notre peuple, suivant les lois et coutumes de ce pays ». Ibidem, T. III, pars II, p. 636.

(3) Rymer, T. III, pars I, p 258.

(4) Voir P. R. O. Miscellanea (Chancery), Bundle 24, n° 12, 17 Edw. III.

semblent bien être Robert de Herle (1) et Renaud de Cobham, pour les années 1351-1353. Ce droit est expressément spécifié dans la nomination de Renaud de Cobham (2). « Nous lui donnons, dit le roi, le pouvoir de contrôler tous les paiements et les sommes délivrées par notre trésorier. » Mais bientôt le capitaine délégua cette fonction à un personnage plus compétent que lui en matière financière et, au bout de peu de temps, il y eut, comme nous le verrons plus loin, un contrôleur spécial, bien que, sans doute, le capitaine restât, théoriquement, pendant quelque temps encore, investi de toute l'autorité sur ce point. C'est aussi le capitaine qui, de concert avec des fonctionnaires spéciaux, administre le domaine royal, donne à cens perpétuel ou à titre temporaire les terres et maisons appartenant au roi ou révoque les donations et concessions quand le bénéficiaire ne remplit pas les conditions qu'il avait acceptées.

Le capitaine est surtout chargé d'informer le roi de tout ce qui se passe, non seulement dans le voisinage de Calais, mais encore dans le royaume de France. Calais fut, sous la domination anglaise, un véritable centre d'espionnage organisé. Mille preuves en subsistent dans les archives anglaises. Une somme assez importante est d'ailleurs officiellement attribuée au gouverneur de Calais pour ce service spécial. Il reçoit cent quatre livres de « spyall money ». Ce budget a peu varié. Il était de cent livres en 1417 (3). Sous Henry VII et Henry VIII, ce service d'espionnage fonctionna d'une façon remarquable (1). Naturellement, les termes employés dans la correspondance officielle ne désignent pas nettement les individus qui pratiquent l'espionnage. C'est « le

---

(1) P. R. O. Exchequer accounts. K. R. Bundles 170 n° 16, 25-26 Edw. III ; 171. n° 1 26-27 Edw III, ibid., n° 3, contrôle de Stephen Gettrey député de Renaud de Cobham, capitaine, sur Richard de Eccleshale, 27-29 Edw. III ; contrôle de John de Medburn, député de Raoul de Ferrères, capitaine, sur Richard de Eccleshale, bundle 171. n° 7. 30-31 Edw. III.

(2) Rymer, T. III, pars 1, p. 259, 29 Juin 1353.

(3) Le comte de Warwick, dans une pétition au conseil d'Angleterre, réclame 100 L. « pour son espiaille en France et ayllours pour le bien et save garde de la ville de Calays » comme les autres capitaines l'ont eu avant lui. Proceedings, II. p. 209, conseil du 18 Février 1417.

(1) Cf. Letters and Papers, Henry VIII, passim — Il est si souvent fait mention de ces rapports d'espions transmis par les députés de Calais au conseil d'Angleterre que nous ne pouvons que les signaler en bloc.

prêtre accoutumé » ou « le personnage arrivé ce soir » (1) qui ont fourni les renseignements. Le 27 Avril 1517, Richard Wingfield envoie à Wolsey les nouvelles reçues de « celui de Tournehem » (2). Parfois, cependant, l'espion est nommé comme ce Beauguinville qui, sollicité par le roi de France de commander une bande de fantassins, s'empressa d'offrir au député de Calais de lui communiquer tous les secrets qu'il pourrait ainsi connaître (3). En cette année 1518, il fallut augmenter le crédit alloué au capitaine pour l'espionnage, on lui donna 112 L. 13 s. 1 d. (4). Quand John Pecche succéda à Richard Wingfield, celui-ci le mit en rapport avec « le prêtre qui porte les lettres de l'espion du roi en France dont les gages sont de 4 couronnes pour lui et 10 couronnes par mois pour son maître » (5). Les autres députés : Berners, Lisle, Maltravers, ne négligèrent pas cette source d'informations et l'on se souvient que Wentworth se piquait, bien à tort, d'ailleurs, d'avoir de meilleurs espions que les Espagnols. Dans certains cas, le gouverneur de Calais ne se faisait pas faute d'intercepter les correspondances passant par Calais (6) où fonctionnait un véritable cabinet noir !

Fort heureusement, pour la dignité des gouverneurs de Calais, ce n'était là qu'un petit côté de leur tâche et ils avaient à remplir de plus nobles missions. Ils sont chargés de négocier et de garantir les trêves, ils représentent les souverains anglais dans d'importantes circonstances, cérémonies, réceptions de grands personnages, ambassades. Le récit des faits qui se déroulèrent à Calais pendant deux siècles nous les a montrés jouant un rôle essentiellement représentatif et qui n'allait point sans entraîner pour eux de lourdes charges.

Ceci nous amène à rechercher quels profits pouvait

---

(1) Letters and Papers... Henry VIII, vol. II, pars II, nos 2 872, 2 966, 3 001, 3 081, 3 097.

(2) Ibidem, no 3 177.

(3) Ibidem, no 3 205.

(4) Ibidem, vol II, pars II, p. 1 479, Août 1518

(5) Letters and Papers , Henry VIII, vol. III, pars I, no 265, 26 Mai 1519, Lettre de Pecche à Wolsey.

(6) Cf Lettre de Berners à Wolsey, 11 Mars 1523, contenant copie de deux lettres saisies sur un habitant de Cantorbery se rendant en Angleterre. Ibidem, vol III, pars II p. 1219

rapporter à son titulaire le gouvernement de Calais. Ils ne sont pas faciles à évaluer, tout au moins jusqu'à l'époque des Tudor, car tantôt on trouve les gouverneurs appointés à une somme globale comprenant à la fois leur propre solde et celle des hommes que, suivant leurs conventions avec le roi, ils sont obligés d'entretenir, tantôt ils ont des gages fixes, mais ils jouissent, en outre, de profits éventuels, comme le butin qu'ils font pendant les guerres. Ainsi Robert de Herle, outre ses gages, touche 100 L. par quartier (1). Il a, en outre, des frais de voyage quand il va d'Angleterre à Calais et réciproquement. En 1356, Jean de Beauchamp reçoit par quartier 66 livres 13 sous 4 deniers payables d'avance. Il ne s'agit là, sans doute, que de sa solde et il est certain que d'heureuses incursions, sur le territoire français, augmentaient singulièrement les profits. Parfois aussi, les comptes du capitaine manquent de clarté et des accusations de concussion sont dirigées contre lui (2). Le 13 Mai 1396, Richard II ordonne aux barons de l'Echiquier de dispenser Guillaume Beauchamp de rendre compte de diverses sommes qu'il a reçues, à cause des dépenses extraordinaires qu'il a été obligé de faire comme capitaine de Calais (3). Souvent même, au XVe siècle, les capitaines avancent les gages de leurs hommes et se font rembourser plus tard. Le prince de Galles avait ainsi payé 8.689 lb. 12 s., en 1412, quand il était capitaine de Calais (4). Quelle part lui revenait personnellement sur cette somme ? Nous l'ignorons, comme nous ignorons ce que le comte de Warwick perçut, pour son propre compte, sur les 9.031 lb. 2 s. 4 d. versés « pour les

---

(1) « issint qil soit paié, devant la main, pur le primer quarter de l'an, des gages pur lui et ses dictes gentz, et de cent livres de regard pur mesme le quarter, et issint de quarter en quarter tant come il demorra capitain dedeinz notre dite vile, si bien du dit regard come des ditz gages. » Rymer, T. III, pars I, p 222 Endenture entre le roi et Robert de Herle, 20 Juin 1351 — Le compte du trésorier Henry de Tatton confirme ce chiffre de 400 lb par an P R O Exchequer accounts, K R, p 21 Edw III, 15 24-25 Edw. III. — Cf. Calendar of close rolls, Edw III, VIII, p 465 John de Chevereston touchait aussi 400 lb.

(2) Cf notre Histoire de Calais T II, p 103 et p 119

(3) B N Moreau, 684, f° 249.

(4) Proceedings .., II, p 37 Points soumis à la décision du roi, 21 Octobre 1412.

gages de la garnison et les siens, du 6 Août 1415 au 1ᵒ Novembre 1416 » (1).

L'endenture, entre Henry VI et son cousin Richard d'York, lui reconnaît des gages quotidiens de 6 s. 8 d., plus 100 marcs chaque quartier de rétribution spéciale, ainsi que le tiers de tout le butin fait par les soldats placés sous ses ordres et des rançons des prisonniers (2). Bref, ce qui ressort de ces trop vagues données, c'est qu'il n'y a pas alors de règle bien précise et que le poste vaut moins par la rétribution attachée à la fonction que par ses profits indirects. Ainsi en est-il à l'époque du « faiseur de rois » quand Commines l'appelle la meilleure capitainerie de la Chrétienté (3).

Sous Henry VII et Henry VIII, les députés de Calais jouissent d'un revenu de 100 lb. par an, à prendre sur les produits des terres de Marck et Oye, et de 104 lb. de « spyall money » (4). Ils reçoivent, en outre, 6 s. 8 d. de gages quotidiens. Si l'on considère les frais de représentation qui leur incombent, ces sommes n'ont rien d'exagéré. Aussi, les titulaires furent-ils souvent obligés de dépenser une partie de leur propre patrimoine. Lord Lisle et Berners eurent à souffrir de graves ennuis pécuniaires (5). C'est que, à ce moment, comme nous l'avons déjà signalé, le député, soumis à un contrôle plus sévère, ne trouve guère, en dehors de ses émoluments fixes, les sources de profit qu'avaient utilisées les gouverneurs à demi indépendants du XVᵉ siècle.

Les gouverneurs de Calais résidaient probablement dans la ville et non au château. Certaines mentions relevées dans les comptes nous permettent de croire que les premiers capitaines habitèrent l'hôtel appelé « Hôtel du Prince » qui fut, plus tard, concédé aux marchands de l'Etaple et qui est

---

(1) Proceedings, II. p 173. Compte de recettes et dépenses pour 1415-1416. — Cette observation peut aussi s'appliquer aux 5.000 lb. dues au comte de Buckingham, en 1443. Ibidem. V. p. 285

(2) B N. Moreau, 682, fᵒˢ 114-117.

(3) Commines édit. B de Mandrot. 1901. T. 1. p. 200.

(4) Nomination de Gilbert Talbot, 25 Septembre 1509. Letters and Papers. vol. I, pars I, nᵒ 528 — Nomination de Richard Wingfield, 6 Août 1513, ibid, nᵒ 1392. — Nomination de John Peeche, 15 Mai 1519, ibid, vol. III, pars I, nᵒ 229. — Nomination de lord Berners, 28 Novembre 1520, ibid, nᵒ 1.027.

(5) Sandeman, op. cit. p. 10.

devenu l'Hôtel de Guise. Au début du XVe siècle, cet édifice était affermé au capitaine, moyennant 13 lb. 6 s. 8 d. (1).

LE CONSEIL DE CALAIS

Dans la seconde moitié du XVe siècle apparaît, à côté du lieutenant ou du député de Calais, une institution sur laquelle nous n'avons, par malheur, aucune donnée précise. C'est le « conseil de Calais ». M. Daumet dit « n'en avoir point trouvé de mention avant 1465 » (2). En ce qui nous concerne, c'est seulement dans une lettre de lord Hastings, du 16 Septembre 1473, que nous avons trouvé trace de cette institution. Le lieutenant de Calais y remercie John Paston des bons offices qu'il rend au conseil du roi, à Calais, et de l'aide qu'il apporte ainsi à sir John Scot, son député, en ce qui concerne l'exercice de sa charge (3). Il est probable que, dès les premiers temps de la domination anglaise, les capitaines ou leurs représentants consultaient les autres officiers du roi sur les affaires difficiles et que l'établissement du conseil fut la reconnaissance officielle de cet usage désormais soumis à une réglementation légale. Ce n'est qu'au XVIe siècle que nous voyons le conseil prendre une place plus importante dans l'administration, correspondre avec le roi et les membres du conseil d'Angleterre et intervenir en toutes circonstances.

La composition de ce conseil est clairement indiquée dans un document de 1533. C'est un état des sommes à payer aux soldats de la garnison de Calais et l'on y voit figurer, sous l'indication générale « Le counsaill », les soldats des différents officiers qui le composent, lord Lisle, député ; Richard Grainfield, haut maréchal ; John Wallop, lieutenant du château , George Caro, lieutenant du Risban ; le lieutenant du fort Nieulay, le lieutenant de Hames ; le lieutenant du

---

(1) « Pro firma cujusdam hospicii vocati Domus Principis infra villam predictam capitaneo ville predicte sic ad firmam dimisse videlicet per unum annum infra tempus hujus compoti, XIII lb VI s VIII d. » Compte de Nicolas Usk, du 29 Septembre an II au 30 Mars an IV de Henry IV (1400-1402), P. R. O. Exchequer accounts, K. R. Bundle 181 n° 10. — Cf. Ibid. Bundle 185, n° 1

(2) Daumet, op cit. p. 102 Nous ignorons dans quel document M. Daumet a trouvé cette mention

(3) Paston Letters, édit. James Gairdner, III, p 97.

château de Guînes (1). Deux ans plus tard, en 1535, un acte de Henry VIII fixa l'ordre des préséances des membres du conseil qui devait comprendre le député de Calais, le lieutenant de Guînes, le haut maréchal, le lieutenant du château de Calais, le trésorier, le lieutenant du Risban, le lieutenant de Hames, le contrôleur, le haut gardien des portes, le lieutenant du Nieulay et le sous-maréchal (2). Tous étaient invités à garder leur rang pour éviter des contestations (3). Quand le trésorier ne siège pas en personne, le vice-trésorier occupe un rang plus modeste et vient après le haut portier.

Outre les personnages qui constituent normalement le conseil, d'autres y figurent dans des circonstances exceptionnelles. Ainsi, dans une affaire maritime, la saisie d'un navire breton chargé de vins et de guède que le mauvais temps avait contraint de relâcher à Calais, le conseil s'est adjoint le « waterbayly », John Cukson, et le « searcher », William Davy, c'est-à-dire les deux fonctionnaires royaux spécialement chargés de surveiller le port (4). Quand le conseil avertissait Henry VIII de la disette qui menaçait Calais, en 1522, le maire de la ville et le lieutenant de l'étaple ont pris part à la délibération et ont signé la lettre adressée au roi (5). En 1538, le bailli de Marck, John Rokwoode, assiste à une séance du conseil consacrée à des questions religieuses, sans doute parce que cette partie du territoire anglais était alors particulièrement troublée par les querelles de ce genre (6). Ces quelques exemples suffisent à prouver que le conseil de Calais est essentiellement constitué par un certain nombre

---

(1) Muster-roll of the garrison of Calais. British Museum, Ms Cotton Faustina, E VII. f° 71, publié dans la Chronique de Calais, édit cit p. 138. — Nous avons rectifié, à l'aide de quelques autres documents, les noms des officiers membres du conseil dont l'orthographe est souvent fautive dans le texte original.

(2) British Museum, Harleian mss. 353. f° 186 Ce document a été utilisé par M. Daumet, op. cit p 102 et par M Sandeman, op cit p 18.

(3) Dans une réunion du conseil du 19 Juin 1538, les membres présents signent effectivement dans cet ordre. — Letters and Papers... Henry VIII, vol 13 pars I, p. 151, n° 1 219

(4) Letters and Papers Henry VIII, vol II pars II, n° 3.519 1er Août 1517.

(5) Ibidem, vol III pars II, n° 2.331, p 994, 29 Juin 1522.

(6) Ibidem vol XIII, pars I, n° 1 219, p. 151, 19 Juin 1538. Sur les troubles religieux à Marck, voir notre second volume p 229.

de membres de droit qui recourent, s'il en est besoin, aux avis des fonctionnaires spéciaux ou de personnages qualifiés pour éclairer les délibérations du conseil.

Les attributions du conseil sont des plus variées. Sans doute, il connait de tout ce qui touche à la sauvegarde de la ville et la présence de tous les chefs militaires en fait une sorte de conseil de guerre (1), mais le député lui soumet toutes les affaires délicates. C'est le conseil qui, en 1522, organise la réception de l'empereur Charles-Quint et doit assurer les subsistances nécessaires à la suite impériale. C'est encore le conseil qui est saisi des réclamations provoquées par des incidents de frontière ou des actes de piraterie (2). Quand un nouveau député est nommé par le roi, il est officiellement installé devant le conseil par un délégué du roi et c'est en conseil que les clefs de la ville lui sont remises. Son rôle a grandi dans les derniers temps, où la correspondance entre le roi et le député mentionne continuellement l'intervention des membres de ce conseil, comme on a pu s'en rendre compte dans l'étude des faits qui précédèrent la reprise de la ville par les Français.

Une nouvelle preuve de cette importance croissante est l'ordre donné, le 3 Septembre 1511, par le conseil d'Angleterre au député et aux membres du conseil de Calais, de signer individuellement toutes les lettres concernant les affaires discutées par eux envoyées au roi. Si l'un des membres du conseil est absent, mention doit être faite du motif légitime de cette absence. Si l'un d'eux refuse de signer, parce qu'il est d'une opinion contraire à celle de ses collègues, il indiquera dans une lettre particulière les motifs de son propre avis (3).

D'ailleurs, toutes les délibérations étaient enregistrées par un secrétaire, désigné sous le nom de « clerc du conseil de Calais ». Nous connaissons quelques-uns des titulaires de ce poste. Il était occupé, au début du XVIe siècle, par Richard Lathebury qui mourut en 1510 et fut remplacé par Brian Tuke. Après lui, William Nanfan exerça la même charge,

---

(1) Sandeman, op. cit., p. 18 « as a sort of permanent Council of War ».

(2) Letters and Papers, III, pars II, p 966 — Ibid, p 913 — Ibid. p 902 — Vol XIII, pars I, p 128 — Cf British Museum. Harleian ms. 288, f° 82

(3) Proceedings, VII, p 239.

mais le député lord Berners se plaignit, en 1522, à Wolsey, de ce que ce fonctionnaire devenu impotent ne pouvait plus assister aux délibérations du conseil où il se faisait suppléer par une autre personne. Ses doléances furent écoutées et, le 19 Août 1523, à la suite d'un accord avec William Nanfan, Adrien Dyer obtint de Henry VIII sa nomination à ce poste dont nous ignorons les profits (1).

Les Lieutenants des Gouverneurs

Les premiers capitaines de Calais tenaient de leur nomination même le droit de déléguer leur autorité à un homme de confiance et, s'ils n'usèrent pas beaucoup de ce droit sous Edouard III et Richard II, il n'en fut pas de même durant cette période où les capitaines, exerçant une autorité presque souveraine, appartinrent à la plus haute noblesse d'Angleterre et furent même des membres de la famille royale. Ils ne résident guère à Calais et l'administration de la ville fut alors effectivement confiée à leurs lieutenants. Ceux-ci sont de simples chevaliers ou même des écuyers dont la bravoure et l'intelligence ont été mises à l'épreuve. En l'absence du capitaine Pierre de Courtenay, c'est William Faryngton qui correspond avec le conseil du roi d'Angleterre et prend toutes les mesures nécessaires à la défense de la ville en 1400. Richard Aston, lieutenant du comte de Somerset, Thomas Picworth, lieutenant de Henry, prince de Galles, William Bardolf, lieutenant de Richard, comte de Warwick, eurent, entre autres devoirs, à mener à bien les longues négociations commerciales engagées avec les Flamands de 1402 à 1420. Signalons encore John Radclyf qui défendit Calais, en 1436, contre le duc de Bourgogne, Thomas Kyryel qui fut accusé, en 1444, de négliger les précautions utiles à la sûreté de Calais et enfin le fameux lieutenant de Warwick, John Wenlock, dont on a vu la conduite équivoque dans les événements de la guerre des Deux-Roses. Il est évident que tout ce qui a été dit des attributions des capitaines s'applique à leurs lieutenants qui tiennent d'eux une fonction révocable à volonté. C'est le capitaine qui a la responsabilité officielle. Nous n'avons

---

(1) Letters and Papers., Henry VIII, vol. I, pars I, n° 1289; ibidem, vol. III, pars II, n°s 2335, 2392, 3255.

aucune indication sur la part des bénéfices qui leur était consentie par le capitaine. Il importait seulement de signaler le fait afin d'éviter l'équivoque qui pourrait résulter de l'expression « Lieutenant de Calais ». Ce terme désigne, au XVᵉ siècle, jusqu'au règne d'Édouard IV, les délégués du capitaine. Sous Édouard IV et Henry VII, il désigne le gouverneur de Calais en personne et il faut encore remarquer que certains capitaines ont eu le titre de « Lieutenant du Roi dans les marches de Calais », comme le duc de Bedford et le duc d'York, titre assez rare et qui conférait une autorité plus étendue que celle de simple capitaine. Il faut donc bien prendre garde de ne pas confondre ces diverses appellations. D'autre part, il est bon d'observer qu'on ne trouve plus de « Lieutenant du capitaine de Calais » au XVIᵉ siècle, ce qui confirme le caractère nouveau des fonctions du représentant de l'autorité royale à Calais sous les Tudor. C'est une preuve de plus à l'appui de notre thèse que ce représentant n'a plus la haute situation politique d'autrefois.

Au surplus, les rois d'Angleterre ont toujours surveillé de près, quand leur autorité n'était pas affaiblie par des discordes intestines, l'administration générale de leur domaine continental et envoyé à Calais des commissaires investis de pouvoirs spéciaux quand ils le jugeaient bon. Nous avons eu l'occasion de le constater plus d'une fois.

Le plus souvent, le rôle des commissaires royaux consiste à inspecter les fortifications de la ville de Calais et du territoire pour indiquer les améliorations urgentes à y apporter, à vérifier l'état et la quantité des munitions et approvisionnements, à s'assurer que la garnison est au complet et que les officiers ont effectivement sous leurs ordres le nombre de soldats prévu dans les conventions faites avec le capitaine et dont ils touchent les gages (1). Parfois, c'est

---

(1) Le 10 Décembre 1375, Édouard III donne mission au duc de Lancastre d'inspecter la ville de Calais et les forteresses voisines. Même mission le 1ᵉʳ Décembre 1376 à Henry Percy, maréchal d'Angleterre (Moreau, 681, fᵒˢ 111 et 127). Le 20 Août 1389, Richard Stury est envoyé à Calais pour s'enquérir du nombre des soudoyers et des gages qu'ils ont reçus (Proceedings., I, p 8). Commission analogue, 3 Février 1412 à six commissaires royaux (Moreau, 682, fᵒ 69). En 1522 Henry VIII décide d'envoyer des commissaires « examiner la ville et les marches de Calais pour remédier aux abus ». Letters and Papers, vol. III, Pars 2, p 938. Voir aussi, en 1544, mission du comte de Hertford (Proceedings VII, p. 137), mission de Hugh Poulet et John Harington en Février 1546 (Calendar of State Papers, Edw. VI, p 302), autre mission en 1552 (Moreau, 682, fᵒ 301).

sur l'état du domaine royal que porte l'enquête des délégués, quand le capitaine s'est plaint de l'incurie de hauts personnages qui, résidant en Angleterre, laissent dépérir les immeubles qui leur ont été concédés (1). Parfois aussi, les commissaires sont nommés pour connaître et apaiser les motifs de dissension entre officiers royaux et habitants de la ville ou pour régler des contestations avec les habitants des pays voisins (2). Nous avons vu aussi que, dans les moments de crise politique, Edouard IV et Henry VII envoyèrent des commissaires pour assurer leur autorité compromise et surveiller les menées ourdies contre eux (3).

---

(1) Enquête confiée, an 2 de Henry V (1414-1415) à Thomas, comte d'Arundel, à William de La Zouche (Bibl. de Calais, papiers Delpit), enquête confiée le 8 Mars 1427 à six commissaires (Calendar of Patent Rolls, Henry VI, T. I, p 101), autre enquête le 16 Juillet 1483 (Moreau, 682, f°s 167-170), mission du comte de Hertford en 1511 (Proceedings.. VII, p 151)

(2) Calendar Foreign, Edw VI, p 62 — Moreau, 631, f° 107, 682, f° 51.

(3) Moreau, 682, f°s 163, 179 — Rymer, édit. de La Haye, V, pars 3, p 167.

CHAPITRE II

Organisation militaire

CALAIS était avant tout une forteresse et la plus grande préoccupation des souverains anglais fut toujours d'en assurer la défense. Même aux époques les plus troublées de l'histoire intérieure du royaume, nous les avons vus veiller soigneusement sur cette ville et consentir les plus grands sacrifices pour sa conservation. Il nous faut à présent étudier de plus près les moyens qu'ils employèrent pour atteindre ce but et, autant que nous le permettent des renseignements fragmentaires et insuffisants, passer en revue les questions se rapportant aux moyens matériels de défense, fortifications et armement, à la garnison permanente et aux renforts extraordinaires nécessités par certaines circonstances graves, à la part que les habitants de la ville étaient tenus de prendre à sa sauvegarde. Bien que cette dernière considération ait pu trouver place dans le chapitre réservé aux droits et aux devoirs des bourgeois, nous avons pensé qu'il était préférable de tracer un tableau d'ensemble de l'organisation militaire de Calais sous la domination anglaise.

A. — Les Fortifications

Quand Édouard III se fut emparé de Calais, sa première pensée fut de réparer et de consolider les murailles et les tours devant lesquelles il était demeuré près d'une année.

L'absence de tout plan, remontant au delà du règne de Henry VIII, rend impossible la description des fortifications au début de la domination anglaise, mais ce que nous en font connaître les plans du XVIe siècle permet, tout au moins, de nous en faire quelque idée, car si des améliorations y furent apportées à cette époque, il semble bien que l'aspect général ne changea guère.

Aussitôt après son retour en Angleterre, Edouard III chargea Jean et Alexandre Lestraunge, sergents d'armes, de parcourir le comté de Kent et d'y réquisitionner les provisions de bois, de fascines et d'autres matériaux nécessaires aux réparations des fortifications de Calais (1). C'est le premier exemple de ces réquisitions qui ne cessèrent plus, et non seulement elles portèrent sur les matériaux, mais encore sur les ouvriers. Ainsi, en 1349, Gilbert de Aclom, maître des maçons du roi à Calais, alla recruter dans le même comté vingt maçons et douze charpentiers qui devaient être conduits à Calais. En cas de refus, ils étaient menacés de la prison (2). Quand le besoin s'en faisait sentir, ordre était donné aux vicomtes de différentes provinces de procurer le bois, la pierre et la chaux nécessaires et d'enrôler les ouvriers. Les comtés de Norfolk, de Suffolk et de Kent étaient particulièrement mis à contribution (3). Nous parlerons ailleurs de l'organisation du travail et du nombre moyen des ouvriers employés à Calais pour les travaux du roi. C'est par le même procédé de réquisition, portant cette fois sur les navires, que l'on assurait le transport des matériaux jusqu'au port d'embarquement le plus voisin et de là à Calais (4). Les travaux étaient surveillés par des fonctionnaires spéciaux, les « supervisores operum regis », dont certains sont uniquement employés pour des ouvrages déterminés, notamment pour les ouvrages nouveaux.

De temps à autre, Edouard III envoyait des enquêteurs

---

(1) B N. Moreau, 680, f° 151. — Le 19 Octobre 1351, John de Alkeshull, fut nommé pour un an pourvoyeur des bois, pierres et tuiles, nécessaires aux travaux du Roi dans les palais de Westminster, Windsor, et dans la ville de Calais. Cette nomination fut renouvelée en 1352 et 1353. Calendar of the Patent Rolls, Edw. III, IX, pp 168, 386, 405, 522.

(2) Rymer, édit. cit. T. III, pars I, p. 188. — Cf les références données par M. Daumet, op. cit, p 109.

(3) Ibid., T. III, pars I, p 149. — Cf. Calendar of the Patent Rolls, Edw. III, IX, p. 68.

(4) Cf. Daumet, op. cit. p. 109.

pour se rendre compte des réparations les plus importantes ou pour examiner les travaux déjà en cours ou complètement achevés. Citons, parmi ces inspecteurs, Gautier de Masny, chargé, le 28 Mai 1352, de visiter les fortifications de Calais et des places voisines (1), et qui, le 28 Juillet 1360, partagea avec Guy de Bryan et Roger de Beauchamp, la mission d'enquêter sur les sommes dues aux ouvriers employés aux constructions nouvelles et aux réparations. M Daumet a relevé avec soin les diverses mentions se référant à des missions de ce genre. Rappelons, après lui, que, « le 9 Mars 1368, Henry Le Scrop et trois autres personnages reçurent mission d'inspecter la place et d'ordonner ce qu'ils jugeraient utile à sa défense. D'autres travaux furent prescrits en 1370 ; John Long devait choisir des charpentiers et des serruriers en nombre suffisant pour restaurer les tours et les remparts ; il devait acheter aussi et faire transporter les matériaux. L'inspection des ouvrages de défense fut confiée le 5 Août 1373 à John de Burcle, chevalier, à Adam de Huntyngdon et à Adam de Bury, le 10 Décembre 1375 à John, duc de Lancastre, prétendant au trône de Castille, et à William Latymer, le 1er Décembre 1376 à Henry de Percy, maréchal d'Angleterre lequel devait faire un rapport au conseil sur l'état de choses actuel et les améliorations désirables » (2).

Les comptes du règne d'Edouard III démontrent aussi l'intérêt que ce souverain ne cessa d'apporter à la mise en défense de Calais et des Châteaux et forteresses dont il avait fait la conquête. Les achats de matériaux et les dépenses de gages figurent pour des sommes importantes dans les comptes de William de Salop, de Henry de Tatton, Thomas de Baddeby, Richard de Eccleshale, premiers trésoriers de Calais (3). Malheureusement, ces comptes ne nous donnent

---

(1) P. R O Early Chancery, roll 290, m 12, 300 m 6.

(2) Daumet, op. cit. pp 109-110. — Nous avons rectifié le nom de « Hertyngdon » qui doit être identifié avec celui de Huntyngdon, ou Huntingdon. Le travail de M Daumet est, pour cette question, particulièrement bien documenté et c'est pourquoi nous avons cru devoir le citer textuellement La date de 1365 qu'il donne à la mission du duc de Lancastre, doit être rectifiée. C'est 1375 qu'il faut lire .Le document auquel il renvoie est l'ancien French Roll, 19 Edw. III, m 5.

(3) P. R. O Foreign accounts enrolled on the great rolls of the Exchequer, p. 23, Edw. III, 11, 21-22 Edw III — Ibid, p 24, 15-21-25 Edw. III. — P. 25, 17, 25 Edw. III — et Exchequer accounts, K. R., Bundle 170, n° 16, 25-26 Edw III.

aucune précision sur la nature des travaux entrepris ou continués. Les comptes des victuaillers, s'ils indiquent la nature et la quantité des matériaux employés, ne sont guère plus explicites et il faudrait les dépouiller avec un soin extrême pour en tirer des notions assez vagues. Il en est ainsi du moins pour ceux que nous avons parcourus. Il nous paraît cependant probable que d'importantes modifications furent apportées au front nord des murailles et particulièrement à la grosse tour de l'angle nord-est qui prit le nom de tour Beauchamp, soit du nom d'un des premiers capitaines, soit de celui de Roger de Beauchamp, inspecteur des fortifications en 1360. Peut-être, cependant, faut-il retarder la construction de cette tour jusqu'en 1386, sous le règne de Richard II, quand William Beauchamp, capitaine de Calais, fit modifier les moyens de défense de la ville (1). Cette dernière date nous paraît la plus vraisemblable. Nous trouvons d'ailleurs cette tour mentionnée dans un compte de la première année du XIVe siècle (2).

Dès le règne d'Edouard III, on avait aussi fortifié l'entrée du port. Un compte de Thomas de Brantyngham, trésorier de Calais, pour les années 38-39 de ce règne (1364-1365), parle expressément de « la haute tour sur le port » (3). Cette tour fut sans doute jugée insuffisante, mais elle est l'origine des fortifications du Risban qui furent accrues pendant tout le règne de Richard II et auxquelles on travaillait encore au début du règne de Henry IV. L'inspection du duc de Lancastre ne fut pas étrangère à ces accroissements de la défense du port et c'est pourquoi la nouvelle tour qui y fut construite prit le nom de tour Lancastre. On voit les dépenses pour

---

(1) P R O Early Chancery roll 328 m 18

(2) Ce compte de Nicolas Usk, trésorier de Calais, contrôlé par William Caston, va du 29 Septembre, an 2 de Henry IV au 30 mars, an 4 (1400-1402). Il mentionne les réparations faites aux « muri orientales ville Cales », « inter quandam turrim vocatam *Beauchamptour* in corner borali dicti muri et quandam aliam turrim vocatam le Wachous in medio ejusdem muri » — D'autres réparations sont indiquées aux « muri boriales », « cujusdam turris super murum borialem ville Cales, videlicet inter portam vocatam Lanterngate et quandam turrim *Beauchamptour* ». — P. R O Exchequer accounts, K R. Bundle / 184, n° 10

(3) « In denariis solutis Willelmo de Salisbury, et Willelmo de Havering *custodi alte turris super portum* juxta ratam X marcarum per annum. » Foreign accounts, enrolled accounts, p 38 Edw. III. 52 — 38-39 Edw. III.

cet objet former une mention spéciale dans les comptes. Cette forteresse est désignée tantôt sous le nom de « tour Lancastre », tantôt sous celui de « Nouvelle tour sur le Rysbanc ». Après Henry IV, on l'appela presque toujours simplement le Risban. Elle fut bâtie juste à l'extrémité du banc de sable qui avait rejeté peu à peu vers l'est l'ancien estuaire de la rivière de Hames, origine du port de Calais. Cette construction et la consolidation des jetées à cette même époque, fin du XIVe siècle, contribuèrent à fixer l'ouverture du chenal à l'endroit où il se trouve encore aujourd'hui. On avait muni la nouvelle forteresse de tout ce qui serait nécessaire à la garnison, au cas où les communications seraient interceptées avec la ville. Un moulin à moudre le blé et un four y étaient adjoints (1).

Il serait aussi fastidieux qu'inutile de rapporter ici les mentions éparses dans les documents ayant quelque rapport avec l'entretien des fortifications, au cours du XVe siècle. Notons cependant deux lettres du roi Henry V, adressées l'une à son oncle, Thomas, comte de Dorset, capitaine du château de Calais, et la seconde au victuailler de la même ville, le 20 Octobre 1414, et assignant une somme de cinq cents marcs, à percevoir sur le subside des laines et peaux

---

(1) Le compte déjà cité de Nicolas Usk, pour 1400-1402, est particulièrement intéressant à cet égard. On y lit, en marge d'un feuillet : opera del Ryshank super portum Cales — Ces travaux ont été faits « super emendacione, reparacione et sustentacione diversorum defectuum de la Rysbane predicta in defensionem ejusdem a fluctubus et concursibus excessivis aque maritime ad diversas rabies maris ibidem consuete supervenientes, pro salvacione tam portus ville predicte quam tocius patrie ibidem circumjacentis, infra tempus hujus compoti XXXIX lb V s IX d ob » — Jean Fermyn, garde des bateaux du roi, recevait 4 d. par jour pour passer les ouvriers au delà du port — On lit encore en marge Molendinum ventriticum et alie domus officiales super la Rysbane. Un certain Mill Wright a touché VIII d. par jour et ses trois valets chacun VI deniers pour la réparation « cujusdam molendini situati super la Rysbane juxta novam turrym ibidem ordinati pro multura bladorum ad panem inde factum pro custode et soldariis ejusdem turris ». — On refit le four « pro pistrina ejusdem turris ». — On répara le corps de garde où le portier et des soldats se tenaient pour la sécurité de la nouvelle tour — P R O Exchequer accounts, K R, Bundle 184 no 10. — Ce compte, en démontrant l'achèvement du Risban en 1400 prouve l'inexactitude des assertions de M. Sandeman op cit p 37, quand il fixe à 1405 et attribue à Thomas de Lancastre la construction du fort. Il a reproduit une erreur de Lefebvre qu'il a eu le tort de prendre pour une autorité. Il traduit aussi souvent, sans le citer, le livre de M. Daumet.

laines entrant à Calais ou en sortant, qui devaient être employés, dans la proportion de deux cinquièmes à la réparation du château et les trois cinquièmes restant à l'amélioration des murailles de la ville (1).

Sous Henry VI, les fortifications avaient été d'abord si négligées que la place était en danger. On répara pourtant les quelques brèches qui avaient été faites aux murailles pendant l'entreprise avortée du duc de Bourgogne, en 1436. Les comptes de cette époque en font foi (2), en même temps qu'ils nous apprennent que le front nord de la ville avait eu le plus à souffrir de l'attaque des Bourguignons. En 1440, de nombreux matériaux furent expédiés à Calais pour travaux au château de Sangatte et au Nieulay. Le 3 Février 1442, ordre fut donné à John Sutton de Dudley et à plusieurs autres personnages d'enquêter sur le mauvais état de la place, de déterminer les responsabilités et de fournir au conseil du roi un rapport avec un devis estimatif des dépenses les plus urgentes (3).

M. Daumet rapporte encore que le roi Edouard IV autorisa, par lettres du 24 Mai 1477, le gouverneur, William Hastings de Hastings, à recourir au besoin à l'inondation pour défendre Calais et lui permit de raser les maisons qui nuiraient à la défense. Il lui renouvela, le 11 Mai 1482, l'ordre de procéder aux travaux nécessaires (4). On a vu que, lors de la reprise de Calais par le duc de Guise, lord Wentworth refusa de faire submerger le sud de la ville et

---

(1) B. N., Moreau 681 f° 324 r° et 329 v°.

(2) Dans le compte du contrôleur de Calais ans 15-16 Henry VI on lit en effet « Pro renovacione unius parve logee extra portam vocatam Lanternga'e ex parte orientali ejusdem porte *tempore ultime obsidionis ville Cales defracte et decasse* et intra tempus hujus compoti de novo facte et reparate pro janitoribus ibidem cotidie hospitandis ad vigilandum et explorandum quoscumque extraneos versus dictam villam Cales venientes vel ex eadem exeuntes in municionem et tuicionem ville predicte... » On répara aussi la « Searcher's tower prope quendam locum vocatum Paradys » Il fallut reconstruire la maison du « bailli de l'eau », située « extra le Watergate ex parte boriali ville Cales » et démolie pendant le siège P. R O., Exchequer accounts, K. R. Bundle 192, n° 12.

(3) P. R. O., Early Chancery, roll 384, m 16, publié par M Daumet, pièces justificatives, op. cit p 169.

(4) P. R O, Ibid, roll 424, m 6; 426, m 14. Cité par M. Daumet, pp 100-111.

l'ouest, comme il l'aurait pu, au moyen des écluses que gardait la forteresse du Nieulay.

Cette forteresse fut reconstruite au début du règne de Henry VIII (1). Ce roi avait projeté de remanier presque complètement le système défensif de Calais. A la suite du voyage de Wolsey et de son propre séjour à Calais, en 1532, d'importants devis furent mis à l'étude. Nous allons les indiquer très sommairement. Les plans de la ville, datant de 1541, que l'on trouvera dans ce volume, permettent de se rendre compte, sinon de tous les détails, au moins de l'aspect général des fortifications à cette époque. Un certain nombre des améliorations prévues en 1532 avaient été réalisées. Il s'agissait alors de renforcer les vieilles murailles, que les progrès de l'artillerie ne permettaient plus de considérer comme une suffisante protection, en consolidant leur base au moyen de talus en terre et surtout d'établir, au-delà des fossés, des ouvrages avancés ou boulevards susceptibles de porter des canons, dont les uns dirigeraient leurs coups contre un ennemi attaquant en face et dont les autres croiseraient leurs feux avec ceux des autres boulevards pour prendre en enfilade les troupes qui tenteraient un assaut contre les murailles entre ces boulevards.

Le devis de 1532 prévoyait la réfection du boulevard Beauchamp et l'érection au nord-est d'un autre boulevard, dans le prolongement du premier, auquel il serait relié par une arche permettant à des voitures de passer entre les deux ouvrages. Une porte pourrait au besoin fermer ce passage. Le dessus de cette arche serait disposé en plate-forme, capable de recevoir de l'artillerie. Le boulevard extérieur serait arrondi et construit de façon à battre à la fois l'entrée du port, la grève dans la direction de l'est et le chemin longeant le mur nord de la ville jusqu'à la Lanterngate.

La tour Beauchamp elle-même devait être rattachée au boulevard du même nom par un pont jeté sur le fossé, mais, à l'exception de l'arche laissant passer l'eau, les supports de ce pont seraient en maçonnerie pleine et couvriraient ainsi les braies ou travaux bas servant de retranchement à l'infanterie dont ils masqueraient la vue.

---

(1) Le 12 Avril 1526, Robert Jerningham est nommé garde « de la nouvelle forteresse de Newnhambridge ». Letters and Papers., Henry VIII, T. IV, pars I, p. 935.

— 32 —

La partie du boulevard Beauchamp située entre son extrémité orientale et le pont levis serait arrondie et la partie surélevée des braies, longeant les murailles, à l'est de la ville, devait être abattue pour permettre aux canons de ce boulevard de battre le chemin jusqu'à la Milkgate, comme l'autre partie battait le chemin nord jusqu'à la Lanterngate. La vieille tour Beauchamp serait consolidée dans sa partie basse au moyen de pierres et de vieux matériaux cimentés à chaux et à sable. Le sommet en serait transformé en plate-forme pour recevoir des canons.

On rehausserait le boulevard situé entre le boulevard Beauchamp et la Milkgate, de manière à battre à la fois les dunes et le parc (the parke?). Le sommet de ce boulevard devait lui aussi être disposé en plate-forme, s'il en était besoin, avec un avant mur.

Entre la tour Beauchamp (angle nord-est de la ville) et la tour Develyn (angle sud-est), il y avait six tours, en comptant la tour Beauchamp. Trois seraient consolidées et rendues massives, trois autres seraient ouvertes pour battre les flancs du fossé (1). A mi-chemin, entre les deux grosses tours d'angle (Beauchamp et Develyn), au dedans de la ville, on élèverait un monticule dont le sommet, pourvu d'artillerie, commanderait les dunes, le parc et tout le terrain voisin, à l'est de Calais. Ce monticule serait rattaché par un pont léger à l'extérieur de la ville, pour porter secours aux défenseurs des braies ou pour leur permettre de chercher un refuge derrière les remparts, en cas de besoin.

Nous avons suffisamment montré, croyons-nous, la caractéristique des transformations décidées par Henry VIII pour ne pas pousser plus loin l'analyse du précieux document dont nous avons relevé ici les indications en ce

---

(1) C'est ainsi du moins que nous croyons pouvoir interpréter ce texte « Item betwene Bechams tower and Dewlins tower is VI towers, accompting the said Bechams tower for one, wherof III. to be made massy, and III open, to beate the flankes of the diche ». Il s'agit, pensons-nous, de substituer aux anciennes tours creuses en les remplissant au moyen de terre et de matériaux divers des terre-pleins massifs portant des canons, comme on peut le voir sur le plan du fort Risban, datant de cette époque, que l'on trouvera reproduit un peu plus loin. L'expression « open » est équivoque. Peut-être faut-il entendre que le sommet serait disposé à ciel ouvert pour supporter aussi une batterie, comme on le voit pour l'ancienne tour Lancastre, sur le même plan.

qui concerne tout le front est de Calais. Les autres modifications prévues pour les trois autres faces du rectangle allongé, qui constituait l'enceinte fortifiée de Calais, sont exactement de même ordre et sont conçues en termes presque identiques (1). Elles correspondent bien à la nécessité qui s'imposait alors de substituer aux murailles, élevées et aux tours crénelées, d'où les archers du moyen-âge lançaient leurs traits ou auxquelles on adaptait les bretèches d'antan, des fortifications plus basses et plus massives, capables de résister aux batteries de l'assaillant et de porter elles-mêmes une puissante artillerie. Ces boulevards sont l'origine des bastions qui figurent sur les gravures italiennes représentant l'attaque de Calais par le duc de Guise. Il est certain qu'une partie des travaux projetés avait été exécutée.

Faisons donc, maintenant, le tour des remparts de Calais vers 1545, à la fin du règne de Henry VIII (2). Chacun des principaux officiers avait la charge de veiller sur une partie des fortifications et d'en diriger la défense. Le député était chargé de la partie orientale, entre la tour Beauchamp (emplacement actuel du phare) et la Milkgate (extrémité de la rue Notre-Dame). Cette partie était la plus forte, avec les boulevards avancés et les braies pour l'infanterie, ouvrages en terre situés entre le fossé intérieur, longeant le mur de la ville, et un second fossé extérieur protégé par un contre mur. L'armement comprenait, en 1517, cinquante-trois bouches à feu, dont deux grosses pièces de canon

La seconde partie s'étendait de la Milkgate à la tour du Prince (extrémité de la rue Royale actuelle) et était confiée au haut maréchal. Outre la tour Develyn ou Dublyn, à l'angle sud-est de la ville, que renforçait un boulevard important, on y trouvait, sur le front sud (rue Richelieu actuelle), la tour de la garde Est (East Watch tower), la tour de la garde de Jour (Day Watch tower), l'écluse par laquelle la rivière de Guînes pénétrait dans la ville, puis trois autres tours dont l'une s'appelait la tour Notre-Dame. On arrivait à la tour du Prince, défendue elle-même par un boulevard. Le devis de

---

(1) Chronicle of Calais édit cit, p. 125 et suivantes.

(2) Nous utilisons ici, en y apportant quelques modifications, le beau travail de lord Dillon, Calais and the Pale, déjà cité. Nous lui empruntons en particulier les renseignements très précis qu'il donne sur l'armement de Calais en 1517.

1532 avait prévu la création d'un boulevard intermédiaire, entre celui de la tour Develyn et celui de la tour du Prince. Une porte devait être percée à l'ouest de celle-ci, une autre tour élevée de l'autre côté de la porte, au-dessus de laquelle on établirait une plate-forme avec de l'artillerie (1). Nous ignorons si cette modification avait été réalisée. La tour Develyn et son boulevard n'avaient pas moins de soixante pièces d'artillerie, dont deux gros canons.

Le contrôleur avait la charge de la partie comprise entre la tour du Prince et la porte de Boulogne (Bullengate), sur l'emplacement de la porte de secours de la citadelle. Il n'y avait dans ce quartier que trois petites tours, deux rondes et une carrée, puis la tour Northumberland, plus forte, au droit de l'église Saint-Nicolas. Deux autres tours complétaient cette partie des remparts qui en comptait ainsi six au total. L'armement était de vingt-six pièces, pour la plupart de petit calibre.

Au trésorier était confiée l'extrémité ouest de la ville qui renfermait le quartier du puits de Boulogne (Bullen well) et s'étendait jusqu'au château. Après une petite tour, à l'ouest de la porte de Boulogne, s'élevait une grande tour à l'angle sud-ouest du mur de la ville (Corner tower) à laquelle correspondait une autre tour formant l'angle des braies. En remontant alors vers le château, on voyait, sur les murailles occidentales, trois autres tours dont la seconde s'appelait tour du Sous-Maréchal (Under Marshal's tower) et la troisième corps de garde de l'Ouest (West Watch house). En face de la première, où finissaient les braies, il y avait une tour angulaire. L'armement de ce quartier consistait en vingt-cinq pièces dont deux gros canons à la porte de Boulogne.

La contrescarpe du fossé de la ville tournait au nord-ouest, près du corps de garde, de façon à enfermer le château, puis droit à l'ouest jusqu'à une grosse tour, reliée par une

---

(1) « Item between the bulwerke at Dewlyn tower and Prince's bulwerke, suche a bulwerke to be made as is betwene Milkgate and Becham's bulwerke, with cannoners in the same, as well to scoure and beate the flankes of the brais, as the contreth ther aboutes. — Item, at the said Prince's bulwerke a gate to be made, and the tower nowe standing in the wall of the towne to be made on the one side of the said gate, and another like to be made on the other side of the said gate, and over the said gate, betwene the said too towers, a platfourme to beate over the bulwerke and brais there.. » Chronicle of Calais, loc. cit, p 127.

courtine à une autre située à l'extrémité ouest du quai. Sur le plan de Calais de cette époque, on aperçoit une écluse à trois portes se rattachant à cette tour. Le projet de cette écluse était indiqué dans le devis de 1532, énumérant les améliorations désirables du port, mais il ne semble pas que ce travail ait été exécuté (1). Ces deux tours et leur courtine forment la face du bastion nord-ouest de la citadelle actuelle et sont les seuls restes des anciens ouvrages de Calais.

En commençant maintenant à l'angle nord-ouest de la ville, le sous-maréchal avait la charge des cinq tours à l'ouest de la Watergate. La quatrième s'appelait tour Woodhouse et la cinquième tour du Vieux-Calais. De la Watergate partait un mur aboutissant à la « Searcher's tower », devant laquelle passaient les vaisseaux qui mouillaient dans le West haven. Après la Porte d'eau, il y avait encore cinq tours sur les murs. La dernière (Rose tower) formait la limite de la zone de surveillance du sous-maréchal.

Le chef portier commandait le reste du Front nord, depuis la Lanterngate jusqu'à la tour Beauchamp, renfermant cinq petites tours et la sortie de la rivière de Guînes qui se jetait dans le fossé de la ville qu'elle longeait jusqu'à l'extrémité de Pickering street (aujourd'hui rue de la Tête-d'Or), d'où elle gagnait le quai pour tomber dans le « Fisher's Gap » (aujourd'hui bassin du Petit-Paradis). Sur la Lanterngate, il y avait un corps de garde et un phare dont le service constituait une charge héréditaire.

Nous n'avons rien dit du château dont nous avons parlé dans notre précédent volume. On en sait d'ailleurs fort peu de choses. Quelques mentions relevées par lord Dillon donnent le nom de certaines de ses tours. Outre le donjon, il y avait une tour du Sud (the South tower), dont la position est ainsi désignée, une tour « des Poudres » (the Gunpowder tower), la « Ladder tower », la « Shaking tower ». Des braies

---

(1) Cf. A devise for the haven: « Item a-travers to be made over the haven with III floodgates the said travers to be made from the bulwerke in the bray wher the king did appoint, streighte over the downes, and at the end therof a tower to be made, as well for the defens of the same floodgates as to beate over alonges the said downes... » Chronicle of Calais, édit. cit. p. 128. — Nous différons donc d'avis sur ce point avec lord Dillon qui décrit ainsi le tracé que l'on voit sur ce plan . « From the tower at the wharf ran a pier or jetty, which formed the west boundary of the West haven. There were gaps in this jetty to allow of vessels passing through to Newenham Bridge, and at the end of it, almost touching Rushbank, was a fort. » Op. cit p. 18.

y avaient été élevées et un pont levis faisait communiquer l'ensemble de la forteresse avec la ville. On a vu que la négligence apportée à revêtir de terre la face nord du château permit aux Français d'y ouvrir facilement une brèche, lors de l'attaque de 1558. En 1517, son armement comprenait cinquante-six pièces de fer et vingt-huit « demyhacks », (arquebuses ?).

Sous Henry VIII, d'importantes modifications avaient été réalisées au vieux fort Risban (1). Autant que l'on en peut juger par le dessin reproduit ici ce fort était de forme irrégulière. Il était séparé complètement des dunes et entouré de tous côtés par la mer. L'intérieur est divisé en deux parties par un bâtiment partant de la tour demi-circulaire située au sud. Cette tour se rattache, par une courtine formant à l'ouest un angle saillant, à une autre grosse tour ronde placée au nord-ouest. Au nord, une muraille formant un angle rentrant, dont le sommet rejoint le bâtiment intérieur, contourne, à l'est, la haute tour centrale et aboutit à une construction plus massive, appuyée elle-même sur la tour du sud, avec laquelle elle constitue, du côté de la ville, le front de la forteresse. Dans la courtine sont ménagées des casemates. Une plate-forme, supportée par des piliers en bois, porte des canons sur la façade nord. D'autres canons sont sur les tours et dans les embrasures. Il y avait, en 1547, cinquante-neuf pièces d'artillerie, sans compter trente-cinq arquebuses, vingt grands arcs, cinquante « morris-spikes » (?) et quarante haches d'armes.

Quant au Nieulay, son importance venait surtout de sa situation. Il gardait les écluses qui auraient permis l'inondation du pays, en même temps que la chaussée conduisant à Sangatte. Il renfermait cinquante-cinq pièces d'artillerie dont un grand nombre fort petites. Nous n'avons pas à parler ici des autres châteaux et boulevards répandus sur l'étendue du territoire anglais et qui servaient de défenses avancées à la ville. L'ensemble de ces fortifications était considéré comme imprenable. C'était l'avis de l'ambassadeur vénitien Giovani Michele qui, en 1557, quelques mois avant la reprise de Calais, écrivait à son gouvernement : « Tout le monde regarde cette forteresse comme imprenable. » C'était aussi la conviction des Anglais et de lord Wentworth, mais les événements en démontrèrent la fausseté.

---

(1) Cf. Chronicle of Calais, p 197 « Works in progress at Calais, 1541. »

B. — LA GARNISON. — PRINCIPAUX OFFICIERS

Pour défendre Calais, les souverains anglais y entretenaient une garnison permanente répartie dans la ville, le château et les forteresses voisines. Les soldats de profession, qui constituaient l'élément essentiel de cette garnison, étaient placés sous les ordres des principaux officiers dont chacun avait un certain nombre d'hommes sous sa responsabilité. Quand un sujet du roi déclarait qu'il venait à Calais servir dans la « retenue » d'un de ces officiers, il obtenait une protection spéciale pour ses biens en Angleterre. Les documents de la période anglaise abondent en mentions de ce genre comme aussi en actes de révocation de cette protection quand il était démontré que le titulaire n'avait pas rejoint son poste ou s'attardait en Angleterre. Ce fut sans doute le moyen le plus efficace pour attirer dans les possessions du continent des hommes de bonne volonté. L'acte de protection spécifie le nom de l'officier, capitaine, maréchal, trésorier ou autre, que va rejoindre l'intéressé. Chacun de ces officiers reçoit la totalité des gages alloués aux hommes qu'il commande directement, d'après un tarif déterminé à l'avance dans l'accord conclu entre le roi et lui, s'il s'agit d'un haut officier, ou dans les ordonnances concernant sa fonction, s'il s'agit d'un officier de rang inférieur.

Il est impossible de déterminer, avec une suffisante précision, le nombre moyen des soldats en garnison à Calais et dans les marches. On pourrait, il est vrai, relever dans tous les comptes les indications se rapportant au paiement des gages de la garnison, mais ce travail, qui exigerait un long et pénible dépouillement des archives anglaises, ne fournirait encore que des résultats très approximatifs, car le plus souvent le chiffre porté dans les comptes est un total et nous ne savons pas au juste la destination des sommes qui y sont indiquées. Nous avons vainement essayé de tirer quelques précisions des premiers comptes du règne d'Edouard III (1). Le mieux est encore de s'en référer aux

---

(1) En 1348, les dépenses montent à 11.165 lb 7 s 10 d.; en 1349-50, pour une période de quinze mois (1er Janvier 1349 - 2 Avril 1350) à 12 952 lb. 10 s 2 d ob; en 1351, à 9 255 lb 19 s 1 d — Nous estimons que les trois quarts de cette somme allaient à la garnison. P. R O Exchequer accounts, enrolled accounts, p 23 Edw III 14, 21-22, p. 24 Edw III 15, 24 25 Edw III P. 25 Edw III 17, 25 Edw. III,

endentures des capitaines qui donnent au moins une idée approximative du nombre d'hommes placés directement sous leur autorité. Nous en avons analysé plusieurs. Ce nombre a d'ailleurs singulièrement varié selon les circonstances. Comme on l'a fait observer déjà avec raison (1), la ville était, de par sa position, facile à défendre et n'exigeait pas un contingent très élevé de troupes fixes, d'autant plus qu'en cas de péril, la proximité de la métropole permettait d'y expédier rapidement des renforts.

Jusqu'au XVIe siècle, on ne peut guère que signaler les embarras causés à la monarchie anglaise par la nécessité de payer les soldats de Calais et nous avons eu souvent déjà l'occasion de relater les réclamations et même les séditions de la garnison pendant toute la durée du XVe siècle. Sous Edouard III et Richard II, si cette difficulté apparaît moindre, c'est sans doute que l'état de guerre presque permanent permettait à la garnison de compenser, par de fructueuses expéditions en territoire français, l'irrégularité de la solde. Quand des trêves intervenaient, on se hâtait de rappeler en Angleterre l'excédent des troupes inutile (2).

C'est sur le produit des taxes payées par les laines que l'on comptait pour entretenir la garnison. Le 16 Juillet 1399, on décida qu'un droit de 20 s. par sac de laines embarqué dans tous les ports anglais, à destination de l'étranger, serait perçu par les soins du trésorier de Calais, John Bernard, pour assurer la solde de la garnison de cette ville (3). Henry IV, on l'a vu, fut contraint de recourir aux marchands de l'étaple pour apaiser le mécontentement des soldats à qui l'on n'avait versé qu'une partie de leur dû (4). En 1409, on envoya 20.438 lb. 4 s. 2 d. pour les gages de la

---

(1) Daumet, op. cit. p. 102.

(2) C'est ainsi que, le 20 Août 1389, Richard Stury fut envoyé à Calais pour s'enquérir du nombre des soudoyers que l'on devait payer et ramener en Angleterre. Si leur nombre n'est pas égal à celui que prévoit l'endenture entre le roi et le capitaine, les paiements seront réduits en proportion — Proceedings, I, p 8.

(3) B. N. Moreau, 681, f° 258.

(4) « Sur les gages des souldeours des chastel et ville de Caleys des deniers appromptez de Richard Whityngton et autres, 2 000 lb. Item, sur les gages de mesmes les soldeors.. 2.000 lb. » Proceedings, II, pp. 107-108. — Cf. Calendar of Patent Rolls, Henry IV, vol. III, p. 341.

garnison (1). En 1410, sur la proposition des membres du conseil d'Angleterre, le parlement vota de nouveaux subsides sur les laines, cuirs et peaux lainues à percevoir dans tous les ports et dont les trois quarts seraient consacrés à cet usage (2). En 1411, le subside des laines était estimé à 30.000 lb. et la somme destinée à la garnison de Calais se monta à 22.500 lb. (3). L'année suivante, on décida que le trésorier d'Angleterre aurait la charge de recevoir ces droits dans les ports et qu'il verserait au trésorier de Calais la part qui revenait à la garnison (4).

Quand Henry V recommença la guerre contre la France, on envoya des troupes pour assurer la défense des marches de Calais. Le château de Guînes reçut cent hommes d'armes et deux cents archers en Février 1415 et, au mois d'Avril, cent cinquante lances et trois cents archers arrivèrent à Calais et dans les forteresses des marches. On prit, le 17 Juin, les mesures nécessaires pour assurer le paiement de leurs gages (5). Le capitaine de la ville toucha pour ses gages et ceux de ses soldats, du 6 Août 1414 au 8 Juin 1415, 5.116 lb. 8 s. 1 d. ob., et, du 8 Juin au 1er Novembre 1415, 3.914 lb. 14 s. 2 d. ob., soit au total 9.031 lb. 2 s. 4 d. La différence entre ces chiffres nous permet de connaître l'augmentation de la garnison pendant cette période de guerre. Elle est de un tiers environ. Pendant ce même laps de temps, le trésorier reçut, pour les gages des soldats qui gardaient les forteresses voisines de Calais, 2.933 lb. 7 s. 2 d. ob., soit le tiers de ce qui était payé au capitaine de Calais, d'où nous pouvons conclure que les troupes réparties dans les marches, notamment à Guînes, formaient le tiers de l'effectif total des garnisons anglaises. Le capitaine du château de Calais toucha, pour ses hommes et pour lui-même, 569 lb. 11 s

---

(1) Cf. Wylie, op. cit III, p 257.

(2) Cf. le 2e volume de notre Histoire de Calais, p 117. Une lettre de Henry IV, du 16 Novembre 1410 confirma cette mesure « pour la sauvegarde de les ville et chastel de Caleys et de novel tower sur Risebanc..» B. N Moreau, 681, f° 290.

(3) Proceedings, II, p. 7. Conseil du 19 Mars 1411. Cf Wylie, op cit. IV, p. 38.

(4) Ibidem, II, p 37. Décision du 21 Octobre 1412.

(5) Ibidem, II, p 117, Février 1415 — P. 158, 16-18 Avril 1415 — P 171. Conseil du 17 Juin 1415, décision pour le trésorier d'Angleterre.

5 d. ob., et le capitaine du Risban 379 lb. 10 s. 10 d. ob. (1). Ce document nous donne donc une idée assez nette des charges qu'imposait à l'Angleterre la garnison de Calais. En 1121, la dépense prévue pour Calais et son territoire, en temps de guerre (2), était de 19.119 lb. 5 s. 10 d., c'est-à-dire une somme sensiblement égale à celle que nous avons trouvée pour 1115. Aussi, l'embarras de la royauté anglaise était grand pour se procurer cet argent. On le voit par les nombreuses délibérations du conseil privé sur cette question et par les concessions faites à la compagnie de l'étaple qui avançait souvent les sommes dues aux soldats (3).

Faute de numéraire, on donna parfois aux soldats des marchandises avec le droit de les vendre à leur profit, mais les négociants, lésés dans leurs intérêts, protestèrent et ils obtinrent, en 1455, la révocation de ce privilège concédé onze ans auparavant. Les soldats en vinrent alors à capturer des vaisseaux dans la Tamise et les amenèrent à Calais. Le roi fut obligé, en 1458, d'indemniser les marchands qu'ils avaient ainsi dépouillés. Littéralement réduits à la mendicité, les soldats ne vivaient qu'avec l'argent qu'ils obtenaient de la générosité, plus ou moins volontaire, des bourgeois de la ville. Quand ceux-ci leur refusèrent tout crédit, Henry VI, pour satisfaire les soldats, leur fit remise, en 1461, des sommes qu'ils devaient verser au trésor royal pour leurs terres et tenures (1).

Nous verrons, en étudiant l'histoire du commerce à Calais, comment Edouard IV afferma à la compagnie de l'étaple tous les droits et revenus de la couronne dans cette ville, moyennant une somme fixe de 10.022 lb. 1 s. 8 d. pour la solde des troupes de Calais et des marches. Ce système donna de bons résultats et fut continué, sous le règne de Henry VII, avec quelques modifications. Quand les nécessités de la guerre obligeaient les souverains à renforcer la garnison,

---

(1) Proceedings II, p 173 Compte de recettes et dépenses 1115-1116.

(2) Ibidem, II, p 313 — Conseil du 6 Mai 1121.

(3) Ibidem, II, p. 211, p 217 p 317, III, pp 19, 40, 50, IV, pp 18, 52; V, pp 38 203, 207, 285. — Cf B N Moreau, 682, f°s 22, 24, 32, 69, 81.

(4) Daumet, op. cit pp 101 105 Nous résumons ici les renseignements tirés par M Daumet des archives anglaises, Early Chancery, rolls 397, m 5, 100, m 1; 103, m 1 Il a publié cette dernière pièce, p. 180, en la plaçant à tort sous Edouard IV. Elle est du 7 Février 1461. — Le règne d'Edouard IV commence le 4 Mars.

le supplément de solde était à leur charge. Ces renforts étaient en effet très importants. Ainsi, en 1482, on envoya 1.000 archers, aux gages du roi, pour la sauvegarde de la ville et des marches de Calais (1). Pendant la guerre de 1513, une garnison de 980 hommes occupait la place et une somme de 1.620 lb. était assignée pour six mois de leurs gages (2). En 1515, l'accroissement de dépenses pour la garnison des marches était de 3 185 lb. 16 s. 8 d. (3). Pendant l'hiver de 1522-1523, il n'y eut pas moins de 1.700 hommes, tant à Calais qu'à Guînes (4). Toutefois, sous le règne de Henry VIII et jusqu'aux derniers jours de la domination anglaise, les difficultés pécuniaires restèrent aussi grandes que durant les périodes les plus troublées du XVe siècle (5).

L'organisation militaire de Calais, au XVIe siècle, est un peu mieux connue, grâce à deux ou trois documents qui nous ont été conservés. Le premier est un rôle de la garnison de Calais en 1533 dont l'analyse nous permettra de mieux distinguer les éléments dont se composait alors cette garnison. On y voit d'abord figurer un certain nombre d'hommes d'armes groupés sous des appellations spéciales et directement payés par le roi. Le premier de ces corps est la *Vingtaine* (*Le Vynteyne*). C'était un régiment divisé en compagnies de vingt hommes chacune, du moins nominalement, car en fait les compagnies ne comptaient, au moment où le rôle fut établi, que douze à seize hommes. Chacun d'eux recevait des gages calculés à raison de 6 d. par jour, mais on leur retenait un huitième de leur solde pour leur entretien et 12 d. à titre de contribution personnelle. Au total, leurs gages annuels sont de 8 lb. 11 s. 11 d. par homme. En 1533, ce corps se compose de 161 personnes. Un autre corps s'appelle la *connétablie* (*Le Constablerie*). Les hommes en sont aussi payés personnellement, mais sur le taux de 8 d. par jour.

---

(1) Calendar of Patent Rolls. Edw IV. p. 322 16 Juin 1482.

(2) Letters and Papers, . Henry VIII. vol. I. pars I. no 1309 p 633.

(3) Ibidem, vol. II. pars I. no 1363, p 369.

(4) Ibidem, vol. III. pars II. no 3381, p 1411 Lettre de Surrey à Wolsey, 1er Octobre 1523.

(5) Cf. B. N. Moreau, 682, fo 271 — Proceedings, VII, pp 17, 85, 196-197, 297, 307. — Calendar of State papers, Foreign, Edw. VI, p 302, Foreign, Mary, pp. 16 194.

Ils sont au nombre de 89, coûtant en argent, pour une année, 1.002 lb. 12 s. 4 d. st. au trésor royal. Viennent ensuite 6 hommes d'armes, formant la *banner watche*, et payés ensemble 41 lb. 3 s. 3 d. st. ; 12 portiers, payés chacun 8 lb. 11 s. 11 d. par an ; 6 sergents qui touchent chacun 11 lb. 9 s. 2 d. par an ; quatre guetteurs de jour (daywatchis) à 7 lb. 3 s. 5 d. ; 4 *skewrers* (?) payés 11 lb. 9 s. 2 d. Le rôle énumère encore 16 archers, rétribués au même taux, et 22 « lances » (speres) dont le nom est spécifié parce que ce sont des hommes de bonne famille dont quelques uns peuvent obtenir de plus hautes situations. Les uns servent seuls, les autres ont avec eux deux hommes, d'autres en ont un. Les gages varient, pour chacun d'eux, de 12 à 18 d. par jour. Les membres de la vingtaine et de la connétablie sont aussi désignés le plus souvent par leur nom et sont tous de bonne extraction.

Outre cette première portion de la garnison, le rôle indique la composition des retenues de chacun des principaux officiers de Calais. Le député a directement sous ses ordres et à ses gages : 1 lance, 2 archers et 19 hommes d'armes ; le haut maréchal a 5 soldats ; le contrôleur 3 ; le chef portier en a 6 à 8 d. par jour et 7 à 6 d. ; le vice-maréchal a un homme payé 8 d. et trois autres à 6 d. Le lieutenant du château commande à 29 soldats touchant 8 d., et à 20 autres touchant 6 d. Le lieutenant du Risban à 16 soldats et le lieutenant du fort Nieulay en a un nombre égal. La retenue du trésorier comprend quatre « lances » à 20 lb. par an (1).

On ne saurait évidemment tirer de ce document aucune conclusion formelle en ce qui concerne l'importance de la garnison qui, nous l'avons déjà fait observer, variait suivant les circonstances et les nécessités du moment, mais il est curieux de noter la répartition de ces forces et la véritable hiérarchie existant entre les différents corps. Une ordonnance de Henry VIII, rendue en 1536, à la suite d'une enquête dont nous parlerons plus loin, confirme pleinement les données du rôle de 1533. Un article de cette ordonnance fixe en effet le nombre des soldats aux gages des officiers de Calais et ce nombre correspond bien à celui que nous venons de relever, ainsi que la valeur de leurs gages. Dans

---

(1) Chronicle of Calais, édit. cit. pp. 136-139.

ce même article, on constate que l'effectif ainsi prévu n'a pas toujours été au complet, ni aussi bien choisi qu'il conviendrait pour la sauvegarde de la ville. En conséquence, il est ordonné et établi que désormais le député, le contrôleur ou tout autre officier à qui incombe ce devoir, auront à s'assurer que les soldats sont bien en nombre suffisant et capables de bien faire leur service. Il est défendu au député ou aux autres officiers, au cas où ils recevraient du roi l'ordre de passer en Angleterre, d'aller en ambassade ou de partir à la guerre, de prendre avec eux les hommes de leur retenue, sauf permission spéciale du roi. Dans ce cas, le nombre des hommes qui pourront les accompagner sera expressément indiqué. Pareille défense est faite aux « lances ». Si l'un d'eux quitte Calais, il ne pourra se faire suivre du ou des soldats à ses gages que par autorisation spéciale du député, scellée de son sceau, et cela sous peine de forfaiture de sa charge.

L'ordonnance royale précise les conditions d'admission dans les différents corps de la garnison de Calais. Elle édicte un règlement pour l'avancement normal des hommes d'armes aux gages de la couronne. Le grade le plus élevé était celui des « Lyeftenantes speares », au nombre de cinq. On appelait ainsi, croyons nous, les hommes d'armes qui commandaient les groupes désignés sous la dénomination collective de « lance » et qui avaient sous leurs ordres plusieurs de ces groupes. Quand un de ces emplois devenait vacant par suite de décès, exclusion, forfaiture ou autrement, le député de Calais devait, aussi vite que possible, rassembler en sa présence, en un lieu convenable, toutes les « lances » de la dite ville et choisir l'homme qui lui paraissait le plus actif et le plus capable. Il était tenu ensuite, à la première réunion du conseil de Calais, de signifier son choix au trésorier, au contrôleur et aux autres membres du conseil qui émettaient leur avis sur l'aptitude du candidat dont la nomination ne devenait définitive qu'après cette délibération.

Les simples « lances » se recrutaient à leur tour parmi les archers à cheval, au choix du député, mais avec le consentement du trésorier, du contrôleur et de la majorité du conseil. A défaut d'archers à cheval, on pouvait nommer toute autre personne reconnue apte à remplir cet office. Le poste d'archer à cheval ainsi vacant par avancement du titulaire devait être accordé de préférence à l'un des quatre « skewrers », avec les mêmes formalités.

Nous voyons ici apparaître une autre catégorie de soldats, connus sous le nom de « Typped Staves ». Ce terme signifie aujourd'hui un constable, ou un huissier à verge. C'était sans doute une sorte de chef de poste, chargé, comme on le verra plus loin, de désigner les hommes de garde, d'en faire l'appel, de leur transmettre le mot d'ordre et de veiller à ce que les prescriptions des hauts officiers soient exécutées. Il occupait donc le premier rang parmi les hommes servant à pied. Quand un de ces emplois devenait libre, le député de Calais rassemblait tous les hommes de la « Vingtaine » et de la « Connétablie » et il devait choisir de préférence, parmi les hommes de la « Vingtaine », le plus ancien d'entre eux, représentant bien, sérieux, discret et parlant bien (1). Si aucun ne réunit ces qualités, on choisit le nouveau titulaire de l'emploi parmi les hommes de la connétablie. Cette nomination, comme les précédentes, est soumise à l'approbation du trésorier, du contrôleur et de la majorité du conseil.

Les vides se produisant dans le corps de la « Vingtaine » sont comblés au moyen de choix opérés parmi les hommes de la « connétablie », eux-mêmes remplacés par des soudoyers. Quand un soudoyer, touchant 8 d. par jour, passe dans la « connétablie », son poste est attribué à un autre qui ne touchait que 6 d. Enfin, ce dernier poste est confié à l'un des deux guetteurs de jour sur les murs (one of the two daye watche men on the walles). A la place du guetteur ainsi promu, le député nomme le plus habile des archers servant, à des gages inférieurs, dans sa propre retenue ou dans celle d'un des hauts officiers de la ville. Toutes ces nominations étaient officiellement signifiées au trésorier par un acte que rédigeait le clerc du conseil et qui spécifiait, avec le nom du titulaire de l'emploi, la date de son entrée en fonctions, afin que le trésorier en fasse mention sur ses registres. Le nouveau promu payait pour cette formalité 2 d. st. au clerc du conseil.

Les hommes d'armes de la retenue du trésorier étaient à la nomination de celui-ci qui les choisissait lui-même, mais qui devait obtenir l'agrément du député, du maréchal et du contrôleur ou tout au moins de deux d'entre eux.

---

(1) « The said Deputie for the tyme being shall assemble before hym all the Wynteners and Constables of the saide Towne, and shall electe and chose the moste personable auncyent sadde and discrete persone, beyng best langaged... »

Le recrutement des hommes chargés du service des bouches à feu s'opérait dans des conditions spéciales. Nul ne pouvait prétendre à cet emploi s'il n'était anglais de naissance. Le député ou un membre du conseil désigné par lui à cet effet se rendait avec le maître de l'artillerie, un des maîtres canonniers (one of the mayster gounners,) et un canonnier à l'endroit choisi par eux comme le plus convenable et où l'on avait transporté deux pièces de petit calibre avec de la poudre et des boulets, afin d'exercer au tir les soldats qui désiraient entrer dans le corps des canonniers. Deux fois par semaine, le mardi et le vendredi, sous la direction du maître canonnier chargé d'expliquer la manœuvre, on procédait à des tirs réels, entre deux et quatre heures de l'après-midi. En outre, le premier jour de chaque mois, à moins qu'il ne tombât un jour de fête, un exercice de même genre était fait avec deux pièces de gros calibre. On notait soigneusement les résultats de ces tirs d'essai et quand une vacance se produisait dans le corps des canonniers, le poste était donné au soldat qui s'était révélé le plus habile pointeur.

On voit avec quelle minutie l'ordonnance de Henry VIII réglait les plus humbles détails concernant le recrutement et l'avancement des hommes de la garnison de Calais. Toute nomination faite contrairement à ces prescriptions serait tenue pour nulle et non avenue, sans préjudice des peines dont serait passible l'officier qui s'en rendrait coupable. Pour que les nominations ne souffrent aucun retard, si le trésorier ou le contrôleur, dont l'assentiment était requis, se trouvaient absents de Calais pour une cause quelconque, le maréchal avait qualité pour les suppléer.

Toutes les personnes servant à Calais ou dans une forteresse des marches sont tenues de résider à l'intérieur de la ville ou dans ces forteresses, et cet ordre s'applique à tous, depuis le député jusqu'au dernier des soldats. Le député et les principaux officiers ne peuvent s'absenter sans avoir obtenu du roi une permission régulière pour se rendre en Angleterre ou en quelque autre lieu, pour quelque affaire que ce soit. Cette permission signée par le roi fixera la limite du congé et si l'officier ne rentre pas au jour dit, il encourra une amende. C'est au député qu'il appartient d'accorder des congés aux hommes de la garnison, par un écrit signé de sa main et revêtu de son sceau. Ces congés ne peuvent, en aucun cas, excéder quarante jours par an. Le commandant de chaque forteresse a le droit de signer ces permissions pour les soldats placés directement sous ses ordres. L'amende à payer par ceux qui ne rejoindront pas leur poste au jour marqué sera de la valeur d'une journée de solde, pour le premier jour de retard, du double pour le second jour, du triple pour le troisième jour et ainsi de suite, selon la même progression. Le député et les hauts officiers en sont passibles aussi bien que les simples hommes d'armes et c'est au trésorier qu'incombe le soin d'opérer ces retenues sur leurs gages. Toutefois, il est loisible au député et aux membres du conseil de sortir de la ville de Calais pour leur plaisir ou pour leurs affaires, pourvu qu'ils ne franchissent pas la frontière du territoire anglais des marches. Les soldats retenus en Angleterre pour cause d'infirmités ou de maladies seront excusés de leur prolongation d'absence, s'ils en apportent une preuve suffisante. De même, s'ils sont arrivés à Douvres en temps utile, mais que la tempête les empêche de faire la traversée, ils seront excusés sur présentation d'un certificat du maire de cette ville. Enfin le député de Calais peut, de sa propre autorité, accorder aux hommes d'armes le droit d'aller en Flandre ou en France acheter des chevaux ou des harnais, pourvu cependant que leur absence ne dépasse pas vingt jours et que cette licence ne soit pas concédée à plus de dix hommes à la fois.

L'ordonnance de Henry VIII constatait que les montres n'avaient pas été régulièrement faites durant les dernières années, ainsi qu'il est nécessaire dans une ville forte. Elle statuait en conséquence que cette formalité serait désormais remplie deux fois par an par le contrôleur ou, si celui-ci en était empêché par la maladie ou pour une raison valable, par le trésorier de Calais, avant que les gages ne soient payés. Le contrôleur doit s'assurer que chaque lance a son effectif au complet et que le titulaire n'a pas engagé pour la circonstance quelque soldat de parade ; que les chevaux, armures et équipement sont en bon état ; que chaque homme d'armes est valide et muni des armes et objets qui lui conviennent. Si le contrôleur, sans excuse légitime, ne procède pas à ces montres semestrielles, il sera puni d'une amende de 20 lb. st. dont moitié sera versée au roi et moitié au député de Calais. Le trésorier ne versera les gages d'aucun des ayant-droits qu'après que ces revues auront été régulièrement passées. S'il le fait, il sera lui-même passible d'une amende de 20 lb. st. Néanmoins, il a le droit d'avancer les sommes qu'il jugera convenables sur les gages des soudoyers.

Pour éviter que l'intrigue ou la corruption ne jouent leur rôle dans le recrutement des hommes de la garnison, défense expresse est faite au député, à son lieutenant ou aux autres officiers de Calais de recevoir, par eux-mêmes ou par des intermédiaires, secrètement ou ouvertement, de l'argent ou des présents de quiconque est admis à servir dans la ville et les marches. Si la preuve d'une concussion de ce genre était faite devant le roi ou devant les juges commis pour en connaître, le coupable serait condamné à payer dix fois la valeur de ce qu'il aurait accepté et les personnes ainsi frauduleusement admises seraient chassées de leur emploi. Le produit de l'amende appartiendrait par moitié au roi et au dénonciateur qui aurait apporté la preuve du fait incriminé. Si une convention ou un marché intervient entre un officier, un homme d'armes ou un soudoyer pour faire admettre dans leur emploi une personne quelconque, contrairement aux règles énoncées pour cette admission, cette personne, non seulement sera déchue de cet emploi, mais devra payer une somme égale à celle qu'elle aura déboursée pour y être admise. Le trésorier l'y contraindra par la saisie de ses biens et par un emprisonnement qui se prolongera jusqu'à ce que l'amende soit intégralement acquittée, le tout sans préjudice des peines que le roi pourra infliger au coupable. Ces dispositions sont applicables aux lieutenants et aux hommes du château de Calais, de Guînes, de Hâmes, du Risban et du Nieulay.

Nous apprenons aussi, par l'ordonnance de Henry VIII, que, à cette époque, la plupart des emplois de la garnison de Calais étaient recherchés et occupés par les bourgeois, les artisans et gens de métier de cette ville. Le roi, voyant dans ce fait un abus regrettable, puisqu'il s'opposait à l'accroissement de la population et entravait l'exercice de certaines professions, en empêchant l'enrôlement à Calais de soldats venant d'Angleterre et en détournant, vers des occupations purement militaires, l'activité des Calaisiens qui se serait exercée plus utilement dans les professions manuelles, essaie de réagir contre cet abus. Il défend en conséquence, à dater du mois d'Avril suivant la promulgation de la dite ordonnance, d'admettre dans aucun emploi à ses gages aucun habitant de Calais, bourgeois ou artisan, sauf les fabricants d'arcs et arbalètes, les armuriers et forgerons. S'il arrive que des engagements de ce genre se produisent encore à l'avenir, les bourgeois ou artisans ainsi enrôlés seront exclus de l'emploi qu'ils auraient obtenu et devront restituer au trésorier, comme amendes appartenant au roi, les gages qu'ils auraient touchés de ce chef. Plein pouvoir est donné au trésorier de mettre les contrevenants en prison où ils seront retenus sans pouvoir obtenir leur liberté, même sous caution, tant qu'ils n'auront pas opéré cette restitution.

Des restrictions du même genre étaient apportées à l'enrôlement, dans la garnison de Calais et des marches, des marchands détaillants de denrées alimentaires et de certains produits. A dater de la prochaine fête de la Nativité de Saint Jean-Baptiste, défense était faite à tout boulanger, boucher, brasseur, marchand de volailles ou de poisson, épicier ou autre petit marchand de prendre du service aux gages du roi dans la ville de Calais, s'ils tiennent eux-mêmes ou font tenir par personnes interposées boutique, taverne, cabaret, magasins où l'on vendrait de la toile ou des étoffes de laine au détail. Quiconque, après cette date, serait trouvé en défaut sur ce point, devrait sur le champ être rayé des rôles de la garnison, quand la preuve en aurait été faite devant le député, le trésorier et le contrôleur de Calais. Si ces officiers, informés d'une violation de ce règlement, laissent celui qui en est reconnu coupable exercer sa profession, ils en seront responsables et passibles d'une amende de 10 lb. st. pour chaque mois pendant lequel les dits soldats auront tenu boutique ouverte. Le haut maréchal sera chargé de percevoir cette amende sur les gages des officiers coupables d'une telle complaisance.

Cette défense comportait d'ailleurs de nombreuses exceptions. Elle ne s'étendait pas au commerce en gros des céréales, grains et autres denrées qu'il était loisible aux soldats d'exercer, non plus qu'aux transactions de détail qu'ils pouvaient faire sur le marché. Si un soldat vient à épouser la veuve d'un bourgeois ou habitant de Calais qui, à l'époque de son décès, occupait une boutique ou une taverne, il aura le droit de la garder tant que sa femme sera vivante. Au temps de la harengaison, les soldats ont aussi licence d'acheter, de préparer et de revendre en gros le hareng. A toute époque de l'année, il leur est permis de vendre du sel, du bois et du charbon aux habitants de la ville et des marches. L'ordonnance n'a pas non plus d'effet rétroactif et les soldats qui, le dernier jour d'Août 1535, occupaient des magasins de cette espèce, bien qu'ils fussent aux gages du roi, ou tenaient boutique ouverte, seront autorisés à les conserver, à la condition de se présenter avant la Saint Jean 1536 devant le député, le maire et le conseil de Calais pour y déclarer, sous serment, leurs noms et la nature des occupations auxquelles ils se livraient ou des boutiques qu'ils tenaient. Leurs déclarations seront enregistrées. Enfin, si l'un des hommes d'armes de la retenue de Calais se trouve être possesseur d'un navire de commerce ou d'un bateau de pêche, appartenant au port de Calais, soit qu'il en soit seul propriétaire, soit qu'il participe pour la moitié ou le quart à cette propriété, il pourra, en tout temps et à son gré, aller en mer pour son négoce ou pour la pêche. Les marchandises ou le poisson apportés à Calais sur ces bâtiments de commerce ou ces bateaux de pêche seront librement vendus dans la ville et dans les marchés, ainsi qu'il appartient aux habitants ordinaires de Calais.

Le dernier article de l'ordonnance a pour titre « for gyvyng of Pety Wages » et nous laisse entrevoir quelques uns des abus qui s'étaient introduits dans le recrutement des éléments les plus modestes de la garnison. On a vu que, outre les soldats directement gagés au nom du roi et payés par le trésorier, les principaux officiers, député, maréchal, contrôleur, trésorier, chef portier, lieutenant du château, et les hommes d'armes chefs du groupe appelé « lance » avaient, sous leur propre responsabilité et à leurs ordres, des soldats dont le nombre était fixé par leurs contrats particuliers avec l'autorité royale, pour l'entretien desquels ils recevaient une somme déterminée et qu'ils payaient eux-mêmes en les recrutant à leur guise. Or, ces officiers ne se faisaient pas faute, à ce qu'il semble, de réaliser de ce chef un bénéfice illicite. Parfois ils omettaient de combler les vides de leur effectif et ne s'y résignaient que lorsqu'une « montre » de la garnison était ordonnée, parfois ils engageaient au rabais des hommes d'une valeur douteuse qu'ils payaient un prix infime. Comme le roi leur accordait pour chacun de ces soldats 8 ou 6 d. par jour, la différence entre ce qu'ils recevaient et ce qu'ils donnaient constituait un profit aussi appréciable qu'immoral. Pour obvier aux dangers que de telles pratiques font courir à la sécurité de la ville, pour écarter les incapables (persons not mete nor able to serve in the said retynue), Henry VIII fixe le minimum des gages que les officiers seront obligés de verser à leurs hommes. Ils ne pourront donner moins de 10 s. st. par an à ceux qui recevront en outre la nourriture et les vêtements, ou moins de 8 lb. st. à ceux qui n'auront pas les vivres et l'entretien. Le député aura seul désormais le droit de choisir librement les hommes de sa retenue. Les autres officiers ne pourront engager les leurs qu'après les avoir présentés au député qui jugera de leurs aptitudes ; ils ne pourront en renvoyer aucun tant qu'ils n'en auront pas recruté un autre admis à le remplacer. Une amende de 5 lb. st. est prévue en cas de manquement à l'ordonnance et le trésorier retiendra le montant de cette amende sur les gages de l'officier qui en sera coupable (1).

Il est difficile de savoir si les prescriptions de cette ordonnance furent réellement appliquées et les plaintes dont nous avons perçu l'écho, en étudiant les derniers moments de la domination anglaise à Calais, nous portent à penser que, tout au moins après Henry VIII, on retomba dans les errements ici dénoncés. La garnison se recrutait de plus en plus parmi les habitants de la ville qui recherchaient des gages fixes, sinon toujours régulièrement payés, et qui ne se consacraient pas exclusivement au métier des armes.

Au dessous du député, venait immédiatement le *haut maréchal de Calais*. Cette fonction fut créée dès le début de la domination anglaise, puisque le premier maréchal fut John de Gatesden, nommé le 8 Octobre 1317 (2). Aucun texte ne nous renseigne sur la nature exacte de ses attributions, mais on peut inférer de quelques documents et, en particulier, de la formule du serment qu'il prêtait en entrant en fonction, qu'il s'occupait de la garde de la ville, contribuait à y faire régner le bon ordre en veillant à l'exécution des lois et ordonnances royales et remplissait, dans certains cas, le rôle de juge militaire. Il avait aussi dans ses attributions le logement des gens de guerre chez les habitants et la réquisition des logis pour les hôtes de distinction qui séjournaient parfois à Calais. C'est lui qui faisait préparer dans ce cas les objets et les vivres nécessaires, par exemple quand les rois passaient le détroit et débarquaient dans la ville avec une suite nombreuse.

---

(1) Statutes of the Realm, édit. cit. vol III, pp. 638-612
(2) Calendar of Patent Rolls, Edw. III, vol. VII, p 562.

En prenant possession de sa charge, il jurait d'être fidèle au roi, de s'opposer de toutes ses forces et de tout son pouvoir aux entreprises dirigées contre lui et de les révéler au roi lui-même ou à l'un des membres de son conseil. Il devait obéir au député, pour tout ce qui touche la sauvegarde de la ville et son bon gouvernement, et l'assister de ses conseils si besoin en était. C'est à lui de s'assurer que la garde est régulièrement faite et de rechercher les voies et moyens pour la rendre plus sévère et plus efficace. Il avait, en conséquence, le pouvoir de faire emprisonner les soldats ou habitants qui seraient négligents. Toutefois, ces punitions ne seront infligées que pour de justes causes et le député en aura immédiatement connaissance, afin qu'il puisse, s'il y a une erreur, relâcher les personnes emprisonnées, sans qu'il leur en coûte rien.

Au point de vue judiciaire, il est chargé d'arrêter ou de faire arrêter, selon les lois et coutumes en vigueur à Calais, les coupables en fuite. Si une plainte est portée devant la cour du roi, que préside le député, le maréchal prendra ou fera prendre les sûretés convenables, aussi bien du plaignant que du défendeur, pour que la cause soit jugée comme la loi l'ordonne et que toute personne se présentant devant la cour obtienne pleine justice. S'il trouve quelqu'un qui, dans une rixe, tire une arme et cherche à frapper, il doit le faire conduire en prison et l'y retenir conformément aux lois, constitutions et ordonnances de la ville. Il ne doit en un mot laisser passer aucun délit, sans le poursuivre en vertu de sa charge. En somme, le maréchal est responsable de l'ordre et remplit en partie l'office des anciens baillis du comte d'Artois, en ce qui concerne la répression des délits qui relèvent de la justice royale.

C'est encore lui qui s'occupe des périls que peuvent faire courir aux particuliers les infractions aux ordonnances touchant la propreté ou la salubrité de la ville ; c'est à lui de les faire exécuter et de remédier aux inconvénients qui résulteraient de leur violation, de telle sorte que nul ne puisse se plaindre à ce sujet. En outre, il est chargé de faire rédiger les procès-verbaux authentiques de toutes les matières qui doivent être conservées par écrit, sans exiger de rétribution excessive. Il n'a pas à prendre parti devant la cour de justice ni à soutenir l'un ou l'autre des comparants, mais à rapporter sincèrement et avec fidélité ce qui le concerne en sa qualité de maréchal. S'il apprend ou sait que des menaces ont été proférées par quelqu'un contre une autre personne et qu'une querelle a éclaté, il lui appartient de prendre les mesures convenables pour que la paix publique ne soit pas troublée et qu'il n'en résulte aucun danger pour la sécurité de la ville. Il doit, en un mot, exiger strictement l'exécution des statuts, lois et ordonnances des souverains ou de leurs conseils pour la sauvegarde, protection et défense de la ville de Calais et des marches, et poursuivre quiconque y désobéit, sans acception de personnes (1).

Un autre officier, nommé le sous-maréchal, l'assistait dans sa charge, spécialement en ce qui concernait la garde des murailles pendant la nuit. Il avait à s'assurer que les hommes chargés de ce service étaient bien ceux qu'il avait désignés et que tous s'en acquittaient convenablement. Comme le maréchal, il avait le pouvoir de mettre en prison, pour un motif légitime, les gens qui compromettaient la tranquillité publique par des rixes ou des querelles. Chaque nuit, il devait se rendre sur la place du marché pour y recevoir le rapport des « typped staves » ayant fourni les gardes pour les postes de l'Est et de l'Ouest et transmettre immédiatement ce rapport au député. Le sous-maréchal prêtait un serment analogue à celui du maréchal, mais moins explicite et beaucoup plus bref (2).

Nous avons relevé les noms de quelques-uns des maréchaux de la ville de Calais pendant le quinzième et le seizième siècle. Au quinzième siècle, ce sont ceux de marchands de l'étaple cumulant le grand commerce et les fonctions d'ordre militaire et judiciaire à la fois, tel ce Geoffrey Gate, stapler et chevalier, qui s'était compromis pendant la guerre des Deux-Roses et à qui Edouard IV restitua ses biens confisqués, mais sans le réintégrer dans

---

(1) « Ye shall see suerly to be kepte and straytely cause to be observed as moche as in you lyeth all maner of Statutes Lawes and Ordynaunces made or to be made by our Soveraigne Lorde Kyng., or by his Counsaile auctorised for the same, for the safegarde tuicion defence and good orders of the Towne of Calize and of the Marches of the same, doyng due execucion upon the transgressours of eny of the same Statutes Lawes and Ordynaunces, havyng no regarde to the person so transgressyng. » (Statutes of the Realm édit. cit, vol. III, p 635.

(2) Statutes of the Realm, vol. III, p 637.

sa charge (1). Au seizième siècle, ce sont des fonctionnaires de carrière, comme Richard et Robert Wingfield qui remplacèrent en 1513 sir William Meryng et parvinrent dans la suite à de hauts emplois, l'un comme député de Calais, l'autre dans la diplomatie. Sir Edward Guldeford, qui leur succéda en 1519, eut à régler les détails matériels de la célèbre entrevue du Camp du Drap d'Or et de la réception de Charles-Quint (2). Il fut lui-même remplacé par Sir John Wallop (3). Sans pousser plus loin cette énumération, rappelons seulement que le dernier titulaire de l'emploi défendit vaillamment la chaussée du Niculay contre les troupes du duc de Guise. Il se nommait Aucher. Il fut mortellement blessé pendant qu'il essayait de reprendre le château tombé aux mains des Français (4).

La garnison du château de Calais était sous les ordres directs d'un officier qui était spécialement chargé de la garde de cette forteresse. Il en fut ainsi dès la première année de la domination anglaise ; il n'y a aucun doute à cet égard, car dans un acte du 30 Juillet 1348, Jean de Beauchamp est qualifié de « capitaine du château de Calais », en même temps que John de Chevereston est désigné comme capitaine de la ville (5). Dans un autre acte du 5 Septembre 1348, ordre est donné au capitaine de Calais et au « connétable du château » de laisser passer par Calais deux frères de l'ordre de Saint-Jean de Jérusalem que le prieur d'Irlande envoie au grand maître (6). Dans le compte du trésorier, pour la période du 1er Janvier 1349 (n. s.) au 2 Avril 1350, ce titre de connétable est donné au même Jean de Beauchamp qui devint capitaine de la ville le 3 Février 1349 (7). Le 5 Août 1350, Thomas de Kyngeston, « connétable du château de Calais », reçut du roi Edouard III l'ordre d'arrêter et de

---

(1) Calendar of Patent Rolls, Edw. IV, 9 Août 1471, p 293.

(2) Letters and Papers, Henry VIII, vol. I, pars I, n° 1391, p. 655.

(3) Ibidem, vol. III, pars I, n° 230, p 77 — Pars II, p 914, vol. IV, pars I, p 80.

(4) Cf. plus haut, tome II de l'Histoire de Calais, p 283.

(5) Calendar of Patent Rolls, Edw III, vol. VIII, p 172.

(6) Ibidem, vol. VIII, p. 558.

(7) P. R. O. Exchequer, enroled accounts, p 23 Edw. III 11, 21-22 Edw. III.

faire conduire à la tour de Londres un certain Richard atte Wode, sergent d'armes et échevin de Calais accusé sur le témoignage de Robert de Herle, capitaine de la ville, de provoquer des assemblées illégales et d'ourdir des complots (1). Le compte du trésorier Henry de Tatton confirme cette indication et Thomas de Kyngeston y figure avec ce titre. Il touche de ce fait 33 lb. 6 s. 8 d. (2). Il est donc bien établi que les deux postes étaient parfaitement distincts.

A maintes reprises, cependant, ils furent réunis entre les mêmes mains. Renaud de Cobham fut nommé, le 23 Juin 1353, capitaine et garde de la ville et du château ; mais, le 15 Octobre suivant, Thomas de Hoggeshaue lui est adjoint comme connétable du château. En 1361, nous retrouvons le nom de Thomas de Kyngeston avec la mention « custos castri Caleis » (3). Il nous semble d'ailleurs inutile de poursuivre cette énumération des titulaires de cette fonction. Remarquons seulement que, au XV° siècle, quand les capitaines de Calais furent choisis parmi les princes du sang ou les plus grands seigneurs de l'Angleterre, ils joignirent toujours au titre de capitaine de la ville celui de capitaine du château. Ils se faisaient d'ailleurs suppléer dans un poste comme dans l'autre (4).

Comme pour le capitaine, une endeature était rédigée entre le roi et le gardien du château et l'on y spécifiait le nombre d'hommes qui devait être entretenu dans la forteresse et les conditions de l'engagement réciproque, ainsi que sa durée. Le 1er Mars 1378, Bernard Brocas, chevalier, obtint cette charge pour une année, en remplacement de Thomas Fogg (5). Le 25 Mars 1392, Philippe La Vache l'obtint pour huit ans (6), mais il fut remplacé avant l'expiration de ce terme, car Thomas, comte de Nottingham,

---

(1) Calendar of Patent Rolls, Edw. III, vol VIII. p. 590.

(2) P. R. O. Exchequer, enroled accounts, p. 21. Edw III 15, 24-25 Edw. III.

(3) Cf Chronicle of Calais, édit cit. liste des principaux officiers de Calais, p XXXII et suivantes.

(4) Henry, prince de Galles, le duc de Bedford, Warwick. Antony Wodeville, comte de Rivers, lord Hastings furent investis de cette fonction

(5) B. N. Moreau, 681, f° 150.

(6) P R. O, Early Chancery. roll 336. m. 3.

fut nommé à vie à ce poste le 28 Mars 1396 (1). Le 24 Février 1398, William Le Scrop est chargé, suivant endenture, de la garde du château pour quinze années (2), qui se réduisirent en fait à deux ans puisque, dans un acte du 12 Octobre 1400, c'est un certain John Dabrigecourt qui est qualifié « capitaine du château ». Lui-même résigna ces fonctions le 1er Avril 1402, moyennant une rente viagère de cent marcs par an (3).

Sous le règne de Henry VII, le titulaire de cette fonction reçoit définitivement le titre de *Lieutenant du château de Calais* qui resta le même jusqu'à la fin de la domination anglaise. C'est l'époque où l'administration de Calais se régularise sous l'autorité plus forte du souverain qui nomme à toutes les anciennes charges des hommes de condition plus modeste dont il exigera plus facilement une docile soumission, comme ce Richard Carewe qui, nous l'avons vu, surveillait avec le plus grand soin les prisonniers politiques enfermés au château de Calais. C'était l'ancien maître portier de la ville qui s'était élevé d'un degré dans la hiérarchie et qui obtint du roi Henry VIII, en 1513, la survivance de sa charge pour son fils Nicolas (4).

Richard Carewe recevait personnellement 2 s. par jour, plus 20 lb. par an de gratification. Il avait sous ses ordres 49 hommes d'armes, dont 29 « lances » et 20 archers ayant à leur tête un connétable choisi par lui (5). Son successeur, Maurice Berkeley, en 1520, commandait au même nombre d'hommes (6), et le rôle de 1533 confirme ce chiffre qui resta sans doute le même jusqu'à la reprise de Calais par les Français. Le lieutenant du château occupait le quatrième rang dans le conseil de la ville où il siégeait après le député, le lieutenant du château de Guines et le haut maréchal. Les

---

(1) P. R. O., Early Chancery, roll 319, m. 13

(2) B. N., Moreau, 684, f° 214.

(3) Calendar of Patent Rolls, Henry IV, vol. I, pp. 15, 362, 502; vol. II, p. 36.

(4) Letters and Papers, Henry VIII, vol. I, n° 1570, p 703. Vol. II, pars I, n°s 124, 2 135, pp. 122, 764.

(5) Letters and Papers... Henry VIII, vol. I, n° 964, p 145 Il avait été nommé, en remplacement d'Anthony Brown, le 23 Mars 1519.

(6) Ibidem, vol. III, pars I, n° 1027, p 377 Sa nomination est du 19 Octobre 1520.

termes du serment qu'il devait prêter, en prenant possession de son poste, ressemblent beaucoup à ceux du serment du maréchal, mais il jure aussi de défendre de tout son pouvoir la forteresse qui lui est confiée, de ne jamais s'absenter sans la permission formelle du roi, de surveiller avec zèle les officiers, hommes d'armes et autres fonctionnaires du château, de réprimer et de punir sans délai et sans indulgence toutes les négligences dont ils se rendraient coupables et qui mettraient en danger la sécurité du château. Il a, dans l'enceinte de la forteresse, les mêmes droits et les mêmes pouvoirs que le maréchal dans celle de la ville ; il doit y faire régner la concorde parmi toutes les personnes qui y résident, empêcher tout conciliabule et toute réunion illicite où l'on critiquerait les ordres qui y sont donnés, s'assurer que les vivres et munitions y sont toujours en suffisante quantité, rendre une stricte et impartiale justice à tous ceux qui relèvent de sa juridiction dans le dit château, n'admettre dans sa garnison que des Anglais nés dans le royaume : Angleterre, Pays de Galles, Irlande, ville ou marches de Calais et faire observer sans faiblesse toutes les prescriptions et les lois édictées par les souverains (1).

  C'est également la formule du serment que prêtent le lieutenant du Risban et celui du fort Nieulay. Le Risban eut ses chefs particuliers dès son achèvement et même quand il n'était encore qu'une simple tour gardant l'entrée du port. M. Daumet cite comme le premier fonctionnaire chargé de la garde du Risban un certain Thomas Totty, nommé le 30 Août 1399 (2). Or, dès le 22 Avril 1397, William Horneby obtenait la charge de « gardien du Risban » aux mêmes conditions que John Medlee l'avait tenue de son vivant (3), d'où il résulte que la nomination d'un « gardien du Risban » est antérieure à la date admise jusqu'ici. Thomas Totty eut pour successeur John Gerard qui fut investi de cette fonction par Jean, comte de Somerset, alors capitaine de Calais (6 Juin 1405), dont les lettres de nomination furent successivement confirmées par Henry IV, Henry V et Henry VI (4). John Gerard fut

---

(1) Statutes of the Realm, vol. III, p. 635.

(2) Daumet, op. cit. p. 98

(3) Calendar of Patent Rolls, Richard II, vol. VI, p. 112.

(4) Calendar of Patent Rolls, Henry IV, vol III, p. 119 et ibidem, Henry VI, vol. I, p. 67. Vidimus et confirmation, le 11 Février 1423, des lettres du 12 Avril, 3 Henry V (1415).

remplacé, à sa mort, en 1428, par John Styward qui devait toucher cent marcs par an, à charge d'entretenir le nombre de soldats prévus par son endenture (1). Nous y retrouvons, en 1486, sir John Fortescue (2) qui y demeurera jusqu'en 1509, puis sir John Pecche (3) qui devint, dix ans plus tard, député de Calais. Le fils de Richard Carewe, qui avait obtenu, en 1513, la survivance de la charge de son père, comme lieutenant du château, remplaça effectivement John Pecche, comme lieutenant du Risban, le 20 Mai 1519 (4) En 1533, le lieutenant du Risban était George Caro. Il recevait pour lui-même 12 d. par jour et 12 d. pour un homme d'armes à ses ordres, avec 20 marcs de gratification par an pour chacun d'eux. La garnison se compose, en temps ordinaire, de 16 soudoyers à 8 d. par jour, plus 2 d. de gratification (5). Le lieutenant du Risban occupait le sixième rang au conseil de Calais où il siégeait immédiatement après le trésorier (6).

Les fonctions du « haut Portier » sont assez clairement désignées par son titre pour qu'il soit inutile d'y insister. Il s'engageait par serment à garder fidèlement les clefs de la ville et à signaler sur le champ au député toutes les nouvelles qu'il pourrait recueillir des personnes arrivant à Calais par terre ou par mer. Il ne devait lever ou laisser lever, à la porte de la ville, aucune taxe nouvelle qui puisse porter préjudice à qui que ce fût. Il occupait au conseil le neuvième rang, après le lieutenant du château de Hames et le contrôleur. Il venait avant le lieutenant du Nieulay et le sous-maréchal qui y siégeait à la dernière place. Tel était, ce qu'on pourrait appeler d'un terme plus moderne, « l'état-major » de la garnison de Calais sous la domination anglaise.

---

(1) B. N. Moreau, 682, f° 31.
(2) Ibidem, 682, f° 187.
(3) Letters and Papers... Henry VIII, vol. I, n° 39, p 8.
(4) Ibidem, vol. III, pars I, n° 217, p. 82.
(5) Chronicle of Calais, édit. cit. p. 138.
(6) Statutes of the Realm, vol. III, p. 633.

C. Devoirs militaires des Bourgeois
Mesures de protection

Outre les hommes d'armes et les soudoyers aux gages du Roi et des principaux officiers, les simples bourgeois et habitants de Calais étaient astreints à des devoirs militaires parfaitement définis et rigoureusement exigés sous des peines diverses. Ces devoirs étaient ceux de guet et garde qui incombaient alors aux habitants des villes fortes, tenus d'assurer à la fois l'ordre à l'intérieur de la ville et la sécurité des murailles, de concert avec les soldats de profession. Quiconque reçut, à Calais, des terres ou des maisons concédées par le Roi fut obligé de s'acquitter d'un certain nombre de « veilles ». Cette condition est formellement inscrite dans tous les actes de donation. Même dans l'acte de concession, à titre viager, que le roi Edouard III fit à la reine, sa femme, des domaines ayant appartenu à Jean d'Aire, il est spécifié qu'elle y mettra des hommes sûrs pour la défense de la ville, comme il a été ordonné par le roi et son conseil (1). Toutes les concessions faites par la suite le furent aux mêmes conditions (2).

Durant tout le règne d'Edouard III, on fit rigoureusement observer les conditions ainsi imposées aux bénéficiaires des concessions royales et les archives anglaises renferment nombre de pièces qui témoignent de cette vigilance. En 1370, les biens qu'avait occupés l'ancien capitaine de Calais, Renaud de Cobham, firent retour à la couronne parce que son héritier n'était pas encore en âge de remplir les devoirs résultant de leur possession. L'enquête faite à ce sujet prouva que, du vivant de Renaud, « les dites terres et tenemenz ne faillent unques de gait ne de garde, et après la mort le dit monseigneur Regnaut les dites terres et tenemenz feurent seizis en les

---

(1) Calendar of Patent Rolls, Edw. III, vol. VII, p. 566. On trouve dans ce volume l'indication de toutes les concessions ainsi faites par Edouard III en 1347 (Août-Octobre).

(2) Lettres d'Edouard III donnant à perpétuité à John de Wesenham deux maisons situées à Calais, dont l'une dans « Frerelane », moyennant une certaine redevance « et unam vigiliam pro salva custodia ejusdem ville » (7 Juillet 1366) — Concession, moyennant le service de garde, d'un terrain tenant à l'hôtel de Warwick (15 Octobre 1375). — Concession à Thomas Camoys de ténements, maisons et places vides ayant appartenu à Jean d'Aire, moyennant un service « duarum vigiliarum » (5 Août 1382) .B. N, Moreau, 681, fos 39, 109, 172.

mains du Roi à cause que le heir estoit dedeinz age et en garde du Roi pour cause de sa jeune age » (1). L'année suivante, le bailli de Calais saisit les biens tenus par Philippe de Newton parce qu'il n'accomplit pas son devoir de guet et garde (2).

Dans la grande ordonnance de 1365, sur l'administration de la ville de Calais, il avait été stipulé que le maire de la ville aurait sous ses ordres huit hommes armés pour la « serchwatch », c'est-à-dire pour faire des patrouilles dans les rues, afin d'y maintenir l'ordre. L'un des aldermen, ayant le titre de maréchal, avait un valet pour « somoner la wache », autrement dit pour avertir les bourgeois qui devaient faire le guet, et chacun des aldermen était tenu d'entretenir six hommes convenablement armés pour la « serchwatch » (3). Les détails de ces prescriptions furent modifiés par la suite, mais, comme nous allons le voir, l'esprit général n'en avait pas changé deux siècles plus tard. Les magistrats municipaux avaient donc des devoirs spéciaux à remplir, ce qui ne les empêchait pas, en tant que possesseurs de biens tenus du roi, de fournir les « veilles » imposées de ce chef.

De bonne heure, les bourgeois de Calais s'étaient plaints des charges militaires qui leur incombaient. Dans le préambule d'une charte de 1358, leur accordant certains privilèges, le roi Edouard III déclare qu'il agit ainsi par considération pour les soins divers et les grandes peines que les dits bourgeois ont à supporter par leurs veilles continuelles pour la garde de la ville, et afin de les encourager à supporter plus volontiers dans l'avenir les ennuis de ce genre (4). La charge s'allégeait en proportion du nombre d'habitants qui

---

(1) P R O., Chancery. Miscellanea, Bundle 21, File 12, n° 3 (14 Edw. III).

(2) « Mesuagium de quo fit mencio in breve hu'c cedule attachatum captum fuit in manum regis per Robertum de Langeton ballivum ville Cales propter defectum vigilie et custodie murorum ejusdem ville » P R O, Chancery, Miscellanea, Bundle 21, File 12, n° 5 (15 Edw. III). — Il en fut de même, en 1379, des biens de Richard de Preston, ibidem, File 13, n° 1 (3 Richard II).

(3) Rymer, édit. du Record, T III, pars II, p 768 Antérieurement à cette ordonnance, dès 1353, un des échevins, Richard Atte Wode, avait reçu mission, moyennant 12 d. par jour à recevoir du trésorier de Calais, d'assurer lui-même ou par suffisantes personnes le guet dans la ville de Calais Calendar of Patent Rolls. Edw. III, vol IX, p 191, 1 octobre 1353.

(4) Rymer, édit. du Record, T. III, pars I, p. 113.

y étaient soumis et c'est pourquoi, parmi les motifs allégués en 1376 pour obtenir le rétablissement de l'étaple un moment enlevée de Calais, figure cet argument décisif que, en cas d'absence du capitaine de la ville parti en expédition, la société de l'étaple pouvait fournir cent « glaives » et deux cents archers recrutés parmi les négociants et leurs serviteurs qui, sans aucun gage du roi, gardaient la ville (1). Dès ce moment aussi, ils ne voyaient pas sans protestation le roi gratifier quelques-uns de ses serviteurs de domaines sis à Calais, assujettis régulièrement au devoir de guet et garde, en les dispensant de le remplir. Ils obtinrent gain de cause. Peut-être avaient-ils une tendance à exagérer leurs prétentions car, en 1382, Richard II mandait aux maire, aldermen et autres officiers de Calais qu'ils n'avaient pas le droit d'exiger de Richard de Preston, dont ils avaient fait saisir les biens pour manquement prétendu à son devoir de garde, plus de deux « veilles », l'une pour son hôtel « en le Westwarde », l'autre pour deux maisons « dans le Nortwarde » (2).

La ville était, on le voit, divisée en quatre secteurs, correspondant aux quatre points cardinaux, pour la répartition du service militaire. Cette indication se trouve confirmée par les comptes de rentes dues au roi (3).

L'intérêt du roi, comme celui des habitants, était d'ailleurs de tenir la main à l'exécution de ces devoirs. En 1405, l'hôtel du comte de Hereford fut confisqué au profit du roi pour négligence des « veilles » et concédé à Reginald Curteys, écuyer, à charge par lui de faire restaurer cet hôtel qui, situé sur la place du marché, tombait en ruines, et de s'acquitter des deux « veilles » dont il était grevé (4). A maintes reprises, les souverains firent procéder à des enquêtes sur l'état de leur domaine de Calais. En 1413, Henry V ordonna de rechercher les habitants qui tentaient de se soustraire à leur devoir de garde et de les y obliger (5). Le 12 Juin 1440, Henry VI écrivait

---

(1) Rolls of Parliament, T. II, p. 358.

(2) B N Moreau, 681, f° 180.

(3) P. R. O., Exchequer accounts, K. R, B. ndle 181, n° 7. Rent charter of Calais: « des tenemenz de la North Warde, XVII lb XIV s ; Est Warde, XVII lb XVI s I d, South Warde XII lb. XVII s X d.; West Warde XLII lb. XVII s IIII d » — Cf ibidem, Chancery, Miscellanea, Bundle 21, File 13, n° 1.

(4) B. N. Moreau, 681, f° 280

(5) Rymer, édit. de La Haye, T. IV, pars II, p. 12.

au trésorier de Calais et au bailli de l'échevinage pour leur enjoindre de s'informer des maisons retombées entre les mains du roi qui, déchues et en ruines, ne rendent plus le service de garde, et de les concéder à titre viager ou temporaire, à la condition d'assurer ce service (1). En 1495, un acte du parlement anglais, après avoir rappelé que le roi Edouard III avait jadis concédé, lors de la prise de Calais, des maisons et des domaines à divers nobles pour eux et leurs hoirs, sans aucune rente ou charge, sauf la garde pour la sûreté de cette ville, constate que les propriétaires de ces biens ne remplissent plus ces conditions, ce qui impose aux bourgeois des charges excessives. En conséquence, le roi, de l'avis des lords et des communes, décide que ceux qui détiennent à Calais des fiefs de ce genre et qui pendant un an et un jour, n'auront pas accompli leur devoir de garde auront leurs biens saisis entre les mains du roi et que le trésorier de Calais en percevra les profits (2).

Dans les circonstances graves, les habitants étaient, comme les soldats de la garnison, contraints de demeurer dans la ville. C'est ainsi que, le 13 Février 1417, Henry V mandait au comte de Warwick, capitaine de Calais, « pour des motifs urgents ayant décidé le conseil à prendre cette mesure, de défendre à tout soldat ou habitant de Calais de quelque état ou condition qu'il fût, sous peine de forfaiture, de quitter la ville sans une permission spéciale du capitaine » (3). Le logement des gens de guerre était aussi pour les habitants une obligation souvent pénible et qui devint si onéreuse, lors des passages de troupes destinées à faire campagne en France, qu'ils adressèrent des pétitions au parlement pour obtenir des indemnités (4).

Une ordonnance de Henry VIII, rédigée en 1533, avec une précision qui va jusqu'à la minutie, nous donne de nombreux et pittoresques détails sur la façon dont on s'acquittait alors du guet et de la garde. On y fixe d'abord le nombre des portes à ouvrir pour permettre l'accès ou la sortie de la ville. Les quatre portes : Lanterngate, Milkgate, Watergate et Bullengate, n'étaient pas, en effet, ouvertes en

---

(1) B. N., Moreau, 682, f° 61.

(2) Statutes of the Realm, vol II, pp 589-591.

(3) Moreau, 681, f° 335.

(4) Ibidem, 681, f° 116.

même temps ni même chaque jour. Seule, la Lanterngate qui, située à l'extrémité actuelle de la rue du Havre, assurait les communications directes avec le port, était ouverte quotidiennement. Le plus souvent, on n'y avait accès que par les deux guichets latéraux. Le dimanche et les jours de grandes fêtes (Noël, Chandeleur, vendredi saint, Saint-Georges, Ascension, Saint-Sacrement et Assomption) on l'ouvre trois fois dans la matinée. l'été pour la première fois à cinq heures et l'hiver, au premier coup de la cloche du guet, à l'aube. Aussitôt après le passage des personnes qui ont profité de cette première ouverture, les portiers la referment et vont entendre la messe. De six heures à neuf heures, le passage est libre, mais la porte est close de nouveau tout le temps de la grand'messe. Pendant la harengaison, de la Saint-Michel à la Saint-André, on ne l'ouvre le dimanche que deux fois. Du lundi après la Chandeleur jusqu'à la Saint-Michel, elle est ouverte chaque matin deux fois. Durant cette période de l'année, une seconde porte est accessible, le lundi et le vendredi, c'est la Milkgate ; le mardi et le jeudi, la Watergate ; le mercredi et le samedi, la porte de Boulogne, à moins que ce ne soit jour férié, car, dans ce cas, comme durant la harengaison, sauf un ordre spécial du député, c'est seulement par la Lanterngate que l'on peut entrer à Calais et en sortir (1).

L'ouverture et la fermeture des portes se faisaient solennellement et donnaient lieu à une sorte de parade militaire analogue à celle qui se renouvelle quotidiennement, de nos jours encore, à la Tour de Londres. Quand, au matin, la cloche du guet a sonné trois fois, pour le réveil, dix portiers se réunissent sur la place du Marché, prennent avec eux la garde du jour forte de quarante hommes et, précédés d'un fifre et d'un tambour, se rendent au logis du Député. Là, les deux portiers désignés pour remplir ce jour-là le rôle de porte-clefs reçoivent du Député les clefs des portes que celui-ci décide de faire ouvrir et tous reviennent sur le Marché où ils sont rejoints soit par le Maître Portier, soit par le « gentleman porter », soit par tous deux. Le groupe part pour la « Lanterngate ». Le portier chargé de ce service introduit la clef dans la serrure de la grand'porte intérieure, mais il attend pour cela l'ordre du Député s'il est présent, ou, en son

---

(1) Le texte de cette ordonnance, conservé au British Museum (Cotton. Ms. Faustina E. VII) a été imprimé dans la « Chronicle of Calais », édit cit pp 110-162.

absence, l'ordre du Maître Portier, du maréchal ou du sous-maréchal, ou enfin du « gentleman porter ». Même alors, on n'ouvre pas encore cette porte, mais seulement un guichet par lequel sortent huit portiers. Les deux autres, avec le Maître Portier ou le « gentleman porter » restent derrière la grand' porte de la ville jusqu'à ce que le pont levis soit baissé et la porte du milieu ouverte. Alors la garde pénètre jusque là et l'un des portiers ouvre le guichet de la porte extérieure par où passent douze ou quatorze des soldats de la garde qui s'assurent qu'il n'y a rien de suspect et qui demeurent à ce poste, ainsi que toutes les personnes qui, du dehors attendent l'ouverture de la porte, jusqu'à ce que les gens et les véhicules qui sont à l'intérieur soient sortis. Puis, le Maître Portier commande d'ouvrir les grands portes et veille à ce que deux « scourers » sortent d'abord : il gagne sa place accoutumée et tous ceux qui veulent aller hors de la ville le suivent.

Depuis l'Annonciation de la Vierge (25 Mars) jusqu'à la Saint-Michel, on referme sur le champ toutes ces portes de la Lanterngate, sans toutefois relever le pont-levis, et toute la garde, avec les clefs, se dirige vers le couvent des Carmes pour y entendre une messe célébrée à son intention, puis retourne ouvrir de nouveau la porte avec le même cérémonial !

Les jours où deux portes de la ville doivent être ouvertes, quand la messe est dite, l'un des deux portiers, avec la moitié des hommes de garde, se dirige vers cette porte, tandis que le second portier, avec l'autre moitié, regagne la Lanterngate. Chacun d'eux est en outre escorté de quatre de ses collègues. On procède à la Watergate, à la Milkgate ou à la Bullengate comme à la Lanterngate. Les clefs sont déposées dans un coffre, dans la loge du portier de service, et y restent enfermées jusqu'au moment de la fermeture des portes.

Nous ne pouvons reproduire ici, dans leur monotone répétition, tous les détails qui suivent ces premiers paragraphes de l'ordonnance qui suffisent à montrer avec quelles précautions, nous paraissant aujourd'hui un peu puériles, on avait prévu jusqu'au moindre détail. Au milieu du jour, la ville était close et les clefs reportées au domicile du député ou de son représentant, qui avait ordre de les cacher soigneusement (1). A une heure de l'après-midi, portiers et

---

(1) « Shalbe coverid with a quishyn or some other thing, so that no man shall see the secrets of them. »

garde revenaient les y chercher et tout se passait comme le matin, sauf un petit changement : on ne faisait plus sortir les « scourers » en premier lieu.

Le soir, mêmes formalités pour la fermeture définitive. Quand la cloche qui l'annonce a cessé de sonner, la garde se range devant la porte. Un des portiers frappe avec son bâton sur la porte extérieure qui est close immédiatement, mais ouvre le guichet de cette porte. Deux des portiers ferment la porte intérieure (du côté de la ville) en laissant aussi le guichet ouvert. Les portiers et la garde se tiennent entre ces deux portes jusqu'à ce que le maréchal ou ses représentants qui ont placé la « skoutwatche » (patrouille circulant hors des murs) soient rentrés. Alors, le maître portier commande à l'un de ses subordonnés de fermer le guichet de la porte extérieure et lui-même doit s'assurer que cette porte et son guichet sont bien et sûrement fermés et verrouillés. La garde rentre à l'intérieur de la ville et reste devant la porte. Les deux portiers ayant la charge des clefs lèvent le pont-levis, ferment le guichet de la porte intérieure dont ils vérifient la serrure et les barres de fer. Le groupe revient au marché où le maître portier peut le quitter, tandis que son sous-ordre, le « gentleman porter » et les autres portiers, toujours escortés par la garde, reportent les clefs de la ville au domicile du Député où elles sont enfermées dans un coffret qu'il doit toujours conserver à côté de lui. Le clerc du contrôleur est tenu d'assister à l'ouverture et à la fermeture des portes, afin de faire l'appel de toutes les personnes que leur office oblige à s'y trouver et de noter les noms des absents pour les réprimander.

Ce n'était pas assez de tenir la ville close, il fallait s'assurer que nul étranger suspect n'avait pu s'y introduire. Aussi, quiconque a une auberge ou un hôtel, et seuls les bourgeois ayant prêté serment y sont autorisés, est obligé de venir, à la nuit tombante, déclarer au clerc spécialement chargé de ce service, les noms de tous les étrangers arrivés chez lui dans la journée ou qui y demeurent depuis quelque temps. Le clerc en dresse la liste en quadruple expédition. Il en remet une au « tipstaff » qui s'occupe de la « skoutwatche ». Le « tipstaff » de la garde des murs vient au bureau du clerc chercher deux autres exemplaires de la liste, dont un pour le maréchal et un autre pour lui-même. Le clerc porte en personne le quatrième exemplaire chez le Député. Aussitôt que la cloche a sonné la retraite, le « tipstaff » se rend dans les auberges et, s'il y trouve des étrangers dont le nom n'est pas sur sa liste, il rapporte ce fait au député. L'aubergiste est frappé d'une amende. Si l'on rencontre des étrangers logés ailleurs que dans une auberge publique, on les conduit en prison et ils y sont gardés jusqu'à ce que le député ait procédé à une enquête et les fasse remettre en liberté. L'hôte qui les a reçus est passible d'une amende et d'autres punitions, à la discrétion du député et du conseil de la ville. D'ailleurs, tout étranger arrêté dans les rues, après l'heure de la retraite, doit être mis en prison, même s'il est régulièrement inscrit sur la liste et s'il est accompagné de son hôte.

L'ordre des gardes est aussi soigneusement réglé. Voici d'abord le règlement de la « Scout Watche ». Avant la fermeture de la porte, le haut maréchal ou son représentant doit s'assurer qu'un homme de la Vingtaine et neuf de ses compagnons sont présents pour prendre cette garde pendant la nuit. L'un des portiers leur remet la clef des braies. Un « tipstaff » fait l'appel en présence du maréchal et donne au chef des hommes de la Vingtaine le mot d'ordre pour la nuit. Si l'un des soudoyers est absent, sans autorisation du député ou du maréchal, même s'il s'est fait remplacer par un autre, il doit, le lendemain, en guise de punition, être placé en sentinelle sur les murs de la ville. Si l'absent ne s'est pas fait remplacer, le « tipstaff » désigne d'office un autre soudoyer et le coupable est passible d'une amende de XVIII d. à verser entre les mains du sous-maréchal, pour payer l'homme qui lui est ainsi substitué. Puis le « tipstaff » va faire son rapport au haut maréchal et la « Scout Watche » va s'installer dans le corps de garde voisin de la « west gate ». A huit ou neuf heures du soir, le chef de poste détache quatre de ses hommes, deux dans la direction de l'Est et deux dans la direction de l'Ouest. Ils font le tour de la ville et en arrivant au corps de garde placé sur les murs, ils doivent sonner la cloche qui y est suspendue, à l'aide d'une corde tombant sur le fossé. A cet appel la garde des murs vient demander si tout va bien. Les hommes de la « Scout watche » répondent à cette question et achèvent leur ronde. Quand ils ont réintégré leur corps de garde, quatre autres sortent à leur tour et se comportent de la même façon. Comme on le voit, cette « patrouille d'éclaireurs », car c'est ainsi qu'on peut approximativement traduire le terme « Scout watche », opère en dehors des murs le long des braies, en passant par le « tourniquet » qui donne accès au chemin de ronde. L'un des deux hommes de garde a sur lui les clefs des braies, en se dirigeant vers le Sud ; un autre parmi les deux qui marchent vers l'Est a les clefs du «tourniquet». Ils doivent prendre garde de fermer avec soin ces voies d'accès, après leur passage. En se croisant dans leur ronde ils échangent les clefs. Ils ont la consigne, au cas où ils rencontreraient un parti ennemi, de jeter ces clefs dans les fossés de la ville, s'ils n'ont pas d'autre moyen de les sauver, et de donner aussitôt l'alarme aux sentinelles des murailles. Sauf incident inattendu, ces rondes se continuent jusqu'au premier coup de la cloche du matin qui leur donne le signal du rassemblement devant la Lanterngate. On rend alors au portier les clefs des braies et du tourniquet. Toute rixe entre les hommes de la «Scout watche», soit à leur corps de garde, soit pendant les rondes, les expose à une condamnation à mort. Ils doivent rendre compte, à leur rentrée, de tout ce qu'ils ont pu voir ou entendre de menaçant pour la sécurité de la ville.

En même temps que s'accomplissent ces rondes «extra muros», la garde est organisée sur les murs. C'est la «Stande Watche at the Waulle». Elle se compose d'un poste de vingt hommes qui se rassemblent sur le «Castell hill» (éminence voisine du château), sous les ordres du sous-maréchal qui a la charge d'en surveiller la formation. Le tipstaff, appelé «officier of the hill», et le chef de la Vingtaine procèdent à l'appel des hommes, sous peine pour eux-mêmes d'une amende de la valeur d'une journée de gages à leur premier manquement, de deux journées au second et d'une punition laissée à la discrétion du député au troisième manquement. Les hommes désignés pour monter la garde, et qui ne répondraient pas à l'appel, sont susceptibles des mêmes pénalités que les hommes de la «scout watche». On les remplace d'office à leurs frais. Au son de la cloche du château, on place les sentinelles, au nombre de dix, aux endroits fixés à l'avance par le sous-maréchal et on leur passe le mot d'ordre. Le sous-maréchal ne peut rentrer dans la ville que lorsqu'il est bien certain que toutes les sentinelles sont bien à leur poste.

Vingt-trois bourgeois sont en outre tenus d'assurer ce service de garde chaque nuit, conjointement avec les soldats. C'est un sergent du Maire de la ville qui en assure le recrutement journalier et les présente au «tipstaff» de service. Les absences sont aussi punies d'amendes. C'est la «Burges watche upon the Castell Hill». Le sergent donne aux bourgeois le mot d'ordre qu'il reçoit du « tipstaff », place les sentinelles et rentre dans la ville où il va communiquer le mot d'ordre au Maire. Quand les sentinelles sont ainsi placées sur les murs, nul ne peut s'y montrer sans fournir le mot d'ordre. Les sentinelles ne doivent laisser passer personne et, si quelqu'un résiste à l'injonction d'avoir à s'éloigner, les sentinelles peuvent le tuer sans encourir de ce chef aucune réprimande.

Ces deux gardes sont complétées et vérifiées par une troisième, la « Serche Watche ». Celle-ci est confiée au corps de la connétablie. Les deux « tipstaves » chargés de désigner les hommes de ce corps dont c'est le tour de prendre la garde, reçoivent d'abord le mot d'ordre que leur donne, généralement à trois heures de l'après-midi, le clerc du conseil de Calais. Au dernier coup de la cloche des Flamands (Flemmyshe bell), suspendue sous la grande halle du marché, l'un des « tipslaves » part pour le corps de garde de l'Est et l'autre pour celui de l'Ouest, dans chacun desquels doivent se trouver dix hommes de la connétablie, dont un chef de poste. Le tipstaff fait l'appel et donne le mot d'ordre, puis revient à la place du Marché où il frappe les pierres de son bâton, afin d'avertir le sous-maréchal, qui répond par un signal semblable et vient le rejoindre. Le tipstaff fait son rapport, indique les cas d'absence qui doivent être punis, et le maréchal, à son tour, transmet ce rapport au député.

Quant aux hommes de la « Serche Watche », voici leur consigne. A neuf heures du soir, deux d'entre eux quittent les corps de garde et commencent une ronde sur les remparts afin d'inspecter les sentinelles de la « Stand Watche ». Quand ils arrivent à la Lanterngate, à l'endroit du mur qui domine le corps de garde de la « Scout Watche », ils doivent appeler ce poste en criant : « ronde, ronde », et la Scout Watche, doit répondre « Présent » ou « bien, bien » (and the scout watche shall answer, « Ye, ye » or « Well, well »). Cette ronde doit durer deux heures et défense est faite aux hommes de s'attarder et de jouer aux dés ou à d'autres jeux. Elle se termine donc à onze heures du soir. Deux autres hommes se mettent en route et ainsi de suite de façon que cinq rondes soient effectuées chaque nuit. Au matin, les hommes de chaque corps de garde se rendent à la Lanterngate pour l'ouverture des portes, comme on l'a déjà vu. Tout homme qui aura manqué de prendre la garde sera puni, pour la première fois, de huit jours et, pour la seconde fois, de vingt jours de prison. A la troisième fois, il sera cassé aux gages et traduit devant le conseil pour y être condamné à un châtiment que le député et le conseil infligeront à leur gré.

Si, pendant ces rondes, une sentinelle a été surprise trois fois endormie, on saisira le coupable par le nez et on le conduira le lendemain devant le député, le maréchal ou un autre membre du conseil. Sur leur ordre, le sous-maréchal fera suspendre le coupable, au prochain jour de marché, dans un panier retenu par une corde fixée à la muraille à dix ou douze pieds au-dessus du fossé rempli d'eau. On donnait au délinquant un pain, un flacon et un couteau. Quand il était las de cette situation incommode ou qu'il avait épuisé ses provisions, il lui était loisible de couper la corde et de prendre ainsi un bain plus ou moins agréable. Le sous-maréchal avait d'ailleurs prévenu les gardiens des fossés qui devaient le recueillir dans un bateau et le conduire en prison où il demeurait jusqu'au marché suivant, après quoi il était banni de la ville pour un an et un jour.

Les sentinelles de garde sur les murs ne devaient permettre à personne, homme, femme ou enfant d'y accéder, à l'exception cependant des personnes qui avaient leur logement dans les tours. Celles-ci ne pouvaient s'y rendre que par les escaliers les plus voisins et n'avaient pas le droit de prendre un autre chemin. Quiconque connaissait le mot d'ordre ne pouvait plus quitter le rempart avant la relève de la garde et défense était faite, sous peine de mort, de communiquer ce mot à d'autres. Les sentinelles devaient aussi prévenir sans délai la ronde de la « Serche Watche » de tout ce qu'ils avaient pu voir ou entendre de suspect dans l'intérieur ou à l'extérieur de la ville et l'un des deux hommes de cette ronde allait prévenir le député ou, en son absence, un membre du conseil de la ville. En cas de danger très grave, surprise de la ville par les ennemis ou incendie, cet homme devait crier sur le champ et appeler au secours. La peine de mort était aussi prévue contre les sentinelles qui se querelleraient.

Ces précautions, pourtant si minutieuses, n'étaient pas encore jugées suffisantes quand arrivait la saison de la harengaison. La présence dans le port de barques étrangères nécessitait la formation d'une nouvelle garde, la « Banner Watche ». Un officier était spécialement préposé à la visite des bateaux. Il avait charge d'en indiquer le nombre, de s'enquérir des canons, armes ou harnais de guerre qui se trouvaient à bord et qu'il fallait débarquer aussitôt pour toute la durée du séjour dans le port de Calais. On ne restituait armes et munitions qu'au moment du départ définitif de ces bateaux étrangers. Cet officier ou son clerc dressait chaque jour la liste des bateaux et des personnes qui les montaient, liste communiquée au député ou à son représentant. Quand le député apprend qu'il y a au moins quinze de ces bateaux dans le port, il en avise le trésorier qui prévient à son tour chacun des six membres du conseil de la ville qui a la conduite de la « Banner Watche » pendant la harengaison, ainsi que les hommes d'armes, lances, archers à cheval et soudoyers, qui en font partie. La composition en est différente suivant le haut officier qui la commande. Le contrôleur dirigeait la première garde, pour le roi, escorté de quatre lances, de quatre archers à cheval et de quatre soudoyers ; la seconde nuit, c'était le député avec neuf lances et deux archers à cheval ; la troisième nuit, c'était le haut maréchal avec quatre lances et un archer à cheval. Puis venait le trésorier à la tête de sept lances, six archers à cheval et une compagnie de la connétablie. Le maître portier dirigeait la cinquième garde avec deux lances et deux archers à cheval, enfin le sous-maréchal conduisait la sixième avec deux lances et six archers. Un des six « tipstaves » était adjoint chaque jour à la troupe avec un trompette, un fifre et un tambour.

Voici quel était l'ordre de la « Banner Watche » du contrôleur pour la première nuit de cette garde extraordinaire. A huit heures du soir, tous ceux qui y participent doivent se trouver en armes au lieu fixé par le «tipstaff» pour le rendez-vous et, dès que le dernier coup de huit heures s'est fait entendre, le trompette lance un appel aux quatre coins de la place du marché, puis, avec le fifre et le tambour, il va au domicile du contrôleur. Celui-ci, à la tête de tout son monde, gagne le marché et de là se dirige vers la Lanterngate où est déposée la bannière. Le contrôleur et les «lances» montent alors sur la terrasse surplombant cette porte et s'assurent que l'on y a placé un éclairage suffisant. Ils redescendent dans la chambre de la Lanterngate où, sur l'ordre du contrôleur, le tipstaff fait l'appel. Le contrôleur donne le mot d'ordre et remet le commandement à l'un des hommes d'armes en lui ordonnant de s'acquitter soigneusement de sa mission, puis, il rentre chez lui. La garde commence des rondes, s'arrêtant sur les murs entre chacune des tours et continue ainsi jusqu'au matin. Le cérémonial est le même pour les gardes que commandent les cinq autres hauts officiers de Calais.

Pendant la saison de la harengaison, le maire de la ville et les aldermen ont aussi des devoirs spéciaux. Deux aldermen sont tenus de demeurer, chaque nuit, en permanence dans la chambre du conseil, sur la place du marché, avec un certain nombre de bourgeois. Ils y arrivent à huit heures du soir et font aussitôt suspendre à l'extérieur de cette chambre une lanterne dont la lumière doit être entretenue jusqu'au matin. Quatre des bourgeois partent d'heure en heure, deux d'un côté, deux de l'autre, pour parcourir les rues de la ville et arrêter, le cas échéant, les gens qui troublent la tranquillité publique, les personnes suspectes et les étrangers trouvés errant à travers la ville. Ils ont ordre de les amener devant les aldermen de garde ou de les conduire, suivant le cas, à la prison du maréchal.

Les festivités de la Noël donnent lieu aux mêmes mesures d'ordre et de défense. Les hauts officiers commandant la « Banner Watche » ont les mêmes obligations que durant la harengaison, ainsi que le maire et les aldermen.

Tout le jour, une garde prise parmi les hommes de la « Vingtaine, » et de la connétablie se tenait dans le poste de la Lanterngate. Quelques-uns d'entre eux pouvaient s'absenter avec la permission du chef de poste, mais ils ne devaient rester en ville que peu de temps et se hâter de revenir prendre leur service, sous peine d'une amende d'une journée de gages à la première faute, de douze deniers à la seconde et d'une punition plus forte, à la troisième. Le chef de poste qui laissait partir plus d'hommes qu'il ne convenait était passible des mêmes peines. Toute rébellion contre le chef de poste était punie de quarante jours de prison et toute rixe dans le corps de garde exposait le coupable à une condamnation capitale.

On prenait aussi certaines précautions particulières quand il y avait du brouillard. Le service de garde sur les murs était alors organisé comme pendant la nuit. Les jours de marché, tous les hommes de la Vingtaine et de la Connétablie, à l'exception de ceux qui étaient de garde à la Lanterngate, devaient être sur la place du marché à huit heures du matin, ainsi que les « lances » avec leurs pages. Les archers à cheval y arrivaient à neuf heures et tous restaient en armes jusqu'à onze heures, moment de la fermeture des portes.

La « Banner Watche » était encore mise sur pied pendant la semaine sainte, le jeudi sous les ordres du Député et du maître portier ; le vendredi, sous la conduite du haut maréchal et du sous-maréchal. Le jour de Pâques, le trésorier et le contrôleur restaient avec leurs compagnies sur la place du marché depuis l'ouverture des portes jusqu'à neuf heures.

Les sentinelles de la « Stand Watche » étaient échelonnées au nombre de dix-sept sur les murs de la ville, chacune ayant à surveiller une certaine partie des remparts. Pour n'en indiquer que quelques emplacements, voici comment ils étaient fixés sur le mur nord de la ville. La première sentinelle montait la garde depuis le coin nord-ouest, en face le château jusqu'à la croix de pierre érigée sur la muraille, en allant vers l'est ; la seconde, depuis cette croix jusqu'au sommet de l'escalier donnant accès à la Watergate ; la troisième, depuis cet escalier jusqu'à une autre croix sur la muraille ; la quatrième, de ce point à la croix placée au milieu de la Lanterngate ; la cinquième jusqu'à la croix placée à mi-chemin vers la tour Beauchamp et la sixième enfin jusqu'à cette tour elle-même. On peut ainsi se rendre compte de la partie des murs que chacune avait à garder, en se rappelant que le front nord de la ville s'étendait alors de l'extrémité actuelle de la citadelle à l'emplacement du phare et il est facile de reconstituer par l'imagination l'aspect que présentait alors cette partie des fortifications anglaises. Nous avons dit plus haut comment l'ensemble de ces fortifications était réparti sous la surveillance des six principaux officiers de Calais.

En cas d'alerte, il était ordonné à tous les membres du conseil de la ville de se rendre avec les « lances », les archers à cheval et les quatre compagnies de la Vingtaine, sur la place du marché. Tout le reste de la garnison, hommes de la connétablie, soudoyers aux gages du roi, du député et des autres officiers devait se rendre sur les murs, chacun à son poste. Le député devait envoyer un des « tipstaves » avec le clerc du contrôleur s'assurer que les corps de garde de l'Ouest et de l'Est avaient bien reçu les effectifs désignés pour les occuper. Tout manquement valait au délinquant quarante jours de prison et une amende d'un « quartier » de ses gages. Les choses se passaient de la même manière, soit que l'alarme fût donnée de nuit, soit qu'elle fût donnée de jour.

Au temps de la harengaison, deux canons étaient placés hors des murs, à la « Serche tower ». Un coup de canon tiré le soir, à l'heure où l'on relevait le pont-levis de la Lanterngate, intimait aux matelots l'ordre de regagner leurs bateaux d'où ils ne pouvaient descendre que le lendemain matin, au signal donné par un autre coup de canon. Deux autres canons étaient montés sur la terrasse surplombant la Lanterngate, depuis la Saint-Michel jusqu'à la Saint-André, et deux canonniers désignés par le Député s'y tenaient prêts à les tirer en cas de besoin.

Nous avons insisté, un peu longuement peut-être, sur l'organisation militaire de Calais au XVIe siècle. Henry VIII avait remis en vigueur les plus anciennes ordonnances de ses prédécesseurs et nous pouvons ainsi juger du soin que les Anglais apportaient à la défense de cette ville dont un écrivain français disait, vers 1530:

> Les gens illec s'y tiennent en tel sorte
> Que presque tous, ainsi comme je croys,
> Sont souldoyez par le roi d'Angleterre
> Qui tient la ville, et pour certain ce roy
> N'a pour descendre une au're ville en terre
> Pour ce la fait garder soigneusement
> Et renforcer de gens incessamment (1)

Que ces vers naïfs soient l'expression de la vérité historique, il est impossible d'en douter après avoir étudié les prescriptions dont nous avons ici résumé les détails les plus importants et l'on peut dire que tous les habitants de Calais étaient en effet, plus ou moins, à la solde des rois d'Angleterre. Bourgeois, marchands, commis des grands négociants de l'étape, tous étaient soumis à une véritable discipline militaire. Jusqu'au dernier jour de la domination anglaise, la ville garda ce caractère de sentinelle avancée de la puissance britannique sur le continent.

---

(1) B N Fonds La Vallière, ms fr. 2910.

CHAPITRE III

Travaux publics - Approvisionnement de la Ville

OUR l'entretien et la réfection des fortifications comme pour l'exécution des travaux d'utilité publique, les rois d'Angleterre organisèrent à Calais une véritable administration chargée de l'achat et du transport des matériaux nécessaires ainsi que de la surveillance des ouvriers que l'on soumettait à une règlementation spéciale. Il fallait aussi assurer l'approvisionnement de la ville et la tâche était souvent rendue difficile ou périlleuse par la situation même de Calais qui devait tirer de la métropole presque tous ses vivres. Nous voudrions essayer d'esquisser ici très sommairement l'étude de cette administration. Les documents ne manqueront pas à l'historien qui voudra compulser tous les comptes conservés à Londres pour reprendre et compléter cette esquisse. D'ailleurs, si incomplète qu'elle soit, elle nous paraît d'autant plus utile que, à notre connaissance, elle n'a jamais été tentée et qu'elle constitue un préambule indispensable à l'étude de l'administration financière de Calais sous la domination anglaise.

A. Travaux publics

La nécessité de conserver au port de Calais un accès facile, de protéger le territoire à la fois contre une invasion toujours menaçante de la mer et contre des inondations que la nature marécageuse du sol du Calaisis rendait assez fréquentes contraignit les Anglais à une série ininterrompue de travaux qui leur coûtèrent de grosses sommes d'argent. Une partie de ces travaux était exécutée aux frais du Roi, d'autres étaient imposés aux habitants du territoire appelés à en bénéficier, commerçants et pêcheurs fréquentant le port, riverains des innombrables canaux, rivières et watergands dont le réseau s'enchevêtrait à travers les marches de Calais.

Il est certain que, dès le règne du roi Edouard III, l'entrée du port fut protégée par des jetées et qu'un bassin, nommé le Paradis, y existait. C'était l'ancien port d'avant la conquête, mais approfondi et muni d'un quai qui fut reconstruit en partie sous Richard II. Il se trouvait à peu près sur l'emplacement actuel du bassin de l'Ouest, mais plus proche que ne l'est ce bassin des murailles de la ville. L'ancien estuaire de la rivière de Hâmes servait d'arrière port jusqu'au pont du Nieulay, en contournant le château. A la fin du règne de Richard II, le Paradis et les jetées étaient en mauvais état. Le trésorier de Calais, John Bernard, dans une requête adressée au Roi et au Parlement d'Angleterre, en 1398, signala le danger de cet état de choses. Pour y remédier, il fut décidé que, à l'exception des bateaux de pêche, tout navire fréquentant habituellement le port prendrait, en guise de lest, de bonnes pierres propres à la réparation des « bekenes » et les remettrait aux gens que le trésorier aurait préposés à ce soin, à peine de 2 d. d'amende par chaque tonne de jauge du bâtiment. De plus, chaque navire séjournant dans le bassin du Paradis acquitterait un droit d'entrée de 14 d. st. lui permettant d'y stationner quatorze jours ; passé ce délai, il aurait à payer un denier par jour.

Défense était faite d'attacher avec des cordes ou des câbles aucune espèce de bateau ou navire aux pierres des jetées et du « Paradis » non plus qu'au nouveau quai bordant le port, à peine d'une amende de 40 deniers par bateau que l'on trouverait ainsi amarré (1).

---

(1) « Come entre plusours overeignes esteantz entour la ville de Caleys, queux en défense et salvacion de mesme la Ville et de les Marches illocqes enbosoignont de jour en autre estre maintenuz et repareillez, y sount deux grosses overeignes le pluis necessaries de touldiz estre sustenuz et supportez, ces'assavoir les Beekenes devant la port illocqes, et le lieu appellé Paradis qe est bien pres les fosses de mesme la Ville, les queles Beekenes par les hydouses concourses et rages de la meer sount touldiz enfeblissez et empirez, sibien des pieres horz buttez de lestuffure dicelles come auxi de maresme, ensy qe sils ne soient hastyment amendez faitz et repareillez, le dit port est en voie destre de tout destruitz et anientez pour touz jours ; et le dit lieu de Paradys est a present si ruinous et fieblez qe sil ne soit de novelle fait et sufficeantement maintenuz et gardez, il est semblable qen ceo defaut les mures du dit ville dicelle partie en poi de temps par les treshabundantes concourses de meer serount de tout descheiez, en destruccion et anientissement du dit ville.. » (Suit l'ordonnance dont nous avons résumé les prescriptions). — Statutes of the Realm, vol II, pp 108-109. — Cf. B. N., Moreau, 681, f⁰ˢ 216 et 252.

Les travaux de consolidation furent poursuivis régulièrement pendant les premières années du règne de Henry IV. On procéda à l'extraction des vieilles pierres et l'on refit les fondations, en même temps que des fascinages. Le nouveau quai fut aussi réparé. Une écluse fut construite, près de la Watergate, pour régler l'écoulement des eaux des fossés de la ville dans le Paradis et réciproquement (1). A maintes reprises, il fallut recommencer la lutte contre la mer qui déjà obstruait l'entrée du port et pour cela on allongeait les jetées. En 1482, la jetée de l'Est fut prolongée de trois cent trente pieds (2).

En 1528, une violente tempête détruisit, le 31 Août, les extrémités des jetées. Le quai que le trésorier avait fait reconstruire l'année précédente, devant la Lanterngate, fut très gravement endommagé et la mer y ouvrit une brèche énorme. Le député de Calais, sir Robert Wingfield se plaignait des difficultés et des dépenses qui résultaient de l'entretien des ouvrages de ce genre (3), en réclamant d'urgence des

---

(1) « Johanni Ormesby pro vadiis quatuor laboratorum, quolibet ad V d. et XVI laboratorum, quolibet al IIII d. per diem, laborancium per CCXXXVIII dies, tam super confirmacione et preservacione operum super les Estbekenes alias vocitatis le Gette super portum Cales, videlicet in XXXVIII pavellis eorumdem annis primo et secundo Regis nunc inchoatorum et inceptorum ut prius in precedente compoto nuper thesaurarii predicti evacuando et extrahendo lapides fundamentorum eorumdem per solitos concursus aque maris debilitatas et reformando ac replendo dictas pavellas in eorum fundamentis et supra cum fagottis, garbis et lapidibus diversis, quam super consimilibus operibus in IX aliis pavellis eorumdem prout necesse fuerat faciendis in fortificacionem eorumdem bekenes pro salvacione portus predicti... » Viennent ensuite les travaux au « Nova wharva super portum Cales ». Puis on énumère les travaux « super quandam exclusam, juxta portam vocatam la Watergate ville Calis, inter fossas ejusdem ville et quendam locum vocatum Paradys.. pro cursubus aque maris in fossas predictas et recursubus ejusdem aque ab eisdem fossis versus mare habendis ad tempora oportuna pro ut necesse fuerit... » Compte du trésorier, Nicolas Usk, 2-4 Henry IV (1400-1402). P. R. O., Exchequer accounts, Bundle 184, n° 10.

(2) « pro factura nove fundacionis de le Est jette ad introitum portus Calesii continentis in longitudine CCCXXX pedes, per indenturam... factam XXVII die Marcii, anno regni regis Edwardi quarti XXII... » Compte de William Rosse, victuailler. Copie de M. Martial Delpit conservée à la Bibl. de Calais. L'endenture dont il est ici question est au P. R. O., Exchequer Accounts, Bundle 199, n° 20.

(3) « Waterworks be strange and marvellous to keep in order... » Lettre de sir Robert Wingfield à Wolsey, 12 Septembre 1528. Letters and Papers... Henry VIII, vol. IV, pars II, p. 2051.

ingénieurs et des fonds. On tarda sans doute à les lui envoyer, car, dans un document un peu postérieur, on constate l'état déplorable des deux quais, celui qui s'étendait de la « Sercher's tower » à l'écluse du Paradis et celui de la Lanterngate qui, sur une longueur de deux cent quatre-vingt-six pieds, menaçait ruine, de sorte que la mer s'avancerait, si l'on n'y portait remède, jusqu'à cette porte. Les escaliers du « Fishers gapp » (bassin actuel de Petit Paradis) et le terre-plein avaient aussi besoin d'une réfection complète (1). Henry VIII se rendit compte par lui-même de l'urgence de ces travaux, lors de son séjour à Calais en 1532 et, dans les devis établis à cette époque, d'importantes améliorations furent projetées, sinon complètement exécutées (2). Quelques années plus tard, le 10 Août 1540, le député et le conseil de Calais signalaient l'urgence de nouvelles réparations à l'écluse du Paradis et à la jetée de l'Ouest. Pour appuyer leur demande, ils envoyaient une cédule indiquant le nombre des vaisseaux fréquentant annuellement le port de Calais et mentionnant l'époque où l'on avait cessé d'observer les prescriptions de l'ancienne ordonnance d'Edouard III sur l'obligation pour les navires d'apporter des pierres en guise de lest (3).

Tout le temps aussi que dura la domination anglaise, les maîtres du Pays se préoccupèrent de régulariser le vaste réseau des canaux, rivières et watergands. Les plus importants servaient à la navigation et au transport des marchandises (1). Pour empêcher les eaux d'inonder la plaine, il fallait entretenir soigneusement les levées de terre ; pour permettre la navigation et empêcher la vase d'exhausser lentement le lit des watergands, les riverains étaient tenus de nettoyer fréquemment les cours d'eau. De nombreuses écluses de bois ou de pierre avaient été faites ainsi que des ponts pour donner

---

(1) Brit. Mus., Ms. Cotton. Caligula, E. III, pp. 77 b et 78, imprimé à la suite de la « Chronicle of Calais », édit. cit. p 123 Ce document peut être daté de 1530 ou 1531.

(2) Brit. Mus., Ms Cotton. Faustina, E VII. pp. 33-38, imprimé ib:d. pp. 128-129

(3) Proceedings of the Privy Council. VII, p. 5.

(1) Dans l'enquête faite le 21 Septembre 1528, sur l'ordre du Roi, l'importance de certains cours d'eau comme la Vieille Rivière de Marck, le Houlet, est nettement exposée: « Also, by the said river the town of Calais is not only principally furnished with victual, but also with fresh water... » Letters and Papers.. Henry VIII, vol. IV, par. 2, p. 2230.

accès aux riverains. Le pont du Nieulay fut à maintes reprises reconstruit et un système d'écluses y permettait l'écoulement des eaux de l'intérieur, en même temps qu'il pouvait servir à provoquer la submersion des environs de Calais, en temps de guerre. Sur le front de mer, depuis Sangatte jusqu'à Gravelines, des digues étaient élevées contre l'assaut de la mer qui les endommageait souvent. La digue de l'Est commençait à Calais, près de la tour Beauchamp et se prolongeait, sur une longueur de six milles, puis aboutissait trois milles plus loin à l'écluse d'Oye, limite des possessions anglaises. Une autre digue, « Calles Dampe », doublait la première vers l'intérieur des terres. Celle-ci était à la charge des habitants de Marck et d'Oye auxquels elle était très utile (1). Ces travaux avaient été particulièrement développés sous Edouard IV et Henry VII, pour le plus grand profit du domaine royal dont les revenus passèrent de 300 à 1.300 ou 1.400 lb. La négligence des officiers, à l'époque de Henry VIII, avait fait baisser ce chiffre et les inondations avaient réduit à la misère les habitants du Bas Pays. Au lieu d'assurer l'approvisionnement de Calais en grain et en bétail, ils ne pouvaient même plus se suffire (2). On voit, par ce trop bref exposé, quelle était la tâche qui s'imposait à l'administration des travaux organisée à Calais par la Royauté anglaise.

Nous avons déjà vu, en étudiant les fortifications, que les matériaux et les objets dont on avait besoin étaient envoyés d'Angleterre où l'on exerçait le droit de réquisition.

---

(1) « There is a seabank to defend the sea out of the lordship of Marke and Oye, the west end of which seabank beginneth against Oye castle, and so goeth eastward 2 miles of length, and there turneth a mile of length southward and joyned to Oye scluse. » Cette description est celle de la partie orientale de la digue commençant à la tour Beauchamp, dans sa partie de Calais à Oye elle avait six milles, au total neuf « Betwixt Beauchamp tower and Graveling which is 9 miles in length. » — « Within the said bank is another, called Calles Dampe, beginning at the west end of the before-mentioned seabank and going straight eastward to the seband of Graveling The seabank next to the sea is to be kept up at the Kings cost; and the inner seabank, called Dampe, at the charge of the freemen of Marke and Oye, who have great privileges granted to them for maintaining the same, for though the Kings bank should break the said freemen's bank must hold. » Letters and Papers, Henry VI vol. IV, pars 2, p. 2233.

(2) Ibidem, p. 2234.

Les gens à qui l'on achetait ainsi du bois, des pierres, des fascines étaient payés sur le champ par les soins du vicomte de chaque comté ou, si les ressources de celui-ci étaient insuffisantes, on délivrait aux fournisseurs des bons sur le trésor royal (1). Mais, en cas de refus ou de résistance, ils pouvaient être mis en prison et sévèrement punis. Le soin de procéder à ces réquisitions est confié à des « pourvoyeurs » désignés tantôt pour l'exercer dans un seul comté, tantôt pour l'exercer dans plusieurs comtés. Le plus souvent, ils ont à requérir une seule espèce de matériaux. Il y a des pourvoyeurs pour le bois, pour la chaux, pour le fer (2). Tous les comtés du Sud et de l'Ouest de l'Angleterre sont tenus de fournir aux besoins de la ville de Calais. Pendant les périodes de paix, on acheta soit en Flandre, soit même en France les matériaux que l'on pouvait s'y procurer à meilleur compte. On centralisait le tout à Calais dans des magasins appartenant au Roi et attenant pour la plupart à des maisons occupées gratuitement par les chefs des métiers nommés par le Roi.

Les mentions relevées dans les comptes et les derniers terriers permettent d'indiquer la situation de quelques-uns de ces magasins. Au début du seizième siècle, l'ancienne chapelle de Saint-Jean-Baptiste que nous avons vue édifier aux origines mêmes de Calais servait de dépôt pour le plomb

---

(1) « Si exitus comitatus predicti ad hoc non sufficiant, volumus quod dictus vicecomes, pro eo quod sic in balliva sua captum fuerit et de quo solucio per ipsum vicecomitem de exitibus balliviae suae fieri non poterit, indenturas inter ipsum vicecomitem et illos a quibus dictos fagettos, genettam, boscum et bordas sic capi contigerit, de eo quod sic a quolibet eorum captum fuerit, faciat et eis certum diem pro solucione inde habenda assignet, ad quem diem cuilibet eorum de eo quod sibi in hac parte debebitur promptam solucionem pro ostensione indenturarum predictarum fieri faciemus... » Commission donnée le 27 Décembre 1317 à John et Alexander Lestraunge. B. N. Moreau. 680, f° 181.

(2) Comptes de provisions pour Calais dans les comtés de Huntingdom, Kent, Leicester, Lindsey, Middlesex, Northampton, P. R. O., Exchequer Accounts, Bundle 170, n°s 1, 2 à 11, 14 et 15, an 25 Edw. III (1351). — Cf. ibidem, Bundle 171, n°s 14 à 18, ans 33-35 Edw. III (1359-1361). — Provisions et matériaux requis dans les comtés de Kent, Essex, Norfolk, Suffolk, Surrey, ibidem, Bundles 180, n°s 6-8, ans 49-50 Edw. III (1375-76), et 183, n°s 6, 7, ans 6 à 10 Richard II (1382-1386).

et d'autres matériaux (1). Le maître maçon du Roi occupait une vaste maison dont les dépendances servaient au dépôt des matériaux, échafaudages et autres instruments nécessaires. Ces bâtiments se trouvaient près de la Watergate, avec façade vers le Nord (partie nord de l'Esplanade actuelle, en regard de la rue des Pèlerins) (2). Non loin de là était la charpenterie royale (à peu près sur l'emplacement actuel de la caserne nord de l'Esplanade) où l'on concentrait tous les bois apportés par mer ou tirés des forêts voisines et utilisés pour les jetées et les autres travaux. Le maître charpentier y avait son logement (3). L'ensemble englobait une maison, un jardin et un terrain vague. Il est très probable que ces emplacements furent les mêmes tout le temps que dura l'occupation anglaise. Le chef des forgerons jouissait d'une maison située à l'extérieur des murs, près de la « Searcher's tower ». Le terme qui sert à désigner cette maison « Ferry House » (4) permet de penser qu'elle avait servi à abriter le passeur qui, à l'aide d'un bac, faisait traverser le port aux ouvriers et aux soldats du Risban, comme ce Jean Fermyn que nous avons vu qualifié, dans un compte de 1400, de « garde des bateaux du Roi ».

Le nombre des ouvriers régulièrement employés à Calais

---

(1) « De aliquo proficuo provenien'e de capella Sancti Johannis Baptiste per tempus hujus compoti, eo quod una pars dicte capelle occupatur per Regem pro officio plumbatoris et altera pars dicte capelle occupatur per dominum Regem pro diversis stufluris et victualibus . nihil » Compte de Hugh Conwey, trésorier, pour l'année 23-24 de Henry VII (1507-1508) P. R O, Exchequer Accoun's K R, Bundle 202, n° 1. — La même mention existe déjà dans le compte de John Thrysk, 11-12 Edw. IV (1471-72). Ibidem, Bundle 197, n° 15 — Cf. Dillon, op. cit p. 22.

(2) « The next street was Watergate street running from the Watergate southward, and in the block on its east were the official residences of the Master Mason of Calais, in 1556, Nicolas Thompson, and next to it « the Mason's Lodge of the Company of the king's Master Masons of Callis, built at the king's cost as well for the storage of His Highness' stores and other necessaries ». Dillon, op cit p. 22

(3) « De aliquo proficuo proveniente de quodam hospicio et aliis domibus ac celario vocalis Carpentaria Regis, eo quod major pars dicti hospicii reservatur pro carpentaria domini Regis inibi hospitanda per tempus predictum, nihil .. » P. R. O., Exch Acc., Bundle 202 n° 1 — Cf. Dillon, op. cit. p. 23.

(4) Calendar of Patent Rolls, Edw IV, p 79. Concession à vie à Thomas Clampard de l'office de « chief smith » et de « surveyor of the smith's art » aux gages accoutumés, avec la maison hors des murs appelée « Feryhous » et les autres profits comme au temps d'Edouard III et Richard II.

aux gages du Roi a varié assez souvent. Il était d'abord fixé, comme celui des soudoyers, par les endentures conclues entre le Roi et les capitaines. Au début du règne d'Edouard III, on en trouve plus de deux cents recrutés d'office dans les comtés du sud de l'Angleterre. Plus tard, ce chiffre s'amoindrit beaucoup. Ainsi dans une ordonnance du mois d'Août 1413, Henry V déclare que le victuailler ne doit pas tenir, en compagnie des maîtres maçons et charpentiers, plus de quinze maçons et de vingt charpentiers, sauf en cas de nécessité. Pour en entretenir davantage, il faudra une autorisation spéciale du Conseil du Roi (1).

C'est le même nombre d'ouvriers que nous retrouvons fixé par l'endenture confiant à Richard, duc d'York, en 1451, le gouvernement de Calais (2). Evidemment, il ne s'agit que des ouvriers résidant à demeure dans la ville et pourvus d'une nomination régulière. On avait recours pour les travaux imprévus ou très considérables, à la réquisition qui procurait au besoin les bras indispensables. Quand la saison ne permettait plus de continuer les travaux on licenciait les hommes ainsi réquisitionnés (3).

Une ordonnance d'Edouard IV nous permet de connaître la discipline imposée aux ouvriers employés aux travaux de Calais et des Marches (4). Tous, chefs et simples ouvriers étaient astreints à une stricte obéissance aux ordres du trésorier et du contrôleur de Calais ou de leurs délégués et à ceux de l'inspecteur et des clercs des travaux, sous peine d'être cassés aux gages et punis comme l'exigeraient les circonstances. Les maîtres désignent aux ouvriers leur tâche quotidienne sur les chantiers d'après les indications du trésorier et du contrôleur ou de leurs délégués. Si, sans que

---

(1) B. N., Moreau. 681, f° 296

(2) Ibidem, 681, f° 116

(3) Lettre de Thomas Pettyt «surveyor of Calais» au conseil d'Angleterre, 5 Novembre 1553 Calendar., Foreign Mary, p 24

(4) Voici le début de cette ordonnance inédite conservée au Record Office, Exch. Accounts, Bundle 198, n° 6 dont nous avons pris copie. «Hereafter followyth certeyne ordenances made and ordeyned by the tresourer and controller of the towne of Caleis and marcheys in the XIIIIth yere of the reygne of Kyng Edwarde the IIIIth the which declareth and shewith howe the Kyngs carpenters and masons and all other laborers in the Kyngs works wythin the towne of Calais and marcheys thereof shall labor and behave theymselfs in the same at all tymes as hereafter followith.

ces personnages le sachent et y donnent leur assentiment, les maîtres emploient les ouvriers à d'autres travaux que ceux qui leur sont ainsi commandés et désignés, ils doivent payer la valeur de vingt jours de leurs gages pour chaque infraction au règlement. Les maîtres sont obligés de surveiller le travail de leurs compagnons et de leur donner de l'ouvrage en temps utile car, s'ils négligent de leur fixer une occupation et que les ouvriers soient trouvés oisifs, ils devront payer, pour chaque demi-heure de temps ainsi perdue par un ouvrier, quatre deniers et, pour une heure entière, huit deniers, sauf le cas où le manque de travail ou le défaut de matériaux leur fourniraient une suffisante et légitime excuse.

Les simples ouvriers doivent obéir ponctuellement aux ordres donnés par leurs chefs et se livrer exclusivement au genre de travail qui leur est assigné. Quiconque sera trouvé en défaut perdra sa journée de gages. Tous sont responsables des matériaux confiés à leur garde qui ne doivent être donnés, vendus, enlevés ni de jour ni de nuit. L'ordonnance énumère tous ces objets : bois, planches, solives, lattes, plomb, clous, pieux, pierres, briques, fer vieux et neuf, fascines, poteaux, barres de fer, chaux. La moindre faute à cet égard entraine

---

(1) «First it is ordeyned that the masters and wardens aswell of carpenters and masons and also the sayde carpenters and masons and every of theym shalbe attendant and obeyssante to the tresourer and controller of Caleis and to theyr deputies and the surveyor and clerks of the Kyngs works in all thyngs that shall concerne the same works, upon payne to be put out of wages and punysshed otherwyse as the case shall require — Also, the sayde masters and wardens shall well and dyligently set and put in occupation the sayde carpenters and masons and every of theym upon suches works and occupations as they shall be commended and desyred unto by the tresourer controller and surveyor for the tyme beyng or theyr deputies in theyr absence, and to none other works, without their knolege assent and agrement, upon peyne, yf they do thev (sic) contrarye to forfeyte XX days wag(es) as often tymes as thei shall be founde detected — Also, yf so be that the sayde masters or warde is be not dyligent and tendant to overse and set a work their felyship and every of theym from tyme to tyme, so that, for defaute of their oversight and not set awork, every of their fellship be ydell and have none occupation to besve themselfe upon in the Kyngs works, that then the sayde masters or wardens and every of them, in whom any such detaute shalbe founde, shall forfait, for every half houre that any of the saide felyship is so founden ydell, IIII d'., and for every hole houre, VIII d of their wages to the Kyngs use, provided alwey the sayde masters and wardens be not charged with this penaltie yf their be no suche works of the Kyngs to be done or that stuffe fayleth to work the same.»

la révocation immédiate sans préjudice de punitions plus graves. Si l'un d'entre eux vient à connaître un délit de ce genre commis par un autre et ne dénonce pas sur le champ le coupable au trésorier, à l'inspecteur des travaux ou à leurs représentants, on lui retiendra six mois de gages.

Pour éviter des confusions fâcheuses, défense est faite aux maîtres de mélanger avec les objets appartenant au Roi leurs propres outils et matériaux sous peine de perdre, au profit du Roi, tout ce qui serait ainsi trouvé dans les chantiers et les dépôts. Le quart de la valeur des objets confisqués pour ce motif est attribué au dénonciateur qui aura révélé et prouvé cette infraction au règlement.

Depuis la Saint-Michel (29 Septembre) jusqu'à Notre-Dame (25 Mars), les ouvriers se rendent au travail dès le point du jour et y demeurent jusqu'à la tombée de la nuit, sans autre interruption que deux heures (de onze du matin à une heure de l'après-midi) pour leur repas (1). De Notre-Dame à la Saint-Michel, la journée de travail commence beaucoup plus tôt, suivant l'heure du lever du soleil, mais sans aller au delà de quatre heures et demie du matin. Voici l'horaire d'une grande journée d'été, de quatre heures et demie à huit heures, première séance de travail : de huit à neuf, repos pour le déjeuner ; de neuf heures à onze heures, travail ; de onze heures à une heure, dîner ; le travail reprend de une heure à sept heures du soir, mais avec une pause de trois à quatre heures « pour aller boire s'ils le veulent » (2). Au total, la journée de travail ne dépasse donc jamais dix heures et demie et elle est coupée par d'assez longs repos, mais si l'ouvrier ne se rend pas au travail à l'heure dite, on lui retient une journée de gages pour chaque heure ainsi perdue. Cette sanction était applicable aussi bien aux charpentiers et aux maçons embauchés avec un salaire journalier pour les travaux extraordinaires qu'aux ouvriers gagés à l'année par le Roi.

Un autre article du règlement prévoit l'urgence de

---

(1) « as sone and tymely in the mornyng as the daye appereth and as they may see to worke and labor in the which he shall contynue unto XI of the clock be stroken at none and to departe to his dynner and by one of the clocke to be at his worke ageyne and so there to abyde and labor as long as the day light wyll serve hym... »

(2) « and then to go to drinck yf he wyll... »

certains travaux à exécuter aux ouvrages maritimes et spécifie que, dans ce cas, le travail sera poussé sans répit, aussi bien la nuit que le jour, dans les intervalles des marées (1).

Toute infraction aux prescriptions de ce règlement, désobéissance, absence injustifiée, refus de payer les amendes imposées par les maîtres ou les clercs des travaux, expose le coupable à une retenue de deux jours de gages et, en cas de récidive, à la troisième faute, il sera pour toujours exclu des travaux du Roi. Toute tentative des maîtres ou des compagnons du délinquant pour l'excuser ou pour dissimuler la faute sera punie d'une amende égale à celle qu'il aurait dû payer. La moitié de cette somme sera versée dans le tronc de la confrérie de Saint-Jean-Baptiste et l'autre moitié aux ouvriers de la corporation. Si, à trois reprises, un ouvrier est convaincu de cette complaisance répréhensible, il sera aussi renvoyé pour toujours (2).

En considération des obligations imposées aux charpentiers et aux maçons par l'urgence des travaux de protection contre la mer ou les inondations qui les contraignaient à se tenir toujours prêts, aussi bien les jours de fêtes que les jours ouvrables, à répondre au premier appel de leurs chefs, les ouvriers de ces corporations jouissaient de congés spéciaux. Chaque samedi, veille des dimanches ordinaires, ils cessaient le travail à trois heures de l'après-midi ; les veilles des principales fêtes, à onze heures du matin. La veille des fêtes précédées de vigiles était assimilée à un samedi ordinaire. Pour quelques autres fêtes moins importantes, quand la veille était un autre jour que le samedi, ils étaient autorisés à quitter

---

(1) Also the saide carpenters, masons and laborers, shalbe bownde to worke and labor in all waterworks, as the tydes of the ebbyng water wyll serve theym unto, at what tyme of the daye or the night as ony nede shall requyre, dayly and nightly, as the case shall fall, without any houres of rest or respyte for that tyme to be taken, and suche tyme as thei mey not worke, for incresyng and abonndance of the waters, to take theyr houres of rest and respat betwene the tyde and tyde, as it is allore accordyng to the season of the yere that thei labor in.. »

(2) « That who so ever wyll labor for ony of his felliship, without he have a rezonable excuse so to doo to ran in the saide peyne that shoulde executed upon hym that he laboreth, for thone halfe to be applied into saynte Johns boxe and thother halfe to the remanent of his felliship, and yf he that so laboreth wyll so contynue to labor for his felliship, after III tymes, warnyng by the masters or warden or any other of them to be put oute of the works and wages for ever more... »

leur travail à cinq heures en hiver et à six heures en été. Au règlement est annexée la liste de ces jours de fête. Peut-être n'est-il pas sans intérêt de la reproduire ici, car elle démontre que la somme de travail fournie alors par les ouvriers était très réduite par de fréquents chômages. Les principales fêtes chômées depuis la veille à onze heures sont la Noël (1), la Chandeleur, Pâques, l'Ascension, la Pentecôte, la Trinité, la Fête-Dieu, l'Assomption, la Nativité de la Vierge, la Toussaint, la fête de la dédicace de l'église et la Saint-Nicolas. Les fêtes précédées de vigiles sont la Saint-Mathias, l'Annonciation, la Nativité de Saint-Jean-Baptiste, la Saint-Pierre, Saint-Thomas de Cantorbery, la Saint-Jacques, Saint-Laurent, Saint-Mathieu, Saint-Luc, la fête de Saint-Simon et Saint-Jude, la Sainte-Catherine, la Saint-André, la Conception de la Vierge, la Saint-Thomas et la Saint-Barthélémy. Enfin les neuf autres fêtes de moindre importance autorisant la cessation du travail à cinq ou à six heures, la veille de chacune d'elles, sont le Nouvel An, la Saint-Georges, la Saint-Marc, le premier jour de Mai (May day), l'Invention de la Sainte-Croix (Holly Rode day in may, 3 Mai), la Sainte-Marie-Madeleine, l'Exaltation de la Sainte-Croix (Holly Rode day in harvest, 14 Septembre), la Saint-Edouard (13 Octobre), et la Saint-Michel.

En somme la condition des ouvriers du Roi à Calais était des plus stables et ne comportait pas un travail excessif, sauf en cas d'urgence, lutte contre les invasions de la mer ou les inondations des cours d'eau. Les gages journaliers des charpentiers et des maçons étaient de 10 d. gr., ceux du plombier de 8 d. gr. et ceux du couvreur de 8 d., aux termes d'une ordonnance du roi Henry VIII. Quant aux ouvriers embauchés, parfois en grand nombre (2), pour les grands travaux extraordinaires, leur salaire est de 8 d. par jour. Les simples manœuvres qui les servent reçoivent 6 d., mais cette dernière catégorie ne touche ses gages que pour les journées de travail effectif, tandis que les ouvriers aux gages

---

(1) Sur le texte original, entre « Cristimas daye » qui commence la liste et « Candelemas daye » il y a une lacune et le seul mot « day ». C'est certainement un oubli de « Twelfth-night day », l'Epiphanie.

(2) En 1541, 203 ouvriers et 737 terrassiers et manœuvres sont employés aux travaux du Risban et des fortifications de Calais. A la même date les travaux de Guines et des autres forteresses du territoire anglais occupent plus de 1.500 personnes. Brit. Mus., Ms Cotton, Titus B. I. p. 208 b.

du Roi sont rétribués même pour leurs jours de repos. Il est certain aussi que les charpentiers augmentaient leurs salaires de quelques profits plus ou moins licites. Déjà le règlement du règne d'Edouard IV le laisse entendre dans ses articles relatifs aux matériaux qui leur étaient confiés et l'ordonnance du roi Henry VIII ne laisse aucun doute à ce sujet. Il y est dit en effet que jusqu'à cette époque (1536), les charpentiers du Roi, bien que recevant un salaire suffisant pour vivre, prétendent avoir pour leur profit et employer pour leur usage personnel tout le vieux bois provenant des maisons et bâtiments du Roi dans la ville de Calais et aussi des écluses, ponts, jetées et autres ouvrages, affirmant qu'il est gâté et inutilisable. Sous ce prétexte, ils s'emparent journellement de grandes quantités de planches et de solives encore en bon état dont ils se servent à leur bénéfice sans rien payer au contrôleur. Il leur est désormais interdit de s'approprier ces vieux matériaux sans l'avis et la permission du contrôleur de la ville de Calais, sous peine d'une amende triple de la valeur des objets ainsi enlevés et d'une punition sévère (1). On peut d'ailleurs penser que cette ordonnance ne fut pas beaucoup mieux observée que l'ancien règlement.

Les ouvriers de chaque corporation sont dirigés par un chef nommé à vie par le Roi. Le maître maçon, le maître charpentier et le maître forgeron reçoivent chacun 12 d. st. de gages par jour (2), outre le logement et quelques autres profits. Ces offices étaient très recherchés et le roi les accordait parfois en survivance, avant le décès du titulaire (3).

Au-dessus des maîtres se trouve un personnage qualifié « clerc des travaux » ou « surveillant », inspecteur des travaux

---

(1) Statutes of the Realm, III, p 646

(2) Ibidem, p 632

(3) Nomination de Richard Wellys, charpentier de la ville de Calais, à l'office de maître charpentier des travaux du Roi dans cette ville et les marches, avec une maison et tous les profits accoutumés, quand il deviendra vacant par mort ou forfaiture de John Pacche, titulaire actuel 3 Février 1472. Calendar of Patent Rolls, Edw IV-Henry VI, p 313 — Concession viagère à Thomas Campard de l'office de « chief smith » et de « surveyor of the smith's art » 30 Novembre 1461. — Même concession (18 Mars 1472) à Giles van Rassyngham quand l'office sera vacant par mort ou forfaiture de Thomas Clampard. — Nomination de John Dike en remplacement de Giles van Rassyngham, 3 Août 1474 — Ibid., pp 335 459 — Cf Letters and Papers., Henry VIII, Passim.

du Roi à Calais. C'est une sorte d'ingénieur en chef, chargé non seulement de la conception des plans et de leur exécution, mais encore de la haute direction des ouvriers qu'il recrute ou fait recruter, de l'achat et du transport des matériaux. Il rend compte au victuailler et au trésorier des fonds destinés à ces achats et au paiement des ouvriers. Souvent même, il rend compte directement à l'Echiquier du royaume d'Angleterre des sommes employées pour les travaux. Nous avons ainsi des comptes de John Neubolt, nommé clerc des travaux le 9 Novembre 1376, qui nous permettent de connaître les principales attributions de ce personnage (1).

Henry IV, en nommant Thomas Wissendon, le 10 Novembre 1401, à l'office de « clerc des travaux », l'autorisait à se faire suppléer par un délégué suffisant (2). Il fut remplacé par William Morton et William Knyght qui remplirent ces fonctions durant le règne de Henry VI, avec le titre de « supervisores operum domini Regis » (3). John Martyn qui leur succéda, le 9 Août 1461, était qualifié « clerc des travaux du château, des fortifications et des eaux de Calais » (4). Nous trouvons encore d'autres « clercs des travaux » sous Henry VIII, sans en posséder d'ailleurs la liste

---

(1) « Compotus Johannis Neubolt, clerici operationum pro munitione ville regis Calesii, tam tempore regis Edwardi avi regis quam tempore dicti regis nunc, ordinati per duo brevia regis patentia quorum unius data est IX° die novembris anno dicti regis Edwardi avi L° et alterius XXII° die junii anno primo dicti regis nunc, perque quidem brevia tam dictus rex avus quam rex nunc separatim assignarunt ipsum Johannem ad tot carpentarios, sarratores et laboratores quot pro operationibus predictis necessarii fuerint, ubicumque inveniri poterunt, infra comitatus Kent, Sussex et Surr[ey] per se et deputatos suos eligendum et capiendum et eos in operationibus predictis ad vadia regis ponendum, et ad cariagium pro mac[r]enno] et aliis necessariis pro ut opus fuerit pro operationibus predictis tam per terram quam per mare capiendum » P. R. O., Exchequer Accounts, K. R. Bundle 181, n° 2. — Le titre de « supervisor operum » apparait parfois dans les comptes, avec une signification plus restreinte. Il désigne les surveillants ou inspecteurs de certains travaux particuliers. Ainsi John Burghope est qualifié « supervisor operum de la Rysbane » aux gages de XII d. par jour, dans le compte du contrôleur William Caston (1400-1402). Ibidem, Bundle 181, n° 10.

(2) Calendar of Patent Rolls, Henry IV, vol. II, p. 11.

(3) On conserve un certain nombre de comptes, concernant les travaux de Calais et le paiement des ouvriers, présentés par eux à l'Echiquier. P. R. O., Exchequer Accounts, K. R., Bundles 193 n° 1; 194, n° 2; 195, n° 6 et n° 15.

Calendar of Patent Rolls, Edw. IV, vol I, p. 11.

complète (1) et c'est au dernier d'entre eux, Thomas Pettyt, sous le règne de Mary Tudor, que l'on doit quelques uns des plans du Calaisis qui nous restent (2).

Ainsi, l'administration des travaux publics formait à Calais un ensemble parfaitement réglé. L'initiative des mesures importantes appartenait d'ailleurs au Roi seul, sur l'avis de son conseil et, dans les cas graves, le député de Calais sollicitait l'envoi de commissaires extraordinaires. C'est à la suite des passages de Henry VIII que les travaux les plus considérables furent entrepris. En ce qui concerne le système de rivières et de canaux du Calaisis, des enquêtes préalables étaient faites auprès des propriétaires et des riverains qui participaient d'ailleurs aux dépenses d'entretien des watergands. Ajoutons enfin qu'un réseau très complet de routes assurait les communications du territoire anglais avec les pays voisins. Lord Dillon en a indiqué le tracé dans son ouvrage si solide et si documenté (3). Nous ne pouvons qu'y renvoyer ceux qui s'intéresseraient à cette question sortant un peu du cadre de notre propre travail.

B. Approvisionnement de Calais — Le Victuailler

L'approvisionnement de Calais fut, dès le début de la conquête, une des préoccupations du gouvernement anglais et une source de difficultés souvent considérables. Pendant les périodes de guerre, c'est de l'Angleterre qu'il fallait tirer presque tous les vivres et le transport, à travers le détroit, n'en était pas sans risques. Edouard III interdit, à diverses reprises, toute exportation de grains hors de l'Angleterre, en faisant naturellement exception pour la ville de Calais (4).

---

(1) Letters and Papers, Henry VIII, vol I, p 184, Thomas Deykyn est « supervisor operum domini regis villae et marchiarum suarum Calesii » depuis le dernier jour de Mars 21 Henry VII (1506) Il y est encore en 1510 Viennent ensuite Henry Smith (1513), William Briswood (1515). Ibidem, Passim

(2) Calendar of State Papers, Foreign Mary, p 24 Cf. *Calais par l'Image*, pl. 70

(3) Dillon, op. cit. pp. 8-9

(4) Rymer, Record Edition T. III, pars I, pp 207 et 298 (27 Octobre 1350 et 14 Avril 1355) — Voir aussi Calendar of Patent Rolls Edw III, vol VIII, p 311 (26 Février 1349)

Les négociants qui se chargeaient d'introduire dans cette ville les blés et les autres victuailles étaient placés sous la protection spéciale du Roi (1) : les vicomtes et les baillis avaient l'ordre de favoriser leurs achats dans les comtés et de fournir aux officiers de Calais tous les moyens de transport dont ils avaient besoin (2). En 1350, un négociant hollandais, Everard, fils de Nichol de Flardyng, promet d'acheter de ses propres deniers mille quartiers d'avoine en Hollande et de les apporter à Calais, avant la Pentecôte, à ses risques et périls. Il les remettra au victuailler qui les lui paiera au même prix qu'il aura lui-même donné sur les marchés de Hollande. Pour éviter toute fraude, un « yeoman », désigné par ce victuailler, surveillera ces achats pour en témoigner à Calais. En récompense, le négociant aura, contrairement aux ordonnances sur l'exportation des grains, la permission d'acheter en Angleterre huit cents quartiers de blé qu'il revendra avec de gros bénéfices dans son propre pays (3). En cette même année 1350, beaucoup de licences furent ainsi accordées (4) à des négociants anglais ou étrangers. Ils devaient justifier, par un témoignage du capitaine de Calais, de l'accomplissement de leur mission. Tous les comtés anglais furent mis à réquisition. Il y eut même des exactions commises par les fournisseurs chargés de faire la provision de bacons, blés, et autres victuailles dans le comté de Leicester (5). En 1355, les shérifs reçurent l'ordre de faire proclamer dans les comtés et les ports que tous marchands ou autres ayant des grains et surtout des avoines et qui désirent les vendre aient à les conduire en hâte à Calais où il y a disette. Ils y trouveront

---

(1) Acte de protection à André de Guldeſort et Thomas de Quixhull, Mars 1348 Ibid., p 31

(2) Ordre aux baillis de fournir les charrettes et les bateaux nécessaires pour amener aux victuaillers de Calais les quantités de grain destinées à la ville. — Ibidem, vol. VIII, p 211 — Commission aux sherifs de Norfolk et de Suffolk pour faire transporter 160 quartiers de blé et 300 quartiers d'orge achetés par le roi à John de Wyngefeld, de Wyngefeld au port d'Ipswich pour être expédiés à Calais. — Ibidem, vol. IX, p. 60

(3) Acte du 23 Mars 1350. — Ibidem, vol. VIII, p 185.

(4) Ibidem, vol VIII, pp 513, 556 — Vol. IX, p 274

(5) Ordre aux shérifs de requérir des grains dans les comtés d'Essex, Hartford, Oxford, Suffolk, York, Nottingham, Northampton, Northamberland, 20 Mars 1351, Calendar of Close Rolls, Edw III, vol IX, pp 290, 291, 294 304. — Patent Rolls, IX, p. 164

de nombreux acheteurs, vendront à bon compte et seront payés comptant (1).

C'est par de tels moyens que l'on assurait le ravitaillement de la ville, réquisitions, promesses, faveurs particulières et il en fut ainsi pendant les périodes de guerre surtout. En 1394, Richard II mandait aux receveurs du port de Londres d'exempter de tous droits les approvisionnements que Robert Selby, trésorier de Calais, ferait embarquer pour cette ville, mais les maîtres et matelots des navires devront jurer que les marchandises ont bien cette destination spéciale (2).

Le territoire anglais voisin de Calais (terres du comté de Guines, de Marck et Oye) produisait cependant des grains et nourrissait une partie du bétail consommé à Calais. Dans le second siècle de la domination anglaise, après la fin de la guerre de Cent ans, quand on eut exécuté les travaux de desséchement et de régularisation du régime des eaux, on en tirait 20.000 rasières de blé, 30.000 rasières d'avoine et 10.000 rasières d'orge, rien que dans les pays de Marck et d'Oye (3). Nous avons vu que des conflits s'élevèrent parfois entre les fonctionnaires anglais du comté de Guines et ceux de la ville de Calais au sujet des produits de la terre que les uns voulaient retenir en garantie des droits à percevoir sur les propriétés et que les autres réclamaient avec insistance pour l'approvisionnement de la ville menacée de la famine. En temps de paix, la Flandre fournissait le marché de Calais de bétail et de grains et les provinces françaises envoyaient par mer quelques-uns de leurs produits.

Des ordonnances royales avaient fixé la quantité de vivres de toute espèce qui devaient toujours être conservés à Calais en prévision d'un siège. Les victuaillers avaient même parfois exagéré leurs achats de grains, bœufs, bacons, poissons salés,

---

(1) Calendar of Close Rolls, vol. X. p. 223 (22 Juillet 1355)

(2) B. N., Moreau, 681, f° 230.

(3) « Also they say that when the rivers, banks and sluices were maintained by the King's officers, as they ought to be, the King was well paid, and the tenants did prosper both in corn and cattle, being a great surety for the victualling of the town and marches of Calais. In old time, it appeareth by inquisition that out of the lordships of Marke and Oye there hath been delivered 20 000 rases of wheat, 30.000 rases of oats, and 10 000 rases of barley, above their own store necessary for horse and man, and for seed. » Enquête de 1528, Letters and Papers, Henry VIII, vol IV, pars 2, p 2 231.

petits vins de Gascogne ou de La Rochelle. Il y eut des gaspillages et on délivra des provisions aux capitaines et aux soldats en les estimant à un prix très inférieur à leur valeur réelle. Ceux-ci les revendaient aux bourgeois qui n'avaient eux-mêmes que peu ou pas de provisions de cette nature. Pour obvier à ces abus, Henry V prit une double série de mesures, les unes pour réglementer les achats du victuailler, les autres pour contraindre les habitants à se munir de provisions suffisantes.

Le victuailler doit prévoir pour chacune des personnes à la solde du Roi deux quartiers de blé, la moitié d'un bœuf, deux bacons pour l'année et pour la nourriture de chaque cheval six quartiers d'avoine par semestre. Le poisson salé et le « stockfisch » (morue salée) sont laissés à la discrétion du victuailler. On ne doit pas acheter des vins légers, mais de gros vins d'une conservation plus facile. Vins, vinaigre et miel doivent être en quantité suffisante pour une année et pour le nombre de soldats qui défendraient Calais en cas de siège, à raison de six tonneaux par personne. Si l'on peut trouver assez de miel clarifié et fin, trois cents tonneaux de cette denrée suffiront pour longtemps. Le victuailler est autorisé à se procurer sur le continent tous les objets qu'il y pourra trouver à meilleur compte qu'en Angleterre.

Pour assurer l'approvisionnement des habitants qui ne sont pas à la solde du Roi, le maire de la ville doit exiger que chacun d'eux tienne en réserve au moins deux quartiers de froment par personne. Tout étranger, venant résider à Calais par permission spéciale du capitaine, doit y apporter une rasière de blé ou justifier d'une somme d'argent suffisante pour en faire l'achat. Ces provisions seront déposées dans les greniers appartenant à la ville et placées sous la surveillance de fonctionnaires nommés à cet effet par le maire et les aldermen. Ces gardiens des greniers feront remettre à chacun en temps utile le blé qu'il aura apporté, afin qu'il soit employé et remplacé par une égale quantité de blé nouveau. Cette ordonnance royale fut envoyée au capitaine et au maire de Calais pour y être proclamée. Le capitaine et le maire étaient aussi invités à nommer des inspecteurs pour assurer son exécution (1).

Ces mesures restèrent en vigueur tout le temps que dura

---

(1) B. N., Moreau, 684, f° 296.

la domination anglaise. Une enquête faite en 1528 nous permet de connaître, dans le moindre détail, les quantités des diverses victuailles prévues et nous montre en même temps avec quelle négligence étaient observées les prescriptions des souverains anglais. La ville était divisée en douze « gardes » placées chacune sous les ordres d'un alderman et ce document indique, pour chaque garde, la somme des vivres prévus, la somme des vivres en magasin et celle des vivres qui manquent. Voici les chiffres relevés pour la première « garde », celle de Richard Chauffor, renfermant 197 personnes :

« Blé, à raison de un « peck » (9 litres 08) chaque semaine pour une personne, 769 quartiers 1,2 et un boisseau ; drèche (malt), au même taux, 807 quartiers 5 boisseaux, dont on a 50 quartiers, reste à fournir 757 quartiers, 5 boisseaux ; Bœuf, à raison de la moitié d'un bœuf par personne (pour un an, c'est la quantité déjà indiquée dans l'ordonnance de Henri V), 248 livres 1/2, dont on a 2 bœufs 3/4, reste à fournir 245 3/4 ; Morue, à raison de 7 morues par an pour chacun, 3.179, il n'en existe pas en magasin, reste à fournir 3.179 ; Harengs, à raison d'un baril par homme, en comptant 240 harengs par baril (240 herrings in a kilderlin), 124 caques (barrels) 1 baril (kilderkin) (1) ; Flèches de lard, une par personne, par an, 497, il n'y en a que deux ; légumes secs (beans and peasin), à raison de un boisseau 1/2 par personne, 90 quartiers un boisseau, dont on ne possède rien en magasin ; Bois de chauffage, mille bûches par personne et par an, 497.000, dont il y a 209.000, reste à fournir 288.000 ; Fromage, 20 livres par personne, dont on ne possède rien en magasin ; Sel, un boisseau par personne, 62 quartiers un boisseau (2), dont il y a 129 quartiers et ainsi rien à fournir ; Beurre, 10 livres par personne dont on ne possède rien et ainsi reste à fournir 1.970 livres ; Houblon, à 1 livres par personne pour la boisson, rien en magasin, 2.000 l. à fournir » (3).

On prévoit aussi, pour l'éclairage, 6 livres de chandelle

---

(1) La caque contient donc quatre barils soit 960 harengs

(2) Le quartier contient huit boisseaux

(3) « The rate of victaile as shalbe necessary to be provided for the victailling of suche the noumbre of persones as is brought in by a booke of reaport of a generall serche made throughout the XII wardes within the town of Callis as particularly shalbe declared, every warde by itselff. » Letters and Papers... Henry VIII, vol. IV, pars II, pp. 2.224-2.226

— 92 —

Nombre de Personnes par «garde» Noms des Aldermen		Quantité de Blé prévue par personne et pour l'ensemble par année		En Magasin	Manquant
1er garde, Ric. Chauffor	497	13 boisseaux	= 807 quartiers 5 boisseaux	38 quartiers »	769 quartiers 5 boisseaux
2me » Henry Keles	340	»	= 552 » 4 »	27 » »	525 » 4 »
3me » Richard Brown	369	»	= 599 » 5 »	11 » »	585 » 5 »
4me » Henry Planckney	202	»	= 328 » 2 »	22 » »	306 » 2 »
5me » Thomas Prowde	207	»	= 336 » 3 »	22 » »	311 » 3 »
6me » Jo. Massingherd	293	»	= 476 » 1 »	37 » »	439 » 1 »
7me » William Pryseley	402	»	= 653 » 2 »	16 » »	637 » 2 »
8me » Chr. Conwaye	230	»	= 373 » 6 »	56 » »	317 » 6 »
9me » William Snowdon	281	»	= 456 » 5 »	20 » 4 boisseaux	436 » 1 »
10me » Henry Lacye	268	»?	= 435 » 4 »	28 » »	407 » 4 »
11me » William Briswode	599	»	= 973 » 3 »	81 » 4 »	891 » 7 »
12me » Ric. Pontisbury	398	»	= 646 » 6 »	45 » 4 »	601 » 2 »
Total..... 4086			6630 quartiers 6 boisseaux	407 quartiers 1 boisseaux	6232 quartiers 2 boisseaux

(1) Le texte porte 546 q. 5 b., mais c'est une erreur de calcul.

par personne et il n'y en a pas en magasin. La proportion des vivres et objets nécessaires prévus et existant effectivement en réserve est à peu près la même pour chaque « garde » et l'on voit que, si les prévisions sont largement évaluées, en fait, les denrées les plus indispensables, à l'exception du sel dont on possède une suffisante quantité, font presque entièrement défaut. En récapitulant le nombre des personnes indiquées pour chacune des douze « gardes », on arrive au total de 1.086 personnes, mais nous ignorons s'il s'agit ici uniquement des hommes ou si l'on doit y joindre les femmes et les enfants. La première hypothèse nous paraît la plus plausible. Pour bien mettre en lumière, à l'aide de quelques chiffres la négligence de l'administration ou la difficulté du ravitaillement de Calais, nous donnons ici (page 92) les quantités prévues et les quantités effectives des provisions de blé.

Ainsi, il n'y a même pas le seizième du blé prévu pour l'année et, au lieu d'avoir pour un an de provisions, il y en a pour vingt-deux jours environ. La proportion est plus faible encore pour la viande et les conserves de poisson.

Dans sa grande ordonnance de 1536, Henry VIII se préoccupait de cette question du ravitaillement de Calais. Pour attirer dans cette ville un plus grand nombre de négociants étrangers, il édicta des garanties en faveur des marchands qui auraient pu craindre certaines réquisitions arbitraires des autorités locales. Aux termes de cette ordonnance, quiconque apportera à Calais des denrées et des marchandises, vivres, grains, vins, sel, fourrages ou autres choses provenant du royaume de France, de Flandre, ou d'autres contrées étrangères, pourra entrer librement et sortir à sa guise de la ville ou du port de Calais, sans aucune restriction ou empêchement du député, du maire, du maréchal, du lieutenant du château, du trésorier, du contrôleur ou d'aucun autre officier de la ville et des marches, en payant simplement les droits accoutumés sur les marchandises. Nul ne pourra contraindre les marchands étrangers à demeurer dans la ville contre leur volonté, ni à vendre leurs marchandises si ce n'est de gré à gré. Ils pourront partir sans demander aucune permission aux officiers et administrateurs de Calais. Exception est faite cependant en temps de guerre. Dans ce cas, en effet, le député et le maire de la ville sont autorisés à retenir, pendant dix jours, les marchandises et denrées de toutes sortes apportées de l'étranger. Ils doivent s'entendre à ce sujet et mettre à profit ce délai pour obliger tous les habitants à se munir, suivant leurs facultés, des approvisionnements qui seront jugés nécessaires, pour un laps de temps déterminé par les autorités locales, tant pour eux que pour les gens de leurs maisons. Le député et le maire s'assureront par des enquêtes et des inspections que leurs ordres sont bien exécutés. Au bout de ces dix jours, les propriétaires des denrées et marchandises seront laissés libres de partir et d'emporter le reste de leurs biens invendus dans tel pays qu'ils jugeront à leur convenance. Toute infraction à cette ordonnance, dont la preuve sera faite devant le chancelier du royaume ou toute autre personne désignée pour en connaître, sera punie d'une amende de cent livres, moitié pour le Roi et moitié pour le plaignant. Les coupables seront retenus en prison jusqu'à complet paiement de cette somme (1).

La même ordonnance prohibe de la façon la plus expresse toute exportation de grains et de bétail provenant du territoire de Calais et des Marches, des terres de Marck et d'Oye. Les cultivateurs et éleveurs sont obligés d'apporter leurs produits ou de conduire leurs bestiaux sur les marchés de Calais ou de Guînes pour les vendre et débiter. Il est interdit d'user de subterfuges et si quelqu'un cherche à éluder cette prohibition et que la preuve de la fraude soit fournie, dans le délai d'un mois après la dénonciation, devant le député, le maire et le conseil de Calais, le coupable perdra tout son bétail et tous ses biens, meubles et immeubles, qui seront saisis par les soins du trésorier ou du vice-trésorier de Calais et dont la valeur appartiendra pour moitié au roi et pour moitié au dénonciateur ayant prouvé son accusation. Il est loisible cependant à tout habitant de Calais de vendre et de livrer, aux équipages des navires fréquentant le port, toutes les denrées nécessaires à leur nourriture (2).

On réglementa également l'exportation du pain et de la

---

(1) Cet article est intitulé « For Wares, marchandyses, vittayle, corne or other thynges herafter to be brought into the Towne or Haven of Caleys ». Statutes of the Realm vol. III, p 613.

(2) « It is ordeyned that no maner of persone or persones... do sell, carye, convey or delyver, or cause to be solde, caryed, conveyed or delyvered by any maner of meane out of the said Towne of Caleis, countie of Guysnes, Marke, Oye and Marches of Caleys... any maner Wheate, Rye, barly, malte, Otes, Benes, Peson, Fytches, Mele Flowre or any other Grayne, nor Woode, of the growyng of the said Towne and Marches... nor any maner beffes, muttons, veales, porkes, freshewater fysshe or other vitayle of what kynde or nature so ever it be... » Ibidem, p. 611.

bière. Défense était faite d'en vendre hors de la ville et du territoire de Calais et des Marches sans une licence spéciale. Ceux qui désiraient obtenir cette autorisation devaient se présenter devant le trésorier ou le contrôleur de Calais, ou devant les personnes nommées par eux et fournir une caution dont le montant serait déterminé par le trésorier. Dans un délai de deux mois après la vente de leurs produits, les boulangers et les brasseurs étaient obligés de faire entrer dans la ville et les Marches des grains ou du bétail provenant de pays étrangers et d'une valeur égale à celle du pain et de la bière qui auraient été exportés. L'estimation en serait faite par deux personnes désintéressées et choisies par le député. Exception est prévue pour le pain et la bière nécessaires aux équipages des navires se trouvant dans le port de Calais.

Le nombre des brasseries fut limité. L'ordonnance constate qu'un trop grand nombre d'habitants de la ville et des Marches exercent cette industrie et consomment ainsi une bonne partie des grains produits dans le pays en même temps qu'ils brûlent beaucoup trop de bois. Presque toute la bière ainsi obtenue est exportée et la ville de Calais est dépourvue de vivres. Pour obvier à cet inconvénient, nul ne pourra désormais établir de nouvelles brasseries et fabriquer de la bière pour la mettre en vente, si ce n'est avec une licence spéciale et dans certains endroits déterminés à l'intérieur de la ville et du château de Calais, de la ville et du « Parkehege » de Guînes, du château de Hames et des villes de Marck et Oye. Dans ces deux villes, il n'y aura qu'une brasserie pour chacune d'elles, et il faudra pour l'établir l'autorisation du bailli. Ces deux établissements seront les seuls pour le territoire Est des possessions anglaises. Quiconque, après le délai imparti par cette ordonnance et fixé à la Saint-Michel de l'année 1536, serait convaincu de tenir une brasserie, après une enquête du trésorier et du contrôleur de Calais, encourrait une amende de dix livres sterling dont moitié pour le Roi et moitié pour le dénonciateur ayant fait la preuve de son accusation. Il y serait contraint par la saisie de ses biens qui seraient mis en vente au bout de dix jours pour garantir le recouvrement de l'amende, l'excédent du produit de cette vente devant lui être rendu. L'autorisation de tenir une brasserie ne pouvait d'ailleurs être accordée qu'à de purs Anglais nés à Calais, dans les Marches, en Angleterre, en Irlande ou dans le pays de Galles, et les mêmes conditions de nationalité anglaise étaient exigibles pour le personnel des brasseries. Il était cependant permis à tout habitant de Calais et des Marches de brasser librement la provision de bière nécessaire à sa famille et aux gens de sa maison. La permission de tenir une brasserie à Marck et à Oye, une fois concédée par le bailli, ne pouvait être retirée que sur avis conforme du député et du conseil de Calais.

Il est probable que toutes ces mesures ne produisirent pas les effets souhaités, car, à maintes reprises, jusqu'au règne de Mary Tudor, la difficulté d'approvisionner la ville est signalée par le conseil de Calais et on trouve la trace de nombreux achats en Angleterre. En 1511, le député de Calais et le trésorier obtinrent du conseil d'Angleterre les exemptions de droits, dans les ports anglais, sur le blé et l'orge destinés à l'approvisionnement de Calais (1).

A la fin de 1511, le député avisa le conseil d'Angleterre que tous les grains conservés à Calais pour les besoins de la garnison étaient gâtés par suite du mauvais état des greniers et le conseil lui envoya d'urgence l'ordre d'acheter tous les grains disponibles dans les Marches de Calais (2). Quand les blés trop longtemps emmagasinés menaçaient de devenir inutilisables, le Roi autorisait les officiers et les administrateurs de la ville à les vendre, mais ils devaient au préalable justifier d'achats suffisants de provisions nouvelles. En 1541 et 1547, il en fut ainsi, mais les vivres n'étaient pas en quantité suffisante et le député déclarait que si la ville venait à être assiégée, il faudrait renvoyer les femmes et les enfants (3). La rapidité avec laquelle furent menées en 1558 les opérations du duc de Guise contre Calais laisse douteuse la question de savoir si les approvisionnements de la ville lui eussent permis de soutenir un long siège.

---

(1) Ordre au receveur et au contrôleur du port de Southampton de laisser embarquer librement 200 quarters de blé, 5 Mars 1511, lettres de lord Maltravers, député, et du trésorier Edward Wotton, demandant l'exemption des droits, au port de Londres, pour 300 quartiers d'orge; certificat des membres du conseil d'Angleterre permettant la libre exportation à Calais de bière, de fromage, flèches de bacon, beurre, poisson salé, Mars 1511. — Proceedings, vol. VII, pp 150 151 161.

(2) Lettre du député de Calais au conseil d'Angleterre, 25 Décembre 1511. — Ordre du conseil, 2 Janvier 1512 Proceedings, vol. VII, pp 286 et 290

(3) Lettre de lord Cobham au Protecteur, 10 Mars 1547. Calendar of State Papers, Foreign, Edw. VI, p 315. — Cf. B. N. Moreau, 682, fo 271, 26 Juin 1157, — Calendar..., Domestic, Edw. VI, p. 30, 11 Novembre 1550

NOTE DE L'ÉDITEUR

Vingt années se sont écoulées depuis que les premières pages de ce volume ont été imprimées. Puis la guerre est survenue brutalement... arrêtant tout travail de ce genre.

L'auteur, Monsieur Fernand LENNEL, qui habitait Arras, avait dû abandonner cette ville, en raison des bombardements, pour aller habiter Angers, puis, après la guerre, il était revenu d'abord à Douai et ensuite à Arras.

C'est alors que, dans les décombres de sa maison bombardée, il n'avait pu retrouver seulement quelques notes plus ou moins informes. Sa santé délabrée ne lui permettait plus de reprendre son œuvre qui aurait nécessité de nouveaux voyages, et, malgré de nombreuses démarches, il fallut abandonner tout espoir de le voir terminer ce volume. Son décès survint ensuite, foudroyant.

Plusieurs amis de notre « Vieux Calais » ont insisté pour que ces pages imprimées ne soient pas perdues, estimant qu'elles donnaient cependant, bien qu'incomplètes, des détails intéressants sur l'administration anglaise pendant l'occupation. Je les livre au public telles qu'elles sont, en regrettant que seule la première partie ait pu être traitée. Les autres chapitres qui devaient comprendre : l'Administration municipale, les Finances, la Justice, le Commerce, la Vie Sociale n'existent pas et ne pourront voir le jour sous la signature de Monsieur F. LENNEL qui, après avoir promis cinq volumes, a été obligé par les circonstances à ne voir paraître que deux volumes complets et les fragments de ce troisième volume.

J'espère que ce travail si intéressant ne restera pas inachevé et que plus tard d'autres bénédictins mettront leur point d'honneur à le terminer, c'est ce que je souhaite aux fervents de l'Histoire de Calais.

J. PEUMERY

www.ingramcontent.com/pod-product-compliance
Lightning Source LLC
Chambersburg PA
CBHW070604230426
43670CB00010B/1399